宮城県

〈収録内容〉

2024年度 ………… 数・英・理・社・国

2023年度 ………… 数・英・理・社・国

2022年度 ………… 数・英・理・社・国

2021年度 ………… 数・英・理・社・国

2020年度 ………… 数・英・理・社・国

DL 2019年度 ………… 前期選抜　数・英
後期選抜　数・英・理・社

便利なDLコンテンツは右のQRコードから

解答用紙　過去年度　リスニング ⇒

※データのダウンロードは2025年3月末日まで。
※データへのアクセスには、右記のパスワードの入力が必要となります。 ⇒ 834538

〈 各教科の受検者平均点 〉

	数学	英語	理科	社会	国語	総点
2024年度	49.9	50.4	56.6	59.6	59.0	275.5
2023年度	45.6	57.1	58.8	68.0	70.9	300.4
2022年度	58.2	54.7	58.9	57.3	58.0	287
2021年度	47.6	46.1	53.2	63.1	61.2	271.1
2020年度	44.5	50.9	61.6	47.8	55.6	260.4
2019年度	44.1	60.0	—	—	64.6	168.7
	45.9	58.5	55.7	58.5	67.2	285.7

※2019年度は上段=前期選抜、下段=後期選抜。

本書の特長

POINT 1　解答は全問を掲載、解説は全問に対応！

POINT 2　英語の長文は全訳を掲載！

POINT 3　リスニング音声の台本、英文の和訳を完全掲載！

POINT 4　出題傾向が一目でわかる「年度別出題分類表」は、約 10 年分を掲載！

実戦力がつく入試過去問題集

▶ 問題 ……………… 実際の入試問題を見やすく再編集。

▶ 解答用紙 …… 実戦対応仕様で収録。

▶ 解答解説 …… 重要事項が太字で示された、詳しくわかりやすい解説。
※採点に便利な配点も掲載。

合格への対策、実力錬成のための内容が充実

▶ 各科目の出題傾向の分析、最新年度の出題状況の確認で、入試対策を強化！

▶ その他、志願状況、公立高校難易度一覧など、学習意欲を高める要素が満載！

解答用紙ダウンロード	解答用紙はプリントアウトしてご利用いただけます。弊社ＨＰの商品詳細ページよりダウンロードしてください。トビラのＱＲコードからアクセス可。
リスニング音声ダウンロード	英語のリスニング問題については、弊社オリジナル作成により音声を再現。弊社ＨＰの商品詳細ページで全収録年度分を配信対応しております。トビラのＱＲコードからアクセス可。
famima PRINT	原本とほぼ同じサイズの解答用紙は、全国のファミリーマートに設置しているマルチコピー機のファミマプリントで購入いただけます。※一部の店舗で取り扱いがない場合がございます。詳細はファミマプリント（http://fp.famima.com/）をご確認ください。
UD FONT	見やすく読みまちがえにくいユニバーサルデザインフォントを採用しています。

～2025年度宮城県公立高校入試の日程（予定）～

☆第一次募集

実施日	3／4
↓	
合格発表日	3／13

＜実施内容＞

☆５教科の学力検査
（国語・社会・数学・理科・英語）

☆面接・実技・作文
学校によっては面接や実技や作文を実施する場合がある。

※合格者数が，募集定員に満たない場合においては，第二次募集を行う。
第二次募集では，調査書のみの審査，あるいは調査書に，第二次募集の学力検査，面接，実技（体育及び美術に関する学科の場合）及び作文のいずれか一つ又は複数の結果を合わせた審査を行う。
詳しくは宮城県教育委員会のHPを参照。

2024年度/宮城県公立高校第一次募集受検状況(全日制)

地区	学校名・学科(コース)		募集定員	受検者数	受検倍率
刈田柴田	白石	普通	240	262	1.09
		看護	40	40	1.00
	蔵王	普通	80	34	0.43
	白石工	機械	80	60	0.75
		電気	40	32	0.80
		工業化学	40	17	0.43
		建築	40	26	0.65
		設備工業	40	32	0.80
	村田	総合	120	62	0.52
	大河原産業	農業科学	80	87	1.09
		企画デザイン	40	39	0.98
		総合ビジネス	120	112	0.93
	柴農川崎	普通	40	14	0.35
	柴田	普通	120	88	0.73
		体育	40	38	0.95
伊具	角田	普通	160	128	0.80
	伊具	総合	120	47	0.39
亘理名取	名取	普通	240	243	1.01
		家政	40	43	1.08
	名取北	普通	240	244	1.02
	亘理	普通	80	49	0.61
		食品科学	40	30	0.75
		家政	40	16	0.40
	宮城農	農業 園芸	120	141	1.18
		農業機械	40	43	1.08
		食品化学	40	56	1.40
		生活	40	72	1.80
仙台南	仙台一	普通	320	482	1.51
	仙台二華■	普通	240	300	1.25
	仙台三桜	普通	280	365	1.30
	仙台向山	普通	160	176	1.10
		理数	40	43	1.08
	仙台南	普通	280	430	1.54
	仙台西	普通	240	247	1.03
	仙台東	普通	200	264	1.32
		英語	40	42	1.05
	宮城工	機械	80	74	0.93
		電子機械	40	43	1.08
		電気	80	87	1.09
		情報技術	40	48	1.20
		化学工業	40	51	1.28
		インテリア	40	45	1.13

地区	学校名・学科(コース)		募集定員	受検者数	受検倍率
仙台南	仙台工※	建築	30	40	1.33
		機械	70	67	0.96
		電気	70	66	0.94
		土木	30	34	1.13
仙台北	仙台二	普通	320	365	1.14
	仙台三	普通	240	344	1.43
		理数	80	104	1.30
	宮城一	普通	200	254	1.27
		国際探究 理数探究	80	108	1.35
	宮城広瀬	普通	240	189	0.79
	泉	普通	200	303	1.52
		英語	40	44	1.10
	泉松陵	普通	240	252	1.05
	泉館山	普通	240	258	1.08
	宮城野	普通	200	255	1.28
		美術	40	51	1.28
	仙台※	普通	280	355	1.27
	仙台商※	商業	320	446	1.39
塩釜	塩釜	普通	240	268	1.12
		ビジネス	80	113	1.41
	多賀城	普通	240	274	1.14
		災害科学	40	53	1.33
	松島	普通	80	102	1.28
		観光	80	56	0.70
	利府	普通	200	216	1.08
		スポーツ科学	80	69	0.86
黒川	黒川	普通	80	56	0.70
		機械	40	33	0.83
		電子工学	40	21	0.53
		環境技術	40	17	0.43
	富谷	普通	280	339	1.21

地区	学校名・学科(コース)		募集定員	受検者数	受検倍率
大崎	古川	普通	240	241	1.00
	古川黎明■	普通	240	250	1.04
	岩出山	普通	80	44	0.55
	中新田	普通	120	72	0.60
	松山	普通	40	11	0.28
		家政	40	21	0.53
	加美農	農業	40	16	0.40
		農業機械	40	15	0.38
		生活技術	40	13	0.33
	古川工	土木情報	40	46	1.15
		建築	40	35	0.88
		電気電子	40	35	0.88
		機械	80	84	1.05
		化学技術	40	41	1.03
	鹿島台商	商業	80	19	0.24
遠田	涌谷	普通	120	34	0.28
	小牛田農林	(農業科学)	40	33	0.83
		(農業土木)	40	46	1.15
		総合	120	147	1.23
	南郷	普通	40	4	0.10
		産業技術	40	5	0.13
登米	佐沼	普通	240	225	0.94
	登米	普通	80	52	0.65
	登米総合産業	農業	40	29	0.73
		機械	40	35	0.88
		電気	40	18	0.45
		情報技術	40	26	0.65
		商業	40	33	0.83
		福祉	40	24	0.60
栗原	築館	普通	160	163	1.02
	岩ヶ崎	(文系教養)	40	11	0.28
		(理系教養)	40	5	0.13
	迫桜	総合	200	144	0.72
	一迫商	流通経済	40	10	0.25
		情報処理	40	26	0.65

地区	学校名・学科(コース)		募集定員	受検者数	受検倍率
石巻	石巻	普通	240	178	0.74
	石巻好文館	普通	200	197	0.99
	石巻西	普通	160	161	1.01
	石巻北	総合	160	102	0.64
	宮城水産	海洋総合	160	89	0.56
	石巻工	機械	40	37	0.93
		電気情報	40	26	0.65
		化学技術	40	35	0.88
		土木システム	40	36	0.90
		建築	40	33	0.83
	石巻商	総合ビジネス	160	105	0.66
	桜坂※	(学励探求)	80	57	0.71
		(キャリア探求)	80	57	0.71
本吉	気仙沼	普通	240	210	0.88
	南三陸	普通☆	80	23	0.29
		情報ビジネス☆	40	15	0.38
	本吉響	総合	120	32	0.27
	気仙沼向洋	情報海洋	40	28	0.70
		産業経済	40	43	1.08
		機械技術	40	44	1.10

1．■は併設中学校からの入学者を含む。
2．☆は連携型選抜を実施する。
3．※は市立高校。

数学

出題傾向の分析と合格への対策

出題傾向とその内容

〈最新年度の出題状況〉

本年度の出題数は，大問が4問，小問数にして26問であった。

本年度の出題内容は，第一問は数・式の計算，因数分解，比例関数，回転体の体積などの小問群，第二問は確率，円の性質，関数$y=ax^2$，規則性の小問群，第三問は箱ひげ図と一次関数の利用の問題，第四問は平面図形の問題で，証明と計量問題であった。

〈出題傾向〉

各大問の内容は，第一問では，数・式の計算，平方根の計算，方程式，因数分解，反比例，基本的な空間図形の計量問題が毎年出題されている。ここでは，教科書を中心とした基礎的な学力が求められている。第二問～第四問では，データの活用，確率，方程式の文章題，関数のグラフを利用する問題，関数$y=ax^2$のグラフと図形の融合問題，平面図形の証明問題や計量問題が出題されている。証明以外にも理由を説明したり，グラフをかいたりする問題が出題されている。ここでは，図形，関数の知識を組み合わせて解く総合力や応用力が身についているか，証明や理由を簡潔かつわかりやすく記述することができるかが試されている。

来年度の予想と対策

問題の質・量については来年度も大きな変化はないだろう。標準的な問題が中心であるが，文章を読み込む問題など論理的に思考する力や表現する力が要求される問題も出題されている。また，出題範囲は，中学数学のほぼ全分野にわたっているが，特に，図形と関数・グラフ，平面図形の問題を重視している。

したがって，学習方法としては，まず，教科書を中心に中学数学全般の基礎知識を確実に身につけ，苦手な分野を克服する。その上で，図形と関数・グラフの融合問題や関数を利用する問題，三角形の合同・相似の証明問題，平面図形の三平方の定理や相似，円の性質を利用する応用問題を重点的に学習しておくとよいだろう。難問にもどんどんチャレンジして，実力をつけておこう。

⇨学習のポイント

- 教科書を中心に基礎知識を確実に身につけよう。
- 過去問や問題集を使って関数とグラフの問題や平面図形の問題への対策を進めよう。

年度別出題内容の分析表　数学

※Aは前期，Bは後期／（網掛け）は出題範囲縮小の影響がみられた内容

分野		出題内容	27年	28年	29年	30年	2019年	2020年	2021年	2022年	2023年	2024年
数と式		数の性質	B								○	○
		数・式の計算	AB	AB	AB	AB	AB	○	○	○	○	○
		因数分解	B		B	A			○			○
		平方根	AB	AB	AB	AB	AB	○	○	○	○	○
方程式・不等式		一次方程式		A	B						○	
		二次方程式	AB	AB	A	B	AB	○		○		
		不等式				A	B					
		方程式の応用	AB	AB	AB	AB	AB	○	○	○		
関数		一次関数		AB	AB	AB	AB	○	○	○	○	○
		関数 $y = ax^2$	AB	AB	AB	AB	AB	○	○	○	○	○
		比例関数	AB	AB	AB	AB	A			○	○	○
		関数とグラフ	AB	AB	AB	AB	AB	○	○	○	○	○
		グラフの作成	B	B	B	AB		○		○		○
図形	平面図形	角度		A	B	AB	A			○		○
		合同・相似	AB	AB	AB	AB	AB	○	○	○	○	○
		三平方の定理	AB	AB	AB	AB	B	○	○	○	○	○
		円の性質	B	B	B	AB	B	○		○		○
	空間図形	合同・相似	B							○		
		三平方の定理			B		AB					
		切断										
	計量	長さ	AB	AB	AB	AB	AB	○	○	○		○
		面積	AB	AB	AB	AB	AB	○	○	○	○	○
		体積	AB	AB	AB	A	AB	○	○	○	○	○
		証明	AB	AB	AB	AB	AB	○	○	○	○	○
		作図		B	B							
		動点	B									
データの活用		場合の数						○		○	○	
		確率	AB	AB	AB	AB	A	○	○	○	○	○
		資料の散らばり・代表値(箱ひげ図を含む)	AB	A	AB	A	AB	○	○	○	○	○
		標本調査	B	B		B	B				○	
融合問題		図形と関数・グラフ	A	B	AB	A					○	○
		図形と確率										
		関数・グラフと確率									○	
		その他										
その他							A				○	○

— 宮城県公立高校 —

英語 出題傾向の分析と合格への対策

出題傾向とその内容

〈最新年度の出題状況〉

本年度の大問構成は，第一問がリスニングで，第二問は文法・語句・チラシからの情報読み取り，第三問は長文読解(スピーチ)，第四問も長文読解(ウェブサイトに掲載の体験談)，第五問は条件英作文であった。

リスニングは説明を聞いて絵を選択する問題，応答文を選択する問題，会話に関する質問の答えを選択する問題，そして留学生の話を聞いて，適切なアドバイスの文を自分で考えて書く問題であった。

読解問題では英問英答，内容を日本語で答える問題，五つの英文を文全体の流れに合うよう並べかえる問題，語句補充問題，会話形式の要約文などが出題され，問題内容は多岐にわたっている。

条件英作文は，課題を読んで，与えられた質問に対する自分の答えを3文以上で書くものが出題された。

質問に対してどう思うか。そしてその理由は何かなど，1つの段落の構成を考えてまとめる問題だった。

〈出題傾向〉

出題パターンや出題数は前年度と大きくは変わっていない。リスニングでは，登場人物になったつもりで英文を書かせる出題ではなく，自分の考えを相手に伝える形式になった。第五問では，条件英作文が出題されるようになっているが，昨年度の会話文に代わって課題文が示されていただけなので自分の考えをしっかりまとめるのが難しくなっている。文法・語句・読解問題全体では総合力を問う出題傾向と言えるだろう。読解文中の難しめの単語の中には，〈注〉が付されていないものもあり，前後の内容から類推する力が求められた。

来年度の予想と対策

全体の問題量や難易度に大きな変化はないと思われる。

まずは教科書の学習が何より重要である。教科書で習った単語はすべて出題される可能性があると思って学習しよう。熟語や会話表現にも注意したい。

聞き取りの問題はリスニング教材などを用いて聞いて慣れるのが一番の対策であるが，いろいろな場面や話題の問題を解いておくことが必要である。

会話問題も含めた読解問題が出題の中の大きなウェイトを占めているため，日頃からある程度の長さの英文を読み慣れる練習が求められる。その際には，指示語の内容や，ある出来事に対する原因や理由を，しっかりと考え，話の展開をとらえるトレーニングを積もう。設問の形式が多様であるので，様々な読解問題に取り組もう。英作文は，いろいろなトピックについて3文以上で自分の考えを論理的に述べる練習をしておこう。

⇨学習のポイント

- 教科書で学習したことをしっかり定着させること。
- 英作文も含め，さまざまな形式の問題が出されるので，いろいろな問題に触れよう。

年度別出題内容の分析表　英語

※Aは前期，Bは後期

出題内容			27年	28年	29年	30年	2019年	2020年	2021年	2022年	2023年	2024年
設問形式	リスニング	絵・図・表・グラフなどを用いた問題	B	B	B	B	B	○	○	○	○	○
		適文の挿入	B	B			B	○	○	○	○	○
		英語の質問に答える問題	B	B	B	B	B	○	○	○	○	○
		英語によるメモ・要約文の完成			B	B						
		日本語で答える問題										
		書き取り										
	語い	単語の発音										
		文の区切り・強勢		A	A		A					
		語句の問題	AB	AB	AB	AB	AB	○		○	○	○
	読解	語句補充・選択（読解）	AB	AB	AB	AB	AB	○	○	○	○	○
		文の挿入・文の並べ換え	AB	AB	AB	A	AB	○	○	○	○	○
		語句の解釈・指示語	AB	B	B	A	AB	○	○	○	○	○
		英問英答（選択・記述）	AB	AB	AB	AB	AB	○	○	○	○	○
		日本語で答える問題	AB	AB	AB	AB	AB	○	○	○	○	○
		内容真偽	AB	AB	AB	AB	AB	○				
		絵・図・表・グラフなどを用いた問題	AB	AB	AB	AB	AB	○	○		○	○
		広告・メール・メモ・手紙・要約文などを用いた問題	B				AB	○	○	○	○	
	文法	語句補充・選択（文法）	AB	AB	AB		AB	○	○	○	○	○
		語形変化	AB	AB		B	AB	○	○	○		
		語句の並べ換え	AB	AB	AB	AB	AB	○	○	○	○	○
		言い換え・書き換え										
		英文和訳										
		和文英訳										
		自由・条件英作文	AB	AB	AB	AB	AB	○	○	○	○	○
文法事項		現在・過去・未来と進行形	AB	AB	AB	AB	AB	○	○	○	○	○
		助動詞	AB	A	AB	AB	AB	○	○	○	○	○
		名詞・冠詞・代名詞	AB	A		AB	AB	○	○	○	○	○
		形容詞・副詞	AB		AB	AB	AB	○	○	○	○	○
		不定詞	AB	AB	AB	AB	AB	○	○	○	○	○
		動名詞	AB	A	AB	AB	AB	○	○	○	○	○
		文の構造（目的語と補語）	AB	A	B	A	AB	○	○	○	○	○
		比較	AB	A	AB	AB	AB	○	○	○	○	○
		受け身	AB	A	B	AB	AB	○	○	○	○	○
		現在完了	AB	AB	AB	AB	AB	○	○	○	○	○
		付加疑問文						○	○			
		間接疑問文	AB		A	AB	AB	○	○	○	○	
		前置詞	AB	A	B	AB	AB	○	○	○	○	○
		接続詞	AB		AB	AB	AB	○	○	○	○	○
		分詞の形容詞的用法	A	B	AB	A	AB	○	○	○	○	○
		関係代名詞	AB	AB	AB	AB	AB	○	○	○	○	○
		感嘆文										
		仮定法										

理科 出題傾向の分析と合格への対策

出題傾向とその内容

〈最新年度の出題状況〉

本年度の大問数も，昨年度同様5題で，第一問が各分野からなる小問集合問題となっており，その他の大問は，物理・化学・生物・地学分野に関する問題で構成されている。全体としては，第一分野と第二分野がバランスよく出題されており，教科書を中心とした基礎事項と，分析力・思考力を確認する問題で構成されている。

〈出題傾向〉

複数の実験や観察の結果から推測したり，結果の表から計算したりする問題が多いので，まず問題文を素早く読み取る力が要求される。また，その結果から理由を考えたり，別の実験についての結果を推測したりするという，思考力を問われる問題が主体となっている。

解答形式を見ると，選択式，記述式，作図とバラエティーに富んだ出題で，比較的長い文章をまとめる力も必要である。

物理的領域　データの利用のしかたと処理力を問われる問題が出題された。基礎を確実に理解していないと，解答に迷う可能性があるが，内容的には教科書の範囲を越えるものではないので，落ち着いて考えればよい。

化学的領域　教科書にはない実験に関するデータや資料をよく読みこんで解答するタイプの問題が出題された。計算や作図など，バランスよく出されている。基本から応用まで，学習の完成度を知ることができる出題であった。

生物的領域　条件を読みこんで分析・考察し，なぜそうなるのかを的確に答える力が問われた。丁寧に記述し，解答することを心がけたい。

地学的領域　基本事項と応用力を問われる問題が出題された。資料を工夫して利用する力が養われていれば解答は十分できたであろう。資料の多い問題を事前にたくさん学習していれば，ほとんど解答できたと思われる。

来年度の予想と対策

来年度も，教科書を応用した形の出題で，基礎力と思考力を問われる問題が出題されると思われる。また，第一分野と第二分野の各項目から，幅広く出題されるため，教科書の内容はかたよりなく学習しておく必要がある。

具体的な対応としては，まず，学校の授業内容を確実に理解すること。実験や観察ごとに目的や方法をまとめ，結果をグラフや表にしたり，その理由を簡潔な文章で表現したりすることができるようにしよう。教科書に出てくる用語はしっかりと理解しておくこと。また，過去の入試問題に慣れておくことも大切である。

さまざまな分野から広範囲にわたる出題となるので，時間配分に注意し，わかるところから解き始めるなど，効率よく解答することも必要である。

⇨学習のポイント

- 記述式の問題は，簡潔かつ的確に解答することができるよう，多く練習しよう。
- 公式だけにたよらず，原理・原則をしっかり把握できるよう，基本的理解に努めよう。

年度別出題内容の分析表　理科

※★印は大問の中心となった単元／（網掛け）は出題範囲縮小の影響がみられた内容

		出題内容	27年	28年	29年	30年	2019年	2020年	2021年	2022年	2023年	2024年
第一分野	第1学年	身のまわりの物質とその性質	○		○		○		○			○
		気体の発生とその性質				○		○		○		
		水溶液		○		○			○	○	○	○
		状態変化					○					
		力のはたらき(2力のつり合いを含む)	★		○					★		
		光と音		○		○		○				○
	第2学年	物質の成り立ち			○	○	○		○	○		
		化学変化，酸化と還元，発熱・吸熱反応			○	○	★		○	★	○	
		化学変化と物質の質量	★		○	○	○		○	○	★	
		電流(電力，熱量，静電気，放電，放射線を含む)	○		★	○	○	○	○	○	○	★
		電流と磁界	○			○		★		○		
	第3学年	水溶液とイオン，原子の成り立ちとイオン	○	○	○	○					○	
		酸・アルカリとイオン，中和と塩	★		○			★				★
		化学変化と電池		★						○		
		力のつり合いと合成・分解(水圧，浮力を含む)	○	○	○		○	○	○	○	○	
		力と物体の運動(慣性の法則を含む)		○		○		○			○	
		力学的エネルギー，仕事とエネルギー		○		○	★				★	
		エネルギーとその変換，エネルギー資源								○		
第二分野	第1学年	生物の観察と分類のしかた					○					
		植物の特徴と分類	○	○	○	○			○			○
		動物の特徴と分類		○			○				○	
		身近な地形や地層，岩石の観察	○		○						○	
		火山活動と火成岩					★			○		
		地震と地球内部のはたらき		○		○						
		地層の重なりと過去の様子	○		○						★	
	第2学年	生物と細胞(顕微鏡観察のしかたを含む)			○	○				○		
		植物の体のつくりとはたらき		○	○	○	○	★		★	○	○
		動物の体のつくりとはたらき		○	○			○	○	○	○	
		気象要素の観測，大気圧と圧力		○		○	○	○	○		○	○
		天気の変化	○	○			○		○			
		日本の気象	○				○	○			○	
	第3学年	生物の成長と生殖	○		○	○					★	○
		遺伝の規則性と遺伝子		★	○	○			○			★
		生物の種類の多様性と進化										
		天体の動きと地球の自転・公転	○		○	○		○		★		○
		太陽系と恒星			○			○	○			★
		自然界のつり合い	★				○					
自然の環境調査と環境保全，自然災害			○				★					
科学技術の発展，様々な物質とその利用			○									
探究の過程を重視した出題			○	○	○	○	○	○	○	○	○	○

— 宮城県公立高校 —

社会 出題傾向の分析と合格への対策

出題傾向とその内容

〈最新年度の出題状況〉

本年度の出題数は大問6題，小問数30題である。解答形式は，記号選択が中心で短文記述が5題出題されている。大問は，日本地理1題，世界地理1題，歴史1題，公民3題であった。

地理的分野では，地図やグラフ，統計表が用いられ，アジア，東北地方を扱っている。

歴史的分野では，諸外国との貿易を切り口にして，基礎的な事項が幅広く出題されている。

公民的分野では，経済や社会保障のようすなどについて基本的な問題が出題されている。

〈出題傾向〉

地理的分野では，与えられた資料を正確に読み取ったうえで，基礎知識と組み合わせて答えることが求められている。

歴史的分野では，略年表や地図などを用いて，政治・社会・文化などの基本的内容の把握ができているかを確認しようとしている。

公民的分野では，図や表を用いて，基礎知識をベースに，身近な具体例と結び付けることで，今日の日本社会に対する理解の程度を問うている。さらに，国際社会との関わりに関する出題もあり，基礎知識を幅広く問う内容となっている。

また，各分野共に短文記述が出題されているが，これは，短文記述を通して，説明する力の確認もしていると言えるだろう。

来年度の予想と対策

来年度も出題のレベルや量，形式などは大きく変わることはないであろう。各分野とも教科書中心の基礎知識の習得と，全分野にわたる複合問題に対する準備が必要である。また，よく練られた問題が多いので，時間配分に注意して解き進めて行く必要があるだろう。さらに，短文記述が出題されることが予想されるので，ポイントを押さえて説明する練習も必要だと言えるだろう。

地理的分野では，普段から地図・グラフなどをよく見て，諸地域の産業や気候の特色を理解しておく必要があるだろう。

歴史的分野では，政治・外交・経済・文化などについて，教科書を中心に時代の流れを押さえておくことが大切になるだろう。

公民的分野では，教科書の理解とともに時事問題への理解が必須である。日頃から新聞やニュースを見ておくことが大切である。その際には，知識として身に付けたものと実際の出来事を結び付けるようにすることが，より深い理解につながると言えるだろう。

⇨学習のポイント

- 地理では各種統計資料・各地の地図を繰り返し確認しよう！
- 歴史では教科書で扱われる基礎事項の確認を徹底しよう！
- 公民では様々なニュースと教科書の基礎知識を結び付けていこう！

年度別出題内容の分析表　社会

※　　は出題範囲縮小の影響がみられた内容

出題内容			27年	28年	29年	30年	2019年	2020年	2021年	2022年	2023年	2024年
地理的分野	日本	地形図の見方			○							
		日本の国土・地形・気候	○	○	○		○	○	○	○	○	○
		人口・都市	○	○	○		○		○		○	○
		農林水産業	○	○	○			○	○	○	○	○
		工業	○	○		○		○			○	
		交通・通信	○					○		○	○	○
		資源・エネルギー										
		貿易				○				○		
	世界	人々のくらし・宗教		○			○			○	○	
		地形・気候	○	○	○	○	○	○	○	○	○	○
		人口・都市					○	○		○		○
		産業	○	○		○	○	○	○		○	○
		交通・貿易	○			○		○	○		○	○
		資源・エネルギー						○				
	地理総合											
歴史的分野	日本史―時代別	旧石器時代から弥生時代			○							
		古墳時代から平安時代	○	○	○	○	○	○	○	○	○	○
		鎌倉・室町時代	○	○	○	○	○	○	○	○	○	○
		安土桃山・江戸時代	○	○	○	○	○	○	○	○	○	○
		明治時代から現代	○	○	○		○	○	○	○	○	○
	日本史―テーマ別	政治・法律	○	○	○	○	○	○	○	○	○	○
		経済・社会・技術	○	○	○	○	○	○	○	○	○	○
		文化・宗教・教育	○	○	○		○	○	○	○	○	○
		外交	○	○	○		○	○	○	○	○	○
	世界史	政治・社会・経済史			○		○	○	○			
		文化史			○							○
		世界史総合										
	歴史総合											
公民的分野	憲法・基本的人権		○	○	○	○	○	○	○	○	○	
	国の政治の仕組み・裁判		○	○	○	○	○	○		○		
	民主主義											
	地方自治		○				○		○		○	
	国民生活・社会保障					○			○		○	○
	経済一般		○	○	○	○		○	○	○		○
	財政・消費生活		○	○	○	○		○	○	○	○	○
	公害・環境問題									○		
	国際社会との関わり		○	○	○		○			○		
時事問題							○					
その他												

― 宮城県公立高校 ―

国語

●●●● 出題傾向の分析と合格への対策 ●●●●

出題傾向とその内容

〈最新年度の出題状況〉

六大問の出題。大問一は，漢字の読み書きと筆順が出題された。大問二は，話し合いにおける発言の目的や効果について問うものも出題されている。大問三は，小説文読解で，表現や心情の読み取りに関する問題が中心に構成された。大問四は，論説文読解で，内容理解が中心。脱語補充で内容を把握する問いや50字程度でまとめる問いも見られた。大問五は，和歌・古文で，基本的なものが中心の内容を把握する問題。大問六は，作文。グラフを読み取り，自分の考えをのべる作文だった。200字以内でまとめる。

〈出題傾向〉

読解問題は，小説，論説文，古文のいずれもオーソドックスな内容だと言える。

小説は，登場人物の心情の読み取りや，表現に関する出題が目立つ。読み取れる心情について，50字程度でまとめる記述問題もある。また，ここ数年では，内容についての会話を読み，そこから内容を読み解くような問題も出されている。

論説文は，内容吟味や文脈把握，段落・文章構成，内容一致などで構成されている。内容について，50字程度で説明させる問題も見られ，読解力だけでなく，端的に文をまとめる力も要求されている。

古文や漢文は，内容について現代語でまとめたものとともに提示されることもある。歴史的仮名遣いや書き下しなど，基礎的なことがらから，口語訳，文章全体の大意などが問われる。

知識問題は，漢字の読みと書き取り以外にも，熟語や文法が，読解問題中で問われることもある。

本年度から，統一型で出題されるようになり，広い分野から知識を問うようになっている。

来年度の予想と対策

現代文は，記述問題が多いので，日ごろから記述問題に取り組み，実際に書く練習を欠かさないこと。また，選択式問題は，本文の表現・内容と注意深く照らし合わせなくてはならないものが多く見られた。本文での根拠を明確にした上で自信をもって解答を選べる，綿密な読解力・解答力をつけておきたい。古文は，本年は内容読解が重視されていたが，仮名遣いなどの基礎知識についても確実に身につけておくこと。また，新聞の書評など，さまざまな形式の文章にも触れておきたい。

作文は，テーマを決めて，本番と同じ字数で書く練習を重ねることが必要である。知識問題については，普段の授業での学習，教科書内容の確認を怠らずに，定着させることが大切だ。

⇨学習のポイント

- さまざまなパターンの文章に触れておこう。
- 登場人物の心情，段落や文章全体の要旨をまとめるなど，記述の練習をしよう。
- 文法・漢字など基礎的知識をつけよう。

年度別出題内容の分析表　国語

※Aは前期，Bは後期

		出題内容	27年	28年	29年	30年	2019年	2020年	2021年	2022年	2023年	2024年
内容の分類	読解	主題・表題			B	B			○	○	○	○
		大意・要旨	B	A	B	AB	AB	○	○	○	○	○
		情景・心情	AB	AB	AB	AB	AB	○	○	○	○	○
		内容吟味	AB	AB	AB	AB	AB	○	○	○	○	○
		文脈把握	AB	AB	AB	AB	AB	○	○	○	○	○
		段落・文章構成	AB	AB	A	AB	AB			○	○	○
		指示語の問題			A							
		接続語の問題		A		B	AB					
		脱文・脱語補充	AB	AB	AB	AB	AB	○	○	○	○	○
	漢字・語句	漢字の読み書き	B	AB	AB	AB	AB	○	○	○	○	○
		筆順・画数・部首	A	A	A	A	A	○			○	○
		語句の意味	A	B		A						
		同義語・対義語			A							
		熟語	A				A	○	○	○	○	
		ことわざ・慣用句・四字熟語		AB			B		○	○	○	
		仮名遣い	A	A	B	A	B	○	○			○
	表現	短文作成										
		作文(自由・課題)	B	B	B	B	B	○	○	○		○
		その他										
	文法	文と文節		A	A	A				○		
		品詞・用法	AB	AB	B	AB	AB	○	○			
		敬語・その他		B	A	AB	A	○				
	古文の口語訳		A									
	表現技法・形式		B		AB	A	A	○		○	○	○
	文学史											
	書写											
問題文の種類	散文	論説文・説明文	AB	AB	AB	AB	AB	○	○	○	○	○
		記録文・実用文										
		小説・物語・伝記	AB	AB	AB	AB	AB	○	○	○	○	○
		随筆・紀行・日記										
	韻文	詩			A							
		和歌(短歌)			A							○
		俳句・川柳										
	古文		AB	A	B	B	B	○	○			○
	漢文・漢詩			AB	A	A	A			○	○	
	会話・議論・発表		AB	AB	AB	AB	AB	○	○	○	○	○
	聞き取り											

宮城県公立高校難易度一覧

目安となる偏差値	公立高校名
75 ~ 73	
72 ~ 70	仙台第二
69 ~ 67	宮城第一(国際探究･理数探究)
	仙台第一，仙台第三(理数)，宮城第一
66 ~ 64	仙台第三，仙台二華，仙台向山(理数)
	仙台向山
	泉館山
63 ~ 61	仙台南，宮城野
	泉
60 ~ 58	石巻
	泉(英語)，宮城野(美術)
57 ~ 55	仙台東，多賀城(普／災害科学)
	仙台三桜
	石巻好文館，市仙台市立仙台，古川
54 ~ 51	気仙沼，白石，仙台西，仙台東(英語)，富谷
	宮城県工業(情報技術)
	佐沼，古川黎明
	名取北，利府
50 ~ 47	泉松陵，市仙台市立仙台工業(建築)，市仙台市立仙台商業(商業)，宮城県工業(機械／電子機械／化学工業／インテリア)
	石巻西，市仙台市立仙台工業(機械／電気／土木)，宮城広瀬
	角田，塩釜，築館，宮城県工業(電気)
	石巻工業(機械／電気情報／化学技術／土木システム／建築)，白石(看護)，白石工業(機械／電気／工業化学／建築／設備工業)，古川工業(土木情報／建築／電気電子／機械／化学技術)，利府(スポーツ科学)
46 ~ 43	市石巻市立桜坂(学励探求)，大河原産業(企画デザイン／総合ビジネス)，登米，名取，迫桜(総合)
	岩ヶ崎(文系教養／理系教養)
	石巻商業(総合ビジネス)，小牛田農林(総合)，亘理
	黒川，塩釜(ビジネス)，柴田(普／体育)，登米総合産業(商業)
42 ~ 38	中新田，名取(家政)，涌谷，亘理(食品科学／家政)
	市石巻市立桜坂(キャリア探求)，岩出山，松島(普／観光)，宮城県農業(食品化学)
	小牛田農林(農業科学／農業土木)，登米総合産業(機械／電気／情報技術／福祉)，松山(家政)，南三陸，宮城県農業(農業･園芸／農業機械／生活)，村田(総合)
	伊具(総合)，鹿島台商業(商業)，加美農業(農業機械)，黒川(機械／電子工学)，登米総合産業(農業)，宮城県水産(海洋総合)，本吉響(総合)
	石巻北(総合)，一迫商業(流通経済／情報処理)，大河原産業(農業科学)，加美農業(農業／生活技術)，黒川(環境技術)，気仙沼向洋(情報海洋／産業経済／機械技術)，蔵王，柴田農林[川崎校]，南郷(普／産業技術)，松山，南三陸(情報ビジネス)
37 ~	

＊(　)内は学科・コースを示します。特に示していないものは普通科(普通・一般コース)，または全学科(全コース)を表します。また，市は市立を表します。

＊データが不足している高校，または学科・コースなどにつきましては掲載していない場合があります。

＊公立高校の入学者は，「学力検査の得点」のほかに，「調査書点」や「面接点」などが大きく加味されて選抜されます。上記の内容は想定した目安ですので，ご注意ください。

＊公立高校入学者の選抜方法や制度は変更される場合があります。また，統廃合による閉校や学校名の変更，学科の変更などが行われる場合もあります。教育委員会などの関係機関が発表する最新の情報を確認してください。

宮城県公立高等学校

2024年度

入 試 問 題

2024
年
度

●くわしい解説 …… 43ページ

＜数学＞

時間　50分　　満点　100点

第一問　次の１～８の問いに答えなさい。

1　$2-16$　を計算しなさい。

2　$\frac{7}{3}+\frac{2}{9}\times(-3)$　を計算しなさい。

3　$(6a^2b-4ab^2)\div 2ab$　を計算しなさい。

4　$a=-5$，$b=\frac{1}{6}$　のとき，$2(a+7b)-8b$　の値を求めなさい。

5　$x^2-10x+21$　を因数分解しなさい。

6　yはxに反比例し，$x=-2$のとき$y=9$です。このとき，yをxの式で表しなさい。

7　３つの数$\sqrt{10}$，$\frac{7}{\sqrt{7}}$，3　の大小を，不等号を使って表したものとして正しいものを，次の**ア**～**カ**から１つ選び，記号で答えなさい。

ア　$\sqrt{10}<\frac{7}{\sqrt{7}}<3$　　**イ**　$\sqrt{10}<3<\frac{7}{\sqrt{7}}$　　**ウ**　$\frac{7}{\sqrt{7}}<\sqrt{10}<3$

エ　$\frac{7}{\sqrt{7}}<3<\sqrt{10}$　　**オ**　$3<\sqrt{10}<\frac{7}{\sqrt{7}}$　　**カ**　$3<\frac{7}{\sqrt{7}}<\sqrt{10}$

8　下の図のような，AB＝６㎝，BC＝４㎝の長方形ABCDがあります。辺AD上にED＝３㎝となる点Eをとり，辺DC上にDF＝５㎝となる点Fをとります。また，点Eを通って辺ADに垂直な直線と点Fを通って辺DCに垂直な直線との交点をGとします。

２辺AB，BCと４つの線分CF，FG，GE，EAとで囲まれた図の斜線部分を，直線DCを軸として１回転させてできる立体の体積を求めなさい。ただし，円周率をπとします。

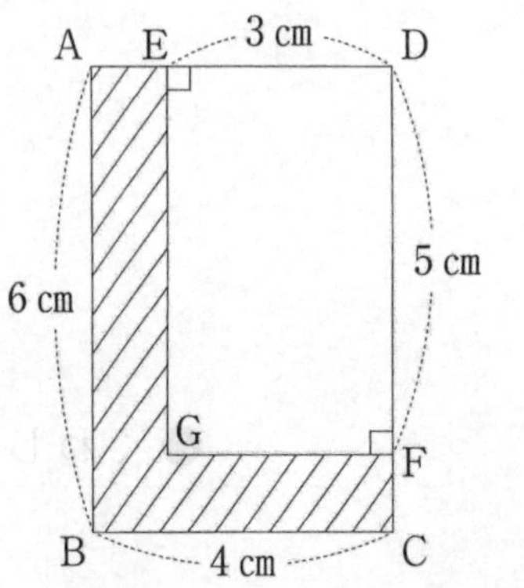

第二問　次の１～４の問いに答えなさい。

1　１から６までの目が出るさいころが１つあります。

このさいころを２回投げて，１回目に出た目の数をa，２回目に出た目の数をbとするとき，次の⑴，⑵の問いに答えなさい。ただし，さいころは，どの目が出ることも同様に確からしいものとします。

⑴　$a+b=6$が成り立つ確率を求めなさい。

⑵　$\dfrac{b+1}{a}$の値が整数になる確率を求めなさい。

2　線分ABを直径とする円Oがあります。下の図のように，円Oの周上に，$\angle\mathrm{ABC}=28^\circ$となる点Cをとり，点Cをふくまない方の$\overset{\frown}{\mathrm{AB}}$上に，$\angle\mathrm{OCD}=37^\circ$となる点Dをとります。また，線分ABと線分CDとの交点をEとします。

次の⑴，⑵の問いに答えなさい。

⑴　∠AECの大きさを求めなさい。

⑵　AB＝６㎝のとき，図の太い線で示している小さい方の$\overset{\frown}{\mathrm{DB}}$の長さを求めなさい。ただし，円周率を$\pi$とします。

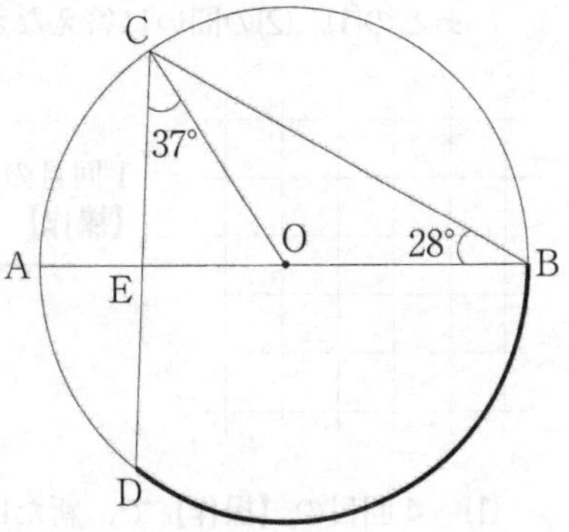

3　下の図のように，関数$y=\dfrac{1}{2}x^2$のグラフと関数$y=ax^2$のグラフが，x軸に平行な直線ℓとそれぞれ２点で交わっています。関数$y=\dfrac{1}{2}x^2$のグラフと直線ℓとの交点のうち，x座標が正である点をA，負である点をBとし，関数$y=ax^2$のグラフと直線ℓとの交点のうち，x座標が正である点をC，負である点をDとします。ただし，$a>\dfrac{1}{2}$とします。

点Aのx座標が４であるとき，次の⑴，⑵の問いに答えなさい。

⑴　点Bの座標を求めなさい。

⑵　DC＝CAとなるとき，aの値を求めなさい。

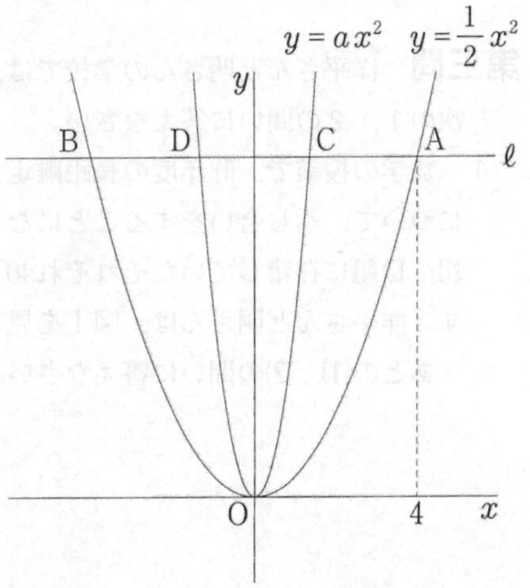

4　平面上にマス目があり，その中の１つのマスに白い碁石《ごいし》が１個置いてあります。この状態から，黒い碁石と白い碁石を使って，次の【操作】をくり返し行います。

【操作】
碁石が置いてあるマスの，上，右上，右，右下，下，左下，左，左上でとなり合うすべてのマスのうち，まだ碁石が置かれていないマスに新たに碁石を置く。

奇数回目の【操作】では黒い碁石を，偶数回目の【操作】では白い碁石を新たに置くこととします。

下の図は，１つのマスに白い碁石が１個置いてある状態から，１回目の【操作】で新たに碁石を置いたあとのようすと，２回目の【操作】で新たに碁石を置いたあとのようすを示したものです。

あとの⑴，⑵の問いに答えなさい。

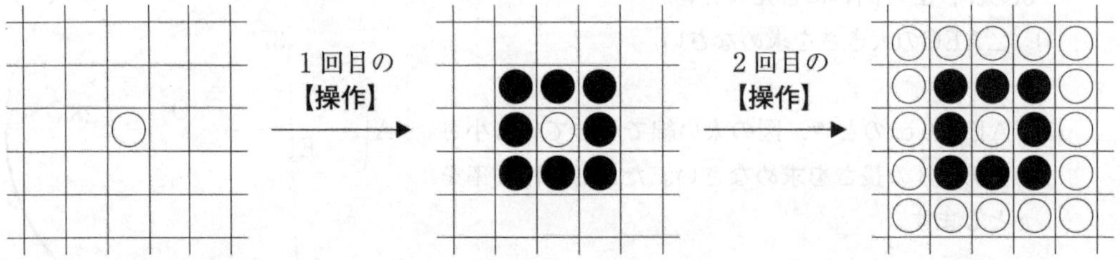

⑴　４回目の【操作】で，新たに置く碁石は，何個ですか。

⑵　何回目かの【操作】で，新たに置いた碁石は，88個でした。
次の㈠，㈡の問いに答えなさい。

㈠　この【操作】は，何回目の【操作】ですか。

㈡　このとき，黒い碁石は，平面上に全部で何個置いてありますか。

第三問　洋平さんと明さんの学校では，毎年，1200mを走る長距離走大会が行われています。次の１，２の問いに答えなさい。

1　数学の授業で，昨年度の長距離走大会の記録をもとにかかれた箱ひげ図から読みとれることについて，話し合いをすることになりました。次のページの図Ⅰは，昨年度のＡ組，Ｂ組，Ｃ組，Ｄ組に在籍していたそれぞれ40人全員の，記録の分布のようすを箱ひげ図に表したものです。洋平さんと明さんは，図Ⅰを見ながら，　　　の会話をしています。

あとの⑴，⑵の問いに答えなさい。

図Ⅰ

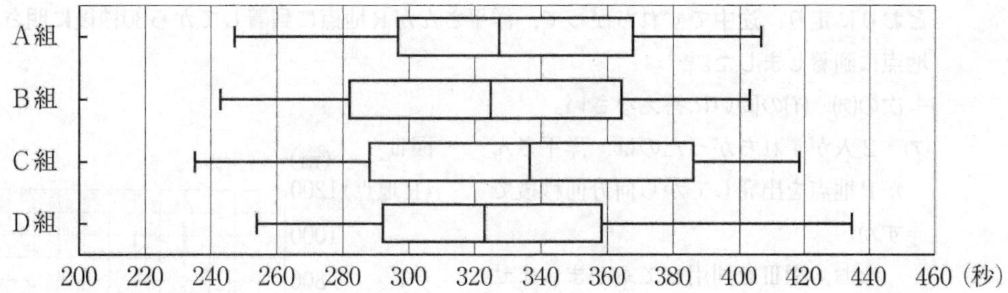

洋平さん：数値が小さい方が速い記録ということになるから，４つの組の中で最も記録が速かった生徒がいるのは □ 組だね。ほかにわかることはないかな。

明さん　：各組の人数は40人だから，**中央値**に注目すると，４つの組全体で少なくとも80人は340秒以内の記録だったことがわかるよ。

洋平さん：なるほど。昨年度の長距離走大会の記録について，箱ひげ図から，いろいろなことが読みとれるね。

明さん　：今年度の長距離走大会の目標設定の参考になるね。

⑴　会話の □ にあてはまる正しいものを，A，B，C，Dの中から１つ答えなさい。

⑵　明さんが，図Ⅰから会話の下線部のように判断した理由を，**中央値**という語句を用いて，根拠となる人数を示しながら，説明しなさい。

2　図Ⅱのような，P地点からQ地点を通ってR地点まで１本のまっすぐな道路で結ばれたコースがあります。P地点を基準とし，P地点からQ地点までの距離は900m，P地点からR地点までの距離は1200mです。洋平さんと明さんは，長距離走大会に向けての練習として，このコースを使って，下の □ の計画でそれぞれ走ることにしました。

あとの⑴，⑵の問いに答えなさい。

図Ⅱ

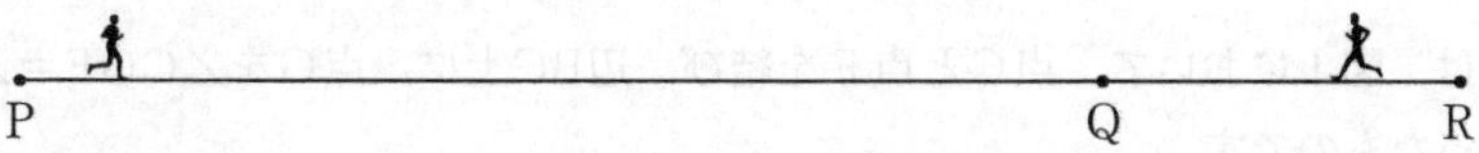

【洋平さんの計画】

P地点からR地点に向かって止まることなく走る。P地点からQ地点までは分速200mの一定の速さで走り，Q地点からR地点までは分速300mの一定の速さで走る。

【明さんの計画】

R地点からP地点に向かって止まることなく走る。R地点からP地点まで分速250mの一定の速さで走る。

⑴　洋平さんが計画どおりに走るとき，P地点を出発してからR地点に着くまでの，時間とP地点から洋平さんまでの距離との関係を表すグラフを，**解答用紙の図**にかき入れなさい。

(2)　洋平さんがＰ地点を出発し，遅れて明さんがＲ地点を出発しました。２人はそれぞれ計画どおりに走り，途中ですれちがって，洋平さんがＲ地点に到着してから30秒後に明さんがＰ地点に到着しました。

次の(ア)，(イ)の問いに答えなさい。

(ア)　２人がすれちがったのは，洋平さんがＰ地点を出発してから何分何秒後ですか。

なお，図Ⅲを利用してもかまいません。

図Ⅲ

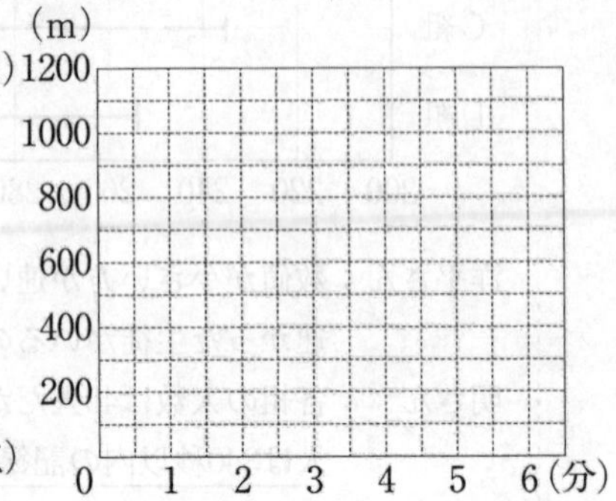

(イ)　Ｐ地点から明さんまでの距離が300mであるとき，Ｐ地点から洋平さんまでの距離は何mですか。

第四問　図Ⅰのような，BC＝10㎝，AC＜BCである△ABCがあります。２辺AB，ACの中点をそれぞれD，Ｅとし，点Ｂと点Ｅ，点Ｄと点Ｅをそれぞれ結びます。また，点Ａを通って線分DEに平行な直線上に，AF＝DEとなる点Ｆを，直線ACに対して点Ｄと反対側にとり，点Ｄと点Ｆを結びます。

次の１～３の問いに答えなさい。

１　線分ＤＥの長さを求めなさい。

２　△ＡＤＦ≡△ＤＢＥであることを証明しなさい。

図Ⅰ

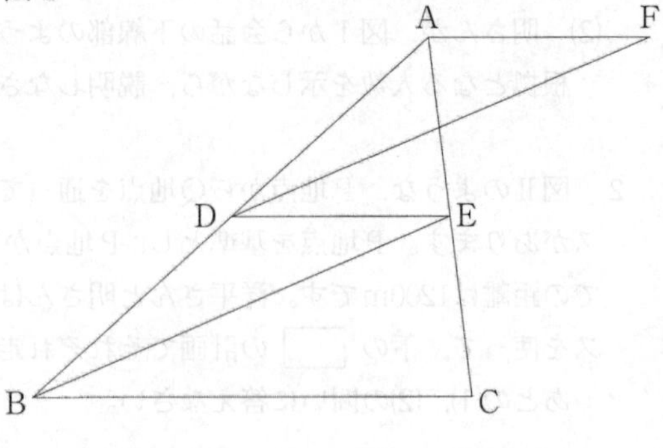

３　図Ⅱは，図Ⅰにおいて，点Ｃと点Ｆを結び，辺BC上に，点Ｇを∠CGE＝∠ACFとなるようにとったものです。

AB＝12㎝，AC＝８㎝のとき，次の(1)，(2)の問いに答えなさい。

(1)　線分CGの長さを求めなさい。

(2)　点Ａと点Ｇを結びます。△AGEの面積を求めなさい。

図Ⅱ

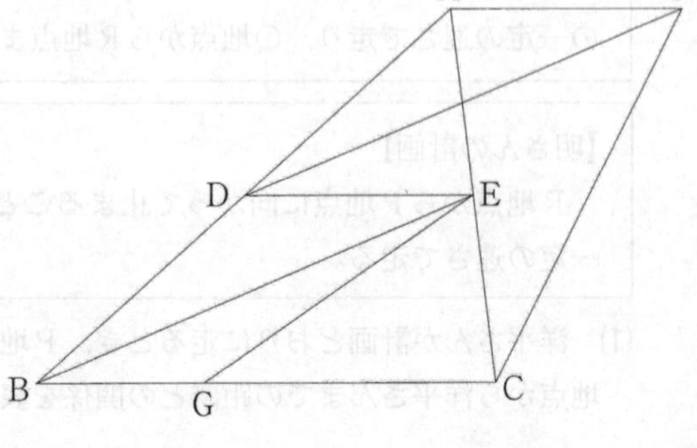

＜英語＞　時間　50分　満点　100点

第一問　（放送によるテスト）次の問題１から問題４に答えなさい。

問題１　英語を聞いて，その内容を最も適切に表しているものを，それぞれア，イ，ウ，エの中から１つ選んで，その記号を解答用紙に書きなさい。

１番

ア

イ
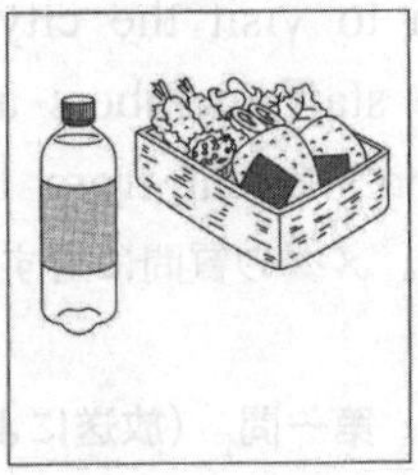

ウ
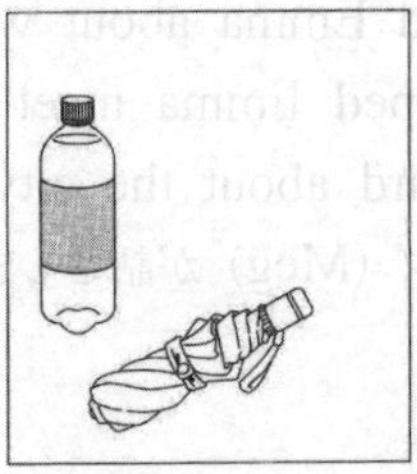

エ

２番

ア
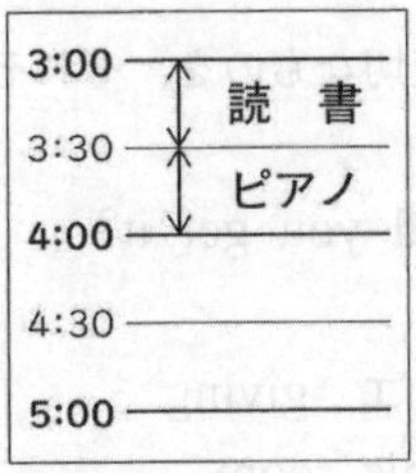

イ
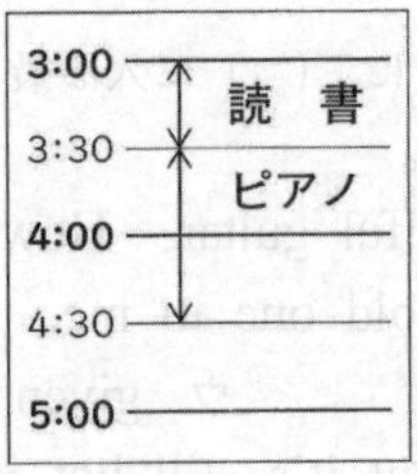

ウ
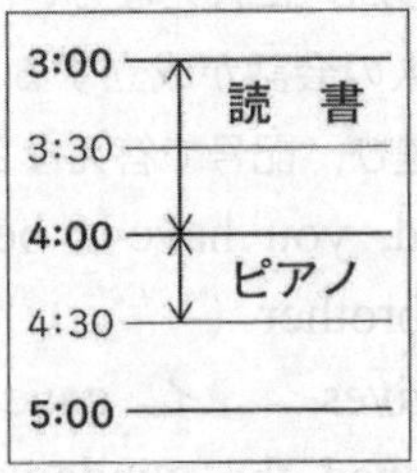

エ
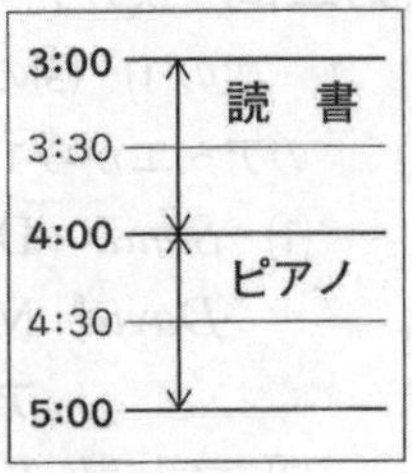

問題２　亜美（Ami）とニック（Nick）が会話をします。二人の会話は，問題用紙に示されている順に進みます。[　　] に入る発言として最も適切なものを，それぞれア，イ，ウ，エの中から１つ選んで，その記号を解答用紙に書きなさい。会話の [　　] のところでは，チャイム音が鳴ります。

１番　*Ami:* ・・・・・・・・・・・・・・

Nick: ・・・・・・・・・・・・・・

Ami: ・・・・・・・・・・・・・・

Nick: [　（チャイム音）　]

ア　Sounds good.　　イ　It's in my classroom.

ウ　I don't have homework.　　エ　Here you are.

２番　*Nick:* ・・・・・・・・・・・・・・

Ami: ・・・・・・・・・・・・・・

Nick: ・・・・・・・・・・・・・・

Ami: [　（チャイム音）　]

ア　Oh, I'm so lucky.　　イ　Oh, look at the actor.

ウ　Oh, will you take trains?　　エ　Oh, who was the actor?

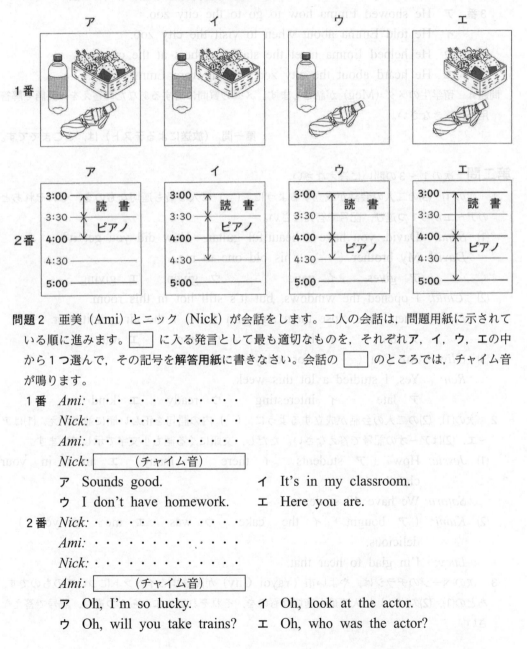

問題3 裕也（Yuya）と留学生のエマ（Emma）が会話をします。そのあとで会話について3つの質問をします。それらの質問に対する答えとして最も適切なものを，それぞれア，イ，ウ，エの中から1つ選んで，その記号を解答用紙に書きなさい。

1番 ア Her friend. イ Her host family.
ウ Yuya and his friend. エ Yuya and his family.

2番 ア At 5:00 p.m. イ At 6:00 p.m.
ウ At 8:00 p.m. エ At 9:30 p.m.

3番 ア He showed Emma how to go to the city zoo.
イ He told Emma about when to visit the city zoo.
ウ He helped Emma meet the staff members at the city zoo.
エ He heard about the city zoo's event from Emma.

問題4 留学生のメグ（Meg）が話をします。メグの質問に対するあなたの答えを，**英語**で解答用紙に書きなさい。

第一問（放送によるテスト）は，ここまでです。

第二問 次の1～3の問いに答えなさい。

1 次の(1)～(3)の二人の会話が成立するように，（ ）に入る最も適切なものを，それぞれあとのア～エから1つ選び，記号で答えなさい。

(1) *Sana:* David, you have a beautiful guitar. How did you get it?
David: My brother （ ） his old one to me.
ア gives イ gave ウ given エ giving

(2) *Child:* I opened the windows, but it's still hot in this room.
Father: Then, let's close them and turn （ ） the air conditioner.
ア on イ in ウ into エ out

(3) *Oliver:* Are you （ ） for today's math test?
Ren: Yes, I studied a lot this week.
ア late イ interesting ウ ready エ kind

2 次の(1)，(2)の二人の会話が成立するように，（ ）内の語句を正しい順に並べかえ，(1)はア～エ，(2)はア～オの記号で答えなさい。ただし，文頭にくる語も小文字で示しています。

(1) *Jessie:* How （ア students イ there ウ many エ are） in your class?
Satoru: We have 40 students.

(2) *Kumi:* （ア bought イ the cake ウ was エ me オ you） delicious.
Lucy: I'm glad to hear that.

3 次のページのチラシは，やよい市（Yayoi City）が開催するイベントについてのものです。あとの(1)，(2)の（ ）に入る最も適切なものを，それぞれア～エから1つ選び，記号で答えなさい。

〔チラシの一部〕

English Day for Junior High School Students

Come and enjoy English classes with ALTs in Yayoi City!

DATE:	Sunday, September 17
TIME:	1:00 p.m. to 4:00 p.m.
PLACE:	Yayoi Culture Center

・Each student can join only one class. Choose one from the list below.

Class	Activities
Class A	Playing games and sports
Class B	Learning about foreign cultures
Class C	Making cookies and enjoying tea time
Class D	Making a short video to introduce Yayoi City

・You have to speak in English during the event.

・You need to bring sports clothes for Class A.

・To join the event, send us an e-mail by September 10. (✉ ○○○@yayoi-city.jp)

⑴ If students want to try cooking with ALTs, they should join ( ).

ア Class A　イ Class B　ウ Class C　エ Class D

⑵ At the event, students ( ).

ア will join a class in the afternoon

イ have to talk with ALTs in Japanese

ウ will receive an e-mail from ALTs

エ have to wear their school uniforms

第三問 次の英文は，中学生の佳奈美（Kanami）が，英語の授業でスピーチをしたときのものです。この英文を読んで，あとの１～５の問いに答えなさい。

Hi, everyone. Today, I'll talk about my favorite place, the local **shogi* club. It has members of different ages, from children to elderly people. We meet at the local *community center twice a month. I've been a member of ①it since the fifth *grade in elementary school.

When I started going to the club, 30 members played *shogi* there. Some of them had a lot of knowledge about *shogi* and taught other members how to play it. Thanks to their help, all the members enjoyed the club. That year, a tournament was held to decide the best player in the club. It was my first *shogi* tournament. Though I did my best, I lost in the first game. Then I realized, "I need to practice _shogi_ more and learn different skills." I started to do that after the tournament, and the members supported me. Sometimes elderly members taught me new skills, and sometimes younger members had practice games with me. I became good at _shogi_ little by little.

When I was in the sixth grade, I joined the tournament held by the club again. I was so happy to win twice. Many members said to me, "Good job!" and I was glad. However, I lost against Mr. Yamada in the third game. He was an elderly member who often taught me _shogi_. After the game, he said, "Kanami, you have become stronger than before as a result of your efforts. So ② if you continue your efforts, you'll develop your skills even more and win our next game." I *gained confidence when I heard that. Then I realized, "I've *grown a lot because the members have supported me." The club helped me connect with various people, and they taught me many things. Age difference wasn't a big barrier. The club and its members were precious to me.

Now I'm a junior high school student. I've started helping younger members practice _shogi_ in the club. I want to be a bridge between the members and keep seeing their happy faces there.

＜注＞　*_shogi_ club　将棋愛好会　*community center　公民館　*grade　学年
*gain(ed) confidence　自信がつく　*grown ← grow　成長する

1　下線部①が示す内容として最も適切なものを，次のア～エから１つ選び，記号で答えなさい。

ア　the local _shogi_ club　　イ　the local community center

ウ　the fifth grade　　エ　elementary school

2　次の質問に対する答えを，本文の内容に合うように英語で書きなさい。

What did Kanami start to do after her first _shogi_ tournament?

3　下線部②のように山田さん（Mr. Yamada）が思ったのはなぜか，本文の内容から具体的に日本語で書きなさい。

4　次のア～オを佳奈美のスピーチの流れに合うように並べかえ，記号で答えなさい。

ア　Kanami joined a _shogi_ tournament for the first time.

イ　Kanami started to support younger members in the _shogi_ club.

ウ　Kanami lost in the third game of the tournament held by the _shogi_ club.

エ　Kanami started to go to the _shogi_ club at the community center.

オ　Kanami won two games in the tournament held by the _shogi_ club.

5　次の英文は，佳奈美のスピーチを聞いた生徒が書いたコメントです。本文の内容をふまえて，[　　] に入る最も適切なひとつづきの英語４語を，本文中から抜き出して書きなさい。

> Thank you for your great speech. You said that your _shogi_ club is a wonderful place because you can [　　　　] and learn together with them. I also want to find a good place like your club for myself.

第四問　次の英文は，日本を観光したことがある外国人の体験談を紹介するウェブサイトに掲載された，ルーカス（Lucas），ジャック（Jack），リー（Lee）の体験談です。これらの英文を読んで，あとの１～５の問いに答えなさい。

Lucas

I'm interested in traditional Japanese culture, so I decided to visit Kyoto. I tried ①a *calligraphy trial lesson for tourists there, and it became my best memory. At the beginning of the lesson, the teacher taught us what calligraphy is. Next, we practiced writing *kanji* with the *writing brush. After that, we *chose our favorite word and wrote it in *kanji*. I chose the word "light." I love that word because my name means "light." The teacher showed me the *kanji* for it, 光, and I enjoyed writing it with the writing brush. I was happy to experience this lesson.

By trying calligraphy, I became more interested in Japanese culture. I think we can learn more about another country if we have a *chance to experience its culture.

Jack

In Japan, I enjoyed visiting not only well-known places, but also areas that were not so famous. It was fun to see the daily lives of local people. Actually, I had ②a little trouble when I visited a small restaurant during my stay. The menu was written in Japanese, and it had no pictures of the dishes. I couldn't choose dishes because I couldn't read Japanese. Then a Japanese man spoke to me in English and helped me choose delicious dishes. We enjoyed eating and talking. He asked me, "[③] tomorrow?" I answered, "I'm going to look around the town." Then he *offered to show me nice places there. The next day, he showed me around the town, and we had a great time.

If you have a good chance to meet local people and communicate with them during your trip, please enjoy it. I'm sure that it'll be a great experience.

Lee

I traveled to Japan to go to a town that was in my favorite Japanese anime. I visited several places that were popular among fans of that anime. The best place was a big lake in the town. I went there in the evening and enjoyed watching the beautiful *sunset. It reminded me of my favorite scene in the anime, and I felt happy. However, some tourists were talking *loudly, and they were so *noisy. I was *disappointed because I wanted to enjoy the sunset quietly. Other people who were enjoying the wonderful scene also seemed disappointed. Since then, I've been more careful about my actions as a tourist.

I think we should be careful about what we do during our trips. It's important to respect both the places that we visit and the people who enjoy them. Let's be good tourists!

＜注＞ *calligraphy trial lesson 書道体験レッスン *writing brush 毛筆 *chose ← choose
*chance 機会 *offer(ed) to ～ ～しようと申し出る *sunset 夕焼け
*loudly 大声で *noisy 騒がしい *disappointed がっかりした

1 下線部①でルーカスが行ったことを，次のア～エから１つ選び，記号で答えなさい。

ア He wrote his name in English.
イ He learned about Kyoto.
ウ He explained what calligraphy is.
エ He wrote his favorite word in *kanji*.

2 下線部②が示す具体的な内容を，本文中から探して**日本語**で書きなさい。

3 本文中の [③] に入る適切な内容を考えて，**英語**で書きなさい。

4 次の⑴，⑵の質問に対する答えを，本文の内容に合うように**英語**で書きなさい。

⑴ Which city did Lucas go to when he visited Japan?
⑵ Why did Lee feel happy when she watched the beautiful sunset?

5 次の英文は，このウェブサイトを見た奈央（Nao）とソフィア（Sophia）の会話です。本文の内容をふまえて，あとの⑴～⑷の問いに答えなさい。

Nao: I enjoyed reading the stories on the website. These three people experienced something (Ⓐ) during their trips.

Sophia: That's true. From Lucas's story, I found that we can learn more about other countries by [Ⓑ].

Nao: Jack's story tells us that [Ⓒ] can bring us a wonderful experience during our trips.

Sophia: That's right. I learned an important thing from Lee. She talks about being a good tourist. She says [Ⓓ].

Nao: I like her message. These three stories tell us the things that will be useful when we travel.

⑴ （Ⓐ）に入る最も適切なものを，次のア～エから１つ選び，記号で答えなさい。

ア traditional イ terrible ウ famous エ unique

⑵ [Ⓑ] に入る最も適切なものを，次のア～エから１つ選び，記号で答えなさい。

ア teaching about our cultures there イ experiencing their cultures
ウ speaking their languages エ visiting many places there

(3)　Ⓒ に入る最も適切なものを，次のア～エから１つ選び記号で答えなさい。

ア　sharing time with local people　　イ　solving local people's troubles

ウ　becoming a local tour guide　　エ　cooking local dishes

(4)　Ⓓ に入る最も適切なものを，次のア～エから１つ選び，記号で答えなさい。

ア　we should visit many foreign countries to be good tourists

イ　we should learn about traditional culture of other countries

ウ　it's important to think about good behavior as a tourist

エ　it's necessary to talk with local people in their language

第五問　英語の授業で，あなたの学習者用端末に，ALT の先生が作成した次のような課題が送られてきました。この英文を読んで，先生の質問に対するあなたの答えを，**3 文以上の英語**で書きなさい。

〔学習者用端末の画面〕

In the next class, I want you to talk about using *randoseru*. We call them "school backpacks" in English. In Japan, many elementary school students use them. However, in my country, most students do not.

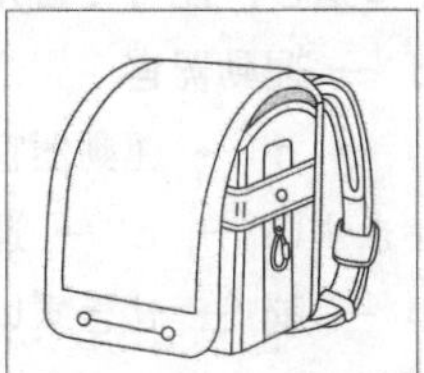

Write your opinion about the questions below.

Do you think using school backpacks is good for elementary school students? Why do you think so?

＜理科＞　時間　50分　満点　100点

第一問　次の１～３の問いに答えなさい。

1　図１のように，悟さんは学校の廊下で，友人の春樹さんの姿を見て，春樹さんに手をあげてあいさつをしました。次の⑴～⑶の問いに答えなさい。

図１

⑴　悟さんが，春樹さんの姿を見て，手をあげたように，刺激に対して意識して起こした反応の例として，最も適切なものを，次のア～エから１つ選び，記号で答えなさい。

ア　外に出たら肌寒く感じたので，上着を着た。

イ　熱いものにふれてしまい，とっさに手を引っこめた。

ウ　顔に向かってボールが飛んできたので，思わず目を閉じた。

エ　口に食べ物を入れたら，だ液が出た。

⑵　ヒトは，感覚器官である目で光を刺激として受けとっています。目のように，ヒトの感覚器官であるものとして，最も適切なものを，次のア～エから１つ選び，記号で答えなさい。

ア　筋肉　　イ　心臓　　ウ　胃　　エ　鼻

⑶　図２は，ヒトの神経を伝わる信号の経路を表した模式図です。図２の中のａ～ｄの実線（――）は，感覚器官や運動器官と，脳やせきずいとをつなぐ神経を表しています。悟さんが，感覚器官である目で春樹さんの姿を見てから，運動器官である手をあげるという反応を起こす信号が伝わる経路として，最も適切なものを，次のア～エから１つ選び，記号で答えなさい。

図２

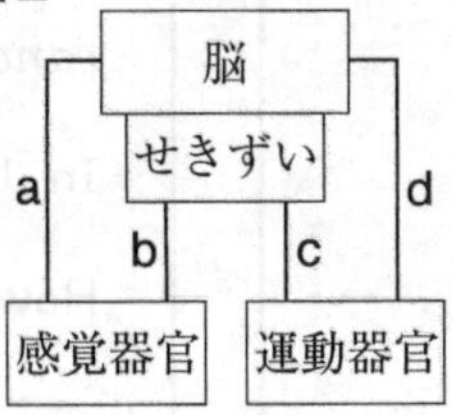

ア　感覚器官 → ａ → 脳 → ｄ → 運動器官

イ　感覚器官 → ｂ → せきずい → ｃ → 運動器官

ウ　感覚器官 → ａ → 脳 → せきずい → ｃ → 運動器官

エ　感覚器官 → ｂ → せきずい → 脳 → せきずい → ｃ →運動器官

2　恵子さんは，理科の授業で，３種類の白い粉末Ａ，Ｂ，Ｃがそれぞれ何の物質であるかを調べるための実験を行いました。あとの⑴～⑶の問いに答えなさい。ただし，３種類の粉末Ａ～Ｃは，塩化ナトリウム，デンプン，ショ糖のいずれかです。

［ 実験 ］

[1]　粉末Ａ～Ｃを，それぞれ別のアルミニウムはくの皿にとり，ガスバーナーで加熱したときのようすを観察した。

[2]　粉末Ａ～Ｃを10ｇずつはかりとり，それぞれ別のビーカーに入れ，各ビーカーに50cm^3の水を加えて，よくかき混ぜたときのようすを観察した。

[3]　[1]と[2]の結果を，表にまとめた。

表

	粉末A	粉末B	粉末C
加熱したときのようす	燃えて炭になった	変わらなかった	とけたあと燃えて炭になった
水を加え，よくかき混ぜたときのようす	とけなかった	全てとけた	全てとけた

(1)　1で，粉末Aや粉末Cを加熱すると炭になったのは，粉末Aや粉末Cに炭素がふくまれていたからです。粉末Aや粉末Cのように，炭素をふくむ物質を何というか，答えなさい。

(2)　2で，恵子さんは，粉末が水にとけなかった場合に，ろ過で粉末と水を分けようと考えました。ろ過のしかたを表した図として，最も適切なものを，次のア～エから1つ選び，記号で答えなさい。

ア
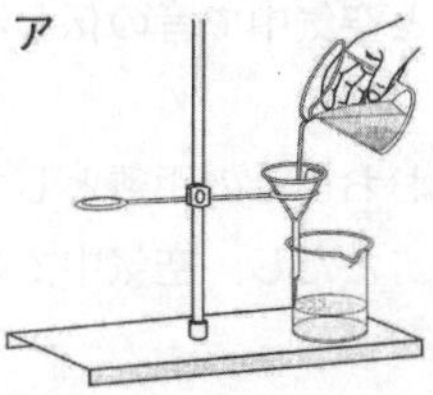
イ
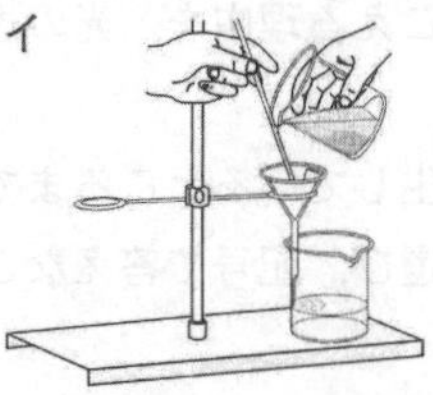
ウ
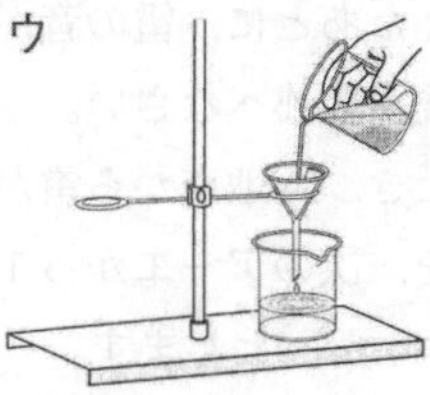
エ
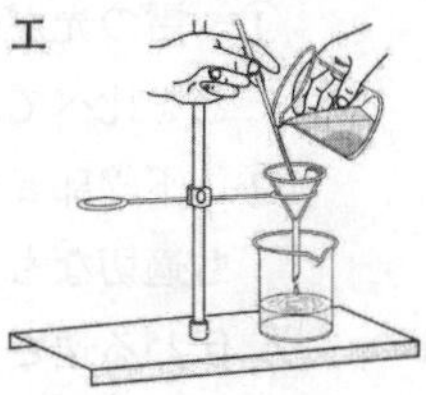

(3)　恵子さんは，表をもとに，粉末Bと粉末Cが何の物質であるかを考えました。粉末Bと粉末Cの物質の組み合わせとして，最も適切なものを，次のア～エから1つ選び，記号で答えなさい。

ア　粉末B　－　デンプン　　　　粉末C　－　塩化ナトリウム
イ　粉末B　－　デンプン　　　　粉末C　－　ショ糖
ウ　粉末B　－　塩化ナトリウム　　粉末C　－　デンプン
エ　粉末B　－　塩化ナトリウム　　粉末C　－　ショ糖

3　夏のある日の夕方，図3の宮城県内のA地点にある建物の中にいた志穂さんは，雷の音がくり返し聞こえてきたので，窓の外を見たところ，南西の方角に雷の光を発する積乱雲が見えました。次の(1)～(4)の問いに答えなさい。

図3
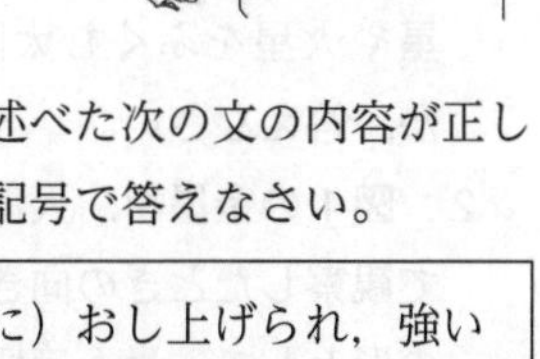

(1)　積乱雲などの雲は，空気が冷やされて空気中にふくむことのできる最大質量をこえた水蒸気が水滴などになり発生します。1 m^3の空気がふくむことのできる，水蒸気の最大質量を何というか，答えなさい。

(2)　積乱雲の発達のしかたと積乱雲がもたらす雨の降り方について述べた次の文の内容が正しくなるように，①のア，イ，②のウ，エからそれぞれ1つ選び，記号で答えなさい。

積乱雲は，あたたかい空気が①（ア　ゆっくりと　イ　急激に）おし上げられ，強い上昇気流が生じることで発達し，②（ウ　強い　エ　弱い）雨が短時間に降ることが多い。

⑶　雷のように，たまった電気が一瞬で流れ出したり，空間を移動したりする現象を何というか，最も適切なものを，次のア～エから１つ選び，記号で答えなさい。

ア　放電　　イ　送電　　ウ　帯電　　エ　発電

⑷　志穂さんは，雷の光を発する積乱雲が上空をふく風によって近づいてくるかどうかを推測することにしました。はじめに，この積乱雲の現在の位置を，ウェブサイトで調べ，図４のように，地図に×とＡ地点の位置をかきこみました。次に，雷のようすをビデオカメラで撮影し，撮影した動画を用いて，a雷の光が見えてから雷の音が聞こえるまでの時間を測定したところ，40秒でした。さらに，動画を撮影した15分後に，同じ方法で，雷の光が見えてから雷の音が聞こえるまでの時間を測定したところ，b30秒でした。次の①～③の問いに答えなさい。

図４

①　雷の光が見えたあとに，雷の音が聞こえる理由を，光の速さと空気中で音の伝わる速さとを比べて，簡潔に述べなさい。

②　下線部ａのとき，Ａ地点から雷が発生しているところまでのおおよその距離として，最も適切なものを，次のア～エから１つ選び，記号で答えなさい。ただし，空気中での音の伝わる速さを340m/sとします。

ア　0.9km　　イ　1.4km　　ウ　8.5km　　エ　14km

③　志穂さんは，下線部ｂの結果から，雷が発生している積乱雲が近づいていることを推測することができました。このとき，上空をふく風の向きとして，最も適切なものを，次のア～エから１つ選び，記号で答えなさい。ただし，雷が発生している積乱雲は，上空をふく風によってのみ，動くものとします。

ア　北の風　　イ　東の風　　ウ　南西の風　　エ　北西の風

第二問

ある年の２月22日の午前５時頃，宮城県内のある海岸から金星と火星を肉眼や天体望遠鏡で観察しました。図１は，そのときの金星と火星の位置を記録したものです。図２は，図１のときの北極星側から見た太陽，金星，地球，火星の位置を表したものです。次の１～４の問いに答えなさい。

図１

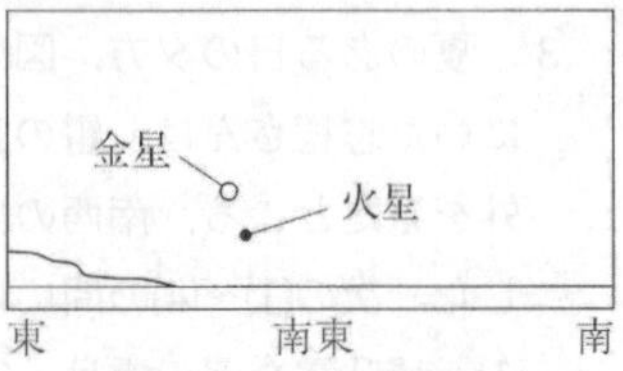

図２

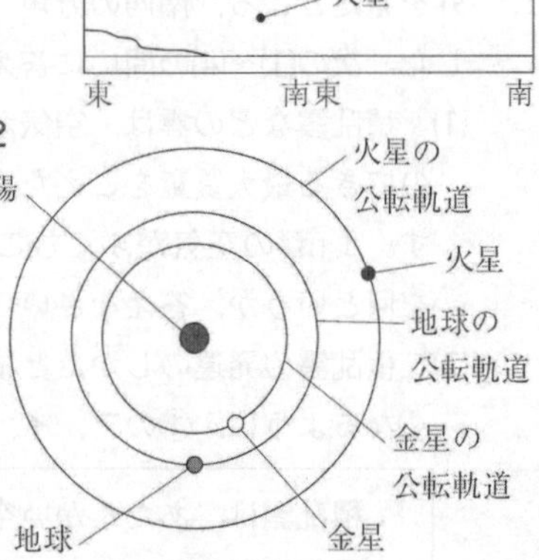

１　太陽のまわりを決まった軌道で公転している天体のうち，ある程度の大きな質量と大きさをもつ，金星や火星をふくむ太陽系の８つの天体を何というか，答えなさい。

２　図１の金星を，天体望遠鏡を使って観察し，肉眼で観察したときの向きに直して記録したときの金星の形として，最も適切なものを，次のページのア～エから１つ選び，記号で答えなさい。

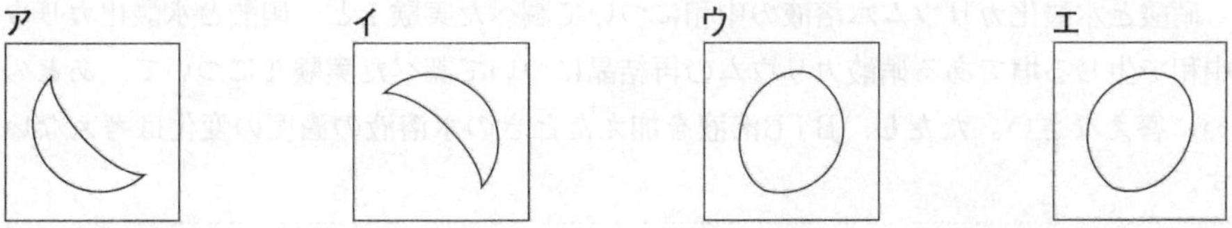

3　図１を記録してから，１時間後に肉眼で見たときの金星と火星の位置について述べたものとして，最も適切なものを，次のア～エから１つ選び，記号で答えなさい。

ア　金星と火星ともに東の方角へ動き，高度が低くなる。

イ　金星と火星ともに南の方角へ動き，高度が高くなる。

ウ　金星は東の方角へ動き，高度が低くなり，火星は南の方角へ動き，高度が高くなる。

エ　金星は南の方角へ動き，高度が高くなり，火星は東の方角へ動き，高度が低くなる。

4　２月22日の９か月後である，11月22日の午前５時頃に，同じ場所で，金星と火星を観察しようとしましたが，金星は観察できませんでした。次の⑴，⑵の問いに答えなさい。

⑴　11月22日の金星の位置として，最も適切なものを，図３のア～エから１つ選び，記号で答えなさい。ただし，地球の公転周期を１年，金星の公転周期を0.62年とします。

図３

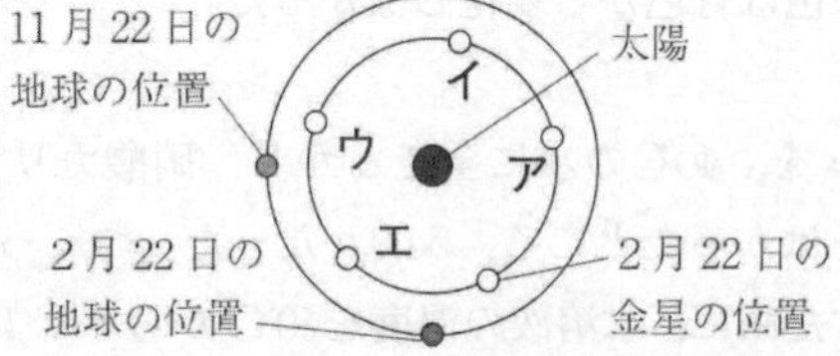

⑵　図４は，11月22日の地球と火星の位置を図２に加えたものです。天体望遠鏡を使って，２月22日と同じ倍率で火星を観察したときの火星の見え方について述べたものとして，最も適切なものを，次のア～エから１つ選び，記号で答えなさい。

図４

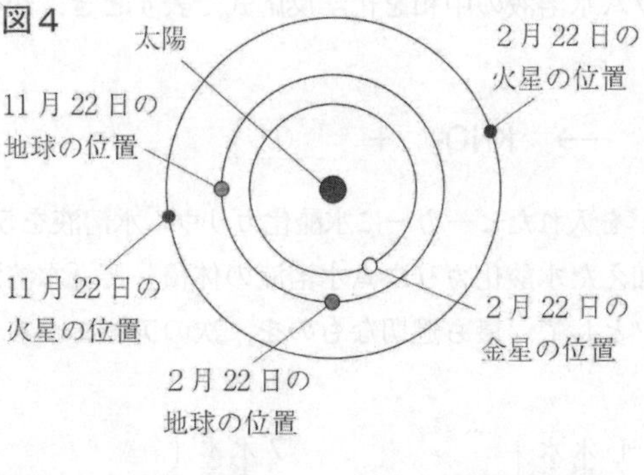

ア　２月22日に観察したときよりも見かけの大きさが大きくなり，半分以上欠けて見える。

イ　２月22日に観察したときよりも見かけの大きさが小さくなり，半分以上欠けて見える。

ウ　２月22日に観察したときよりも見かけの大きさが大きくなり，ほぼ丸い形に見える。

エ　２月22日に観察したときよりも見かけの大きさが小さくなり，ほぼ丸い形に見える。

第三問 硝酸と水酸化カリウム水溶液の中和について調べた実験Ⅰと，硝酸と水酸化カリウム水溶液の中和で生じる塩である硝酸カリウムの再結晶について調べた実験Ⅱについて，あとの1～5の問いに答えなさい。ただし，BTB溶液を加えたときの水溶液の濃度の変化は考えないものとします。

〔実験Ⅰ〕

[1] うすい硝酸と，うすい水酸化カリウム水溶液を，それぞれ別の試薬びんに用意した。

[2] うすい硝酸が入っている試薬びんから，うすい硝酸を10cm³はかりとり，ビーカーに入れ，BTB溶液を数滴加え，よくかき混ぜたところ，水溶液の色は黄色になった。

[3] 図のように，[2]のビーカーにうすい水酸化カリウム水溶液を5cm³ずつ加え，ガラス棒でよくかき混ぜ，色の変化を調べると，20cm³加えたところで，混ぜた水溶液の色が緑色に変化した。

図

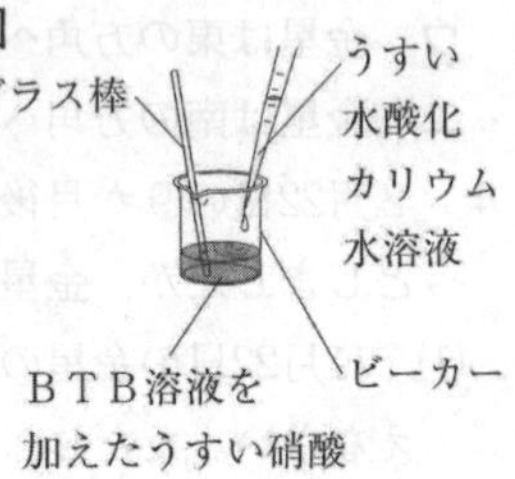

[4] [3]に続けて，うすい水酸化カリウム水溶液を5cm³加えたところで，混ぜた水溶液の色が青色に変化した。

[5] [4]に続けて，うすい水酸化カリウム水溶液を5cm³加えたが，混ぜた水溶液の色は青色から変化しなかった。

〔実験Ⅱ〕 硝酸カリウムを，40℃の水に全てとかし，硝酸カリウム水溶液をつくった。つくった水溶液の質量をはかったところ，54.0gだった。つくった水溶液から硝酸カリウムを結晶としてとり出すために，水溶液の温度を40℃から0℃に下げたところ，15.5gの結晶が出てきた。

1 実験Ⅰの[4]で，水溶液の色が青色に変化したことから，水溶液は何性を示しているか，答えなさい。

2 硝酸と水酸化カリウム水溶液の中和を化学反応式で表すとき，次の [①] にあてはまる化学式を答えなさい。

$$HNO_3 + KOH \longrightarrow KNO_3 + \boxed{①}$$

3 実験Ⅰで，硝酸10cm³を入れたビーカーに水酸化カリウム水溶液を5cm³ずつ加えていき，30cm³まで加えたときの「加えた水酸化カリウム水溶液の体積」と「水溶液中の水素イオンの数」との関係を表したグラフとして，最も適切なものを，次のア～エから1つ選び，記号で答えなさい。

ア

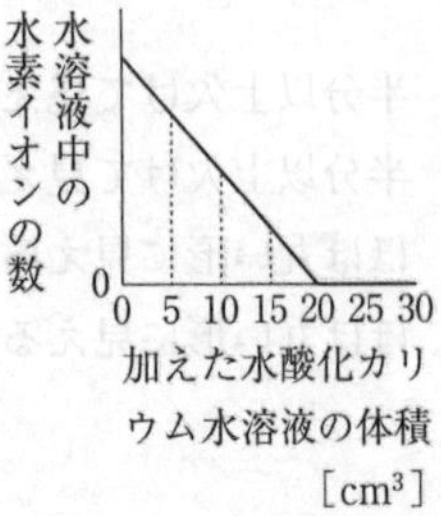

イ

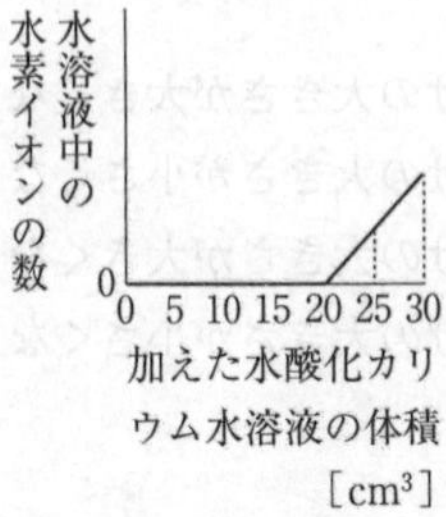

ウ

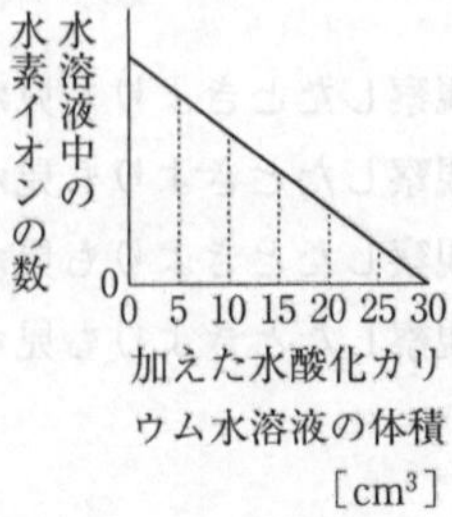

エ

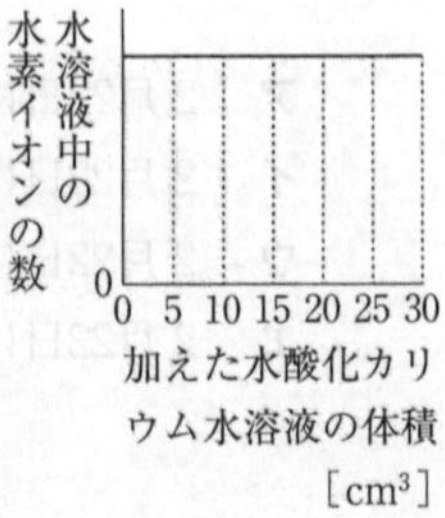

4　実験Ⅱで，水溶液の温度を下げると，硝酸カリウムの結晶が出てくる理由を，**溶解度**という語句を用いて，簡潔に述べなさい。

5　実験Ⅱでつくった硝酸カリウム水溶液を0℃にしたとき，水溶液中にとけている溶質は何gか，求めなさい。ただし，硝酸カリウムの溶解度は，水100gに対して0℃で13.3gであるものとし，計算結果は，小数第2位を四捨五入しなさい。

第四問　博さんは，モモの果実の断面が白色のモモと黄色のモモがあることに興味をもち，理科の自由研究でモモの果実について調べることにしました。博さんは，インターネットを利用して，農業研究所でモモの研究をしている木村さんと話しています。次は，博さんと木村さんの会話と木村さんから送られてきた資料です。これを読んで，あとの1～4の問いに答えなさい。

モモの果実の断面は、白色のものだけだと思っていたら、黄色のものもあるのですね。果実の断面が黄色のモモは、特別な種類のモモなのですか。

黄色のモモは、特別なモモではありません。モモにはいろいろな品種があり、果肉の部分が白色ではなく、黄色のものもあります。果肉とは、ふだん、皮をむいて食べている部分のことです。図1は、モモの果実の断面の模式図で、果実は、主に果肉と種子からできています。

図1　モモの果実の断面（模式図）

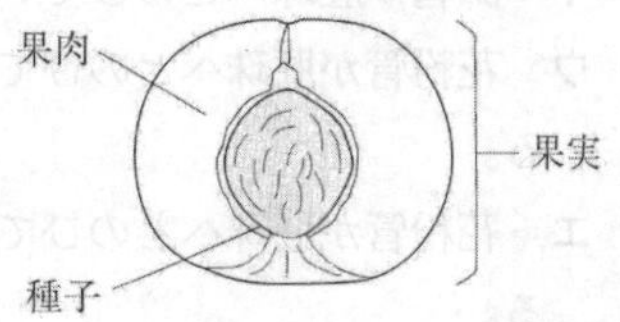

果肉が黄色のモモの果実のでき方は、白色のモモとは違うのですか。

どの品種も、果実のでき方は同じです。図2は、一般的なモモの花の断面の模式図です。モモは、①被子植物なので、モモの花のめしべには、②受粉したあと、受精卵ができ、成長すると果実となる部分があります。

果肉の色は、遺伝で決まるのですが、果肉の色に関する資料があるので、あとで送ります。

図2　モモの花の断面（模式図）

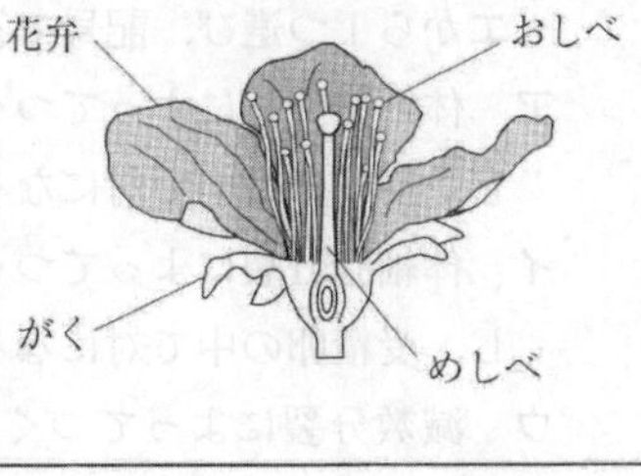

［**資料**］

モモの果肉の色は，白色が顕性形質，黄色が潜性形質である。果肉の色を決める遺伝子を，白色はA，黄色はaと表すこととする。

図3のように，遺伝子の組み合わせがAAの純系の個体がつくった花粉を，遺伝子の組み

合わせがaaの，ある品種の純系の個体のめしべに受粉させ，できた果実Pの世代の果肉の色と個数を調べると，図4のように，全て黄色だった。

果実Pの種子をまき，まいた種子からできた個体で自家受粉させ，果実Qの世代を得ると，果肉の色は全て白色となった。

図3

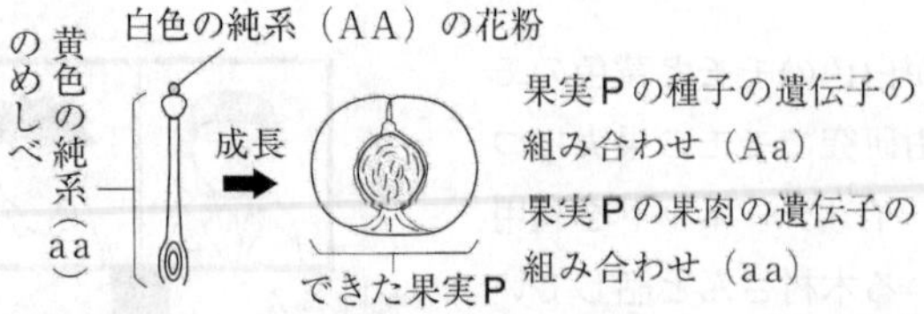

図4

果実Pの世代の果肉の色と個数

白色	黄色
0［個］	36［個］

（「岡山県農業研報4」より作成）

1　下線部①について，モモと同じように，被子植物に分類されるものとして，最も適切なものを，次のア～エから1つ選び，記号で答えなさい。

ア　ゼニゴケ　　イ　スギナ　　ウ　アブラナ　　エ　イチョウ

2　下線部②について，受粉したあと，受精卵ができるまでの過程を述べたものとして，最も適切なものを，次のア～エから1つ選び，記号で答えなさい。

ア　師管が胚珠へとのびていき，卵細胞が胚珠の中にある精細胞と受精して，受精卵ができる。

イ　師管が胚珠へとのびていき，精細胞が胚珠の中にある卵細胞と受精して，受精卵ができる。

ウ　花粉管が胚珠へとのびていき，卵細胞が胚珠の中にある精細胞と受精して，受精卵ができる。

エ　花粉管が胚珠へとのびていき，精細胞が胚珠の中にある卵細胞と受精して，受精卵ができる。

3　博さんは，資料を読み，図4で果実Pの世代の果肉の色が全て潜性形質の黄色になったことに疑問をもち，その理由を考えることにしました。そこで，図3を見直したところ，できた果実Pの種子の遺伝子の組み合わせと果肉の遺伝子の組み合わせが異なっていることに気がつきました。次の(1)，(2)の問いに答えなさい。

(1)　果実Pの種子の遺伝子の組み合わせがAaとなる理由として，最も適切なものを，次のア～エから1つ選び，記号で答えなさい。

ア　体細胞分裂によってつくられた，遺伝子Aをもつ精細胞と遺伝子aをもつ卵細胞が受精し，受精卵の中で対になるから。

イ　体細胞分裂によってつくられた，遺伝子aをもつ精細胞と遺伝子Aをもつ卵細胞が受精し，受精卵の中で対になるから。

ウ　減数分裂によってつくられた，遺伝子Aをもつ精細胞と遺伝子aをもつ卵細胞が受精し，受精卵の中で対になるから。

エ　減数分裂によってつくられた，遺伝子aをもつ精細胞と遺伝子Aをもつ卵細胞が受精し，受精卵の中で対になるから。

(2)　果実Pの世代の果肉の遺伝子の組み合わせがaaになった理由を，簡潔に述べなさい。

4　博さんは，果実Qの世代の果実から得られた多数の種子をそれぞれまいて，成長した個体の花のめしべに，遺伝子の組み合わせがaaである純系の個体の花粉を受粉させたときに得られる果実の果肉の色について考えました。博さんの考えた交配で得られる果実の果肉の色は，白色と黄色で，どのような個数の比になると予想されるか，最も適切なものを，次のア～エから１つ選び，記号で答えなさい。

ア　白色：黄色＝１：３　　イ　白色：黄色＝３：１
ウ　白色：黄色＝１：１　　エ　白色：黄色＝０：１

第五問　回路に流れる電流について調べた次の実験Ⅰ，Ⅱについて，あとの１～３の問いに答えなさい。

［実験Ⅰ］

[1]　図１のように，電源装置，スイッチ，電流計，電熱線ａ，電圧計を導線でつなぎ，回路をつくった。

[2]　図１の回路のスイッチを入れ，電熱線ａに加わる電圧を０Ｖから３Ｖまで0.5Ｖずつ変化させ，回路に流れる電流の大きさをそれぞれ測定した。

図１

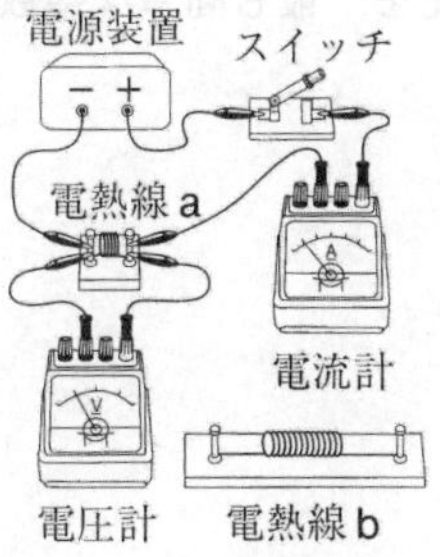

図２

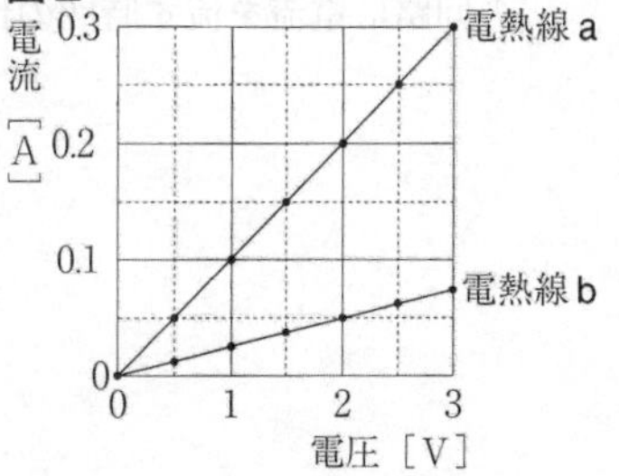

[3]　[1]の電熱線ａを電熱線ｂにかえ，[2]と同様の操作で電流の大きさを測定した。

[4]　[2]と[3]の結果をもとに，電圧と電流の大きさの関係をグラフにまとめたところ，図２のようになった。

［実験Ⅱ］　図３のように，電源装置，スイッチ，電流計，電圧計，実験Ⅰで用いた電熱線ａ，ｂを導線でつないで，回路をつくった。図３の回路のスイッチを入れ，電圧計の値が２Ｖになるようにしたところ，電流計の値は0.25Ａを示した。

図３

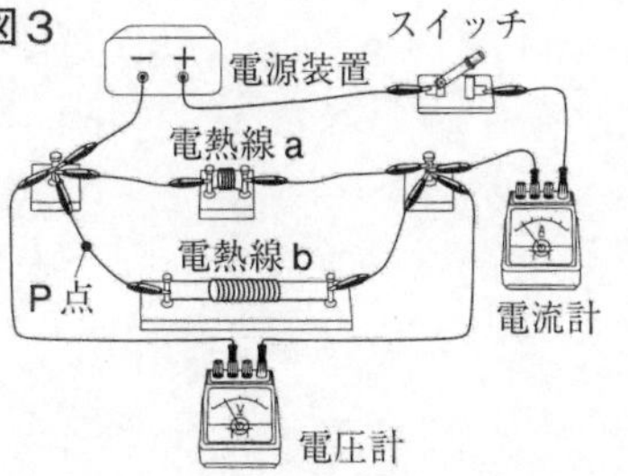

１　実験Ⅰ，Ⅱの結果からわかることについて述べた次の文の内容が正しくなるように，①のア，イ，②のウ，エからそれぞれ１つ選び，記号で答えなさい。

電熱線ａは，電熱線ｂよりも電流が流れ①（ア　やすく　イ　にくく），図３の回路全体の抵抗の大きさは，電熱線ａの抵抗の大きさよりも②（ウ　大きい　エ　小さい）。

２　実験Ⅱにおいて，Ｐ点を流れる電流の大きさは何Ａか，求めなさい。

３　図４のように，電源装置，スイッチ，電流計，実験Ⅰで用いた電熱線ａ，ｂを導線でつないで，回路をつくりました。次の(1)～(3)の問いに答えなさい。

図４

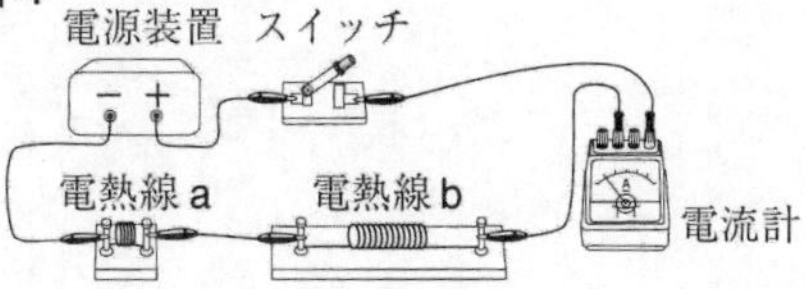

(1) 図５は，図４の回路を回路図にしたものの一部です。電熱線ｂに加わる電圧の大きさを調べるためには，図４において，どのように電圧計をつなげばよいか，電流計と電圧計の電気用図記号を**解答用紙の図**にかき入れて，図５の回路図を完成させなさい。

図５

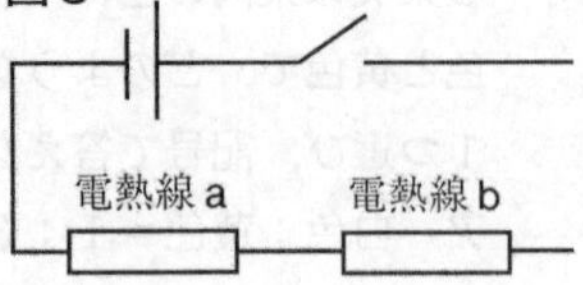

(2) 図４の回路のスイッチを入れ，0.1Ａの電流を５分間流したとき，電熱線ａ，ｂで消費する電力量の合計は何Ｊか，求めなさい。

(3) 図４の回路のスイッチを入れ，**実験Ⅱ**と同じように電流計の値が0.25Ａになるようにしました。**実験Ⅱ**での電熱線ａ，ｂが消費する電力量の合計と，図４の回路で電熱線ａ，ｂが消費する電力量の合計が等しくなるようにするとき，**実験Ⅱ**で回路に電流を流す時間と，図４の回路に電流を流す時間の比を，**最も簡単な整数の比**で表しなさい。

＜社会＞　時間　50分　満点　100点

第一問　律子さんは，2024年７月に新しい紙幣が発行されることを知り，紙幣の発行について調べ，資料を作成しました。これを読んで，あとの１～３の問いに答えなさい。

> **資料　新しい紙幣の発行について**
>
> 2024年７月に，①日本銀行は一万円札などの３種類の紙幣のデザインを変更し，新しい紙幣を発行します。これは，紙幣の偽造を防ぐことがおもな目的です。②江戸時代には，幕府の許可を得て各藩が発行した藩札《はんさつ》という紙幣に，すかし模様が入れられていました。明治時代以降の紙幣には，③さまざまな分野で活躍した人物の肖像が描かれていますが，これも偽造を防ぐための工夫の一つです。

1　下線部①について，次の⑴，⑵の問いに答えなさい。

⑴　日本銀行の役割について述べた文として，最も適切なものを，次のア～エから１つ選び，記号で答えなさい。

ア　国の予算を作成する。　　イ　国の予算を議決する。

ウ　一般の人々のお金を預かる。　　エ　政府のお金の出し入れを行う。

⑵　日本銀行が，不景気のときに，景気を回復させるために行う金融政策について述べた文として，最も適切なものを，次のア～エから１つ選び，記号で答えなさい。

ア　国債を買って通貨量を増やす。

イ　国債を買って通貨量を減らす。

ウ　国債を売って通貨量を増やす。

エ　国債を売って通貨量を減らす。

2　下線部②の社会のようすについて述べた文として，最も適切なものを，次のア～エから１つ選び，記号で答えなさい。

ア　都の市では，各地から運ばれた産物などが売買され，和同開珎などの貨幣が使われた。

イ　寺社の門前などで定期市が開かれ，中国から輸入された貨幣が使われるようになった。

ウ　お金の貸し付けなどを行っていた土倉や酒屋に対して，土一揆がはじめて起こった。

エ　金山や銀山の開発が進み，全国統一の貨幣として金貨や銀貨がつくられて流通した。

3　下線部③について，次の⑴，⑵の問いに答えなさい。

⑴　現在，発行されている一万円札の肖像は福沢諭吉です。福沢諭吉が行ったことについて述べた文として，最も適切なものを，次のア～エから１つ選び，記号で答えなさい。

ア　大政奉還を行った。　　イ　欧米の思想を紹介した。

ウ　条約改正の交渉にあたった。　　エ　政党内閣を組織した。

⑵　2024年７月に発行される一万円札の肖像となる渋沢栄一は，明治政府の役人であったときに，富岡製糸場の建設を進めました。明治政府が，富国強兵の一環として，近代産業の育成を目指した政策を何というか，書きなさい。

第二問　あき子さんは，社会科の授業で出された「世界の諸地域について調べよう」という課題で，おじが住んでいる南アジアを取り上げました。次の１～３の問いに答えなさい。

1　あき子さんは，南アジアの位置や地形について調べ，**略地図**を作成しました。次の⑴～⑶の問いに答えなさい。

⑴　あき子さんは，夏休みに，**略地図**中のバングラデシュの首都ダッカに住むおじに，日本から国際電話をかけることにしました。現地時刻で，8月10日の午前8時にあき子さんのおじが電話を受けるようにするためには，あき子さんは日本時間で何月何日の何時に電話をかければよいか，**略地図**を参考にして，最も適切なものを，次の**ア**～**エ**から１つ選び，記号で答えなさい。

ア　8月9日午後5時
イ　8月10日午前5時
ウ　8月10日午前11時
エ　8月10日午後11時

略地図

（注）緯線と経線は15度ごとに引いてある。
┈┈は国境が未確定あるいは係争中のところを示す。

⑵　あき子さんは，南アジアの歴史について調べました。**略地図**中のインダス川流域で，紀元前に誕生したインダス文明について述べた文として，最も適切なものを，次の**ア**～**エ**から１つ選び，記号で答えなさい。

ア　城壁と神殿をもつ都市国家がいくつも生まれ，くさび形文字や，月の満ち欠けにもとづく暦がつくられた。
イ　統一王国ができ，神殿やピラミッドがつくられ，大河のはんらんの時期を知るために天文学が発達した。
ウ　整備された道路や水路などをもつモヘンジョ・ダロなどの都市がつくられ，それらの都市を中心に繁栄した。
エ　大河の中・下流域に国がおこり，この国では占いが行われ，占いの結果が甲骨文字で記録された。

⑶　あき子さんは，南アジアの気候と農作物の栽培について調べ，**資料Ａ**を作成しました。**資料Ａ**中の［a］，［b］にあてはまる語句の組み合わせとして，最も適切なものを，あとの**ア**～**エ**から１つ選び，記号で答えなさい。

資料Ａ　南アジアの気候と農作物の栽培

南アジアの気候は，季節風の影響を大きく受けている。季節風は，およそ半年ごとに風の向きが変わり，夏には，［a］へ湿った風が吹き，雨をもたらす。季節風の影響で，ガンジス川の下流域では，夏に降水量が多く，おもに［b］の栽培が行われている。

ア　a－インド洋からヒマラヤ山脈　　b－小麦
イ　a－インド洋からヒマラヤ山脈　　b－米
ウ　a－ヒマラヤ山脈からインド洋　　b－米
エ　a－ヒマラヤ山脈からインド洋　　b－小麦

2　あき子さんは，南アジアの産業に興味をもち，インド，スリランカ，パキスタンの３つの国の工業出荷額と工業出荷額の業種別割合について調べ，**資料Ｂ**を作成しました。**資料Ｂ**から読みとれることを述べた文として，最も適切なものを，あとの**ア～エ**から**１つ**選び，記号で答えなさい。

資料Ｂ　インド、スリランカ、パキスタンの工業出荷額と工業出荷額の業種別割合（2018年）

	工業出荷額（億ドル）	工業出荷額の業種別割合（%）						
		食料品	繊維	石油製品	化学	金属	機械	その他
イ　ン　ド	12,966	15.0	6.7	12.8	13.1	17.2	21.8	13.4
スリランカ	272	35.7	30.1	8.1	4.0	3.3	3.7	15.1
パキスタン	1,075	25.5	28.3	6.8	12.7	5.3	8.5	13.0

(注) 数字は四捨五入しており、100%にならないものもある。

(「世界国勢図会2023/24」などより作成)

ア　インドの工業出荷額全体に占める石油製品工業，化学工業，金属工業，機械工業の割合の合計は，６割を超えている。
イ　スリランカの食料品工業の出荷額は，インドの食料品工業の出荷額よりも多い。
ウ　パキスタンでは，工業出荷額全体に占める食料品工業の割合が，繊維工業の割合よりも大きい。
エ　スリランカとパキスタンの工業出荷額全体の合計は，インドの工業出荷額の１割以下である。

3　あき子さんは，インドで経済成長が続き，自動車の生産台数が世界で上位になったことを知り，インドの自動車産業について調べ，**資料Ｃ～Ｅ**を作成しました。**資料Ｃ～Ｅ**をもとにして，インドの自動車産業の成長の要因として考えられることを，**需要**と**供給**の２つの語句を用いて，簡潔に述べなさい。

資料Ｃ　自動車生産台数上位５か国の人口と生産台数、販売台数、輸出台数（2022年）

	国名	人口（万人）	生産台数（万台）	販売台数（万台）	輸出台数（万台）
1位	中　国	142,589	2,702	2,686	311
2位	アメリカ	33,829	1,006	1,423	191
3位	日　本	12,495	784	420	381
4位	インド	141,717	546	473	74
5位	韓　国	5,182	376	168	231

(注) 販売台数は、新車の販売または登録の台数を示す。また、数字は四捨五入している。

(「世界国勢図会2023/24」などより作成)

資料D　インドの１人あたり国内総生産と人口の推移

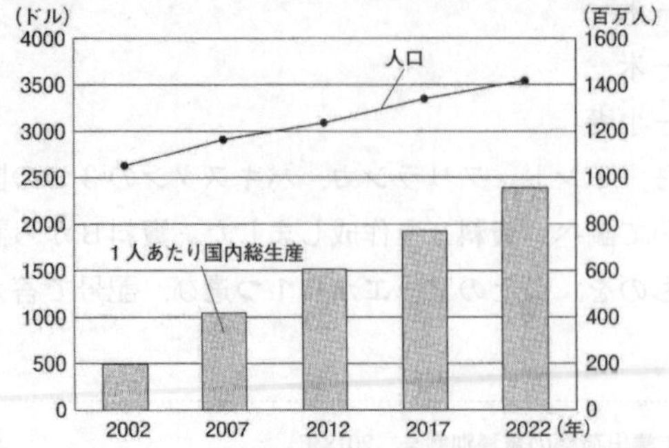

(「世界国勢図会2023/24」などより作成)

資料E　インドの自動車の生産台数と販売台数の推移

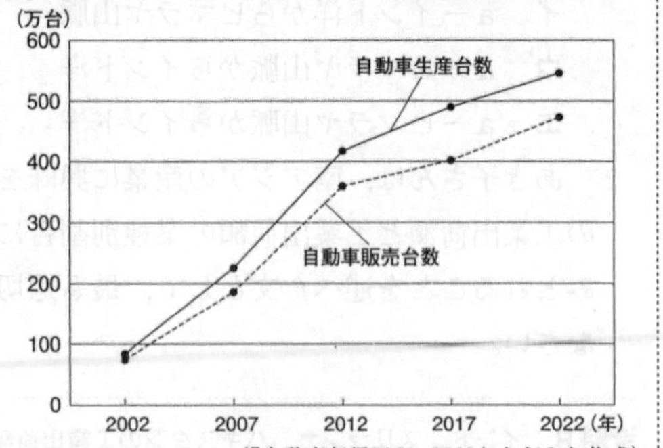

(「自動車年鑑2021~2022」などより作成)

第三問　康太さんは，社会科の授業で，「日本と諸外国との貿易の歴史」について調べ，次の表を作成しました。これをみて，あとの１～５の問いに答えなさい。

世紀	日本と諸外国との貿易のようす
12	宋との貿易が行われ、①平清盛は貿易を拡大するために、航路や港を整備した。
13	元との貿易が商人の間で行われ、②元による二度の襲来のあとも続けられた。
15	明や朝鮮との貿易が行われ、堺や博多が貿易港として繁栄した。
17	朱印船による貿易が行われたが、③江戸幕府はしだいに諸外国との貿易を統制した。
19	諸外国からの開国要求により、江戸幕府はアメリカとの間で ④ を結び、神奈川（横浜）や兵庫（神戸）などを順次、貿易港として開き、欧米諸国との貿易を本格的に始めた。

1　下線部①の人物が，武士としてはじめてついた役職として，正しいものを，次のア～エから１つ選び，記号で答えなさい。

ア　摂政　イ　関白　ウ　太政大臣　エ　征夷大将軍

2　下線部②の背景となった13世紀の世界のようすについて述べた文として，最も適切なものを，次のア～エから１つ選び，記号で答えなさい。

ア　西アジアではイスラム教徒によって帝国が築かれ，東アジアでは長安を都とする国が築かれた。

イ　ユーラシア大陸の東西にまたがるモンゴル帝国が築かれ，東西の文化の交流が進んだ。

ウ　ポルトガルやスペインが，大西洋からの航路を開拓し，世界各地への進出を始めた。

エ　欧米諸国が，資源や市場を求めてアジアやアフリカへ進出し，植民地を広げていった。

3　下線部③に関連するできごとについて述べた次のア～ウの文を，起こった年代の古い順に並べかえ，記号で答えなさい。

ア　江戸幕府は，オランダの商館を平戸から長崎の出島に移した。

イ　拡大したキリスト教徒の弾圧などに抵抗して，島原や天草の人々が一揆を起こした。

ウ　江戸幕府は，法令によって全国でキリスト教を禁止した。

4　④ にあてはまる，1858年に結ばれた条約の名称を何というか，書きなさい。

5　康太さんは学習を振り返り，日本が，明や朝鮮との貿易を行っていた15世紀ごろ，琉球王国とも貿易をしていたことに興味をもちました。そのころの琉球王国について調べを進めた康太さんは，琉球王国が諸外国との貿易によって栄えたことを知り，**資料A**，**B**を作成しました。琉球王国は，どのように貿易を展開することで栄えたのか，**資料A**，**B**を参考にして，簡潔に述べなさい。

資料A　明と諸外国との貿易

明は、諸外国との貿易を制限し、公式の朝貢による貿易のみ許可した。許可した渡航頻度は、下の表のように、国によって異なっていた。

日本	10年に1回
安《あん》南《なん》 ジャワ	3年に1回
琉球王国	1年または 2年に1回

(注) 安南は現在のベトナム、ジャワは現在のインドネシアの一部である。

資料B　琉球王国の貿易相手国と貿易に用いられた各国の産品の流れ

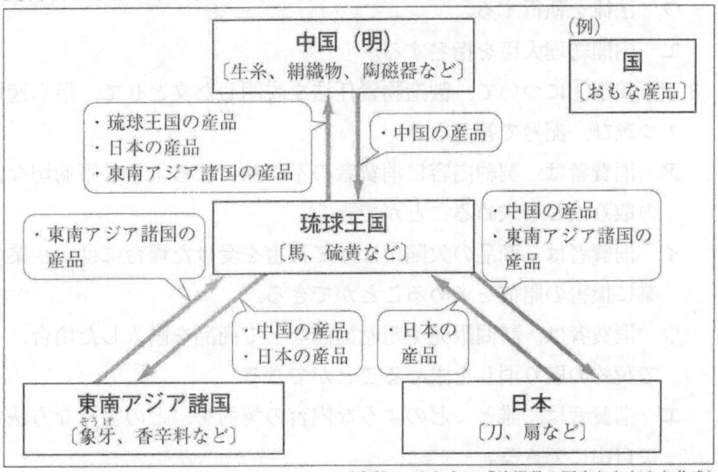

（資料A、Bともに「沖縄県の歴史」などより作成）

第四問　里香さんは，社会科の授業で，「私たちの消費生活」について調べ，**資料A**を作成しました。これを読んで，あとの1～4の問いに答えなさい。

資料A　私たちの消費生活

私たちは，必要な物の多くを商品として購入し，①消費して生活しています。消費者は，何をどれくらい買うかなどをそれぞれの意思と判断で決定できますが，生産者や販売者に比べて情報の面で，不利な立場に置かれることがあり，消費者問題が起こりえます。2009年に②内閣の組織として，消費者庁が設置され，③国民の消費生活に関する法の整備や施策が進められています。

1　下線部①について，次の(1)，(2)の問いに答えなさい。

(1)　消費にかかわる最も基本的な経済主体で，家族や個人として消費生活を営む単位のことを何というか，書きなさい。

(2)　消費税について説明した**資料B**中の［a］，［b］にあてはまる語句の組み合わせとして，最も適切なものを，次の**ア**～**エ**から1つ選び，記号で答えなさい。

ア　a－異なる　　b－高い
イ　a－異なる　　b－低い
ウ　a－同じである　　b－高い
エ　a－同じである　　b－低い

資料B　消費税について

消費税は、国や地方公共団体に税金を納める人と負担する人が［a］。同じ金額の商品を購入した場合、所得が低い人ほど、所得に占める税金の割合が［b］傾向がある。

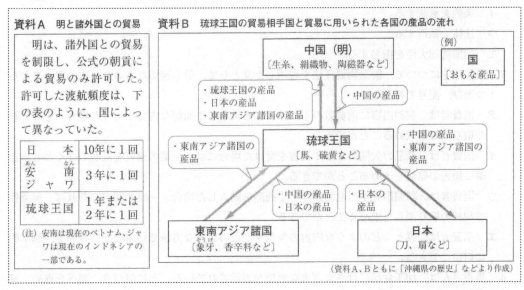

2 下線部②の役割について述べた文として，正しいものを，次のア～エから１つ選び，記号で答えなさい。

ア 弾劾裁判所を設置する。

イ 条約を承認する。

ウ 法律を執行する。

エ 内閣総理大臣を指名する。

3 下線部③について，製造物責任法を説明した文として，最も適切なものを，次のア～エから１つ選び，記号で答えなさい。

ア 消費者は，契約内容に消費者の不利益になるような不適切な内容があった場合，その契約の取り消しを求めることができる。

イ 消費者は，商品の欠陥によって被害を受けた場合には，企業の過失を証明しなくとも，企業に損害の賠償を求めることができる。

ウ 消費者は，訪問販売や電話勧誘などで商品を購入した場合，一定期間内であれば，無条件で契約の取り消しを求めることができる。

エ 消費者は，誰と，どのような内容の契約を，どのような方法で結ぶのかについて，基本的に自由にできる。

4 里香さんは，加工食品にはさまざまな事項が表示されていることに気づき，調べを進め，資料Ｃ～Ｅを作成しました。食品表示には，消費者にとって，どのような利点があるか，資料Ｃ～Ｅを参考にして，簡潔に述べなさい。

資料Ｃ 食品表示法のおもな内容

○ 「食品表示基準」で表示の仕方や記載事項について定め、それぞれの食品に表示することを、食品関連事業者に義務づける。
○ 虚偽表示や誇大表示などを禁止する。
○ 消費者庁が食品表示について、食品関連事業者を指導・監督する。

資料Ｄ 「食品表示基準」で定められた加工食品に表示するおもな事項

○ 名称 ○ 製造者名
○ 原材料名 ○ 原料原産地名
○ 消費期限または賞味期限 ○ 保存方法
○ 栄養成分の量及び熱量 ○ 添加物
○ 食物アレルギーの原因となる物質

資料Ｅ 消費者基本法に示された消費者のおもな権利

1 安全の確保	2 選択の機会の確保	3 必要な情報の提供
4 教育の機会の提供	5 消費者の意見の反映	6 消費者被害の救済

（資料Ｃ～Ｅいずれも「消費者庁ホームページ」などより作成）

第五問 亮太さんは，社会科の授業で，「東北地方の自然環境と人々の暮らし」について調べ，次のページの資料Ａを作成しました。これをみて，あとの１～５の問いに答えなさい。

資料Ａ　東北地方の自然環境と人々の暮らし

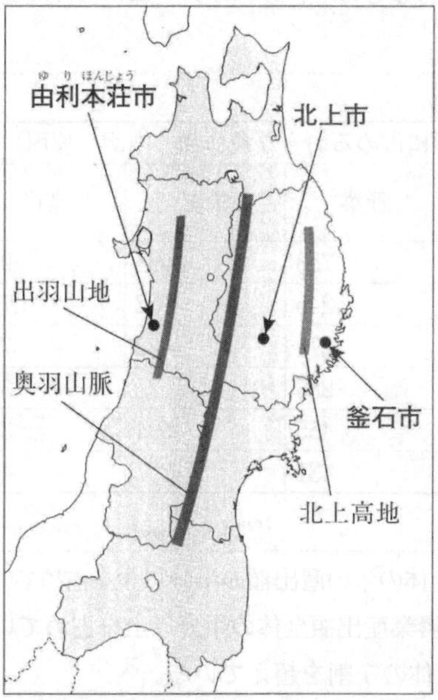

○　中央に奥羽山脈が南北に連なり，その西側には出羽山地，東側には北上高地が広がっています。

○　かつては，多様な鉱産資源に恵まれ，①中尊寺金色堂の造営には，この地方産出の金が用いられました。

○　②気候は，地形や海流などの影響を受け，地域によって異なっています。

○　地形や気候に応じ，③農業が発達しています。平地では，豊富な水資源をいかして米づくりがさかんに行われています。内陸部の山に囲まれた［④］とよばれる土地や，扇状地では，さくらんぼやももなどの果樹栽培がみられます。

○　1970年代以降，高速道路や自動車専用道路などによってつくられる⑤高速道路網の整備が進められました。現在も整備は進められています。

1　下線部①と同じ平安時代に創建されたものとして，最も適切なものを，次のア～エから１つ選び，記号で答えなさい。

ア　法隆寺　　イ　正倉院　　ウ　平等院鳳凰堂　　エ　東大寺南大門

2　下線部②について，亮太さんは，東北地方の日本海側と太平洋側，内陸部の気候を比較するために，ほぼ同緯度の**由利本荘市**，**北上市**，**釜石市**の３つの市の気温と降水量を調べ，**資料Ｂ**を作成しました。３つの市と，**資料Ｂ**中のグラフＸ～Ｚの組み合わせとして，正しいものを，あとの**ア～カ**から**１つ**選び，記号で答えなさい。

資料Ｂ　３つの市の気温と降水量

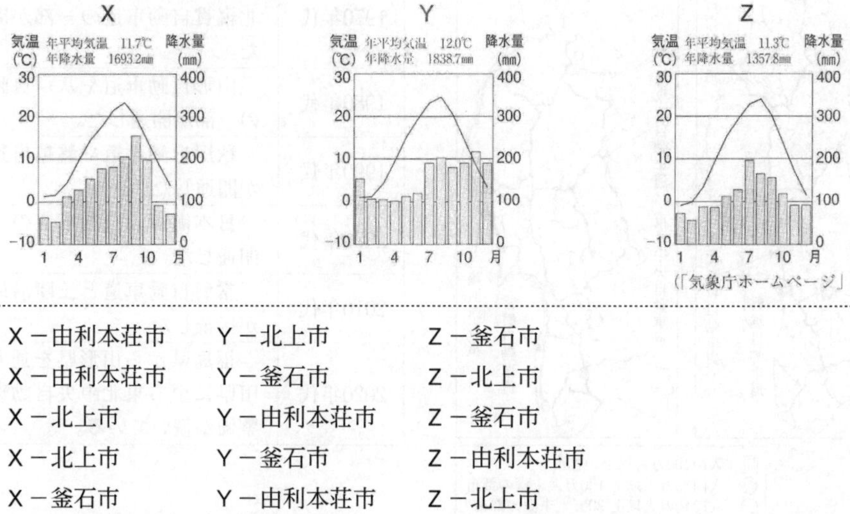

（「気象庁ホームページ」より作成）

ア　Ｘ－由利本荘市　　Ｙ－北上市　　Ｚ－釜石市
イ　Ｘ－由利本荘市　　Ｙ－釜石市　　Ｚ－北上市
ウ　Ｘ－北上市　　Ｙ－由利本荘市　　Ｚ－釜石市
エ　Ｘ－北上市　　Ｙ－釜石市　　Ｚ－由利本荘市
オ　Ｘ－釜石市　　Ｙ－由利本荘市　　Ｚ－北上市
カ　Ｘ－釜石市　　Ｙ－北上市　　Ｚ－由利本荘市

3　下線部③について，亮太さんは，東北地方各県の農業について調べ，資料Ｃを作成しました。資料Ｃから読みとれることを述べた文として，最も適切なものを，あとのア～エから１つ選び，記号で答えなさい。

資料Ｃ　東北地方各県の農業統計（2021年）

	面積（㎢）	耕地面積（㎢）	農業産出額（億円）	農業産出額に占めるおもな農作物の内訳（億円）			
				米	野菜	果実	畜産
青森県	9,646	1,496	3,277	389	753	1,094	947
岩手県	15,275	1,493	2,651	460	245	132	1,701
宮城県	7,282	1,255	1,755	634	271	22	753
秋田県	11,638	1,464	1,658	876	285	75	356
山形県	9,323	1,158	2,337	701	455	694	392
福島県	13,784	1,373	1,913	574	431	297	475

（注）数字は四捨五入している。

（「生産農業所得統計」などより作成）

ア　秋田県と山形県の米の産出額の合計は，東北地方全体の米の産出額の半分以上を占めている。

イ　福島県の野菜と果実の産出額の合計は，福島県の農業産出額全体の半分以上を占めている。

ウ　岩手県の畜産の産出額は，岩手県の農業産出額全体の７割を超えている。

エ　東北地方の中で，県の面積に占める耕地面積の割合は，青森県より宮城県の方が大きい。

4　④ にあてはまる語句を書きなさい。

5　下線部⑤について，亮太さんは，資料Ｄ，Ｅを作成しました。東北地方の高速道路網の整備には，どのようなことが期待されているか，整備状況の特徴を含めて，資料Ｄ，Ｅをもとにして，簡潔に述べなさい。

資料Ｄ　東北地方の高速道路・おもな自動車専用道路の整備状況

1995年　　2023年

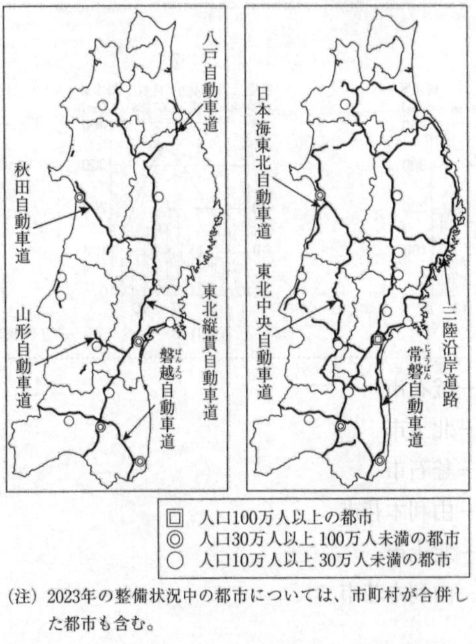

（注）2023年の整備状況中の都市については、市町村が合併した都市も含む。

資料Ｅ　東北地方の高速道路・おもな自動車専用道路の整備状況の推移

年代	整備状況
1970年代	関東地方と東北地方を結ぶ東北縦貫自動車道の一部が開通した。
1980年代	山形自動車道や八戸自動車道の一部が開通した。
1990年代	秋田自動車道や磐越自動車道が開通した。
2000年代	日本海東北自動車道の一部が開通した。
2010年代	常磐自動車道と三陸沿岸道路が接続した。
2020年代	福島県から山形県を通り、秋田県に至る東北中央自動車道の整備が続いている。

（資料D、Eともに「国土交通省ホームページ」などより作成）

第六問　彩夏さんは，社会科の授業で，「社会保障制度のあゆみ」について調べ，**資料A**を作成しました。これを読んで，あとの**1～5**の問いに答えなさい。

> **資料A　社会保障制度のあゆみ**
> 世界の中でいち早く18世紀に産業革命が起こった［①］は，「世界の工場」とよばれましたが，労働者の生活環境の悪化などの問題が起こり，労働者の生活を保障する制度がつくられていきました。20世紀前半の世界恐慌に対して，アメリカでは，フランクリン・ローズベルト大統領により，政府が公共事業を起こすなどの積極的に経済を調整する［②］政策がとられ，社会保障に関する制度が導入されました。日本では，第二次世界大戦後，社会保障制度が整えられていきました。日本の社会保障制度は，社会保険，公的扶助，③社会福祉，④公衆衛生の4つの柱からなり，社会の重要な基盤となっています。

1　［①］にあてはまる国として，正しいものを，次の**ア～エ**から**1つ**選び，記号で答えなさい。
ア　イギリス　**イ**　フランス　**ウ**　ドイツ　**エ**　アメリカ

2　［②］にあてはまる語句を書きなさい。

3　下線部③に関連して，道路や施設，設備などが，高齢者や障がいのある人をはじめ，すべての人々にとって利用しやすい状態であることを何というか，最も適切なものを，次の**ア～エ**から**1つ**選び，記号で答えなさい。
ア　ワーク・ライフ・バランス　**イ**　バリアフリー
ウ　リサイクル　**エ**　インフォームド・コンセント

4　下線部④について述べた文として，最も適切なものを，次の**ア～エ**から**1つ**選び，記号で答えなさい。
ア　収入が少なく，生活に困っている人々に，生活費や教育費を支給する。
イ　適切な保護や支援の必要がある幼児や児童に対し，施設やサービスを提供する。
ウ　人々の健康な生活を支えるために，感染症の予防や生活環境の改善をはかる。
エ　労働者が子育てや介護と，仕事とを両立できるように支援する。

5　彩夏さんは，日本の社会保障制度の一つである社会保険に関して，2000年に介護保険制度が導入されたことを知り，さらに調べを進め，次のページの**資料B～D**を作成しました。介護保険制度はどのようなことを目的として導入されたと考えられるか，**資料B～D**を参考にして，簡潔に述べなさい。

資料B 全人口のうち65歳以上の人が占める割合（%）

年	1990	2000	2010	2020
割合	12.1	17.4	23.0	28.6

（注）数字は四捨五入している。

資料C 世帯数と平均世帯人数の推移

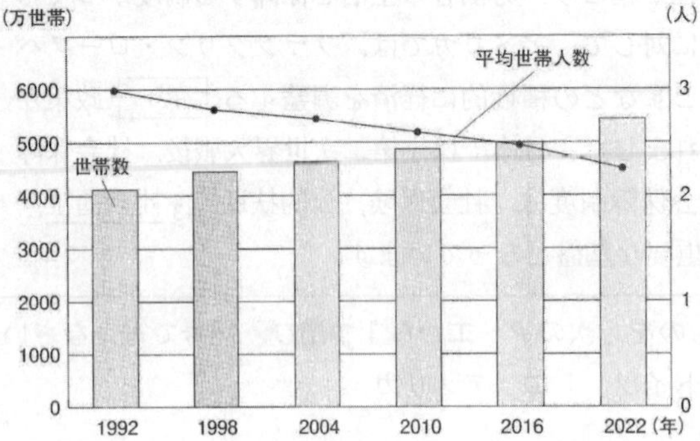

資料D 介護保険制度の概要

○ 満40歳以上の全国民に加入を義務づけ、保険料を徴収する。
○ 保険料と公費を財源とし、制度の運営は、市町村、特別区が行う。
○ 原則として、65歳以上で要介護認定を受けた場合、1～3割の自己負担で、介護サービスを受けることができる。
○ 介護サービスには、居宅サービス、施設サービス、地域密着型サービスがあり、介護福祉士や訪問介護員などの、介護に関する専門職員が介護にあたる。

（資料B～Dいずれも「厚生労働省ホームページ」などより作成）

問一 本文中の「給《たま》ひける」の読み方を、歴史的仮名遣いは現代仮名遣いに改めて、**全てひらがな**で答えなさい。

問二 【対話】の A にあてはまる表現技法として、最も適切なものを、次のア～エから**一つ**選び、記号で答えなさい。

ア 擬人法　**イ** 枕詞《まくらことば》　**ウ** 体言止め　**エ** 掛詞《かけことば》

問三 【対話】の B にあてはまる内容として、最も適切なものを、次のア～エから**一つ**選び、記号で答えなさい。

ア 冬ごもりならではの楽しみ
イ 山野から去りゆく春の風物
ウ 冬ごもり中の自然の厳しさ
エ 山野にやって来る春の気配

問四 【対話】の C にあてはまる適切な表現を考えて、**二十五字以内**で答えなさい。

第六問

下のグラフは、全国の十六歳以上の人を対象に行った世論調査の、「毎日の生活に必要な情報を何から得ているか」という質問に対する結果です。

あなたがこのグラフから読み取ったことと、その読み取ったことに対するあなたの考えを、**百六十字～二百字**で書きなさい。

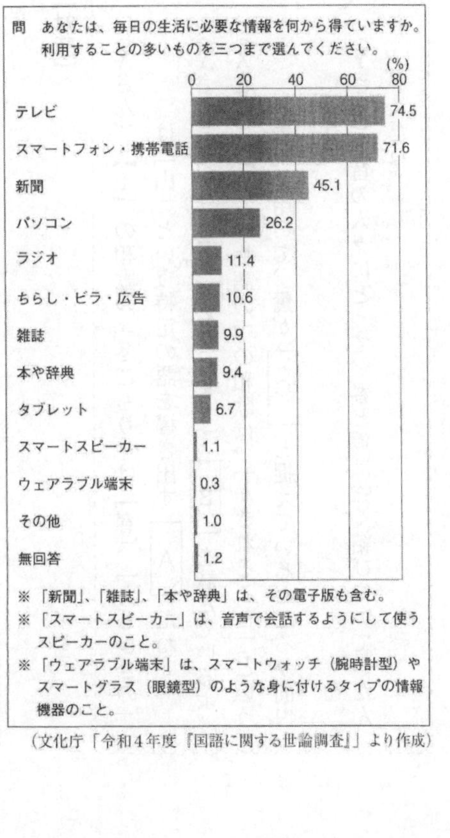
問　あなたは、毎日の生活に必要な情報を何から得ていますか。
利用することの多いものを三つまで選んでください。
(%)
0
20
40
60
80
テレビ 74.5
スマートフォン・携帯電話 71.6
新聞 45.1
パソコン 26.2
ラジオ 11.4
ちらし・ビラ・広告 10.6
雑誌 9.9
本や辞典 9.4
タブレット 6.7
スマートスピーカー 1.1
ウェアラブル端末 0.3
その他 1.0
無回答 1.2
※「新聞」、「雑誌」、「本や辞典」は、その電子版も含む。
※「スマートスピーカー」は、音声で会話するようにして使うスピーカーのこと。
※「ウェアラブル端末」は、スマートウォッチ（腕時計型）やスマートグラス（眼鏡型）のような身に付けるタイプの情報機器のこと。
（文化庁「令和4年度『国語に関する世論調査』」より作成）

るが、□ように見える絵を描いている。

問三　本文中に「③目ではない、もっと脳の全体で感じている世界を描こうとした」とありますが、次の文は、「セザンヌ」の描き方について、筆者の考えを説明したものです。□にあてはまる言葉を、本文中から**八字**で**そのまま**抜き出して答えなさい。

> セザンヌは、画家の直感によって、「視覚」だけではとらえられない□を、視覚表現としての「絵」にまとめ上げている。

問四　本文中に「④芸術の感動というものの正体」とありますが、ここで筆者が述べる「芸術の感動というものの正体」とは、どのようなものですか。**五十五字以内**で説明しなさい。

問五　本文の論の進め方について説明したものとして、最も適切なものを、次の**ア**～**エ**から**一つ**選び、記号で答えなさい。

ア　絵画についての問題を提起したあと、主張の根拠として著名な芸術家の言葉を参照し、持論を展開している。

イ　絵画についての話題を提示し、主張を支える具体例を挙げ、科学的な知見を援用して美術史を整理している。

ウ　絵画についての自分の見解を述べ、例を対比的に提示しながら、問いかけを積み重ねて主張をまとめている。

エ　絵画についての仮説を立て、絵画の観察と自身の経験を照らし合わせながら、仮説の有効性を検証している。

第五問

次の【Ⅰ】の和歌、【Ⅱ】の物語と、それらについての【対話】を読んで、あとの問いに答えなさい。

【Ⅰ】

冬ごもり春さり来れば（春が来ると）あしひきの山にも野にもうぐひす鳴くも（山にも野にもうぐいすが鳴くよ）

（「万葉集《まんようしゅう》」による）

【Ⅱ】

先帝《せんだい》の御時《おほんとき》、（先帝のご時世に）＊卯月《うづき》のついたちの日、鶯《うぐひす》の鳴かぬを詠《よ》ませ給《たま》ひける、（鳴かないことを歌にお詠ませになられた時）公忠《きんただ》、

春はただ昨日ばかりを鶯のかぎれるごとも（春はつい昨日終わったばかりなのに、うぐいすが決めているかのように）鳴かぬ今日かな

となむ詠みたりける。（詠んだのであった）

（「大和《やまと》物語《ものがたり》」による）

＊をつけた語句の〈注〉
卯月のついたちの日――旧暦四月一日。この日から夏がはじまる。

【対話】

〈Xさん〉【Ⅰ】の和歌の「冬ごもり」は「春」、「あしひきの」は「山」という特定の語を導き出す[A]だね。

〈Yさん〉うん。鶯《うぐいす》の鳴く声によって[B]を詠んでいるよ。

〈Xさん〉【Ⅱ】の物語の中の和歌は、「かぎれるごと」という表現を用いて、鶯が[C]と捉えているところが面白いね。

〈Yさん〉昔の人々にとって、春と鶯は強く結びついていたんだね。

いうものが、ぼくたちが日常の生活のなかではなかなか感じられないなにか、しかしこの世界にたしかに存在するなにかを、つかみとって見せてくれるからである。

その「なにか」とは、なにか。

それはここまで書いてきたように、「脳」である。もちろんぼくたちは、毎日、脳を使って生きている。だから脳の働きをつかみとって、それを見せてくれたからといって、感動などしない。

しかしぼくたちは、本当に「毎日、脳を使って生きている」のだろうか。

ぼくたちの脳に秘められていて、まだ自分では見ていないなにか、そういうものが脳にはたくさんあるのではないか。人間の脳というのは、ぼくたちが考える以上に、未知の可能性を秘めたものなのかもしれない。

芸術家とは、そんな「脳の可能性」をつかみとって、作品というかたちにする人間である。そのようなことができる人を天才と呼ぶ。

しかし、ぼくたちの能力をこえた、天才だけにしか見ることのできない世界があるとしたら、それはぼくたちにとって無関係のものだ。芸術作品を見て感動できるのは、それを感じ、わかる力が、ぼくたちの脳のなかにあるからである。

美術館で、画家の「ものの見方」を絵をとおして知り、そこに驚きを感じるのは、それと同じ能力が自分のなかにもあることを知った驚きでもある。芸術とは、天才の世界をかいまみることではない。まだ知らなかった自分の可能性に出会って、そうしたものが自分のなかにあることを知る。それが④芸術の感動というものの正体だ。

（布施《ふせ》　英利《ひでと》「はじまりはダ・ヴィンチから　50人の美術家を解剖する」による）

＊をつけた語句の〈注〉

セザンヌとモネ――どちらも十九世紀後半に活躍したフランスの画家。
筆のタッチ――ここでは絵画の筆づかいのこと。
カンヴァス――油絵用の画布。キャンバス。

問一　本文中に「①絵画は、いわば、脳の『実験レポート』なのだ。」とありますが、次の文は、このことについて述べたものです。あとの(一)、(二)の問いに答えなさい。

> 筆者は、絵画から、［A］がわかると考えたため、絵画を「脳の『実験レポート』」という言葉で表現した。そして、そのことを説明するために、同時代に活躍し［B］画家の、モネとセザンヌを取り上げている。

(一)　［A］にあてはまる表現として、最も適切なものを、次の**ア**～**エ**から**一つ**選び、記号で答えなさい。

ア　画家がどのような苦悩を持っていたか
イ　人間の目に見える美しさの限界
ウ　先人の表現技法や当時の流行
エ　画家が世界をどのようにとらえているか

(二)　［B］にあてはまる言葉を、本文中から**七字**で**そのまま**抜き出して答えなさい。

問二　本文中に「②ひたすら『見える』世界」とありますが、次の文は、「モネ」の絵について、筆者の考えを説明したものです。［C］にあてはまる適切な表現を考えて、**三十字以内**で答えなさい。

> モネは、脳や目の生理学的な働きなど知らなかったと思われ

を例に考えてみよう。このふたりの画家は、ほぼ同時代に活動したせいか、画風が似ている。どちらも＊筆のタッチがそのまま残り、塗り残したところも多い。とくに絵に近づいて見ると、たとえば人物画でも、それが「人間の顔」であるより「絵」に見える。筆のタッチが、絵具《えのぐ》が、そこに見えるからだ。

セザンヌやモネ以前の絵画は、そうではなかった。絵に近づいても、たとえば肌は細かく塗られ、そこには筆のタッチはなく、あたかも肌そのもののような質感が描かれている。ともかく、セザンヌとモネのは、それほどに似た作風のものだ。

しかし「脳」という視点から見たとき、このふたりの画家が描き出す世界は、まったくちがっている。

モネが描いているのは、②ひたすら「見える」世界である。それは目のなかにある「網膜」に映った像を、そのまま＊カンヴァスに描いた世界だ。

見たものを見たとおり描くのは、ルネサンス以来の、ヨーロッパ絵画の伝統である。モネは、そんな美術史のひとつの到達点にいる画家だ。ところが不思議なことに、見たものを見たとおりに、徹底して描くと、それは見たものとは別のものになってしまう。ぼくたちは、けっしてモネの絵のように世界を見ていない。

モネは、世界を光と色の点に分解する。いや「分解」するのではない。モネには、そう見えるのだ。たしかに網膜に映るのは、そんな光景である。目の網膜には、桿体《かんたい》と錐体《すいたい》という二種類の細胞がびっしりと並んでいる。いっぽうは明暗、つまり光のあるなしを感知する。もういっぽうは、色を三原色に分解し、どれかの色に反応する。つまり世界の光景を、光と色の点に分解し、その情報を脳に送っている。

モネという天才は、脳や目の生理学的な働きなど知らなかっただろうが、なぜか世界がそう見えることを察知し、カンヴァスにそのような絵を描いた。まさに目の生理的機能の実験レポートである。

いっぽうセザンヌが描くのは、それとはまったく正反対の世界だ。セザンヌは、目に見えたものを見えたとおりに描こうとはしなかった。そもそも人は「目」だけで世界を見ているのか。視覚ということに絞っていえば、たしかにそうだろう。しかし人は、目で見て、耳で聞いて、手でふれて、と五感を使ってこの世界を生きている。そこから「視覚」だけ取り出して、それを絵にするのは不自然ではないか。五感で感じる世界を、絵という視覚表現に集約する。それこそが、世界のあるがままの姿ではないか。いや「世界のあるがままの姿」ではない。ぼく的な言い方をさせてもらえば、目ではなく「脳が見ている」世界である。

セザンヌは、脳科学のことは知らなかったが、画家の直感でそう考え、そのようなスタイルの絵を描いた。セザンヌの絵には、ものの存在感や触覚、そういった目の網膜だけではとらえられない感覚があふれている。

セザンヌは、自分がどのような絵を描いているか、よく知っていた。それがモネが描いている世界とどうちがうかも。だからセザンヌは、モネについてこういっている。

「モネは、目にすぎない。しかしそれは、すごい目だ」

モネがいかに「目」を徹底した画家であったかは、セザンヌもわかっていた。かつて誰も到達したことがないほどの世界にまで踏み込んだ天才であることも。しかし「それは目にすぎない」。セザンヌは、③目ではない、もっと脳の全体で感じている世界を描こうとしたのだ。たしかに、絵は、脳の実験レポートである。

では人はなぜ、芸術作品に感動するのだろうか。それは芸術作品と

ウ　二人をよく知らないのに、若関の変化を床芝の影響だと語ったこと。

エ　見てもいない若関の表情を、昔より穏やかになったと話したこと。

問二　本文中に「②ああそっか」とありますが、次の対話は、ここでの靖成の思いについて話し合ったものです。あとの㈠、㈡の問いに答えなさい。

〈Xさん〉　靖成は、床芝の言葉を聞き、表情を見て、かつて床山の仕事に惹かれたのは、[A]と気づいているね。

〈Yさん〉　うん。靖成は、その頃の自分の気持ちを思い出したんだよ。

〈Xさん〉　そうだね。だからこのあとのところで、床芝を前にして、以前、[B]と考え、床山への関心を捨てたことを恥じたんだね。

㈠　[A]にあてはまる表現を、本文中から**十八字**で**そのまま**抜き出して、**はじめの五字**で答えなさい。

㈡　[B]にあてはまる適切な表現を考えて、**三十字以内**で答えなさい。

問三　本文中に「③靖成は相槌を打つのも忘れて、その言葉に聞き入っていた。」とありますが、ここでの靖成の描かれ方を説明したものとして、最も適切なものを、次の**ア**～**エ**から**一つ**選び、記号で答えなさい。

ア　床芝の仕事に対する思いを一心に聞く靖成が、三人称の視点から描かれている。

イ　床芝の相撲への深い愛情にあぜんとする靖成が、三人称の視点から描かれている。

ウ　力士に向き合う床芝の苦しさに共感する靖成が、床芝の視点から描かれている。

エ　人生の先輩としての床芝の助言に反発する靖成が、床芝の視点から描かれている。

問四　本文中に「④靖成自身も驚いていた。」とありますが、次の文は、このときの靖成の心情を説明したものです。[　]にあてはまる言葉を、本文中から**十三字**で**そのまま**抜き出して答えなさい。

仕事に戻ろうとした床芝に対してとっさに出た「床山になるにはどうしたらいいか」という自分の発言は、[　]と感じ、自分自身でも驚いているということ。

問五　本文中に「⑤この人と一緒に働きたい」とありますが、靖成がそのように決意した理由を、**五十字以内**で説明しなさい。

第四問

次の文章を読んで、あとの問いに答えなさい。

画家は、たんに「美しい」花や夕焼けを描くのではない。熱帯魚の模様が、どれほど絶妙な色の配置になっているか、そんなことも問題ではない。問題なのは、人間は世界を「どう見ているか」ということだ。これは芸術にしかできないことだ。

①絵画は、いわば、脳の「実験レポート」なのだ。

では、脳とはいったいなにか？

それを知るには、絵画を分析するというやり方があってもいい。絵とは、脳そのものなのだから。

たとえば、シカゴ美術館にも展示されていた＊セザンヌとモネの絵

変な目で見られることって、なかったのかなーって」
「迷わなかったよ」
即答だった。どうしてですか、と問うよりも先に、彼が続けた。
「俺は相撲が好きだから、他の道は考えられなかった。男が髪結うの？　とか抜かす奴《やつ》はいたかもしれないけど、それはただ、今までそいつの周りに、髪を扱う仕事に就いている男がいなかっただけだ。男が髪を結ったって、何の問題もないのに。そうやって『男はこうあるべき』って勝手に決めつける、了見の狭い奴の言うことなんか気にするだけ無駄だ」
礼を言われたときや、若関について語っていたときとは、全然違った。彼の、床山としての＊矜持《きょうじ》が表れているかのような、ずいぶんきっぱりした口調だった。③靖成は相槌《あいづち》を打つのも忘れて、その言葉に聞き入っていた。
「そろそろ戻らないと。何年ぶりかに会えてよかったよ。じゃ、また。元気でな」
床芝が立ち上がり、昔みたいに手を振る。＊踵《きびす》を返す直前でもう一度、床芝さん！　と呼び止めた。もうあまり時間はない。気づけば、言葉が勝手に口から飛び出していた。
「あのっ、床山になるには、どうしたらいいんですか？」
床芝が目を丸くする。④靖成自身も驚いていた。床芝を見て、かっこいいとか、自分もこうありたいとか思ったけれど、床山になるにはどうしたらいいかなんて。いくらなんでも先走りすぎだ。
すみません今のは忘れてください、と言おうとしたら、床芝がエプロンからメモ帳とペンを取り出した。ささっと何かを書きつけると、一枚めくって靖成に差し出した。
「これ、俺んちの電話番号。地方場所や巡業のときは留守だし、かけても嫁が出るかもしれないけど、念のため渡しとく」
「えっ」
反射的に伸ばしかけた腕が止まる。そのまま固まっていると、空の右手に容赦なくメモがねじ込まれた。
「別に今すぐじゃなくていい。床山になりたいと、本気で思ったらかけてくれ。俺が面倒見てやるから。じゃあな」
小さく右手を上げたかと思うと、彼はくるりと背を向けて、力士たちの元へ帰っていった。靖成はその背中に向かって、聞こえるように礼を言うだけで精いっぱいだった。
席に戻ったあと、靖成は床芝からもらったメモを開いた。走り書きのはずなのに、彼の字はちっとも形が崩れていなかった。その丁寧に書かれた字を見た瞬間、決意が固まった。
⑤この人と一緒に働きたい、と。

（鈴村《すずむら》　ふみ「大銀杏がひらくまで」による）

＊をつけた語句の〈注〉
床山――力士の髪を結い、整える職業の人。
大銀杏――ここでは、力士の髪型の一つ。
矜持――誇り。自負。
踵を返す――引き返す。

問一　本文中に「①すみませんでしたと謝ろうとした」とありますが、靖成は、どのようなことに対して「謝ろうとした」のですか。最も適切なものを、次の**ア**～**エ**から**一つ**選び、記号で答えなさい。
ア　年下にもかかわらず、床山としての床芝の技術を評価したこと。
イ　付き合いが浅いのに、床芝の性格を真面目で優しいと褒めたこと。

第三問　次の文章を読んで、あとの問いに答えなさい。

人の髪を結うことが好きな六歳の靖成《やすなり》は、相撲観戦に出掛けた際、力士の髪を結う仕事をしている床芝《とこしば》の計らいにより、若関《わかぜき》という力士の髷《まげ》を結うところを見学させてもらった。中学校三年生になった靖成は二人に再会し、かつて刺々《とげとげ》しかった若関の変化に驚く。床芝の話から二人の関わり合いを知った靖成は、思わず自分の思いを口にする。

「若関のこと、俺……じゃない、僕はほとんどわかってないんですけど。あの人が変わったのは、床芝さんのおかげでもあるんじゃないかって、思うんです」

「……俺のおかげ？」

床芝がきょとんとして聞き返す。靖成は頷《うなず》いて続けた。

「だって表情が昔と違って、なんか穏やかになってたんですよ。床芝さんが毎日一生懸命髷を結ってくれて、その思いが伝わったから、あの人も優しくなったのかなって。僕には、そういう風に見えました」

若関だけでなく床芝のことも、靖成はほとんど知らない。でも、これだけはわかる。髷を結う前に毎回爪の長さを確認するほど、真面目であること。どんなに叱られても、若関と真剣に向き合おうとする床芝は、誰よりも優しいこと。そんな人が毎日懸命に髷を結ってくれたら、あの若関だってきっと、気を許してくれるはずだ。

床芝は何も言わなかった。ただ、軽く眉間に皺《しわ》を寄せて、腕を組んでいた。

――あ。変なこと言ってしまったかも。

途端に指先が冷たくなる。①すみませんでしたと謝ろうとしたそのとき、

「なるほどなあ」

さっぱりした声が、隣から聞こえた。

「若関は絶対そんなこと言わないし、俺だってまだ全然、一人前の＊床山《とこやま》じゃないんだけど……本当にそうだったら嬉《うれ》しいな」

「絶対そうですよ！」

思った以上に大きな声が出て、自分でも驚く。なんで俺、こんなに熱くなってるんだろう。

「僕、前に巡業に来たときの記憶がほとんどないんですけど、床芝さんのことはちゃんと覚えていたんです。それは床芝さんが、かっこいい＊大銀杏《おおいちょう》を見せてくれて、でもって、子どもの僕にも優しくしてくれて……ええっと、つまり」

だんだん支離滅裂になっていく靖成の言葉を引き取るように、床芝が口を開いた。

「ありがとな。そう言ってくれるだけで充分だよ」

その横顔に穏やかな笑みが広がっているのを見て、靖成は②ああそっか、と気づく。

昔、床山の仕事に惹《ひ》かれたのは、ただ単に髪を結べるからじゃない。腕も気立てもいい、床芝に憧れたからだ。

床山への関心を捨てた、過去の自分がだんだん恥ずかしくなってくる。「変」とからかわれるのが嫌だなんて、その仕事に就いている床芝に失礼ではないか。

床芝が一瞬、腰を浮かせた。もうすぐ仕事に戻る時間なのかもしれない。

「あのっ、床芝さん！」

思いきって呼び止めると彼は、ん？とこちらを振り返った。

「一つ聞いておきたいんですけど。床山になる前、迷いませんでしたか？　だってほら、男性なのに髪を結ぶ仕事に就くの？　みたいな

問一　**【話し合いの一部】**の中の「①**【アンケート用紙の下書き】**を見直して、」で始まるAさんの発言について説明したものとして、最も適切なものを、次の**ア**～**エ**から**一つ**選び、記号で答えなさい。

ア　話し合いのねらいを述べたうえで、話し合う際の話題を提示している。

イ　自分の立場を明らかにし、適切な根拠を挙げながら意見を述べている。

ウ　話し合いの中で、分からないことを質問したり確認したりしている。

エ　話の構成や順序を工夫しながら、問題点を分かりやすく指摘している。

問二　**【話し合いの一部】**の中の ② 、 ③ にあてはまる言葉の組み合わせとして、最も適切なものを、次の**ア**～**エ**から**一つ**選び、記号で答えなさい。

ア　②　改変　―　③　訂正

イ　②　出典　―　③　引用

ウ　②　引用　―　③　出典

エ　②　訂正　―　③　改変

問三　**【アンケート用紙の下書き】**の中の～～線部「取り組むんだったら」を、適切な書き言葉に改めて、**十字以内**で答えなさい。

問四　**【話し合いの一部】**の中に「④『回数』など別の言葉に改めることで、質問内容が正しく伝わると思うよ。」とありますが、このBさんの発言の意図について説明したものとして、最も適切なものを、次の**ア**～**エ**から**一つ**選び、記号で答えなさい。

ア　アンケート対象者の回答意欲を喚起し、企画提案者の熱意を率直に伝えようとしている。

イ　アンケート対象者の語彙力を踏まえることで、生徒全員から正確な回答を得ようとしている。

ウ　アンケート対象者の学習の実態を考慮し、全校生徒の表現力を高めようとしている。

エ　アンケート対象者の問題意識に訴えることで、大事なことを重点的に伝えようとしている。

問五　**【話し合いの一部】**の中の「⑤私も、」で始まるCさんの発言について説明したものとして、最も適切なものを、次の**ア**～**エ**から**一つ**選び、記号で答えなさい。

ア　このあとの話し合いの論点を提示して、自分の考えと異なる点を指摘し、具体例を挙げて反論している。

イ　自分の経験を話したり、ほかの人の経験を聞き出したりして、全員の考えを引き出そうとしている。

ウ　自分の意見にこだわらず、ほかの人の意見の納得できるところを見つけ、柔軟に意見を変えている。

エ　ほかの人の考えに対して賛同しながらも、工夫できることを加えて、よりよい案を提示している。

問六　**【話し合いの一部】**の中に「⑥今の話し合いの話題は質問の形式についてだから、選択肢の表現については、またあとで話し合おう。」とありますが、次の文は、このAさんの発言の意図についてまとめたものです。□にあてはまる適切な表現を考えて、**十五字以内**で答えなさい。

話し合いの展開を捉え、□ことをねらいとして発言している。

がさらによいものになるよう、改善点を挙げていこう。これから、このアンケートの表現と、質問の形式について話し合うよ。まず、質問に入る前の文章の表現はどうかな。

〈Bさん〉このアンケートの目的は伝わるけれど、体育委員会が運動の時間を設けることにした理由も伝えられないかな。

〈Cさん〉全国調査の結果の資料をよく読んでみて、その文章の一部を ② したらどうだろう。運動の時間を設けることに説得力を持たせることができるし、アンケートを実施する必要性もいっそう伝わると思うよ。

〈Bさん〉そうだね。そのときは、資料の ③ をしっかり示そうね。

〈Aさん〉なるほど。改善点として取り入れよう。次に、質問や選択肢の表現はどうかな。

〈Cさん〉質問1について、この質問には話し言葉のくだけた表現が含まれているから、書き言葉に直した方がいいね。

〈Aさん〉そうだね。アンケートは多くの人が読むものだから、適切な表現にしたいね。そのほかに気になる点はないかな。

〈Bさん〉質問2について、アンケートの対象は全校生徒だから、「頻度」という言葉は一年生には難しいかもしれないね。④「回数」など別の言葉に改めることで、質問内容が正しく伝わると思うよ。

〈Cさん〉なるほど。私は気にならなかったけれど、一年生のことを考えれば、Bさんの意見のとおりに言葉を改めた方が正しく伝わりそうだね。

〈Aさん〉では、次の話題の、質問の形式について話し合おうか。

〈Bさん〉質問1と2については、答えやすさや集計のしやすさを考えても選択式が適切な形式だと思うけれど、質問3については、記述式にして自由な考えを引き出した方がいいと思うよ。

〈Aさん〉Bさんは、質問3の形式を記述式にした方がいいという意見だけれど、Cさんはどうかな。

〈Cさん〉⑤私も、自由な考えを引き出すために、記述を取り入れるという考えには賛成だよ。ただし、記述式だと、さまざまな考えを引き出せる反面、記述内容を読み取って整理することが難しそうだね。選択式のまま、質問3の選択肢に「その他」を追加して、そこに記述欄を設けるというのはどうかな。

〈Bさん〉なるほど、そうだね。あと、質問3の選択肢には、伝わりづらいものや選択肢としてふさわしくないものがあるね。

〈Cさん〉そうだね。選択肢の「エ」は、この表現だと説明不足に感じるし、「オ」は運動とは言えないかな。

〈Aさん〉選択肢の表現の適切さも吟味したいけれど、⑥今の話し合いの話題は質問の形式についてだから、選択肢の表現については、またあとで話し合おう。二人の意見を踏まえて、質問3は選択式と記述式を組み合わせるという方向で検討していこうか。

〈国語〉

時間 五〇分　満点 一〇〇点

第一問

第一問 次の問いに答えなさい。

問一 次の文の――線部①～⑥のうち、漢字の部分はその読み方をひらがなで書き、カタカナの部分は漢字に改めなさい。

・贈り物をきれいに①包む。
・屋上に望遠鏡を②据える。
・画用紙に顔の③輪郭を描く。
・池に釣り糸を④タらす。
・打ち合わせを⑤メンミツに行う。
・妹たちのけんかの⑥チュウサイに入る。

問二 次の文中には、誤って使われている熟語が一つあります。その熟語を、文意に合う**同音の正しい熟語**に改めて、**漢字**で答えなさい。

話し方に留意し、限られた発表時間の中で要点を完結に話す。

問三 次の行書で書かれた漢字について、〇で囲んだa、bの部分に表れている行書の特徴の組み合わせとして、最も適切なものを、あとのア～エから**一つ**選び、記号で答えなさい。

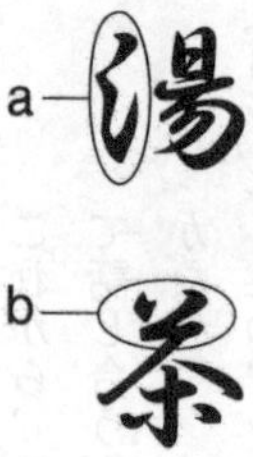

ア a 点画の変化 ― b 点画の省略
イ a 点画の連続 ― b 点画の省略
ウ a 点画の省略 ― b 筆順の変化
エ a 点画の連続 ― b 筆順の変化

第二問

第二問 ある中学校の体育委員会では、中学生の体力が低下しているという全国調査の結果が話題となり、委員会が主体となって、昼休みに運動の時間を設けることになりました。そこで、生徒の考えを取り入れた企画とするために、全校生徒を対象にアンケートを実施します。次は、体育委員会で作成中の【アンケート用紙の下書き】と、アンケート係のAさんたち三人が行った【話し合いの一部】です。あとの問いに答えなさい。

【アンケート用紙の下書き】

運動の企画に関するアンケート

体育委員会では、昼休みに10分間の運動の時間を設けたいと考えています。皆さんの考えを取り入れた企画としたいので、次の質問に対して、あてはまるもの1つに○を付けてください。

ご協力をお願いします。

質問1　運動の企画に取り組むんだったら、あなたはどのような単位で参加したいですか。
ア　個人　　イ　グループ　　ウ　クラス

質問2　あなたはどれくらいの頻度で運動の企画に取り組みたいですか。
ア　毎日　　イ　1日おき　　ウ　週1回

質問3　次の中で、あなたが取り組みたいと思う運動はどれですか。
ア　ランニング
イ　縄跳び
ウ　ダンス
エ　ボール
オ　体力測定コーナー

【話し合いの一部】

〈Aさん〉 ①【アンケート用紙の下書き】を見直して、アンケート

2024年度

解答と解説

《2024年度の配点は解答用紙集に掲載してあります。》

＜数学解答＞

第一問　1　-14　2　$\frac{5}{3}$　3　$3a-2b$　4　-9　5　$(x-3)(x-7)$　6　$y=-\frac{18}{x}$

7　エ　8　$51\pi\,\mathrm{cm}^3$

第二問　1 (1) $\frac{5}{36}$　(2) $\frac{7}{18}$　2 (1) 93度　(2) $\frac{13}{6}\pi\,\mathrm{cm}$　3 (1) $(-4,\ 8)$

(2) $\frac{9}{2}$　4 (1) 32個

(2) (ア) 11回目　(イ) 288個

第三問　1 (1) C　(2) (例)すべての組の中央値が340秒より小さく，各組において，340秒以内の記録であった生徒が少なくとも20人ずついることがわかるから。

2 (1) 右図　(2) (ア) 3分20秒後

(イ) 990m

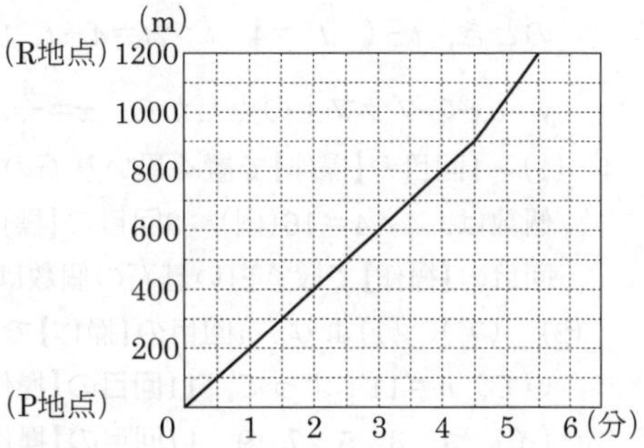

第四問　1　5cm　2　解説参照

3 (1) $\frac{32}{5}\mathrm{cm}$　(2) $\frac{24\sqrt{7}}{5}\mathrm{cm}^2$

＜数学解説＞

第一問 (数・式の計算，式の値，因数分解，比例関数，平方根の大小，回転体の体積)

1　$2-16=-(16-2)=-14$

2　$\frac{7}{3}+\frac{2}{9}\times(-3)=\frac{7}{3}-\frac{2}{3}=\frac{5}{3}$

3　$(6a^2b-4ab^2)\div 2ab=\frac{6a^2b}{2ab}-\frac{4ab^2}{2ab}=3a-2b$

4　$2(a+7b)-8b=2a+14b-8b=2a+6b=2\times(-5)+6\times\frac{1}{6}=-10+1=-9$

5　$x^2-10x+21=x^2+\{(-3)+(-7)\}x+(-3)\times(-7)=(x-3)(x-7)$

6　yはxに反比例するから，$y=\frac{a}{x}$とおいて，$x=-2$，$y=9$を代入すると，$9=\frac{a}{-2}$　$a=-18$　よって，$y=-\frac{18}{x}$

7　2乗した数を考える。$(\sqrt{10})^2=10$，$\left(\frac{7}{\sqrt{7}}\right)^2=\frac{49}{7}=7$，$3^2=9$　$7<9<10$より，$\frac{7}{\sqrt{7}}<3<\sqrt{10}$

8　求める立体は，半径が4cm，高さが6cmの円柱から，半径が3cm，高さが5cmの円柱を取り除いたものとなる。よって，体積は，$\pi\times4^2\times6-\pi\times3^2\times5=96\pi-45\pi=51\pi(\mathrm{cm}^3)$

第二問 (確率，円の性質と角度，弧の長さ，関数$y=ax^2$，規則性)

1 (1)　$a+b=6$となるのは，$(a,\ b)=(1,\ 5)$，$(2,\ 4)$，$(3,\ 3)$，$(4,\ 2)$，$(5,\ 1)$の5通り。目の出方の総数は，$6\times6=36$(通り)だから，確率は，$\frac{5}{36}$

(2)　$\frac{b+1}{a}$の値が整数になるのは，$b+1$がaの倍数のときである。よって，$(a,\ b+1)=(1,\ 2)$,

(1, 3), (1, 4), (1, 5), (1, 6), (1, 7), (2, 2), (2, 4), (2, 6), (3, 3), (3, 6), (4, 4), (5, 5), (6, 6)　つまり, $(a,\ b)$ = (1, 1), (1, 2), (1, 3), (1, 4), (1, 5), (1, 6), (2, 1), (2, 3), (2, 5), (3, 2), (3, 5), (4, 3), (5, 4), (6, 5)の14通り。したがって, 確率は, $\frac{14}{36}=\frac{7}{18}$

2 (1)　△OBCは二等辺三角形だから, ∠OCB＝∠OBC＝28°　△BCEで, **内角と外角の関係**により, ∠AEC＝∠EBC＋∠BCE＝28°＋(28°＋37°)＝28°＋65°＝93°

(2)　$\overset{\frown}{\mathrm{DB}}$に対する**中心角と円周角に関係**により, ∠BOD＝2∠BCD＝2×65°＝130°　よって, $\overset{\frown}{\mathrm{DB}}$の長さは, $2\pi\times3\times\frac{130}{360}=\frac{13}{6}\pi$ (cm)

3 (1)　点Aのy座標は, $y=\frac{1}{2}x^2$に$x=4$を代入して, $y=\frac{1}{2}\times4^2=8$　よって, A(4, 8)　2点A, Bはy軸について対称だから, 点Bの座標は(－4, 8)

(2)　点Cのx座標をtとすると, 2点C, Dはy軸について対称だから, 点Dのx座標は$-t$　DC＝CAのとき, $t-(-t)=4-t$　$2t=4-t$　$3t=4$　$t=\frac{4}{3}$　よって, 点Cの座標は$\left(\frac{4}{3},\ 8\right)$　点Cは関数$y=ax^2$のグラフ上の点だから, $x=\frac{4}{3}$, $y=8$を代入して, $8=a\times\left(\frac{4}{3}\right)^2$　$\frac{16}{9}a=8$　$a=\frac{9}{2}$

4 (1)　1回目の【操作】で置く黒い碁石の個数は, 2×4＝8(個)　2回目の【操作】で置く白い碁石の個数は, 4×4＝16(個)　3回目の【操作】で置く黒い碁石の個数は, 6×4＝24(個)　よって, 4回目の【操作】で置く白い碁石の個数は, 8×4＝32(個)

(2)　(ア)　(1)より, n回目の【操作】で置く碁石の個数は, $2n\times4=8n$(個)なので, $8n=88$を解いて, $n=11$　よって, 11回目の【操作】。

(イ)　1, 3, 5, 7, 9, 11回目の【操作】で黒い碁石が新たに置かれる。よって, 8×1＋8×3＋…＋8×11＝8×(1＋3＋5＋7＋9＋11)＝8×36＝288(個)

第三問　(データの活用, 箱ひげ図, 一次関数のグラフの利用, グラフの作成)

1 (1)　最小値が一番小さいのはC組である。

(2)　各組の生徒の人数は40人より, 中央値は小さい方から20番目と21番目の値の平均となる。どの組も中央値が340秒未満であるから, 少なくとも80人は340秒以内の記録だったといえる。

2 (1)　$900\div200=\frac{9}{2}$(分), $(1200-900)\div300=1$(分)より, Q地点には出発してから$\frac{9}{2}$分後, R地点には出発してから, $\frac{9}{2}+1=\frac{11}{2}$(分後)に着くから, 3点(0, 0), $\left(\frac{9}{2},\ 900\right)$, $\left(\frac{11}{2},\ 1200\right)$をそれぞれ線分で結ぶ。

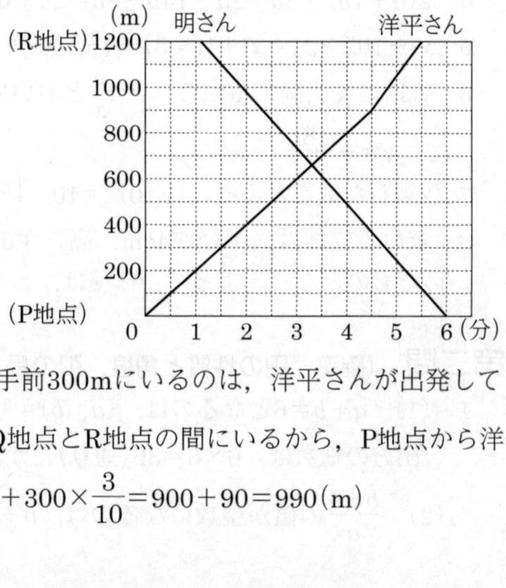

(2)　(ア)　30秒＝$\frac{1}{2}$分より, 明さんがP地点に着くのは, 洋平さんが出発してから, $\frac{11}{2}+\frac{1}{2}=6$(分後)　2人はP地点とQ地点の間ですれちがったから, 洋平さんが出発してからt秒後とすると, $200t=250(6-t)$　これを解いて, $200t=1500-250t$　$450t=1500$　$t=\frac{10}{3}$　$\frac{10}{3}=3\frac{1}{3}$より, 洋平さんが出発してから3分20秒後。

(イ)　$300\div250=\frac{6}{5}$(分)より, 明さんがP地点の手前300mにいるのは, 洋平さんが出発してから, $6-\frac{6}{5}=\frac{24}{5}$(分後)　このとき, 洋平さんはQ地点とR地点の間にいるから, P地点から洋平さんまでの距離は, $900+300\times\left(\frac{24}{5}-\frac{9}{2}\right)=900+300\times\frac{3}{10}=900+90=990$(m)

第四問 (平面図形，線分の長さ，合同の証明，面積)

1　**中点連結定理**により，$DE=\frac{1}{2}BC=\frac{1}{2}\times10=5$(cm)

2　(例)△ADFと△DBEにおいて，仮定から，AF＝DE…①　点Dは辺ABの中点であるから，AD＝DB…②　仮定から，AF//DE　平行線の同位角は等しいから，∠FAD＝∠EDB…③　①，②，③より，2組の辺とその間の角がそれぞれ等しいから，△ADF≡△DBE

3　(1)　△ACFと△CGEにおいて，**中点連結定理**により，DE//BCなので，AF//BC　平行線の錯角は等しいから，∠CAF＝∠GCE…④　仮定より，∠ACF＝∠CGE…⑤　④，⑤より，2組の角がそれぞれ等しいから，△ACF∽△CGE　よって，AC：CG＝AF：CE　8：CG＝5：4　5CG＝32　$CG=\frac{32}{5}$(cm)

(2)　点Aから辺BCに垂線AHをひく。BH＝$x$cmとすると，△ABHで，**三平方の定理**により，$AH^2=AB^2-BH^2=12^2-x^2=144-x^2$　また，△ACHで，**三平方の定理**により，$AH^2=AC^2-CH^2=8^2-(10-x)^2=64-100+20x-x^2=-36+20x-x^2$　よって，$144-x^2=-36+20x-x^2$　$20x=180$　$x=9$　したがって，$AH^2=144-x^2=144-9^2=63$　AH＞0より，$AH=\sqrt{63}=3\sqrt{7}$(cm)　△AGEと△AGCは底辺をそれぞれAE，ACとすると，高さが等しいから，面積の比は底辺の比に等しい。よって，△AGE：△AGC＝AE：AC＝1：2より，$\triangle AGE=\frac{1}{2}\triangle AGC$　同様に，$\triangle AGC:\triangle ABC=GC:BC=\frac{32}{5}:10=16:25$より，$\triangle AGC=\frac{16}{25}\triangle ABC$　よって，△AGEの面積は，$\triangle AGE=\frac{1}{2}\triangle AGC=\frac{1}{2}\times\frac{16}{25}\triangle ABC=\frac{1}{2}\times\frac{16}{25}\times\left(\frac{1}{2}\times10\times3\sqrt{7}\right)=\frac{24\sqrt{7}}{5}$(cm^2)

＜英語解答＞

第一問　問題1　1番　イ　2番　ウ　問題2　1番　ア　2番　エ
問題3　1番　イ　2番　ウ　3番　エ
問題4　(例)You should talk a lot with your classmates in Japanese.

第二問　1　(1)　イ　(2)　ア　(3)　ウ　2　(1)　ウ→ア→エ→イ
(2)　イ→オ→ア→エ→ウ　3　(1)　ウ　(2)　ア

第三問　1　ア　2　(例)She started to practice *shogi* more and learn different skills.　3　(例)佳奈美が努力をしたことによって，以前より強くなったと思ったから。　4　エ→ア→オ→ウ→イ　5　connect with various people

第四問　1　エ　2　(例)メニューが日本語で書かれていて，料理の写真がなかったために，日本語を読めないジャックが料理を選べなかったこと。　3　(例)What are you going to do　4　(1)　(例)He went to Kyoto.　(2)　(例)Because it reminded her of her favorite scene in the anime.　5　(1)　エ
(2)　イ　(3)　ア　(4)　ウ

第五問　(例)Yes, I do. School backpacks are very strong, so they can be used for a long time. Other types of bags are not as strong as school backpacks.

＜英語解説＞

第一問 (リスニング)

放送台本の和訳は，49ページに掲載。

第二問 (語句選択補充，語句の並べ換え)

1 (1) サナ　　　：デイビッド，美しいギターを持っているのね。どうやって手に入れたの？
デイビッド：兄が自分の古いのを僕にくれたんだ。
<give ～ to ＋人>「(人)に～をあげる」，giveの過去形はgave，one = a guitar

(2) 子：窓を開けたんだけど，この部屋の中はまだ暑いね。
父：では，窓を閉めてエアコンをつけよう。
itは寒暖を表す文の主語。them = the windows，turn on ～「(電気製品など)をつける」

(3) オリバー：今日の数学のテストの準備はできている？
レン　　：うん。今週はたくさん勉強したんだ。
be ready for ～「～の準備ができている」，a lot「たくさん，すごく」

2 (1) ジェシー：君のクラスには何人の生徒がいるの？
サトル　：40人の生徒がいるよ。
How (many students are there) in your class?「何人の～」と数をたずねる文はhow many で始める。疑問文なので，there areをthere areの語順にして続ける。

(2) クミ　　：あなたが私に買ってくれたケーキは美味しかったわ。
ルーシー：それを聞いてうれしいな。
(The cake you bought me was) delicious. 日本語と英語の語順の違いに注意。The cake(ケーキ)が文頭に来て，you bought me(あなたが私に買ってくれた)が後ろから修飾する。間に関係代名詞(that/which)が省略されていると考えてもよい。delicious「美味しい」

3 (チラシの訳)中学生のための英語の日
やよい市でALTたちと英語クラスで楽しく過ごしましょう！
日にち：9月17日(日曜)　時間：午後1時～4時　場所：やよい文化センター
・各生徒は1つのクラスだけに参加できます。下のリストから1つ選んでください。
Aクラス：ゲームとスポーツをする　　Bクラス：外国の文化について学ぶ
Cクラス：クッキーを作ってティータイムを楽しむ
Dクラス：やよい市を紹介する短編ビデオを製作する
・イベントの間は英語で話さなければいけません。
・Aクラスの場合は体操着を持ってくる必要があります。
・イベントに参加するには，9月10日までにこちらにEメールを送ってください。

(1) もし生徒たちがALTたちと料理をしてみたいなら，ウ　Cクラスに参加するべきである。
try ～ing「(試しに)～してみる」

(2) イベントでは，生徒たちはア　午後のクラスに参加する。

第三問 (長文読解問題・英語の授業でのスピーチ：指示語，英問英答，日本語で答える問題，文の並べかえ，語句補充)

(スピーチの訳)　みなさん，こんにちは。今日は私の大好きな場所である，地域の将棋愛好会について話します。メンバーには子供から高齢者までさまざまな年齢の人たちがいます。私たちは地域の公民館で月に2回会います。私は小学5年生の時からずっと①そのメンバーです。

私が愛好会に行き始めた時，メンバー30人がそこで将棋をしていました。その中には将棋についての知識がたくさんある人たちがいて，ほかのメンバーたちに将棋の指し方を教えていました。彼らの手助けのおかげでメンバー全員が愛好会を楽しんでいました。その年，愛好会で一番上手な棋士を決めるためのトーナメントが行われました。それは私の初めてのトーナメントでした。私は最善を尽くしたけれど，最初の対戦で負けました。その時，「私は将棋をもっと練習して，いろいろな技法を学ぶ必要がある」ということがわかりました。私がトーナメント後にそうし始めると，メンバーたちが助けてくれました。時々年配のメンバーたちが私に新しい技法を教えてくれて，若いメンバーたちは私と対戦練習をしてくれました。私は少しずつ将棋が上手になりました。

私は6年生の時，再び愛好会主催のトーナメントに参加しました。私は2勝して上機嫌でした。多くのメンバーが「よかったね！」と言ってくれてうれしかったです。ですが，第3戦で山田さんに負けました。彼は私によく将棋を教えてくれた年配のメンバーでした。試合の後で「佳奈美，君が努力をしたから，前よりも強くなったんだよ。だから，②努力を続ければ，もっと技能が向上して，次の対戦では君が勝ちますよ」と言ってくれました。それを聞いて私は自信がつきました。そして「メンバーたちが私を支援してくれたから，すごく成長したんだ」とわかりました。愛好会のおかげでさまざまな人たちとつながれて，たくさんのことを教わりました。年齢の違いは大きな障害ではありませんでした。愛好会とメンバーたちは私にとってとても大切です。

私は今中学生です。若いメンバーたちが愛好会で将棋の練習をするのを手伝い始めています。私はメンバーたちの間の架け橋になって，彼らの楽しそうな顔を見続けたいと思います。

1　下線部①の直前に**I've been a member of**「ずっと～のメンバーです」とあるので，ofの後には属するグループや団体の名前がくるとわかる。①より前にある団体名はア。

2　質問：「佳奈美は初めての将棋トーナメントの後，何をし始めましたか？」
（解答例訳）彼女は将棋をもっと練習して，いろいろな技法を学び始めました。　第2段落7文目と8文目を参照。**realize**「～だとわかる」，**start to do ～**「～をし始める」

3　下線部②の直前の**So**「だから」は前の文の内容を受けているので，山田さんのyou have become stronger ... of your efforts. の文の内容を日本語でまとめる。**become stronger than before**「以前より強くなる」(比較級)，**as a result of ～**「～の結果として」，**one's efforts**「～の努力」

4　エ　佳奈美は公民館の将棋愛好会に行き始めた。（第1段落2～5文目を参照）→　ア　佳奈美は初めて将棋のトーナメントに参加した。（第2段落4，5文目を参照）→　オ　佳奈美は将棋愛好会主催のトーナメントで2勝した。（第3段落1，2文目を参照）→　ウ　佳奈美は将棋愛好会主催のトーナメントの第3戦で負けた。（第3段落4文目を参照）→　イ　佳奈美は将棋愛好会で若いメンバーたちの支援を始めた。（第4段落2文目を参照）

5　（感想文全訳）すてきなスピーチをありがとう。あなたの将棋愛好会ではさまざまな人たちとつながれて，一緒に学ぶことができる素晴らしい場所だということですね。私もあなたの愛好会のようなよい場所を見つけたいと思います。　第3段落10文目を参照。

第四問　（長文読解問題・ウェブサイトの体験談：適文選択，日本語で答える問題，英問英答，語句選択補充）

（全訳）［ルーカスの体験談］

僕は日本の伝統文化に興味があるので，京都を訪れることに決めました。①観光客対象の書道体験レッスンをそこで受けて，それが僕の最高の思い出になりました。レッスンの最初に，先生が書道とは何かを僕たちに教えてくださいました。次に僕たちは毛筆を使って漢字を書く練習をしました。その後大好きな言葉を選んで，それを漢字で書きました。僕は「ひかり」という言葉を選びました。自分の名前が「ひかり」という意味なのでその言葉が大好きです。先生が僕にその漢字の「光」を見せてくださったので，それを毛筆で楽しく書きました。このレッスンを体験できてとてもうれしかったです。

書道をやってみて，僕は日本文化にもっと興味を持ちました。もしその国の文化を体験する機会があったら，僕たちは他の国についてもっとたくさんのことを学ぶことができると思います。

［ジャックの体験談］

日本で，僕は有名な場所だけでなく，あまり有名ではない地域も訪れて楽しみました。地元の人々の日常生活を見るのは楽しかったです。実は，滞在中に小さなレストランを訪れた時，②少し困ったことがありました。メニューが日本語で書かれていて，料理の写真がなかったのです。僕は日本語が読めないので，料理を選ぶことができませんでした。その時，日本人の男性が僕に英語で話しかけてくれて，美味しい料理を選ぶのを手伝ってくれました。僕たちは楽しく食べて話をしました。彼が「明日は③あなたは何をするつもりですか？」と僕にたずねました。僕は「町を見て回るつもりです」と答えました。すると，町のすてきな場所を案内しましょうと申し出てくれました。次の日，彼が町を案内してくれて，僕たちはとても楽しい時間を過ごしました。

もしあなたが旅の間に地元の人たちに会って言葉を交わすよい機会があったら，それを楽しんでください。きっと素晴らしい経験になると思います。

［リーの体験談］

私は大好きな日本のアニメの中の町に行きたくて，日本を旅行しました。そのアニメのファンの間で人気のあるいくつかの場所を訪れました。もっともよかった場所は町の大きな湖でした。夕方そこへ行って，美しい夕焼け見て楽しみました。それはアニメの中の大好きな場面を思い出させてくれて，とても幸せでした。でも，一部の旅行者たちが大声で話していて，とても騒がしかったのです。私は夕焼けを静かに楽しみたかったので，がっかりしました。そのすばらしいシーンを楽しんでいた他の人たちもがっかりしているようでした。その時以来，私は旅行者としての自分の行動にもっと注意するようにしています。

私たちは旅行中の行動に注意するべきだと思います。訪れる場所とそれを楽しむ人たちの両方に敬意を払うことが大事です。よい旅行者になりましょう！

1　エ 「彼は大好きな言葉を漢字で書いた。」ルーカスの体験談中の6～8文目を参照。

2　下線部②は「少し困ったこと」の意味。「困ったこと」の具体的内容が直後の2つの文で述べられているので，まとめる。**<be written in +言語>**「～語で書かれている」(受動態)，**have no pictures of ～**「～の写真が(1枚も)ない」，**dish(es)**「料理」

3　③の質問の後で，ジャックが「町を見て回るつもりです」と答えているので，男性は何をするつもりかとたずねているとわかる。**疑問詞whatとbe going to**を用いた疑問文にする。

(解答例訳)あなたは何をするつもりですか？

4　(1)　質問：「日本を訪れた時，ルーカスはどの都市に行きましたか？」

(解答例訳)彼は京都へ行きました。

(2)　質問：「リーは美しい夕焼けを見た時，なぜ幸せだと感じたのですか？」

(解答例訳)それが彼女にアニメの中の大好きな場面を思い出させてくれたから。**<remind +人+ of ～>**「(人)に～を思い出させる」

5　(会話文訳)

奈央　　：ウェブサイトの体験談を楽しく読んだわ。この3人は旅行中にⒶまたとないことを経験をしたのね。

ソフィア：そうね。私はルーカスの体験談から，Ⓑその国の文化を体験することによって，ほかの国についてもっと知ることができるということがわかったの。

奈央　　：ジャックの体験談は，Ⓒ地元の人たちといっしょの時間を過ごすことによって，旅行中にすばらしい経験ができるということを私たちに教えてくれているわ。

ソフィア：その通りね。私はリーから大事なことを学んだの。彼女はよい旅行者になることについて話している。彼女は，Ⓓ旅行者としての良いふるまいについて考えることが重要だと言っているのよ。

奈央　　：私は彼女のメッセージが好きだわ。これら3つの体験談は，私たちが旅行する時に役に立つことを教えてくれているのよね。

(1)　選択肢の中から3人の体験談に共通する言葉をさがすと，エの**unique**「またとない，ユニークな」が当てはまる。**<something +形容詞>「(何か)～なこと」**

(2)　ルーカスの体験談の訳を参照。ルーカスが書道の体験レッスンを受けた様子が述べられているので，イ「文化を体験すること」が適する。

(3)　ジャックの体験談の最後の2文の訳を参照。地元の人と交流して素晴らしい経験をしたことが述べられている。よって，アが適する。**share time「時間を共有する」**

(4)　リーの体験談の中では，騒がしかった旅行者の態度が問題になっている。よってウが正解。イはルーカスの体験談で述べられている内容。**as「～としての」**

第五問　(条件英作文)

(課題文の訳)　次の授業で，ランドセルの使用についてあなたに話してほしいと思います。英語ではschool backpacksと言います。日本では，多くの小学生がランドセルを使っています。でも，私の国ではほとんどの生徒が使いません。

下記の質問についてあなたの意見を書いてください。

「あなたは，小学生たちにとって，ランドセルを使うことが良いことだと思いますか。なぜそう思うのですか。」

<want +人+ to +動詞の原形>「(人)に～してほしいと思う」，backpack「リュックサック，バックパック」，elementary school「小学校」，below「下に」

(解答例訳)はい，そう思います。ランドセルはとてもじょうぶなので，長い間使うことができます。他のタイプのバッグはランドセルほどじょうぶではありません。　**<A is not as ～ as B>「AはBほど～ではない」**

2024年度英語　放送によるテスト

〔放送台本〕

これから，第一問の放送によるテストを行います。放送を聞いて問題1から問題4に答えなさい。放送中に問題用紙にメモをとってもかまいません。

問題1，英語を聞いて，その内容を最も適切に表しているものを，それぞれア，イ，ウ，エの中から1つ選んで，その記号を解答用紙に書きなさい。英語は，それぞれ2回放送されます。では，始めます。

1番　You need to bring lunch and something to drink for the picnic. You don't need an umbrella because it'll be sunny.

2番　Today, I started reading a book at 3:00p.m. I read it for one hour, and after that, I played the piano for thirty minutes.

〔英文の訳〕

1番　あなたはピクニックにランチと飲み物を持っていく必要があります。晴れるので，傘は必要ありません。

2番　今日，私は午後3時に本を読み始めました。それを1時間読んで，その後にピアノを30分演奏しました。

〔放送台本〕

問題2，亜美(Ami)とニック(Nick)が会話をします。二人の会話は，問題用紙に示されている順に進みます。空欄に入る発言として最も適切なものを，それぞれア，イ，ウ，エの中から1つ選んで，その記号を解答用紙に書きなさい。会話の空欄のところでは，チャイム音が鳴ります。会話は，それぞれ2回放送されます。では，始めます。

1番　Ami: I wrote a report in English. Can you check it after school?
Nick: Sure. Where will we meet?
Ami: How about in your classroom?
Nick: (チャイム音)

2番　Nick: Hey, Ami. Listen. Something good happened yesterday.
Ami: What was it?
Nick: I saw a famous actor at the station.
Ami: (チャイム音)

〔英文の訳〕

1番　亜美　：英語でレポートを書いたの。それを放課後にチェックしてもらえる？
ニック：いいよ。どこで会う？
亜美　：あなたの教室でどう？
ニック：ア　(それが)よさそうだね。

2番　ニック：やあ，亜美。聞いて。昨日いいことが起きたんだ。
亜美　：それは何だったの？
ニック：駅で有名な俳優に会ったんだよ。
亜美　：エ　まあ，その俳優は誰だったの？

〔放送台本〕

次に問題3に移ります。裕也(Yuya)と留学生のエマ(Emma)が会話をします。そのあとで会話について3つの質問をします。それらの質問に対する答えとして最も適切なものを，それぞれア，イ，ウ，エの中から1つ選んで，その記号を解答用紙に書きなさい。はじめに会話，続いて質問の順で，2回放送されます。では，始めます。

Yuya: Emma, are you looking at the website of the city zoo?
Emma: Yes. Actually, I'm going to go there with my host family next Saturday. Then we'll join an event called "Night Zoo." I'm so excited.
Yuya: Wow. I've been there with my friend before, but I didn't know about

that event.

Emma: The zoo is usually open from 9:30 a.m. to 5:00 p.m. But during the event, it's open until 8:00 p.m. So we can enjoy seeing animals at night.

Yuya: That's great. I also want to go to it. Do you know anything else?

Emma: Yes. Visitors can join a tour. In the tour, the staff members guide them around the zoo and talk about how animals live at night.

Yuya: How nice! I want to hear stories from them. I'll tell my family about the event. Maybe I can go.

Emma: I hope you can go. The tour starts at 6:00 p.m.

Yuya: All right. Thanks, Emma.

続いて質問に移ります。

1番　Who will go to the city zoo with Emma?

2番　What time does the city zoo close when "Night Zoo" is held?

3番　Which is true about Yuya?

〔英文の訳〕

裕也：エマ，市立動物園のウェブサイトを見ているの？

エマ：ええ。実は，次の土曜日にホストファミリーと一緒にそこへ行く予定なの。そして「ナイトズー」というイベントに参加するのよ。とてもわくわくするわ。

裕也：わあ。僕は前に友達とそこへ行ったことがあるけど，そのイベントについては知らなかったよ。

エマ：動物園はいつもなら午前9時半から午後5時まで開園しているの。でも，そのイベント中は8時まで開園よ。だから，夜に動物たちを見て楽しむことができるの。

裕也：それはすごいね。僕もそれに行きたいな。ほかに何か知っている？

エマ：ええ。来園者はツアーに参加できるの。ツアーでは，スタッフたちが動物園を案内しながら，夜間の動物たちのくらしについて話してくれるのよ。

裕也：すごくいいね！　彼らから話が聞きたいな。家族にイベントについて話してみるよ。僕はたぶん行けるよ。

エマ：あなたが行けるといいな。ツアーは6時に始まるのよ。

裕也：わかった。ありがとう，エマ。

1番　質問：誰がエマと一緒に市立動物園に行きますか？

答え：イ　彼女のホストファミリー。

2番　質問：「ナイトズー」が開催されているとき，市立動物園は何時に閉まりますか？

答え：ウ　午後8時に。

3番　質問：裕也についてどれが正しいですか？

答え：エ　彼はエマから市立動物園のイベントについて聞いた。

〔放送台本〕

次に問題4に移ります。留学生のメグ(Meg)が話をします。メグの質問に対するあなたの答えを，英語で解答用紙に書きなさい。英語を2回放送したあとに，答えを記入する時間をとります。では，始めます。

I want to get some advice from you. I'm studying Japanese hard, but I can't speak it well. I really want to improve my Japanese. What should I do in my daily life to improve it?

これで放送によるテストを終わります。次の問題に移ってください。

〔英文の訳〕

私はあなたからのアドバイスがほしいです。私は日本語を一生懸命に勉強していますが，上手に話すことができません。私は日本語を上達させたいです。上手に話すためには，日常生活で何をするべきでしょうか。

(解答例訳)あなたは同級生たちともっと日本語で話すべきです。

＜理科解答＞

第一問　1　(1)　ア　(2)　エ　(3)　ウ　2　(1)　有機物　(2)　イ　(3)　エ　3　(1)　飽和水蒸気量　(2)　①　イ　②　ウ　(3)　ア　(4)　①　(例)音の伝わる速さは，光の速さに比べて，遅いから。　②　エ　③　ウ

第二問　1　惑星　2　ア　3　イ　4　(1)　ア　(2)　ウ

第三問　1　アルカリ性　2　H_2O　3　ア　4　(例)硝酸カリウムの溶解度が小さくなり，とけきれなくなった分が出てくるから。　5　4.5〔g〕

第四問　1　ウ　2　エ　3　(1)　ウ　(2)　(例)遺伝子の組み合わせがaaであるめしべの一部が，遺伝子の組み合わせを変えずに成長し，果肉になったから。　4　イ

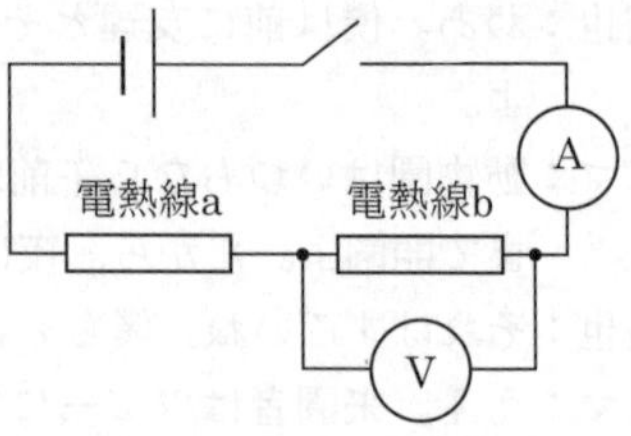

第五問　1　①　ア　②　エ　2　0.05〔A〕　3　(1)　右図　(2)　150〔J〕　(3)　〔(実験Ⅱで回路に電流を流す時間)：(図4の回路に電流を流す時間)＝〕25：4

＜理科解説＞

第一問　(刺激と運動，物質の性質，気象，放電，音の性質)

1　(1)　イ～エは，すべて意識せずに行う反射である。

(2)　鼻は，においの刺激を受けとる感覚器官である。

(3)　目で受けた刺激は感覚神経を通って直接脳へ伝わる。脳で命令を出すと，命令の信号はせきずいから運動神経を通り，運動器官に伝わる。

2　(1)　炭素をふくむ物質を有機物という。

(2)　ろ過を行うときは，ガラス棒を用いてろうとに液体を注ぐ。また，ろうとのあしのとがった方をビーカーの壁につける。

(3)　加熱しても燃えない粉末Bは，無機物の塩化ナトリウムである。また，水にとけなかった粉末Aがデンプン，水に全てとけた粉末Cがショ糖である。

3　(1)　$1m^3$の空気にふくむことができる水蒸気の最大質量を，飽和水蒸気量という。

(2)　積乱雲は縦にのびる雲であるため，雨が降る範囲は狭く短時間で，雨粒が比較的大きな激しい雨となる。

(3)　雷は，自然界で見られる放電の1つである。

(4)　①　光の速さは秒速約30万kmであるのに対し，音の秒速は約340mである。②　340〔m/s〕

×40〔s〕＝13600〔m〕→約14km　③　×の位置にある積乱雲がA地点に近づいているので，風が南西から北東に向かってふいている。**風向は，風がふいてくる方向**で表す。

第二問 (天体)

1　恒星のまわりを公転する天体を，惑星という。

2　金星は，地球に近づくと**大きく欠けて**見える。金星よりも左側に太陽があるので，金星は左側が光って見える。

3　日周運動によって，東の空にある天体は，南の高いところへ向かって動いていく。

4 (1)　360°公転するのに0.62年(12か月×0.62＝7.44か月)かかるため，9か月で移動する角度をx°とすると，360°：7.44か月＝x°：9か月　x＝435.4…〔°〕　よって，2月22日の位置から約435°公転している金星を選ぶ。

(2)　2月22日の火星は，地球から見て太陽よりも遠くにあるが，11月22日の火星は地球から非常に近い位置にある。よって，同じ倍率の天体望遠鏡で見ると，11月の方が大きく見える。また，火星は公転軌道上のどの位置にあっても，ほぼ丸い形に見える。

第三問 (中和，水溶液の性質)

1　BTB溶液は，**酸性で黄色，中性で緑色，アルカリ性で青色**を示す。

2　中和では，酸の水素イオンとアルカリの水酸化物イオンによって，必ず水ができる。

3　うすい水酸化カリウム水溶液を20cm^{3}加えたところで完全に中和することから，中和前に硝酸に多数ふくまれていた水素イオンは，水酸化カリウム水溶液を20cm^{3}加えたときに0個となる。その後，増加することはない。

4　固体の溶解度は，多くの物質で，温度が低くなるほど小さくなる。よって，水溶液を冷やすことで，とけきれなくなった物質が結晶となって現れる。

5　15.5gの結晶が出てきた水溶液は飽和水溶液になっており，その質量は54.0－15.5＝38.5〔g〕である。0℃の水100gにとける硝酸カリウムは13.3gであることから，飽和水溶液の質量は100＋13.3＝113.3〔g〕となる。よって，38.5gの飽和水溶液にふくまれる溶質の質量をxgとすると，113.3：13.3＝38.5：x　x＝4.51…→4.5g

第四問 (植物，生殖と遺伝)

1　ゼニゴケはコケ植物，スギナはシダ植物，イチョウは裸子植物である。

2　受粉後，花粉からのびた花粉管が胚珠までのびる。この中を，精細胞が移動して卵細胞に達する。

3 (1)　花粉にふくまれていた遺伝子がA，卵細胞にふくまれていた遺伝子がaで受精卵はこれをどちらも含む。また，生殖細胞は減数分裂でつくられる。

(2)　受粉によって新たにできたものは果肉の中の種子であり，果実Pの果肉は，黄色の純系(aa)のめしべが成長してできたものである。

4　果実Pの種子の遺伝子の組み合わせはAaで，この自家受粉によって生じた果実Qの種子の遺伝子の組み合わせは，**AA：Aa：aa＝1：2：1**となる。これらをまいて育てたなえに生じた果実の果肉は，果実Qの中にあった種子がつける花のめしべと同じ遺伝子の組み合わせになるので，果肉の色は，AA：Aa：aa＝1：2：1より，白：黄＝1+2：1＝3：1となる。

第五問 (電流とそのはたらき)

1　同じ電圧を加えたときに流れる電流は電熱線aのほうが大きいので，電熱線aのほうが抵抗が小さい。

2　電熱線bに2Vの電圧を加えたとき，電熱線bに流れる電流は，図2より0.05Aとわかる。

3　(1)　電圧計は電熱線bに並列につなぐ。

(2)　電熱線aとbの抵抗をそれぞれ求めると，電熱線aは3〔V〕÷0.3〔A〕＝10〔Ω〕　電熱線bは2〔V〕÷0.05〔A〕＝40〔Ω〕　よって，図4の回路全体の抵抗は10＋40＝50〔Ω〕　この回路に0.1Aの電流を流すのに必要な電圧は，0.1〔A〕×50〔Ω〕＝5〔V〕なので，この回路に0.1Aの電流を流したときに消費した電力は，0.1〔A〕×5〔V〕＝0.5〔W〕　よって，5分間電流を流したときの電力量は，0.5〔W〕×(5×60)〔s〕＝150〔J〕

(3)　実験Ⅱの回路が消費する電力は，0.25〔A〕×2〔V〕＝0.5〔W〕　次に，図4の回路の全抵抗が50Ωであることからで0.25Aの電流を流すために必要な電圧は，50〔Ω〕×0.25〔A〕＝12.5〔V〕　よって，回路が消費する電力は，0.25〔A〕×12.5〔V〕＝3.125〔W〕　電力の比が，実験Ⅱ：図4＝0.5：3.125＝4：25となる。電力の比が4：25の場合，**電力と時間の積(電力量)**を等しくするためには，電力の比の逆で，実験Ⅱ：図4＝25：4となる時間だけ電流を流せばよい。

＜社会解答＞

第一問　1　(1)　エ　(2)　ア　2　エ　3　(1)　イ　(2)　殖産興業(政策)

第二問　1　(1)　ウ　(2)　ウ　(3)　イ　2　ア　3　(例)インドでは，人口増加が続き，1人あたり国内総生産が上昇するなかで，国内での自動車の需要が高まり，その需要に応じ，国内販売向けの自動車の供給が増え，自動車産業が成長している。

第三問　1　ウ　2　イ　3　ウ→イ→ア　4　日米修好通商条約　5　(例)琉球王国は，明への渡航が多く許可された利点をいかし，自国の産品と他国の産品を用いて朝貢貿易を行い，そこで得た明の産品を日本や東南アジア諸国と交易する中継貿易により栄えた。

第四問　1　(1)　家計　(2)　ア　2　ウ　3　イ　4　(例)消費者は，法律で定められた基準にしたがって事業者が表示した情報をもとに，安全性や健康への影響を検討した上で，安心して食品を購入できる。

第五問　1　ウ　2　オ　3　エ　4　盆地　5　(例)東北地方の内陸部を南北に貫く高速道路から，東西方向や沿岸部へ網目状に広げることで，東北地方の都市間の結びつきを強め，移動時間の短縮や交流の活性化などが期待されている。

第六問　1　ア　2　ニューディール(政策)　3　イ　4　ウ　5　(例)高齢化や核家族化が進行するなかで，介護が必要な高齢者やその家族を支援し，社会全体で支えるしくみを整え，介護が必要な高齢者が，適切なサービスを受けられるようにする。

＜社会解説＞

第一問　(公民的分野－紙幣の発行を切り口にした問題)

1　(1)　政府のお金を扱うことから，**日本銀行は政府の銀行**と呼ばれる。アは財務省，イは国会が行うことである。また銀行と取引することから**銀行の銀行**と呼ばれるので。ウは誤りである。

(2)　景気を回復させるためには，市中に流通する通貨量を増やすことが必要であることから，政府が発行した国債を購入すればよいと判断できる。

2 江戸幕府が金貨・銀貨を発行したことから判断すればよい。和同開珎の発行は708年であることからアは誤り，中国から輸入された貨幣は宋銭・明銭であり，鎌倉時代・室町時代に使用されたことから，イは誤り，土一揆が初めて起こったのは1428年の正長の土一揆で，室町時代のこととなるのでウは誤りである。

3 (1) 西洋事情を著したことから判断すればよい。アは徳川慶喜，ウは陸奥宗光・小村寿太郎，エは原敬である。 (2) 明治政府が西洋諸国に対抗するために機械制大工業・鉄道網整備・資本主義育成などを通じて国家の近代化を推進した政策である。

第二問 (地理的分野－南アジアを切り口にした問題)

1 (1) 日本標準時子午線は東経135度，ダッカを通る経線は東経90度である。したがって，2地点間の経度の差は135－90＝45(度)となる。また，360÷24＝15(度)であることから，1時間は経度15度で表せることとなる。以上のことから，45÷15＝3(時間)となり，日本はダッカより3時間進んでいることが分かる。これらを併せると，ダッカの8月10日午前8時は，日本では＋3時間経過した8月10日午前11時となることが分かる。 (2) 下流にモヘンジョ・ダロ，上流にハラッパーなどの遺跡がある古代文明である。くさび形文字はメソポタミア文明，ピラミッドはエジプト文明，甲骨文字は黄河文明を表すものである。 (3) 湿った風は海，すなわちインド洋から吹いてくること，夏の降水量を必要とする穀物は米であること，これらを併せて判断すればよい。

2 石油製品が12.8%，化学が13.1%，金属が17.2%，機械が21.8%，合計64.9%となることから判断すればよい。

3 資料Cからインドの人口が多いこと，資料C・Dからインドの人口，1人あたり国内総生産が増加していること，資料C・Eからインドの自動車生産，国内販売台数が多いことが読み取れる。これらを併せて説明すればよい。

第三問 (歴史的分野－日本と諸外国の貿易を切り口にした問題)

1 平清盛は，1167年に朝廷の最高職である太政大臣の位に就いている。

2 イのモンゴル帝国は，1206年にチンギス・ハンが即位したことから始まっている。アの長安を都とする中国王朝は618年に成立している。ウの大航海時代は，15世紀半ばから17代世紀半ばである。エの欧米諸国による植民地の拡大は19世紀後半の帝国主義時代のことである。

3 アは1641年，イは1637年，ウは1612年である。

4 日本側は幕府の大老井伊直弼，アメリカ側は総領事ハリスが代表となって調印した条約である。日本が相手国の領事裁判権を認める，日本に関税自主権がないという，不平等条約であった。

5 資料Aから，琉球王国は他の国より明への渡航頻度が高かったことが分かる。資料Bから，貿易相手国との間でさまざまな物の取り次ぎを行っていたことが分かる。これらを併せて説明すればよい。

第四問 (公民的分野－消費生活を切り口にした問題)

1 (1) 主に国や企業との間で金銭が関わる家庭経済のことである。 (2) 消費税は税金を負担する人と税金を納める人が異なる間接税である。誰でも同じ額の税金を負担することから，所得が少ない人ほど税金が所得に占める割合が高くなるという逆進性を持つことが，消費税の特徴である。

2　内閣が執行機関であることから判断すればよい。ア・イ・エは国会の役割である。

3　製造物責任法は1995年に施行された消費者を保護するためのPL法のことである。

4　資料Cから食品表示基準が定められていること，資料Dから基準の主な内容が分かること，資料Eから消費者の権利が具体的に定められていることが分かる。これらを併せて説明すればよい。

第五問　(地理的分野－東北地方の自然環境と人々の暮らしに関する問題)

1　藤原頼通が平安時代に京都の宇治に建てたものである。アは飛鳥時代，イは奈良時代，エは鎌倉時代のものである。

2　由利本荘市は日本海側に位置しているので，冬に雪が多く降る日本海側の気候になることから，Yであることが分かる。北上市は内陸に位置しているので，冬の気温が低く降水量が少ないZであることが分かる。これらを併せて判断すればよい。

3　耕地面積割合に注目すると，青森県は1496÷9646×100＝15.5…(％)，宮城県は1255÷7282×100＝17.2…(％)となることから判断すればよい。

4　山に囲まれていること，周囲に扇状地があることから判断すればよい。

5　資料D・Eから，当初南北方向に貫いていた高速道路に，新たに東西方向の高速道路が加えられていることに注目して説明すればよい。

第六問　(公民的分野－社会保障制度に関する問題)

1　世界で最初に産業革命を達成した国がイギリスであることから判断すればよい。

2　1933年に就任したフランクリン・ローズベルト大統領が，1929年に発生した世界恐慌でダメージを受けたアメリカ経済の復興のために行った，銀行救済・公共投資・労働者保護などの経済政策の総称である。

3　障害はバリア，ない状態はフリーであることから判断すればよい。アは仕事と生活のバランスのこと，ウは再資源化，エは十分な情報を得た上で，患者と医師が合意することである。

4　保健所が行う業務から判断すればよい。アは公的扶助，イは社会福祉，エはワーク・ライフ・バランスのことである。

5　資料Bから65歳以上の割合が増加していること，資料Cから世帯人数が減少していること，資料Dから高齢者を社会全体で支えていく必要があることが読み取れる。これらを併せて説明すればよい。

＜国語解答＞

第一問　問一　①　つつ　②　す　③　りんかく　④　垂　⑤　綿密　⑥　仲裁
問二　簡潔　問三　エ

第二問　問一　ア　問二　ウ　問三(例)取り組むのであれば　問四　イ　問五　エ
問六　(例)それてしまった話題を元に戻す

第三問　問一　ウ　問二　(一)　腕も気立て　(二)　(例)男が人の髪を結うことは，変な目で見られ，からかわれることだ　問三　ア　問四　いくらなんでも先走りすぎだ　問五　(例)信念を持って床山の仕事に取り組み，よく知らない自分にも誠実に向き合う床芝への憧れが強まったから。

第四問　問一 (一) エ　(二) 画風が似ている　問二 (例)目の網膜に映ったままの，世界の光景を光と色の点に分解した　問三　五感で感じる世界　問四 (例)自分の脳にも未知の可能性があり，芸術家と同じように，世界をとらえることができるということを知った驚き。　問五　ウ

第五問　問一　たまいける　問二　イ　問三　エ　問四 (例)暦どおりに，夏のはじまりの日に鳴くことをやめた

第六問　(例) テレビやインターネットから情報を得る割合が七割を超えている一方，新聞からの割合は四割にとどまる。テレビやインターネットは自分の好きな内容の情報だけを選んで知ることが出来て便利ではある。しかし，自分の興味や関心がない情報が入ってこないということは，知る世界が狭くかたよるので，非常に心配な状況だといえる。日々の暮らしを便利にし，自分自身の内面も豊かにするために，新聞も積極的に読むべきだ。

＜国語解説＞

第一問 (会話・議論・発表─漢字の読み書き，筆順・画数・部首，熟語)

問一　① 「包」の訓読みは，「つつ・む」，音読みは「ホウ」。 ②　その場に置いて，動かさないようにする。 ③　そのものをある面からとらえた時の，まわりの線。 ④ 「垂」の訓読みは，「た・らす／れる」，音読みは「スイ」。 ⑤　細かいところまで考えてあって，見落としがないように見える様子。 ⑥ 「仲」は，にんべんを忘れないこと。

問二 「簡潔」は手短で要点をとらえている様子。

問三　aはさんずいで，行書にすると点画の連続が起きる。bはくさかんむりで，筆順は縦・縦・横であり，楷書とは異なるので注意したい。

第二問 (会話・議論・発表─文脈把握，脱文・脱語補充，敬語・その他)

問一　Aさんは，話し合いがよりよくなるように改善点を挙げることを提案して話し合いの方向性(ねらい)を示している。さらに表現や形式について話し合うように言っているのは，話題のポイントの提示である。

問二　Cさんはアンケートをすることの発端となった全国調査の資料を引用して示すのが効果的だと考えているので ② には「引用」が入る。そして，Bさんは文献を引用する際にはその事実や証拠を示すことが必要だと考えているので ③ には「出典」が補える。

問三　書き言葉の場合，話し言葉と違って，音便などは適切ではない。したがって撥音便の「ん」や促音便の「っ」に注意して書き直す。

問四　言葉を改めることを提案したのは，中学一年生の語彙力を考慮して，難しい語句をもちいないようにした方がよいと考えたからだ。質問の内容がよくわからないと，正確な回答は得られない。

問五 「も」という助詞から，Cさんは他者の意見に賛同していることがわかる。賛同したうえで，「ただし」と注意を喚起してから自分なりの考えを述べている。その考えは新たな記述欄を設けるというCさんなりの工夫の提案である。

問六　Aさんは，話し合いが“選択肢の表現について”で展開していくと感じ，本来の“質問の形式について”に戻そうとしている。

第三問　(小説—主題・表題，情景・心情，内容吟味，文脈把握，脱文・脱語補充)

問一「だって」で始まる靖成の言葉は，靖成の想像した内容にすぎず，**そう考える根拠は明確にはない**。なぜなら「若関だけでなく床芝のことも，靖成はほとんど知らない。」からだ。それなのに勝手な思いを口にしたので謝ろうと思ったのである。

問二　(一)　傍線部の直後に，「昔，床山の仕事に惹かれたのは……腕も気立てもいい，床芝に憧れたからだ」とあるので，ここから抜き出す。　(二)　床山への関心を捨てた理由は，本文中に「**『変』とからかわれるのが嫌**」とあるし，「**男性なのに髷を結ぶ仕事に就くの？　みたいな，へんな目で見られること**」について床芝に質問することからも抵抗があったことがわかる。こうしたことを用いて指定字数でまとめよう。

問三「聞き入る」という表現から**床芝の話に集中している真剣さ**が伝わる。その様子は**客観的にとらえられている**ので，視点は三人称だ。

問四　傍線のあとで，自分自身の行動を振り返り，「いくらなんでも先走りすぎだ」と考えている。

問五　一緒に働きたいと思ったのは，**床芝の人柄に惹かれたから**だ。まず「床山としての矜持が表れているかのような，ずいぶんきっぱりした口調」で仕事について語ったその様子に，靖成は**憧れを抱いた**ことがわかる。さらに床芝は**仕事に対して誠実で熱心**なだけでなく，**中学生の靖成に対しても実に誠実に丁寧に向き合って**くれた。その人柄も魅力を感じ，憧れたのだ。したがって，**まず，床芝の仕事ぶりや人柄を説明して，それゆえに憧れたのだというまとめ方**で「一緒に働きたい」と思った理由が説明できるだろう。

第四問　(論説文—大意・要旨，内容吟味，文脈把握，段落・文章構成，脱文・脱語補充)

問一　(一)　筆者は**画家が「人間は世界を『どう見ているか』ということ」を問題とする**，と述べている。　(二)　モネとセザンヌは「ほぼ同世代に活動したせいか，画風が似ている」と述べてあるところから抜き出せる。

問二　モネの絵については傍線②の段落から「……まさに目の生理的機能の実験レポートである。」までに述べられているので，この部分を読み解こう。モネの絵は「**目のなかにある『網膜』に映った像を**，そのままカンヴァスに描いた世界」であるという。さらに「**モネは，世界を光と色の点に分解する。いや『分解』するのではない。モネには，そう見える**のだ。」と述べている。これを設問の空欄に合うようにすると，モネは「目の網膜に映った像(世界)を，光と色の点に分解した」(ように見える絵)を描いているとまとめられる。

問三　セザンヌについての記述から，筆者はセザンヌが「五感を使ってこの世界を生きている。そこから『視覚』だけを取り出して，それを絵にするのは不自然ではないか。五感で感じる世界を，絵という視覚表現に集約する。それこそが，世界のあるがままの姿ではないか。」という考えを持って絵を描いているととらえていることが読み取れる。問題の空欄には，**セザンヌが「絵」にまとめ上げているもの**を補えばよいのだから，「集約する」という語がヒントになって「五感で感じる世界」が導き出せよう。

問四「芸術の感動というものの正体」は，本文中では「人はなぜ，芸術作品に感動するのだろうか」という問いかけの段落から始まり，文章最後に至るまでに説明されている。**人間の脳は考えている以上に未知の可能性を秘めたもので**，それをつかみとって作品にするのが芸術家の仕事である。そして，その芸術作品を見て感動できるのは，「**それを感じ，わかる力が，ぼくたちの脳のなかにある**」からだ。つまり，**天才が見る世界を感じ理解できるという未知なる可能性が自分の脳にあることを知った時の驚き**が感動の正体なのだ。

問五　筆者は〝絵画が脳の実験レポートである〟という**自分の考えをまず冒頭に示し**，**モネとセザン**

ヌの絵を対比させながら，「脳とはいったいなにか？」「人はなぜ，芸術作品に感動するのだろうか？」と**問いかけを重ねて，絵画鑑賞が自分の脳の未知なる可能性との出会いであるという結論をまとめ**上げている。

第五問 （古文―文脈把握，脱文・脱誤補充，仮名遣い，表現技法・形式）

問一　語中・語尾の「は・ひ・ふ・へ・ほ」は現代仮名遣いで「ワ・イ・ウ・エ・オ」と書く。

問二　**特定の語を導き出す五音の技法は枕詞**である。

問三　「春さり来れば」と「うぐひす鳴く」の表現から，**春の到来を待ちわびる想い**が読み取れる。

問四　うぐいすが決めたのは“鳴かないこと”だ。その理由は四月一日(卯月のついたち)だからで，つまり**暦の上で春が終わってしまったから鳴くのをやめた**，と捉えたことに面白みを感じている。ちなみに暦の上では1～3月が春，4～6月が夏である。

第六問 （作文）

グラフの読み取りの際は，**変化の大きいところや違いがしっかり出ているところに注目**しよう。この資料では，七割という高い割合でデジタル情報機器が用いられている一方で，アナログの新聞は四割にとどまっているという点に注目できるといいだろう。そして，デジタルとアナログの違いについてあなたの考えを述べてもいいし，情報機器を用いた場合と活字を用いた場合で受け手にどのような影響を与えるかなどを考察してもいいだろう。こうした作文では，データの読み取りだけでなく，**この調査結果からあなたがどのような現状を見抜くか**が大切で，それに対して考えを深める必要がある。

MEMO

大切なことはメモしておこうネ！

宮城県公立高等学校

2023年度

入 試 問 題

2023年度

●くわしい解説……45ページ

＜数学＞

時間 50分 満点 100点

第一問 次の１～８の問いに答えなさい。

1 $-9+2$ を計算しなさい。

2 $-15\div\left(-\dfrac{5}{3}\right)$ を計算しなさい。

3 110を素因数分解しなさい。

4 等式 $4a-9b+3=0$ を a について解きなさい。

5 連立方程式 $\begin{cases}3x-y=17\\2x-3y=30\end{cases}$ を解きなさい。

6 $\sqrt{54}+\dfrac{12}{\sqrt{6}}$ を計算しなさい。

7 右の図のように，比例 $y=\dfrac{2}{3}x$ のグラフと反比例 $y=\dfrac{a}{x}$ のグラフとの交点のうち，x 座標が正である点をAとします。点Aの x 座標が６のとき，a の値を求めなさい。

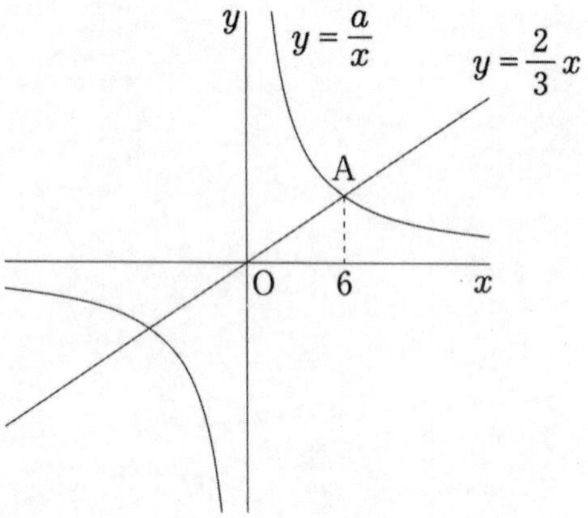

8 ある学年のA組，B組，C組は，どの組にも35人の生徒が在籍しています。これら３つの組の各生徒を対象に，１か月間に図書室から借りた本の冊数を調べました。次のページの図は，組ごとに，各生徒が借りた本の冊数の分布のようすを箱ひげ図に表したものです。この箱ひげ図から必ずいえることを，あとの**ア**～**エ**から**１つ**選び，記号で答えなさい。

ア 第１四分位数は，A組とB組で同じである。

イ 四分位範囲がもっとも小さいのは，A組である。

ウ 借りた本の冊数が６冊以上である人数は，B組がもっとも多い。

エ 借りた本の冊数が２冊以上８冊以下である人数は，C組がもっとも多い。

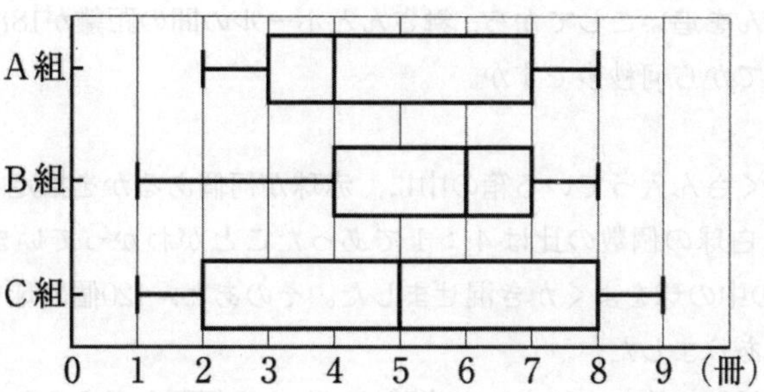

第二問　次の１～４の問いに答えなさい。

１　右の図のような，半径が４㎝，中心角が120°のおうぎ形OABがあります。点Aを通って線分OAに垂直な直線と，点Bを通って線分OBに垂直な直線をひき，その交点をCとします。

次の⑴，⑵の問いに答えなさい。ただし，円周率をπとします。

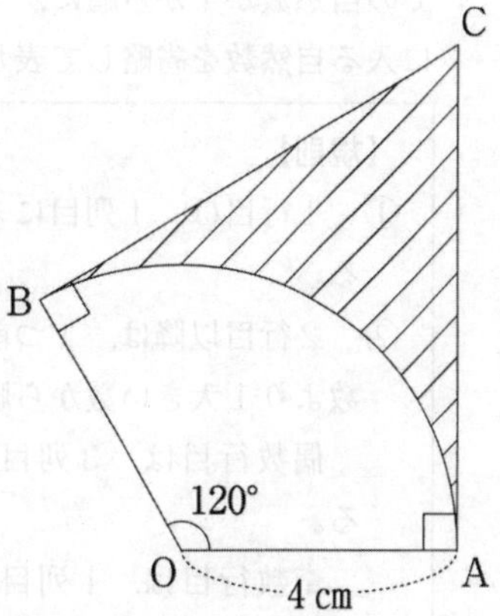

⑴　$\overset{\frown}{AB}$の長さを求めなさい。

⑵　$\overset{\frown}{AB}$と線分AC，線分BCとで囲まれた斜線部分の面積を求めなさい。

２　哲也さんと舞さんは，坂の途中にあるA地点からボールを転がしたときの，ボールの転がる時間と距離の関係を調べました。その結果，ボールが転がり始めてからx秒間に転がる距離をy mとしたとき，xとyの関係は，$y=\frac{1}{4}x^2$であることがわかりました。右の図は，そのときのxとyの関係を表したグラフです。

あとの⑴，⑵の問いに答えなさい。

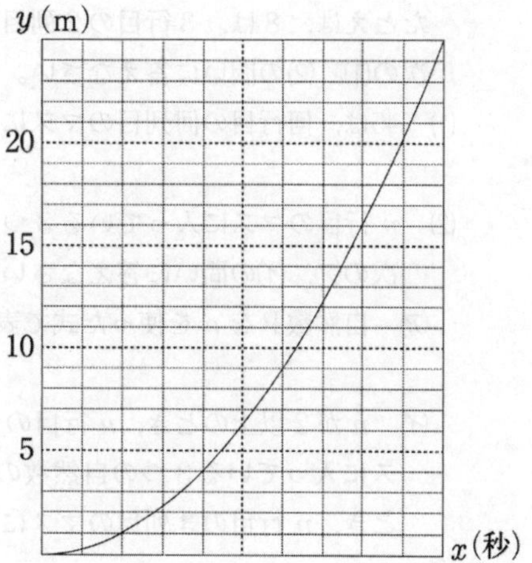

⑴　関数$y=\frac{1}{4}x^2$について，xの値が0から6まで増加するときの変化の割合を求めなさい。

⑵　舞さんは，一定の速さで坂を下っています。舞さんがA地点を通過するのと同時に，哲也さんは，A地点からボールを転がしました。ボールが転がり始めてから６秒後にボールは舞さんに追いつき，ボールが舞さんを追いこしてからは，舞さんとボールの間の距離はしだいに大きくなりました。

ボールが舞さんを追いこしてから，舞さんとボールの間の距離が18mになったのは，ボールが転がり始めてから何秒後ですか。

3 赤球と白球がたくさん入っている箱の中に，赤球が何個あるかを推定します。最初に箱の中にあった，赤球と白球の個数の比は４：１であったことがわかっています。この箱に白球を300個追加し，箱の中の球をよくかき混ぜました。そのあと，120個の球を無作為に抽出したところ，赤球が80個ありました。

この結果から，最初に箱の中にあった赤球は，およそ何個と考えられますか。

4 下の図のように，100行３列のマス目がある表に，次の【規則】にしたがって，１から300までの自然数が１から順に，１つのマスに１つずつ入っています。ただし，表の中の・は，マスに入る自然数を省略して表したものです。

【規則】

① １行目は，１列目に１，２列目に２，３列目に３を入れる。

② ２行目以降は，１つ前の行に入れたもっとも大きい自然数より１大きい数から順に，次のとおり入れる。

偶数行目は，３列目，２列目，１列目の順で数を入れる。

奇数行目は，１列目，２列目，３列目の順で数を入れる。

	1列目	2列目	3列目
1行目	1	2	3
2行目	6	5	4
3行目	7	8	9
4行目	12	11	10
⋮			
n行目	・	・	・
⋮			
99行目	295	296	297
100行目	300	299	298

たとえば，８は，３行目の２列目のマスに入っています。

次の(1)，(2)の問いに答えなさい。

(1) 45は，何行目の何列目のマスに入っていますか。

(2) n行目のマスに入っている３つの自然数のうち，もっとも小さいものをＰとします。

次の(ア)，(イ)の問いに答えなさい。ただし，nは１以上100以下とします。

(ア) 自然数Ｐをnを使った式で表しなさい。

(イ) nが２以上のとき，n行目の１つ前の行を（$n-1$）行目とします。（$n-1$）行目のマスに入っている３つの自然数のうち，もっとも大きいものをＱとします。Ｐ＋Ｑ＝349のとき，n行目の３列目のマスに入っている自然数を求めなさい。

第三問 数学の授業で，生徒たちが，直線$y=x$と三角形を素材にした応用問題を考えることになりました。

あとの１，２の問いに答えなさい。

1 京子さんと和真さんは，確率を求める問題をつくろうとしています。２人は，図Ｉのような，１，２，３，４の数字が１つずつ書かれた４枚のカードが入った袋を使い，次の【操作】をすることを考え，それをもとに，□の会話をしています。
あとの(1)，(2)の問いに答えなさい。

【操作】
・袋の中のカードをよくかき混ぜて，カードを１枚取り出し，カードに書かれた数を確認してからもとにもどす。この作業を２回行う。
・１回目に取り出したカードに書かれた数を a として，直線 $y=x$ 上に $(a,\ a)$ となる点Pをとる。
・２回目に取り出したカードに書かれた数を b として，x 軸上に $(b,\ 0)$ となる点Qをとる。
・原点O，点P，点Qをそれぞれ結んで，△OPQをつくる。

図Ⅰ

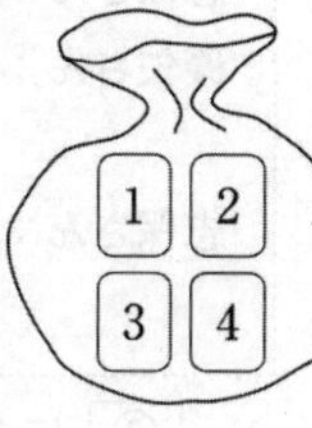

京子さん：この**【操作】**をすると，取り出すカードによって，さまざまな形の△OPQができるね。
和真さん：たとえば，取り出したカードに書かれた数が，１回目が２で，２回目が３のときの△OPQは図Ⅱのようになるよ。他の場合もやってみよう。
京子さん：すべての場合をかいたけれど，この中に，合同な三角形の組はないようだね。つまり，**【操作】**にしたがって△OPQをつくるとき，△OPQは全部で［①］通りあるね。
和真さん：△OPQが直角三角形になる場合があったよ。この確率を求める問題にしよう。

(1)　［①］にあてはまる正しい数を答えなさい。

(2)　**【操作】**にしたがって△OPQをつくるとき，△OPQが直角三角形になる確率を求めなさい。

図Ⅱ

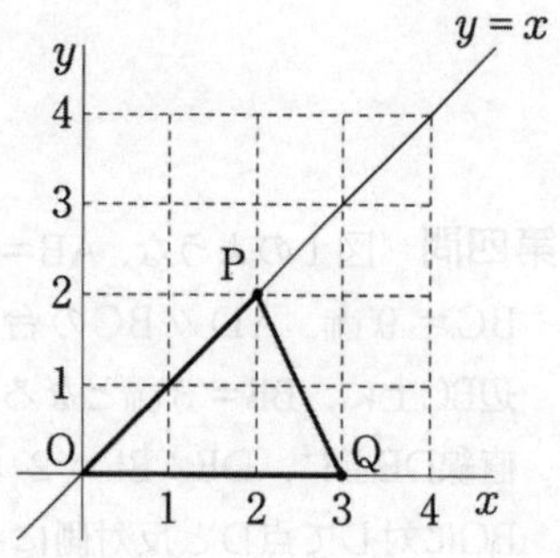

2　優矢さんと志保さんは，三角形の面積を２等分する問題をつくろうとしています。２人は，直線 $y=x$ 上の２点 $(4,\ 4)$，$(1,\ 1)$ をそれぞれA，B，x 軸上の点 $(4,\ 0)$ をCとし，３点A，B，Cをそれぞれ結んで，△ABCをつくりました。図Ⅲは，直線 $y=x$ と△ABCをかいたものです。２人は，図Ⅲを見ながら，次のページの□の会話をしています。
あとの(1)～(3)の問いに答えなさい。

図Ⅲ

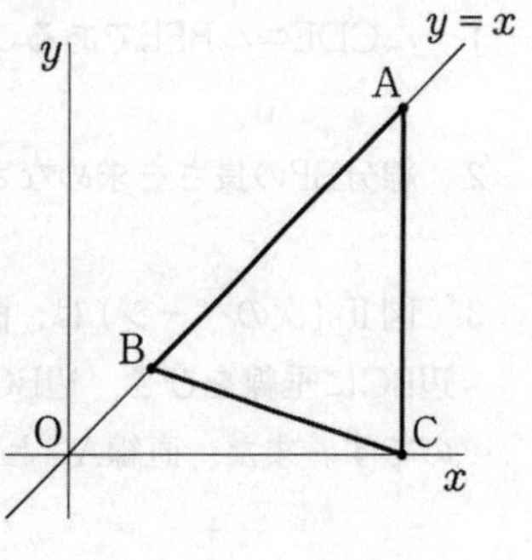

優矢さん：頂点Aを通り，△ABCの面積を２等分する直線は，△ABCが二等辺三角形ではないようだから，［②］だね。

志保さん：頂点を通らない直線で△ABCの面積を２等分する場合も考えてみようよ。

優矢さん：直線 $y = x$ 上の点 (3, 3) をDとして，点Dを通り，△ABCの面積を２等分する直線だとどうなるかな。

志保さん：その直線は辺BCと交わりそうだよ。その直線と辺BCとの交点の座標を求める問題にしよう。

(1) ［②］にあてはまるものとして正しいものを，次のア～エから１つ選び，記号で答えなさい。

ア　∠BACの二等分線　　イ　辺BCの垂直二等分線

ウ　頂点Aから辺BCへの垂線　　エ　頂点Aと辺BCの中点を通る直線

(2) 下線部について，２点B，Cを通る直線の式を求めなさい。

(3) 図Ⅳは，優矢さんと志保さんが，図Ⅲにおいて，点Dを通り，△ABCの面積を２等分する直線をかき，その直線と辺BCとの交点をEとしたものです。

点Eの座標を求めなさい。

図Ⅳ

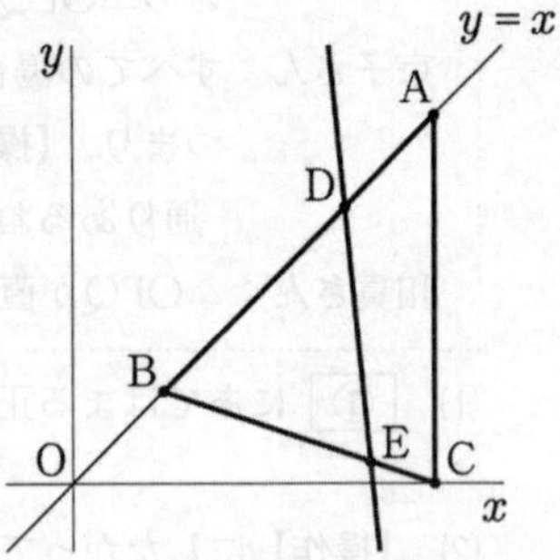

第四問　図Ⅰのような，AB＝DC＝７㎝，AD＝５㎝，BC＝９㎝，AD∥BCの台形ABCDがあります。辺BC上に，BE＝３㎝となる点Eをとります。また，直線DE上に，DE：EF＝２：１となる点Fを，直線BCに対して点Dと反対側にとり，点Bと点Fを結びます。

あとの１～３の問いに答えなさい。

図Ⅰ

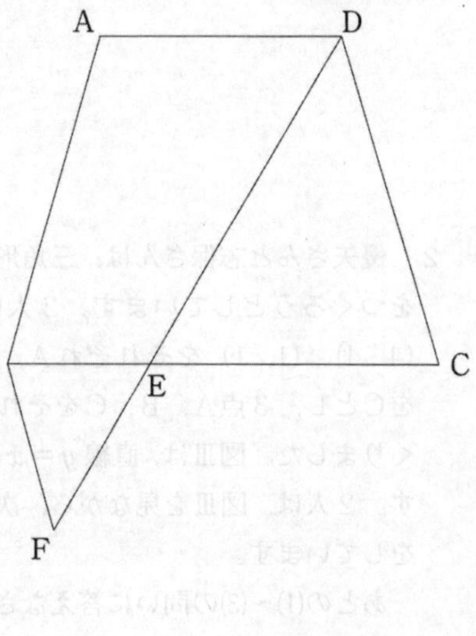

1　△CDE∽△BFEであることを証明しなさい。

2　線分BFの長さを求めなさい。

3　図Ⅱ（次のページ）は，図Ⅰにおいて，点Dから辺BCに垂線をひき，辺BCとの交点をGとしたものです。また，直線AGと直線DCとの交点をHとし，点Fと点Hを結びます。

次の⑴，⑵の問いに答えなさい。

⑴　線分DGの長さを求めなさい。

⑵　四角形BFHCの面積を求めなさい。

図Ⅱ

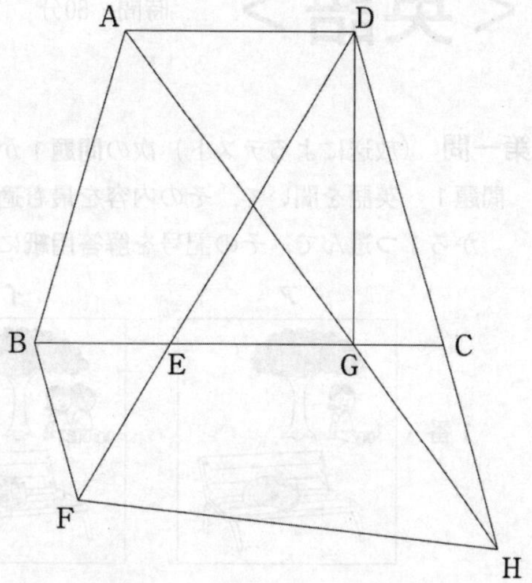

＜英語＞　時間 50分　満点 100点

第一問（放送によるテスト）次の問題１から問題４に答えなさい。

問題１　英語を聞いて，その内容を最も適切に表しているものを，それぞれア，イ，ウ，エの中から１つ選んで，その記号を解答用紙に書きなさい。

ア　イ　ウ　エ

１番

ア　イ　ウ　エ

２番

問題２　亮（Ryo）とアリス（Alice）が会話をします。二人の会話は，問題用紙に示されている順に進みます。□に入る発言として最も適切なものを，それぞれア，イ，ウ，エの中から１つ選んで，その記号を解答用紙に書きなさい。会話の□のところでは，チャイム音が鳴ります。

１番　*Ryo:*　・・・・・・・・・・・・・・・

Alice:　・・・・・・・・・・・・・・・

Ryo:　・・・・・・・・・・・・・・・

Alice:　［（チャイム音）］

ア　I'll check there.　　イ　I have many books.

ウ　You can't see him.　　エ　He is our teacher.

２番　*Alice:*　・・・・・・・・・・・・・・・

Ryo:　・・・・・・・・・・・・・・・

Alice:　・・・・・・・・・・・・・・・

Ryo:　［（チャイム音）］

ア　My racket is black.

イ　I play tennis on Sundays.

ウ　You can use mine.

エ　My sister isn't free on that day.

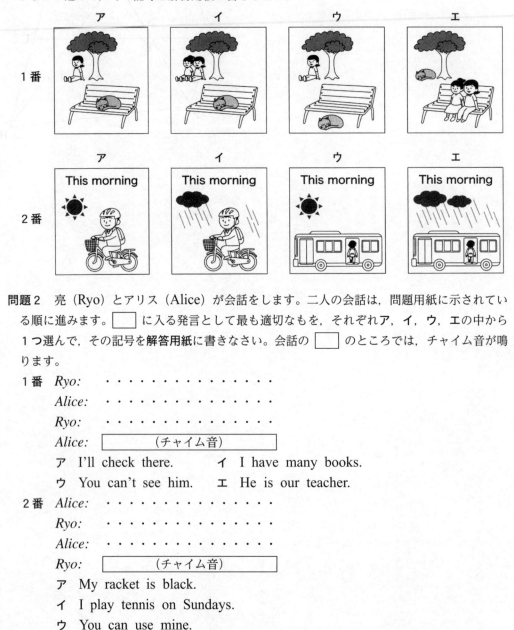

問題３　伊藤先生（Ms. Ito）と留学生のトム（Tom）が会話をします。そのあとで会話について３つの質問をします。それらの質問に対する答えとして最も適切なものを，それぞれア，イ，ウ，エの中から１つ選んで，その記号を解答用紙に書きなさい。

１番　ア　He went to bed early last night.
　　　イ　He didn't sleep much last night.
　　　ウ　He helped his host family this morning.
　　　エ　He had breakfast late this morning.

２番　ア　To eat a lot of food for good health.
　　　イ　To learn Japanese from his host family.
　　　ウ　To talk more with his host family.
　　　エ　To make breakfast with his host family.

３番　ア　He told Ms. Ito how to sleep well.
　　　イ　He heard of three important things from his host family.
　　　ウ　He wants to know how to cook Japanese food.
　　　エ　He wants to start studying Japanese every morning.

問題４　留学生のローラ（Laura）と博人（Hiroto）が会話をします。二人の会話は，問題用紙に示されている順に進み，ローラが博人に質問をします。博人になったつもりで，□に入る適切な発言を考えて，英語で解答用紙に書きなさい。会話の□のところでは，チャイム音が鳴ります。

Laura:　・・・・・・・・・・・・・・・
Hiroto:　・・・・・・・・・・・・・・・
Laura:　・・・・・・・・・・・・・・・
Hiroto:　［　　　（チャイム音）　　　］

第一問（放送によるテスト）は，ここまでです。

第二問　あとの１～３の問いに答えなさい。

１　次の⑴～⑶の二人の会話が成立するように，（　）に入る最も適切なものを，それぞれあとのア～エから１つ選び，記号で答えなさい。

⑴　*Kaito:*　Jane, I saw you at the park yesterday. What were you doing there?
　　Jane:　I was waiting (　　) my sister.
　　　ア　in　　イ　for　　ウ　at　　エ　to

⑵　*Mother:*　(　　) you go to the supermarket with me now?
　　Child:　Sorry, I have to do my homework.
　　　ア　Are　　イ　Must　　ウ　Can　　エ　Have

⑶　*Yuki:*　Do you know (　　) Alex will go back to his country?
　　Ted:　Yes.　He'll return there next month.
　　　ア　when　　イ　where　　ウ　who　　エ　what

２　次のページの⑴，⑵の二人の会話が成立するように，（　）に入る適切な英語を，それぞれ１語書きなさい。ただし，答えはすべて（　）内に示された文字で書き始めなさい。

(1) *Mari:* Lily, we should take the train at 10:40 tomorrow.
Lily: OK. Let's (m) at the station at 10:20.

(2) Ellie: What is your (f) food, Toru?
Toru: I like curry and rice the best. I eat it every week.

3 次の(1), (2)の二人の会話が成立するように, ( ) 内の語句を正しい順に並べかえ, (1)はア～エ, (2)はア～オの記号で答えなさい。ただし, 文頭にくる語も小文字で示しています。

(1) *Henry:* (ア that girl イ who ウ by エ is) the door?
Chika: Oh, she is my friend, Kaori.

(2) *James:* Look! I took some pictures of Mt. Fuji. I'll send them to my sister.
Keita: Wow, they are so beautiful! I'm (ア that イ like ウ will エ sure オ she) them.

第三問 次の英文は, 高校1年生の和輝 (Kazuki) が, 軽音楽部 (popular music club) での経験について, 学校英語新聞に掲載するコラムとして書いたものです。この英文を読んで, あとの1～5の問いに答えなさい。

Do you remember the concert at our school festival in August? My band played music there.

In April, I joined the popular music club and started a band with my friends. Hana was the vocalist. Ami was the bassist, and Yuji was the drummer. I played the guitar. We were all beginners, so we decided to play just one song for the school festival concert. We found a song that was popular among students and started to practice it in May.

In July, our band had a big problem. Hana transferred to another school because of her father's job. We couldn't find another vocalist, so we tried to play musical instruments while singing. However, it was difficult to do that well. One day, Ami said, "Why don't we play musical instruments without singing?" Yuji said, "I don't want to do ①<u>that</u>. The audience won't enjoy the performance." Then I remembered a concert that I saw on TV. The audience was singing with the band. I said, "How about asking the audience to sing with us?" Yuji said, "Sounds good. I think they will sing with us because many of them know the song." Ami said, "Let's try that. I think that the audience will enjoy our performance more if they can join it." From that day, we tried to keep doing our best.

On the day of the festival, the concert was held in the gym. Before the performance, I said to the audience, "Sorry, we have no vocalist. We can't sing well, but we'll try. We'll be glad if you sing with us. Let's sing together." We started to play music, but at first, the audience didn't sing. However, we didn't stop our performance. Then, some of the audience started to sing, and others joined. Finally, the gym was full of singing voices. ②<u>When we started our</u>

performance, we felt sad. However, when it ended, we were happy.

After the concert, we said, "We had a great time with the audience! Let's keep trying hard to have more good performances!" We learned it's important to continue doing everything we can to solve the problem.

＜注＞ vocalist ボーカル　bassist ベース奏者　drummer ドラム奏者
transferred to ～← transfer to ～　～に転校する　musical instrument(s) 楽器
while singing 歌いながら　audience 観客　ask(ing)～ to… ～に…するように頼む
singing voice(s) 歌声

1　次の質問に対する答えを，本文の内容に合うように**英語**で書きなさい。

How many members were there in the band when Kazuki and his friends started it?

2　下線部①が示す内容として最も適切なものを，次のア～エから１つ選び，記号で答えなさい。

ア Only singing a song.
イ Only playing musical instruments.
ウ Playing musical instruments while singing.
エ Playing musical instruments with a new vocalist.

3　下線部②のように和輝たちの心情が変化した理由を，具体的に**日本語**で書きなさい。

4　次のア～オを和輝のコラムの流れに合うように並べかえ，記号で答えなさい。

ア Hana left the band because she transferred to another school.
イ Kazuki found a way to solve the problem and the band members agreed with him.
ウ Kazuki became a member of the popular music club and started the band.
エ Kazuki and the band members enjoyed the performance with the audience.
オ Kazuki and the band members decided to play a popular song for the concert.

5　次の英文は，和輝のコラムを読んだ生徒が書いた感想文です。本文の内容をふまえて，[　　　] に入る最も適切な**ひとつづきの英語４語**を，本文中から抜き出して書きなさい。

Why did the audience sing with the band? In my opinion, they supported the band because they thought the band members tried hard to have a good performance. If we [　　　] to solve the problem, we will get a wonderful result. I learned that from Kazuki's story.

第四問　ある高校で，先生が提供した話題について，生徒が意見を発表するという英語の授業が行われました。次のページの英文は，先生が提供した話題と，その話題について真奈（Mana），里穂（Riho），ジョン（John）が発表したものです。これらの英文を読んで，あとの１～４の問いに答えなさい。

〔先生が提供した話題〕

Can you imagine how many clothes are given up in Japan? In 2020, about 751,000 tons of clothes were given up from homes. The graph shows how clothes were given up. According to it, twenty percent of the clothes were reused, and fourteen percent were recycled. More than sixty percent were given up as waste.

What can we do to reduce the amount of clothes waste? Please tell me your opinions about this topic.

【Graph】
The Clothes Given Up from Homes in 2020

①

（「環境省ホームページ」より作成）

［3人の発表］

Mana

I was surprised to learn that so many clothes were given up as waste. I want to enjoy a lot of different fashions, so I always want new ones. However, if I have too many clothes, I can't wear all of them. I want to cherish the clothes I have. I found that using a clothes rental service is useful. People can wear different kinds of clothes without buying them. I think that's ②a good point of using the service. To reduce clothes waste, we should think about what clothes we buy. It doesn't mean that we can't enjoy fashion.

Riho

If we try to reuse the clothes other people don't need, we can reduce clothes waste. For example, we can wear clothes our family members don't use. However, I think it's difficult to get the clothes we really want in this way. So, I want to introduce a unique way to reuse clothes. Several events are held to exchange clothes with others. I joined one of the events and took some clothes that were too small for me. I was glad because I found people who wanted my clothes and I got clothes that I wanted. I think having events to exchange clothes is a nice way to cherish our clothes.

John

We don't have to give up our clothes if we can use them again in different ways. I'll tell you about my sister, Judy. Our mother has several clothes she doesn't wear. She bought them when she was young. Though their designs are old, they are beautiful. Judy got them and made her own shirt out of them. Our mother was glad because Judy cherished her old clothes. Judy says, "I want to make my mother happy by using her old clothes again. So I'll make more clothes out of her old ones." If we make new clothes by using old ones, we can reduce clothes waste.

<注> given up ← give up ～ ～を手放す graph グラフ reuse(d) ～ ～を再使用する

recycle(d) ～　～を再生利用する　waste　ごみ　reduce ～　～を減らす
fashion(s)　ファッション　cherish(ed) ～　～を大切にする　rental　レンタル
exchange ～　～を交換する　design(s)　デザイン　out of ～　～を材料として

1　[①] に入るグラフとして最も適切なものを，次のア～エから１つ選び，記号で答えなさい。

ア

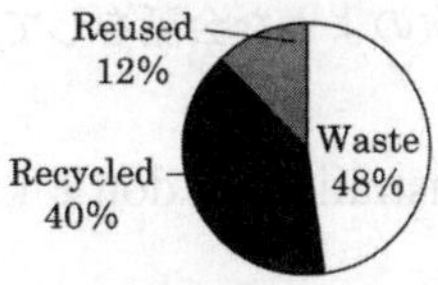

イ

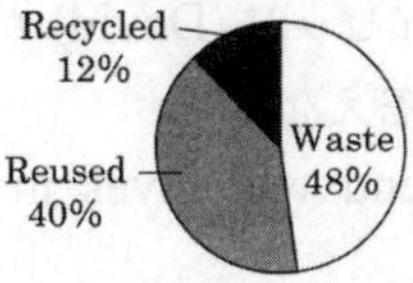

ウ

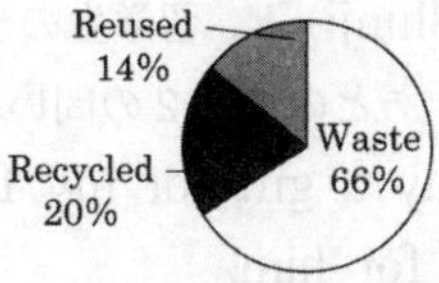

エ

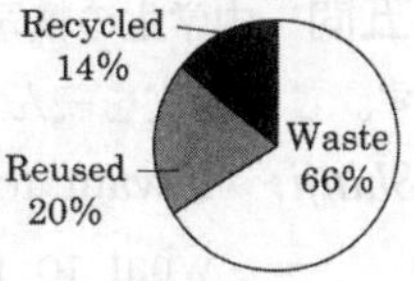

2　下線部②が示す具体的な内容を，本文中から探して**日本語**で書きなさい。

3　次の⑴，⑵の質問に対する答えを，本文の内容に合うように**英語**で書きなさい。

⑴　What did Riho take to the event she joined?

⑵　Why will Judy make more clothes out of her mother's old ones?

4　次の英文は，３人の発表を聞いたメアリー(Mary)と健太(Kenta)の会話です。本文の内容をふまえて，あとの⑴～⑷の問いに答えなさい。

Mary:　They all thought a lot about the topic.　To reduce clothes waste isn't easy, but we can find interesting ways to do it.

Kenta:　I think so, too.　Mana's speech showed us that we should be careful when we (Ⓐ) new clothes.

Mary:　According to Riho, the clothes someone (Ⓑ) can be used again by another person who (Ⓒ) them.　We should remember that before we give up our clothes.

Kenta:　That's true.　John told us that we can reduce clothes waste if we [Ⓓ].

Mary:　These three speeches tell us that [Ⓔ].

＜注＞　careful　注意深い

⑴　(Ⓐ) に入る最も適切なものを，次のア～エから１つ選び，記号で答えなさい。

ア　get　　イ　make　　ウ　sell　　エ　exchange

⑵　(Ⓑ)，(Ⓒ) に入る語句の組み合わせとして最も適切なものを，次のア～エから１つ選び，記号で答えなさい。

ア　Ⓑ　needs ─ Ⓒ　needs　　　　イ　Ⓑ　doesn't need ─ Ⓒ　needs
ウ　Ⓑ　needs ─ Ⓒ　doesn't need　　エ　Ⓑ　doesn't need ─ Ⓒ　doesn't need

⑶　[Ⓓ] に入る最も適切なものを，次のア～エから１つ選び，記号で答えなさい。

ア　exchange old clothes with others
イ　enjoy buying clothes with our family
ウ　choose clothes with unique designs
エ　use old clothes to make new ones

⑷　[Ⓔ] に入る最も適切なものを，次のページのア～エから１つ選び，記号で答えなさい。

ア selling our old clothes is the best way to reduce clothes waste
イ having a lot of clothes is necessary to enjoy wearing clothes
ウ we can reduce clothes waste by taking actions to cherish clothes
エ we should find more effective ways to give up our clothes as waste

第五問 中学生の慎司 (Shinji) と，留学生のデイビッド (David) が，次のような会話をしています。この英文を読んで，あとの１，２の問いに答えなさい。

Shinji: I want to buy a gift for my friend who lives in Australia. I don't know what to get for him.
David: [①]
Shinji: He is seventeen years old.
David: Oh, is he a high school student?
Shinji: Yes. Now he is learning Japanese.
David: I see. Then, how about Japanese books?
Shinji: Good idea. What kind of book should I choose? Please give me some examples.
David: For example, you can choose a picture book, a comic book or a guidebook of Japan. Which one is good for him?
Shinji: [②]

＜注＞ gift 贈り物 picture book 絵本 guidebook ガイドブック

1 二人の会話が成立するように，本文中の ① に入る英語を１文書きなさい。
2 二人の会話が成立するように，本文中の ② に３文以上の英語を書きなさい。

＜理科＞

時間　50分　　満点　100点

第一問　次の１～３の問いに答えなさい。

1　スルメイカのからだのつくりについて調べた次の観察について，あとの⑴～⑶の問いに答えなさい。

〔観察〕

[1]　スルメイカの外とう膜を切り開き，からだのつくりと内臓を観察した。図１は，観察したスルメイカのスケッチである。

[2]　スポイトを用いて，口から色水（赤インクをうすめたもの）を入れたところ，色水が消化にかかわる器官を通り，肛門から排出されるようすが確認できた。

図１

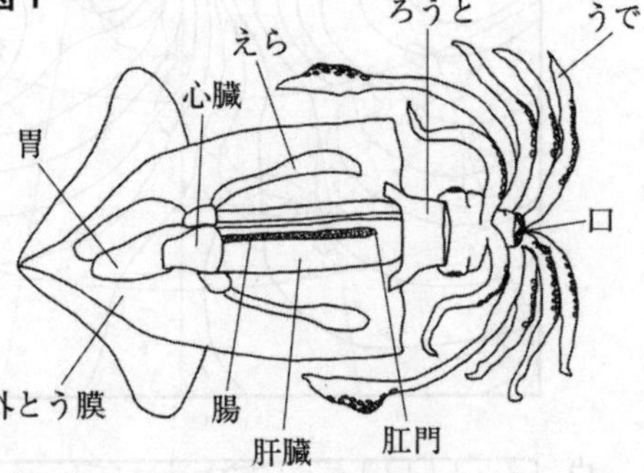

⑴　観察で，スルメイカにえらが見られたことから，スルメイカはえらで呼吸していることがわかります。スルメイカと同じように，えらで呼吸する動物を，次のア～エから１つ選び，記号で答えなさい。

ア　ペンギン　　イ　カメ　　ウ　メダカ　　エ　クジラ

⑵　スルメイカのように，背骨がなく，内臓が外とう膜に包まれ，からだに節がないという特徴をもつ無セキツイ動物を何というか，答えなさい。

⑶　下線部で，口から入れた色水が肛門から排出されるまでに通った器官を，色水が通った順に並べたものとして，正しいものを，次のア～エから１つ選び，記号で答えなさい。

ア　口→胃→肝臓→腸→肛門　　イ　口→胃→腸→肛門

ウ　口→腸→心臓→胃→肛門　　エ　口→腸→胃→肛門

2　図２は，ある年の６月22日９時の日本列島付近の天気図です。あとの⑴～⑶の問いに答えなさい。

図２

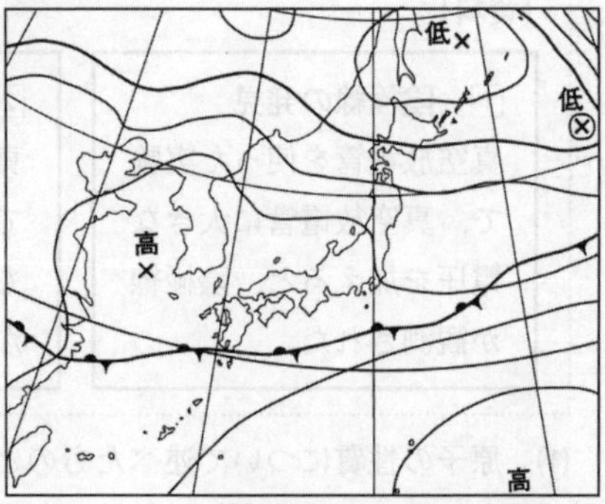

（「気象庁ホームページ」より作成）

⑴　図２で，気圧が等しい地点を結んだ線を何というか，答えなさい。

⑵　図２の日本列島付近にある停滞前線は，オホーツク海気団と小笠原気団の勢力が同じくらいであるために生じたもので，梅雨前線とよばれます。オホーツク海気団と小笠原気団の性質の組み合わせとして，最も適切なものを，あとのア～エから１つ選び，記号で答えなさい。

ア　オホーツク海気団　湿潤・寒冷　－　小笠原気団　乾燥・温暖

イ　オホーツク海気団　乾燥・寒冷　－　小笠原気団　湿潤・温暖
ウ　オホーツク海気団　乾燥・寒冷　－　小笠原気団　乾燥・温暖
エ　オホーツク海気団　湿潤・寒冷　－　小笠原気団　湿潤・温暖

⑶　オホーツク海気団の勢力がおとろえ，小笠原気団の勢力が強くなると，梅雨前線が移動して日本列島が小笠原気団におおわれ，晴れる日が多くなってつゆが明けます。このように，日本列島が小笠原気団におおわれたときの特徴的な天気図として，最も適切なものを，次のア～エから１つ選び，記号で答えなさい。

ア
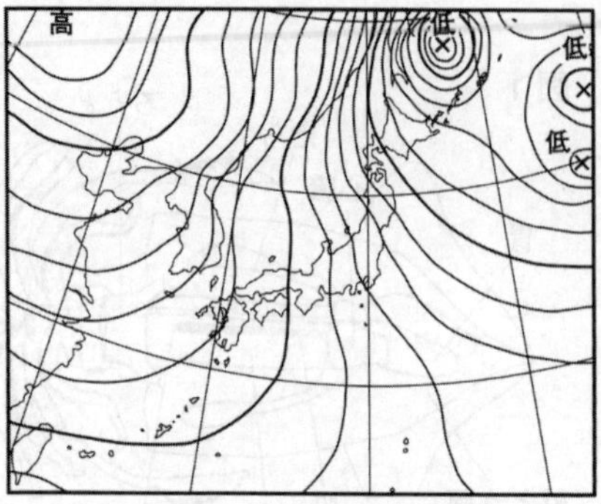

イ
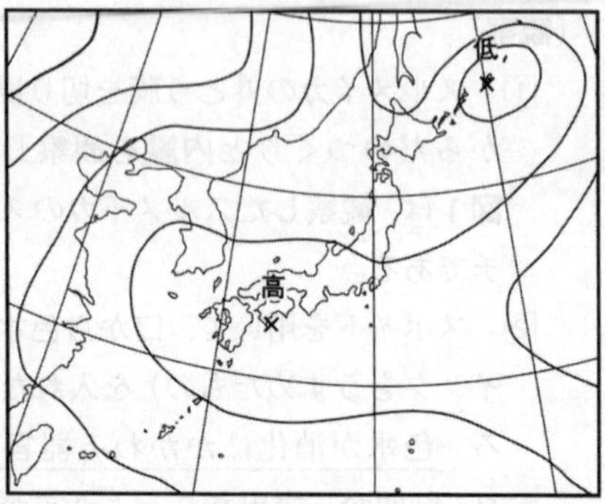

ウ
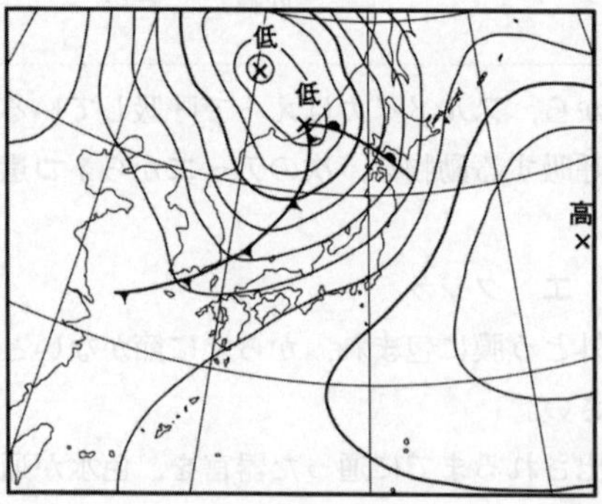

エ
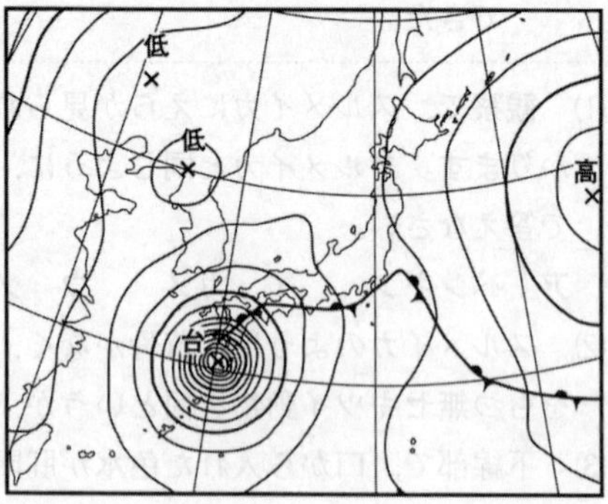

3　原子の構造の解明に関係するできごとをまとめた次の資料について，あとの⑴～⑷の問いに答えなさい。

［資料］

１　**陰極線の発見**
真空放電管を使った実験で，真空放電管に大きな電圧を加えると，陰極線が観測された。

２　**電子の発見**
真空放電管を使った実験で，陰極線が－《マイナス》の電気をもつ電子の流れだとわかった。

３　**原子の構造解明**
＋《プラス》の電気をもつ陽子と，電気をもたない中性子が発見され，原子の構造が解明された。

⑴　原子の性質について述べたものとして，最も適切なものを，あとのア～エから１つ選び，記号で答えなさい。

ア　種類によって大きさが決まっている。

イ　化学変化によって２つに分けることができる。

ウ　１個の質量は種類に関係なく同じである。

エ　化学変化によって他の種類の原子に変わる。

(2) [1]について，図３のように，蛍光板の入った真空放電管の電極Ａ，Ｂに誘導コイルをつなぎ，誘導コイルの電源を入れて大きな電圧を加えると，電極Ａから電極Ｂに向かって出ている陰極線が観測できます。次の①～③の問いに答えなさい。

図３

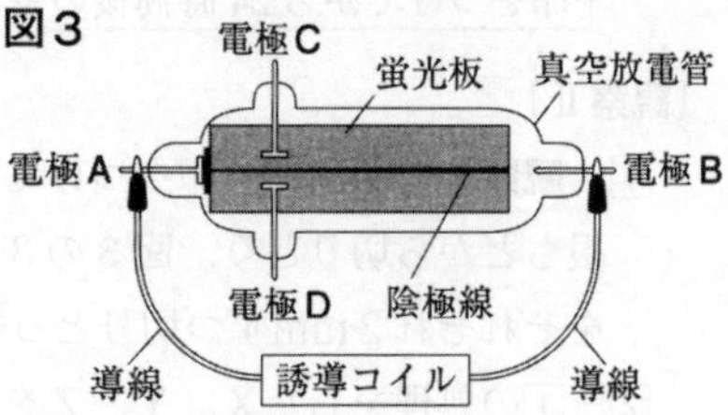

① 陰極線の観測からわかることについて述べた次の文章の内容が正しくなるように，ａのア，イ，ｂのウ，エからそれぞれ１つ選び，記号で答えなさい。

陰極線の進む向きから，誘導コイルの＋極につないだのはａ（ア　電極Ａ　イ　電極Ｂ）であり，誘導コイルと真空放電管をつなぐ導線の中を電子が移動する向きは，誘導コイルから流れる電流の向きとｂ（ウ　同じ　エ　逆）である。

② 別の電源を準備し，電極Ｃに－極，電極Ｄに＋極をつないで電圧を加えると，[2]のように，陰極線が－の電気をもつことが確認できる現象が起こります。この現象について述べたものとして，最も適切なものを，次のア～エから１つ選び，記号で答えなさい。

ア　陰極線が見えなくなる。　　　イ　陰極線が電極Ｃのほうにひかれて曲がる。

ウ　陰極線が蛍光板全体に広がる。　エ　陰極線が電極Ｄのほうにひかれて曲がる。

③ ドイツのレントゲンは，真空放電管を使った実験中に，真空放電管を通りぬける性質をもった放射線を発見しました。このとき発見された，からだの内部を調べる検査などで利用される放射線を何というか，答えなさい。

(3) [3]について，解明された原子の構造について述べたものとして，最も適切なものを，次のア～エから１つ選び，記号で答えなさい。

ア　原子核は陽子と中性子からできていて，原子核のまわりに電子が存在する。

イ　原子核は陽子と電子からできていて，原子核のまわりに中性子が存在する。

ウ　原子核は中性子からできていて，原子核のまわりに陽子と電子が存在する。

エ　原子核は陽子からできていて，原子核のまわりに電子と中性子が存在する。

(4) 原子を構成する陽子，電子，中性子のうち，陽子と電子が電気をもっているにもかかわらず，原子が全体として電気を帯びていない理由を，簡潔に述べなさい。

第二問　タマネギの根の成長を調べた次の観察Ⅰ，Ⅱについて，あとの１～５の問いに答えなさい。

［観察Ⅰ］　図１のように，タマネギを水につけておくと，根が出てきた。１本の根に，図２のように，根の先端とそこから５㎜間隔で印《しるし》をつけ，印の間を根もとに近いほうからそれぞれａ，ｂ，ｃとした。再びタマネギを水につけておくと，印をつけてから24時間後，ａ～ｃの

図１

図２

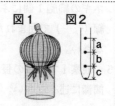

長さは表のようになった。

表

	a	b	c
印をつけた直後の長さ [mm]	5	5	5
印をつけてから24時間後の長さ [mm]	5	6	11

［観察Ⅱ］

1 観察Ⅰで用いた，印をつけてから24時間後の根を根もとから切りとり，図3の3つの部分X，Y，Zをそれぞれ2mmずつ切りとって塩酸処理をした。

2 1の処理をしたX，Y，Zをそれぞれ，スライドガラスにのせ，柄つき針の腹で軽くほぐした後，染色液で染色し，カバーガラスをかけ，ろ紙をかぶせた上から押しつぶして，プレパラートx，y，zをつくった。

3 プレパラートx～zの細胞の大きさと，細胞が細胞分裂しているかを，顕微鏡で観察した。図4は，プレパラートx～zに見られた細胞を，すべて同じ倍率で撮影した写真である。プレパラートx，yには細胞分裂をしている細胞はなかったが，プレパラートzには細胞分裂をしている細胞が多くあった。

図3

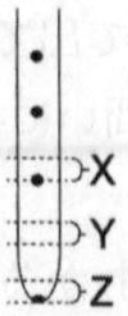

図4

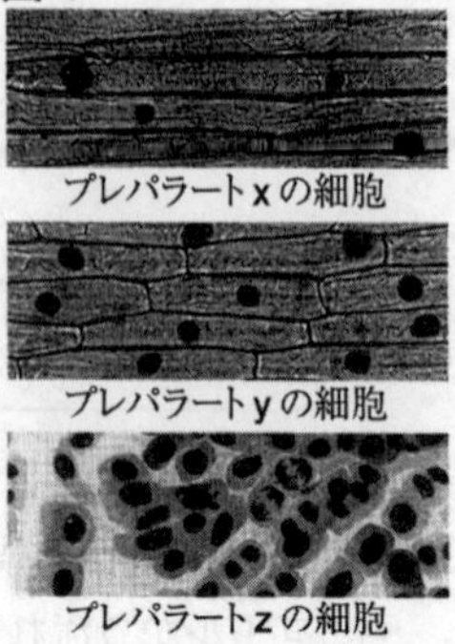
プレパラートxの細胞
プレパラートyの細胞
プレパラートzの細胞

1 観察Ⅰで，タマネギは，根から水を吸収しています。植物の根や茎にある維管束のうち，根から吸収された水が通る管を何というか，答えなさい。

2 観察Ⅱの1で，塩酸処理を行う目的について述べたものとして，最も適切なものを，次のア～エから1つ選び，記号で答えなさい。

ア 細胞を脱色するため。
イ 細胞を壊して核を取り出すため。
ウ 細胞を1つ1つ離れやすくするため。
エ 細胞分裂の進行をはやめるため。

3 観察Ⅱの2で用いた染色液として，最も適切なものを，次のア～エから1つ選び，記号で答えなさい。

ア ベネジクト液 イ ヨウ素液 ウ BTB溶液 エ 酢酸オルセイン

4 下線部について，図5は，図4のプレパラートzに見られた，細胞分裂をしている1個の細胞を拡大したもので，染色体が細胞の両端にわかれたようすが見られます。細胞分裂をしていないタマネギの細胞1個にふくまれる染色体が16本であるとき，図5の点線(-----)で囲まれた部分にふくまれる染色体の数は何本か，答えなさい。

図5

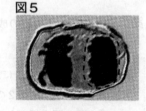

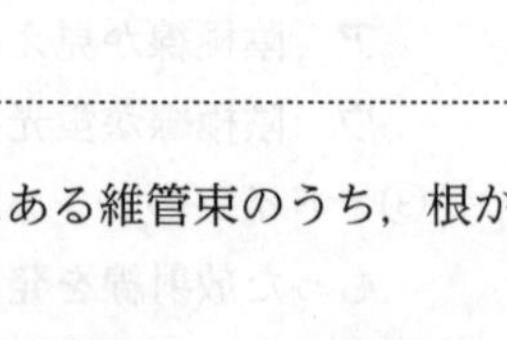

5 観察Ⅰで，bの長さの変化に比べ，cの長さの変化が大きい理由を，観察Ⅱの結果をもとに，簡潔に述べなさい。

第三問　ある地域の地層について，地図やボーリング試料をもとに，調査結果にまとめました。あとの１～４の問いに答えなさい。

〔調査結果〕　図１は，１目盛りを100mとした方眼紙に，Ａ～Ｃの３地点を表した地図で，実線(――）は等高線を，数値は標高を示している。図２は，Ａ～Ｃの各地点における地層の重なりを表したものである。

図１

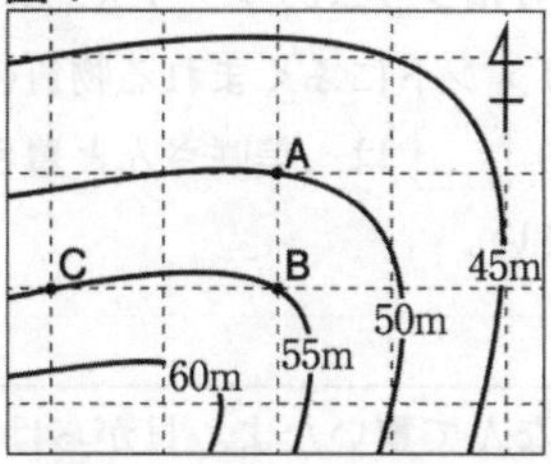

図２

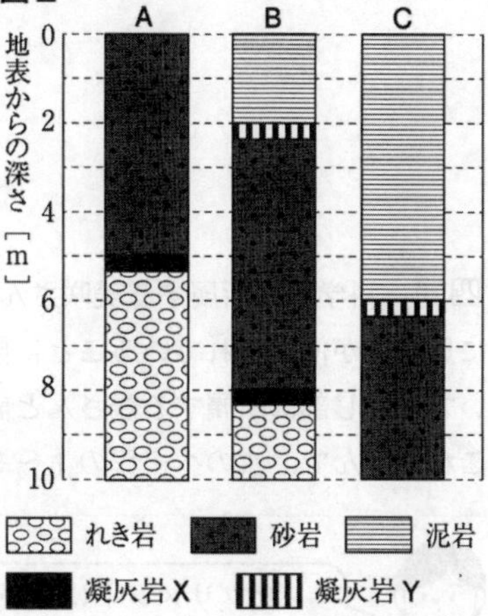

・Ａの砂岩の地層は，ビカリアの化石が見つかったことから，新生代にできた地層であることがわかった。

・ＡのX凝灰岩ＸとＢの凝灰岩Ｘ，Ｂの凝灰岩ＹとＣの凝灰岩Ｙは，それぞれ同時期に堆積したものだとわかった。

・この地域に断層やしゅう曲はなく，地層は一定の角度で傾いていることがわかった。

1　下線部について，ビカリアの化石のように，地層の堆積した年代を知ることができる化石を何というか，答えなさい。

2　凝灰岩について述べたものとして，最も適切なものを，次のア～エから１つ選び，記号で答えなさい。

ア　角がとれてまるみを帯びた粒でできている。　イ　火山噴出物が堆積してできる。

ウ　マグマが地下の深いところで冷えてできる。　エ　生物の死がいが堆積してできる。

3　Ｃで，泥岩の地層と砂岩の地層が，それぞれ堆積したときの環境を比べると，泥岩の地層が堆積したときの環境のほうが，海岸から離れていたと考えられます。その理由を述べたものとして，最も適切なものを，次のア～エから１つ選び，記号で答えなさい。

ア　泥岩は砂岩より構成する粒が小さく，風によって運搬されやすいから。

イ　泥岩は砂岩より構成する粒が大きく，風によって運搬されやすいから。

ウ　泥岩は砂岩より構成する粒が小さく，水によって運搬されやすいから。

エ　泥岩は砂岩より構成する粒が大きく，水によって運搬されやすいから。

4　調査結果をもとに，あとの⑴，⑵の問いに答えなさい。

⑴　調査結果からわかることについて述べた次の文章の内容が正しくなるように，①のア，イ，②のウ，エからそれぞれ１つ選び，記号で答えなさい。

図２の５種類の地層のうち，堆積した年代が最も古いのは，①（ア　れき岩　イ　泥岩）である。Ａ～Ｃの同じ種類の地層をつなげて考えることで，図２の５種類の地層は，②(ウ　南西　エ　北西）が低くなるように傾いていることがわかる。

(2)　図３は，図１にア～エの４地点を加えたものです。凝灰岩Ｙが標高と同じ高さの地表で観察できると考えられる場所を，図３のア～エから１つ選び，記号で答えなさい。

図３

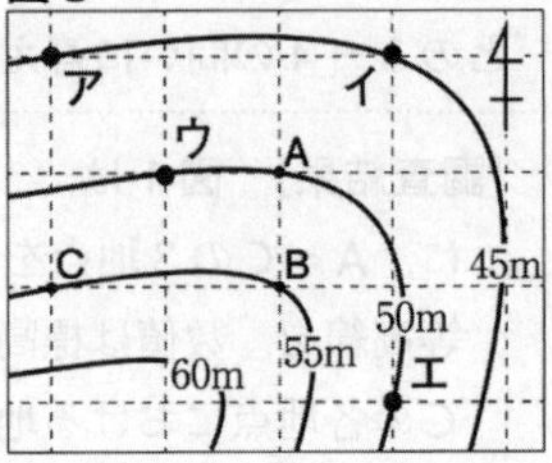

第四問　科学部に所属する美咲さんは，自宅にあったカルシウムのサプリメント（栄養補助食品）に貝がらが使用されていることに興味をもち，サプリメントにふくまれる物質の量の調べ方について，同じ部に所属する豊さんと話しています。次の［　　］は，美咲さんと豊さんの会話です。これを読んで，次のページの１～３の問いに答えなさい。

美咲さん：サプリメントに貝がらが使われているなんて驚いたよ。貝がらは主に炭酸カルシウムという物質からできているんだよ。

豊さん：そうなんだ。貝がらや石灰石に塩酸をかけると二酸化炭素が発生するのは，炭酸カルシウムが関係しているのかな。インターネットで調べてみよう。
炭酸カルシウムと塩酸の化学反応式を見つけたよ。

インターネットで見つけた化学反応式

$$CaCO_3 + 2HCl \longrightarrow CO_2 + CaCl_2 + H_2O$$

$CaCO_3$	$2HCl$	CO_2	$CaCl_2$	H_2O
炭酸カルシウム	塩酸	二酸化炭素	塩化カルシウム	水

美咲さん：①炭酸カルシウムは，カルシウムと炭素と酸素からできているんだね。この化学変化を使って，サプリメントにふくまれる物質の量を調べられないかな。

豊さん：この化学反応式を見ると，反応後の物質のうち，気体は二酸化炭素だけだよ。②化学変化が起こる前と後の質量を調べれば，発生した二酸化炭素の質量がわかるかな。

美咲さん：なるほど，発生した二酸化炭素が容器の外に出ていくと，全体の質量は小さくなるね。炭酸カルシウムの質量と容器の外に出ていった二酸化炭素の質量との関係がわかれば，サプリメントにふくまれる炭酸カルシウムの量も求められそうだよ。

豊さん：サプリメントにふくまれる炭酸カルシウムの量がわかったら，サプリメントにふくまれるカルシウムの割合も調べられるかな。

1　下線部①について，炭酸カルシウムと同じように3種類の元素からできている化合物を，次のア～エから1つ選び，記号で答えなさい。

ア　酸化銀　Ag_2O　　イ　水酸化バリウム　$Ba(OH)_2$

ウ　塩化銅　$CuCl_2$　　エ　炭酸水素ナトリウム　$NaHCO_3$

2　下線部②について，化学変化が起こる前と後では，物質全体の質量は変わりません。この法則を何というか，答えなさい。

3　美咲さんたちは，考えた調べ方をもとに，実験Ⅰ，Ⅱを行いました。次のページの(1)～(3)の問いに答えなさい。

〔実験Ⅰ〕

[1]　ビーカーA，B，Cに10%の塩酸を，25.00gずつはかりとり，それぞれにガラス棒を入れて，ビーカーA～Cそれぞれの全体の質量をはかった。

[2]　炭酸カルシウムを，ビーカーAには1.00g，ビーカーBには2.00g，ビーカーCには3.00g加えてガラス棒でよくかき混ぜると，すべてのビーカーで気体が発生した。

[3]　十分に時間がたってから，ビーカーA～Cそれぞれの全体の質量をはかった。

[4]　[1]ではかった質量に，炭酸カルシウムの質量を足してから，[3]ではかった質量を引いて，ビーカーの外に出ていった気体の質量を求めた。

[5]　炭酸カルシウムの質量とビーカーの外に出ていった気体の質量との関係をグラフにまとめたところ，図1のようになった。

図1

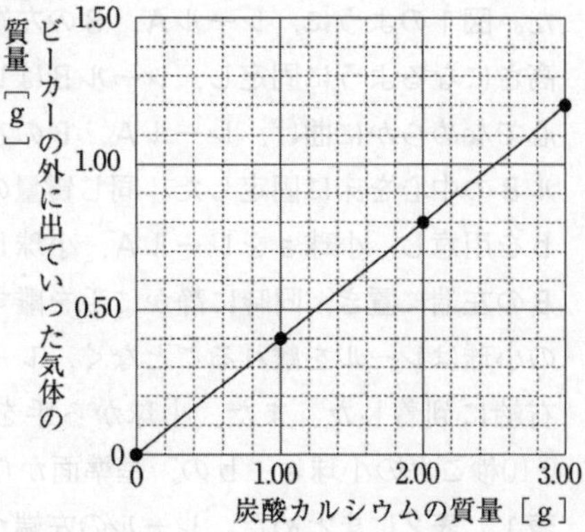

〔実験Ⅱ〕

[1]　サプリメントの粉末を，薬包紙に1.00gずつとり分けたものを3つ準備した。

[2]　ガラス棒を入れたビーカーの質量をはかってから，10%の塩酸25.00gを入れて，ビーカー全体の質量をはかった。

[3]　図2のように，[1]でとり分けたサプリメントの粉末を，1.00gずつビーカーに加えていき，サプリメントの粉末を1.00g加えるたびに，ガラス棒でよくかき混ぜ，気体が発生して十分に時間がたってから，ビーカー全体の質量をはかった。

図2

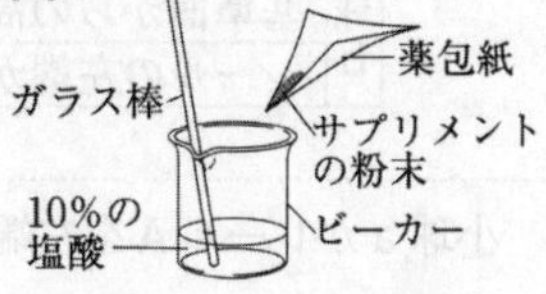

[4]　[3]ではかったビーカー全体の質量から，[2]ではかった，ガラス棒を入れたビーカーの質量を引いて，「ビーカー内の物質の質量」を求めた。「ビーカーに加えたサプリメントの粉末の総質量」と，「ビーカー内の物質の質量」を表にまとめた。

表

ビーカーに加えたサプリメントの粉末の総質量　[g]	1.00	2.00	3.00
ビーカー内の物質の質量　[g]	25.70	26.40	27.10

(1) 塩酸は塩化水素の水溶液です。36％の塩酸50ｇを水でうすめて，10％の塩酸をつくるとき，必要な水は何ｇか，求めなさい。

(2) **実験Ⅱ**で，「ビーカーに加えたサプリメントの粉末の総質量」と「ビーカーの外に出ていった気体の質量」との関係を表すグラフを，**解答用紙の図**にかき入れなさい。

(3) **実験**Ⅰ，Ⅱの結果をもとに，**実験Ⅱ**で使用したサプリメントの質量に対するカルシウムの質量の割合は何％か，求めなさい。ただし，炭酸カルシウム1.00ｇにふくまれるカルシウムの質量は0.40ｇとします。また，サプリメントにふくまれる物質のうち，炭酸カルシウムのすべてが塩酸と反応し，炭酸カルシウム以外の物質は塩酸と反応しないものとします。

第五問 レール上の小球の運動を調べた次の**実験**について，あとの１～５の問いに答えなさい。ただし，小球にはたらく摩擦や空気抵抗は無視できるものとします。また，小球の最下点をふくむ水平面を高さの基準面とします。

〔**実験**〕 まっすぐな長さ80㎝のレールＡ，Ｂを準備し，それぞれ左端から１㎝ごとに目盛りをつけた。図１のように，レールＡ，Ｂの左端が30㎝の高さになるように固定し，レールＢはレールの中心でなめらかに曲げ，レールＡ，Ｂの右端，レールＢの中心を床に固定した。同じ質量の小球ａ，ｂを用意し，小球ａをレールＡ，小球ｂをレールＢの左端に置き，同時に静かに手を離すと，２つの小球はレールを離れることなく，レールに沿って進み，小球ｂが小球ａより先にレールの右端に到着した。また，小球から手を離したときから，0.10秒間隔で連続写真を撮影し，0.10秒ごとの小球ａ，ｂの，基準面からの高さとレールの左端からの距離を調べ，それぞれ表１，表２にまとめた。レールの左端からの距離は，レールにつけた目盛りを使って調べたものである。

図１

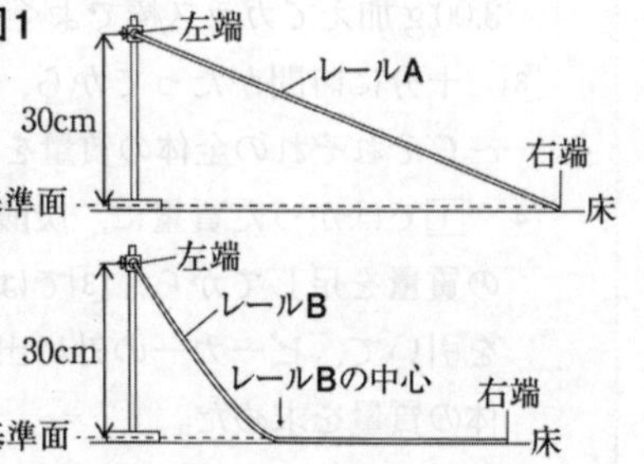

表１

小球ａ								
手を離してからの時間	［秒］	0	0.10	0.20	0.30	0.40	0.50	0.60
基準面からの高さ	［cm］	30	29	27	24	19	13	5
レールの左端からの距離	［cm］	0	1.8	7.3	16.5	29.4	45.9	66.1

表２

小球ｂ							
手を離してからの時間	［秒］	0	0.10	0.20	0.30	0.40	0.50
基準面からの高さ	［cm］	30	27	19	5	0	0
レールの左端からの距離	［cm］	0	3.5	14.0	31.8	54.4	78.4

図２

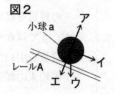

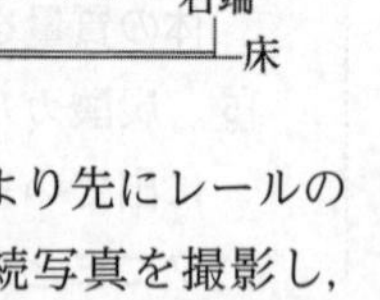

1 小球ａがレールＡを左端から右端まで進むとき，小球ａにはたらく重力を示す力の矢印として，最も適切なものを，図２のア～エから１つ選び，記号で答えなさい。

2 **実験**の結果からわかることについて述べた次のページの文章の内容が正しくなるように，①のア，イ，②のウ，エからそれぞれ１つ選び，記号で答えなさい。

小球aは，速さが一定の割合で①（ア　減少　イ　増加）しながら進んだ。レールの傾きを大きくすると，物体の速さが変化する割合は②（ウ　大きく　エ　小さく）なる。

3　小球bがレールBの中心からレールBの右端に到着するまでの，小球bの速さは何cm/sか，求めなさい。

4　小球aがレールAを左端から右端まで進む間の，小球aがもつ位置エネルギーの変化のようすを点線（-----）で，運動エネルギーの変化のようすを実線（――）で表したものとして，最も適切なものを，次のア～エから1つ選び，記号で答えなさい。ただし，小球aがレールAの右端に到着したときの位置エネルギーを0とします。

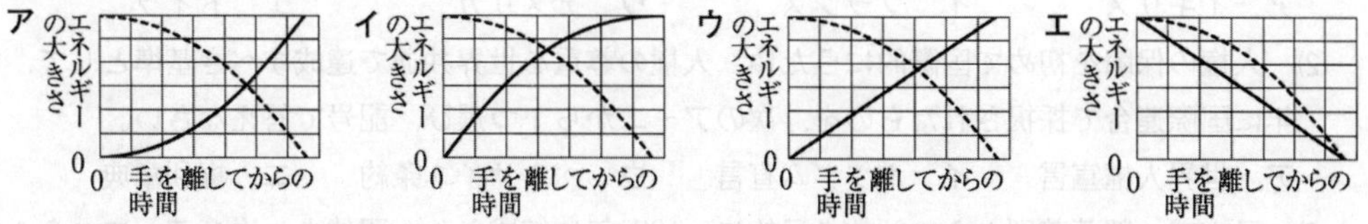

5　実験で，小球bが小球aより先にレールの右端に到着した理由を，**力学的エネルギーの保存**の考え方をもとに，簡潔に述べなさい。

＜社会＞

時間　50分　　満点　100点

第一問　平等権について，次の１，２の問いに答えなさい。

1　平等権をはじめとした人権は，人々の長年の努力によって獲得されてきました。このことについて，次の(1)～(3)の問いに答えなさい。

(1)　18世紀に，すべての人間が平等であることなど，保障されるべき人権が記された独立宣言を発表した国を，次のア～エから１つ選び，記号で答えなさい。

ア　イギリス　　　イ　フランス　　　ウ　アメリカ　　　エ　ドイツ

(2)　人権の保障を初めて国際的にうたい，人権の尊重を世界共通で達成すべき基準として，1948年に国際連合で採択されたものを，次のア～エから１つ選び，記号で答えなさい。

ア　世界人権宣言　　イ　ポツダム宣言　　ウ　ベルサイユ条約　　エ　権利章典

(3)　日本で，部落差別からの解放を目的に，1922年に結成された団体を，次のア～エから１つ選び，記号で答えなさい。

ア　全国水平社　　　イ　立志社　　　ウ　国会期成同盟　　　エ　財閥

2　夏美さんは，社会科の授業で平等権について学び，現代における女性の雇用について調べ，次のように資料Ａとまとめを作成しました。これをみて，あとの(1)，(2)の問いに答えなさい。

資料Ａ　日本の女性の年齢別就業率

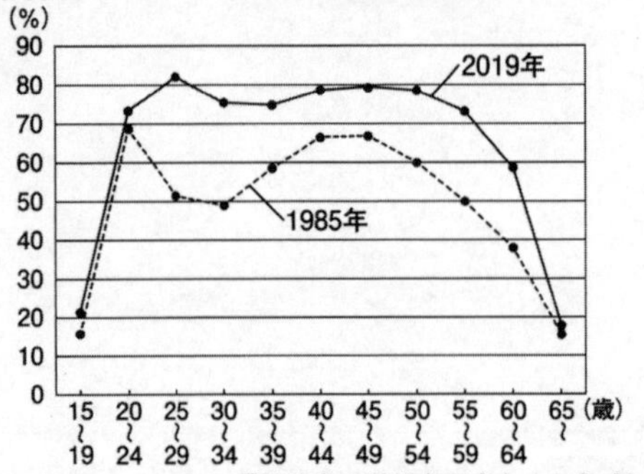

（「総務省　労働力調査」より作成）

まとめ

資料Ａから，1985年と2019年の女性の年齢別就業率を比べると，すべての年齢層で，2019年の方が就業率が高くなっており，特に [a] や，55歳～59歳と60～64歳の年齢層で，就業率に大きな差が生まれていることがわかります。このような変化の背景には，1985年の [b] や，1990年代の育児・介護休業法，男女共同参画社会基本法の制定などがあったと考えられます。

(1)　まとめの文中の [a] にあてはまる，最も適切な年齢層の組み合わせを，次のア～エから１つ選び，記号で答えなさい。

ア　15歳～19歳と20歳～24歳

イ　25歳～29歳と30歳～34歳

ウ　35歳～39歳と40歳～44歳

エ　45歳～49歳と50歳～54歳

(2)　まとめの文中の [b] にあてはまる，労働に関する募集や採用，配置などについて男女を平等に扱うことを定めた法律名を書きなさい。

第二問　優子さんは，社会科の授業で，「東南アジアの経済発展」について調べました。あとの１～４の問いに答えなさい。

１　優子さんは，**略地図**を作成して，東南アジア諸国の位置を調べました。東南アジア諸国について説明した文として，正しいものを，次の**ア**～**エ**から１つ選び，記号で答えなさい。

略地図

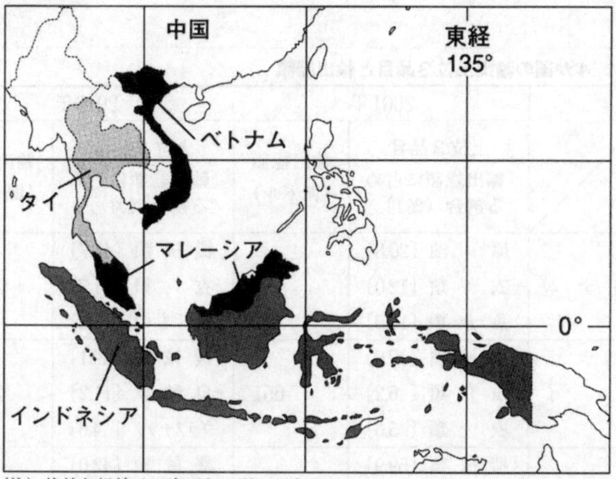

（注）緯線と経線は15度ごとに引いてある。

ア　ベトナムの東部は，インド洋に面している。
イ　タイは，中国と陸続きで国境を接している。
ウ　マレーシアの領土は，東経150度と東経180度の間に広がっている。
エ　インドネシアには，赤道が通っている。

２　優子さんは，東南アジア諸国によって結成された，ＡＳＥＡＮ《アセアン》（東南アジア諸国連合）について調べ，**資料Ａ**を作成しました。これをみて，あとの⑴，⑵の問いに答えなさい。

資料Ａ　ＡＳＥＡＮについて

ＡＳＥＡＮのうごき	加盟国と加盟年
1967年　当時この地域で起きていた［ａ］を背景に，地域の平和と安全や，経済成長の促進を目的に設立された。 ⇩	1967年　インドネシア，マレーシア，フィリピン，シンガポール，タイ 1984年　ブルネイ・ダルサラーム
1992年　地域内の経済的協力の強化に取り組むため，ＡＳＥＡＮ自由貿易協定を結んだ。 ⇩	1995年　ベトナム 1997年　ラオス，ミャンマー 1999年　カンボジア
2015年　地域内の経済的協力などを，より発展させるため，<u>ＡＳＥＡＮ共同体</u>が設立された。	

（「外務省ホームページ」などより作成）

⑴　［ａ］にあてはまる語句として，最も適切なものを，次の**ア**～**エ**から１つ選び，記号で答えなさい。

ア　第一次世界大戦　　**イ**　ベトナム戦争　　**ウ**　朝鮮戦争　　**エ**　太平洋戦争

(2) 下線部について，優子さんは，ＡＳＥＡＮ共同体について考察するため，ヨーロッパにおける取り組みと比較してみようと考えています。政治や経済などの面で国の枠組みをこえた協力を進めることを目的に，1993年にヨーロッパで発足した地域的枠組みを何というか，書きなさい。

3　優子さんは，ＡＳＥＡＮ主要国の，近年の輸出の状況を知るため，**資料Ｂ**を作成しました。**資料Ｂ**から読みとれることとして，**誤っているもの**を，あとの**ア**～**エ**から**１つ**選び，記号で答えなさい。

資料Ｂ　４か国の輸出上位３品目と輸出総額

	2001年		2019年	
	上位３品目〔輸出総額に占める割合（%）〕	輸出総額（億ドル）	上位３品目〔輸出総額に占める割合（%）〕	輸出総額（億ドル）
ベトナム	原油〔20.8〕 衣類〔12.0〕 魚介類〔12.0〕	150	機械類〔41.7〕 衣類〔11.7〕 はきもの〔 7.2〕	2,646
タイ	機械類〔42.0〕 魚介類〔 6.2〕 衣類〔 5.6〕	651	機械類〔29.1〕 自動車〔11.2〕 プラスチック〔 4.6〕	2,336
マレーシア	機械類〔59.9〕 液化天然ガス〔 3.6〕 原油〔 3.4〕	880	機械類〔42.0〕 石油製品〔 7.0〕 液化天然ガス〔 4.2〕	2,380
インドネシア	機械類〔16.1〕 原油〔10.1〕 液化天然ガス〔 9.6〕	563	石炭〔13.0〕 パーム油〔 8.8〕 機械類〔 8.3〕	1,670

（注）数字は四捨五入している。

（「世界国勢図会2021/22」などより作成）

ア　ベトナムは，2001年には上位３品目になかった機械類が，2019年には上位３品目にある。

イ　2019年の上位３品目に自動車があるのは，４か国のなかでタイだけである。

ウ　マレーシアの機械類の輸出額は，2001年に比べ，2019年は少なくなっている。

エ　インドネシアは，いずれの年も機械類と鉱産資源が上位３品目にある。

4　優子さんは，ＡＳＥＡＮのなかで，国の経済力の大きさを示す国内総生産が増加しているベトナムに着目し，**資料Ｃ**，**Ｄ**を作成しました。ベトナムで国内総生産が増加している理由として考えられることを，**資料Ｃ**，**Ｄ**を参考にして，簡潔に述べなさい。

資料Ｃ　ベトナム政府による外国からの投資を促す政策の一部

○　道路や電気設備などの社会資本を整え，利便性を備えた工業団地を整備している。

○　電子産業や自動車産業，ハイテク産業などを，経済成長のために優先する産業として指定し，工業団地に積極的に誘致している。

○　工業団地に進出する企業は，税金の免除など優遇措置を受けることができる。

（注）投資とは，利益を見込んで製造工場をつくることや，事業を拡大させるなどのために資金を出すこと。

（「日本貿易振興機構ホームページ」より作成）

資料Ｄ　ベトナムへの外国企業からの投資額の推移

（「ASEANStatsDataPortal」より作成）

第三問　真一さんは，社会科の授業で，「古代から近世における農村のようす」について調べ，次のような表を作成しました。これをみて，あとの１～５の問いに答えなさい。

	農村のようす
古代	律令制により，班田収授法にもとづき，６年ごとに戸籍が作られ，その戸籍に登録された人々に，［①］という土地が与えられた。墾田永年私財法が出されると，貴族や有力な寺院が荘園を所有するようになった。
中世	鎌倉時代，第３代将軍源実朝が亡くなったあと，②多くの関東の御家人が西日本の地頭に任命され，幕府の支配が広がった。室町時代には，有力な農民が中心となり，［③］とよばれるまとまりが生まれ，村の自治のしくみがつくられていた。
近世	④豊臣秀吉の支配を経て，江戸時代の農村では，村方三役とよばれる有力な百姓が中心となり，土地をもつ本百姓たちが村の自治にあたっていたが，しだいに農村内では⑤農民の間の経済的格差が拡大していった。

1　［①］にあてはまる語句を書きなさい。

2　下線部②の背景となったできごとについて述べた文として，最も適切なものを，次のア～エから１つ選び，記号で答えなさい。

ア　坂上田村麻呂が蝦夷《えみし》を攻め，朝廷が東北地方の支配を広げた。

イ　後鳥羽上皇が幕府をたおすための兵を挙げ，承久の乱が起こった。

ウ　将軍足利義政のあとつぎ問題をきっかけに，応仁の乱が起こった。

エ　平将門が関東地方で，藤原純友が瀬戸内地方で反乱を起こした。

3　［③］にあてはまる語句として，最も適切なものを，次のア～エから１つ選び，記号で答えなさい。

ア　土倉　　イ　五人組　　ウ　惣　　エ　町衆

4　下線部④の人物の政策について説明した文として，最も適切なものを，次のア～エから１つ選び，記号で答えなさい。

ア　江戸などの都市に働きに出ていた農民を農村に戻すとともに，ききんに備えて米を蓄えさせた。

イ　生活が苦しくなり，土地を売るなどした御家人を救うために，徳政令を出した。

ウ　民衆の意見を聞くための目安箱を設置したほか，裁判の基準となる公事方御定書を定めた。

エ　土地で耕作する農民が検地帳に記録され，荘園領主のもっていた土地の権利が失われた。

5　下線部⑤について，真一さんは，18世紀以降の江戸時代の農村は，豊かな農民がいる一方，小作人となる農民が増えるなど，農村内の経済的格差が拡大したことを知り，次のページの資料Ａ，Ｂを作成しました。18世紀以降の江戸時代の農村において，小作人となる農民が増えた理由を，資料Ａ，Ｂをもとにして，簡潔に述べなさい。

資料A　18世紀ごろの農村について

○　備中ぐわや千歯こきなど農具が改良されるとともに，農民が農具を購入するようになった。

○　農民は，綿花や紅花などの商品作物を生産し，それを売ることで，貨幣を手に入れることができた。

○　商品作物をつくるためには，干鰯《ほしか》や油かすなどの高価な肥料が必要であった。

資料B　18世紀後半のある農民のおもな支出

農具代	銀	491匁
肥料代	銀	2,077匁
生活費	銀	552匁
その他	銀	730匁
支出合計	銀	3,850匁

（注）匁（もんめ）は銀貨の単位である。

（「西成郡史」より作成）

第四問

哲平さんは，社会科の授業で，「財政と私たちの生活」について調べ，資料Aを作成しました。これを読んで，あとの１～４の問いに答えなさい。

資料A　財政と私たちの生活

私たちが，暮らしやすい豊かな生活を送るため，政府や地方公共団体は，家計や企業から税金を集め，それを必要な政策にあてる，①財政とよばれる経済活動をしています。財政では，②税金などを財源として，社会保障の制度を整備したり，③公共サービスや社会資本を提供したりしています。公共サービスや社会資本は私たちの生活に不可欠ですが，④それらの維持や改善が課題となっています。

1　下線部①について，日本国憲法で定められた，国の予算を議決する機関として，最も適切なものを，次のア～エから１つ選び，記号で答えなさい。

ア　内閣　　イ　最高裁判所　　ウ　日本銀行　　エ　国会

2　下線部②について，国や地方公共団体の政策の財源となる，税金と，その納め方による分類の組み合わせとして，正しいものを，次のア～エから１つ選び，記号で答えなさい。

ア　所得税－直接税　　イ　消費税－直接税

ウ　法人税－間接税　　エ　市町村民税－間接税

3　下線部③について，公共サービスや社会資本である，道路や公共施設などの提供については，地方公共団体が大きな役割を果たしています。地方公共団体の財源のうち，教育費や道路の維持費など，特定の事業に対し，国から使い道が決められて支給されるものを，次のア～エから１つ選び，記号で答えなさい。

ア　地方税　　イ　国債費　　ウ　地方交付税交付金　　エ　国庫支出金

4　下線部④について，次の⑴，⑵の問いに答えなさい。

⑴　地域の生活環境の改善や地方公共団体の政治について，条例の制定や廃止，議会の解散，監査などを，首長や選挙管理委員会，監査委員に求める，直接民主制の考え方にもとづいた権利を何というか，書きなさい。

⑵　哲平さんは，社会資本の維持や改善について調べを進めるなかで，岐阜県の取り組みを知り，次のページの資料Ｂ～Ｄを作成しました。この取り組みは，社会資本の維持や改善にどのような効果があったと考えられるか，資料Ｂ～Ｄをもとにして，簡潔に述べなさい。

資料B　岐阜県の取り組みについて

2009年からはじまった取り組みで，安全で快適な道路を維持するため，岐阜県が，応募してきた県民を，「社会基盤メンテナンスサポーター」として委嘱《いしょく》する。「社会基盤メンテナンスサポーター」は無償のボランティア活動を行う。

(注) 委嘱とは，特定の仕事を頼むこと。

資料C　社会基盤メンテナンスサポーターについて

社会基盤メンテナンスサポーターとして委嘱された県民は，危険箇所を早期に発見できるように，普段利用している道路を担当区域とする。担当区域の道路や側溝の損傷，落石，穴など，補修が必要な場所を県へ情報提供する。

資料D　岐阜県の社会基盤メンテナンスサポーターの委嘱者数

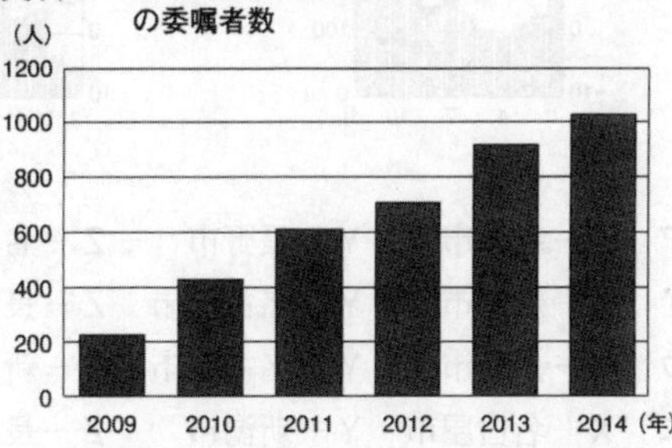

(資料B～Dいずれも「岐阜県ホームページ」などより作成)

第五問　絵理さんは，社会科の授業で，「中部地方の自然環境と人々の暮らし」について調べました。あとの１～３の問いに答えなさい。

1　絵理さんは，中部地方の自然環境と産業とのかかわりを調べ，**資料A**を作成しました。あとの(1)，(2)の問いに答えなさい。

資料A　中部地方の自然環境と産業とのかかわり

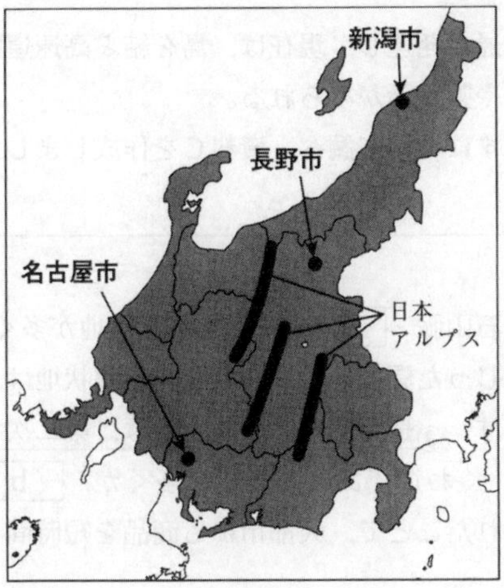

中部地方は，①特色が異なる３つの地域に分けることができます。

○　豪雪地帯を抱える北陸地域には，日本でも有数の米の産地となっている平野が広がっています。また，副業から発達した織物や漆器などが伝統産業として受け継がれています。

○　中央高地には，日本アルプスなどに囲まれた盆地が多くあり，高地の冷涼な気候などを生かした高原野菜の産地となっています。

○　東海地域の台地や砂丘が多い半島では，用水路が整備され，野菜や花を栽培する園芸農業がさかんです。また，名古屋市を中心とした②中京工業地帯が形成されています。

(1)　下線部①について，絵理さんは，中部地方の気候を知るために，**資料A**中に示した**新潟市**，**長野市**，**名古屋市**の３つの市の気温と降水量を調べ，**資料B**（次のページ）を作成しました。３つの市と，**資料B**中のグラフ**X**～**Z**の組み合わせとして，正しいものを，次のページの**ア**～**エ**から**１つ**選び，記号で答えなさい。

資料B　3つの市の気温と降水量

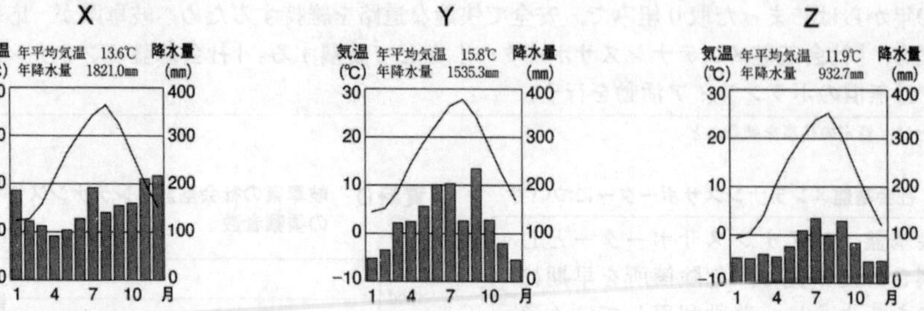

（「理科年表2021」より作成）

ア　X－新潟市　　Y－長野市　　Z－名古屋市
イ　X－新潟市　　Y－名古屋市　Z－長野市
ウ　X－長野市　　Y－名古屋市　Z－新潟市
エ　X－名古屋市　Y－新潟市　　Z－長野市

⑵　下線部②について，この工業地帯について述べた文として，最も適切なものを，次のア～エから１つ選び，記号で答えなさい。

ア　内陸部にあり，高速道路などで生産物を大都市へ輸送することが可能な，食料加工品や印刷物などの比較的小型で軽量の製品を製造する工場が多くみられる。

イ　以前は，周辺地域での石炭の産出による鉄鋼業がさかんであったが，現在は環境技術を用いたリサイクル工場が建設されるなど環境保全に関する産業が発展している。

ウ　かつては，豊富な地下水と綿花の生産地であることを生かした繊維工業がさかんであったが，現在は自動車の生産がさかんに行われている。

エ　多くの島々があるこの地域は，古くから海上交通が発達し，現在は，島を結ぶ高速道路が整備されており，臨海部に石油化学コンビナートや製鉄所がみられる。

2　絵理さんは，中央高地の山脈に囲まれた盆地のようすについて調べ，資料Cを作成しました。あとの⑴，⑵の問いに答えなさい。

> **資料C　中央高地の山脈に囲まれた盆地のようす**
>
> 中央高地は，日本アルプスである，木曽山脈・赤石山脈・ a に囲まれた盆地が多く，また，河川によってつくられた，砂や大きな石の混じった扇状地がみられます。扇状地は，地表面に水がたまりにくい地形のため水田には適さず，③長野県などの盆地では，第二次世界大戦前までくわの栽培がさかんでした。現在は，くわ畑であった場所の多くが， b に変わっています。高速道路などの交通網が整備されたことで，大都市にも商品を短時間で出荷できるようになりました。

⑴　資料C中の a ， b にあてはまる語句の組み合わせとして，最も適切なものを，次のア～エから１つ選び，記号で答えなさい。

ア　a－飛騨山脈　　b－果樹園　　イ　a－飛騨山脈　　b－茶畑
ウ　a－日高山脈　　b－茶畑　　　エ　a－日高山脈　　b－果樹園

⑵　下線部③について，長野県では，明治時代の殖産興業政策により，製糸工場が設置されたことを背景として，くわ畑が広がりました。明治時代の日本のようすについて述べた文として，

あてはまらないものを，次のア～エから１つ選び，記号で答えなさい。

ア　徴兵令が出され，20歳以上の男子が兵役を義務づけられた。

イ　教育機関として，農村に寺子屋が増え，読み，書きなどが学ばれた。

ウ　日清戦争が起き，戦争の翌年に下関条約が結ばれた。

エ　北海道に開拓使が設置され，農地の開墾や道路の建設などが行われた。

3　絵理さんは，山地の多い長野県に着目して，自然環境と人々の暮らしを調べたところ，長野県伊那《いな》市が行っている取り組みを知り，資料D，Eを作成しました。この伊那市の取り組みは，どのようなことを目的として行われていると考えられるか，資料D，Eを参考にして，簡潔に述べなさい。

資料D　長野県伊那市の山間部について

○　生活道路の標高の高低差が大きく，移動が大変である。
○　都市部よりも配送にかかる費用が高いことに加え，配送の担い手が不足している。
○　後継者不足や従業員の高齢化などのため，閉店する店舗もあり，商店数が減少を続けている。
○　自家用車をもつ消費者は，山間部以外で買い物をするようになっている。

資料E　長野県伊那市の取り組み

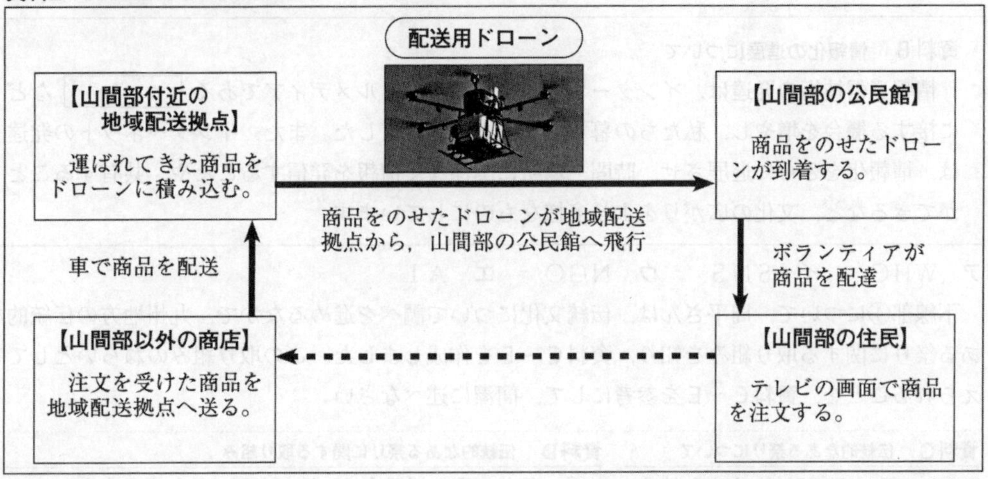

配送用ドローン
【山間部付近の地域配送拠点】
運ばれてきた商品をドローンに積み込む。
商品をのせたドローンが地域配送拠点から，山間部の公民館へ飛行
【山間部の公民館】
商品をのせたドローンが到着する。
ボランティアが商品を配達
【山間部の住民】
テレビの画面で商品を注文する。
【山間部以外の商店】
注文を受けた商品を地域配送拠点へ送る。
車で商品を配送

（資料D，Eともに「伊那市ホームページ」などより作成）

第六問　周平さんは，社会科の授業で，「日本の文化の発展」について調べ，資料Aを作成しました。これを読んで，次のページの１～４の問いに答えなさい。

資料A　日本の文化の発展

日本は，古くから中国や朝鮮半島など，外国から伝わった文化を受け入れながら，①独自の文化を築いてきました。特に，②19世紀半ばから20世紀半ばは，技術革新にともなって日本の社会や文化が大きな変化を見せた時期でした。その後，第二次世界大戦での敗戦により，ＧＨＱの占領下におかれたことで，アメリカの文化が日本各地に広がりました。さらに，高度経済成長期には，自動車や電化製品の普及など，日本人の生活様式も変化しました。現在，③情報化や少子高齢化，グローバル化など，日本社会が大きく変化していますが，その中で，④伝統文化を守りながら，時代の変化に対応し，新しい文化を創造することが求められています。

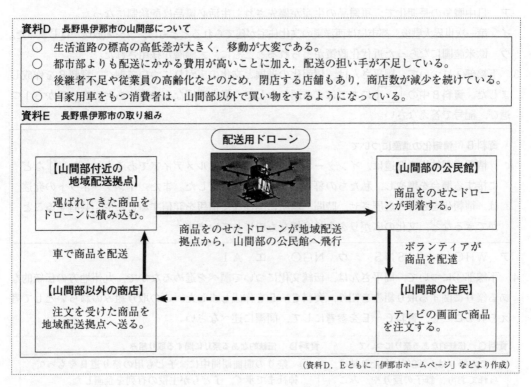

1　下線部①について，次の(1)，(2)の問いに答えなさい。

(1)　平安時代，唐風の文化を基礎としながら，貴族を中心に日本の風土や文化に合わせた独自の文化が生まれました。この文化を何というか，書きなさい。

(2)　室町時代に生まれた文化には，現代まで引き継がれている文化があります。猿楽などの要素を取り入れながら室町時代に生まれた文化として，最も適切なものを，次のア～エから１つ選び，記号で答えなさい。

ア　能　　イ　歌舞伎　　ウ　川柳　　エ　浮世絵

2　下線部②について，この期間の日本と外国とのかかわりについて述べた次のア～ウの文を，起こった年代の古い順に並べかえ，記号で答えなさい。

ア　日中戦争の長期化で，軍需品の生産が優先され，生活必需品は配給制になった。

イ　第一次世界大戦後，都市には西洋風の文化住宅が建てられるとともに，ラジオ放送がはじまった。

ウ　欧米諸国にならった近代化政策がとられるとともに，太陽暦が採用された。

3　下線部③について，周平さんは，情報化の進展と文化の広がりについて調べ，資料Ｂを作成しました。資料Ｂ中の □ にあてはまる語句として，最も適切なものを，あとのア～エから１つ選び，記号で答えなさい。

資料Ｂ　情報化の進展について

情報通信技術の発達は，インターネットや，ソーシャルメディアである □ などに接する機会を増やし，私たちの暮らしを大きく変えました。また，インターネットの発達は，情報化をさらに進展させ，時間や場所に関係なく情報を発信することや，共有することができるなど，文化の広がりをより多様なものにしています。

ア　WHO　　イ　SNS　　ウ　NGO　　エ　AI

4　下線部④について，周平さんは，伝統文化について調べを進めるなかで，九州地方の伝統的なある祭りに関する取り組みを知り，資料Ｃ～Ｅを作成しました。この取り組みのねらいとして考えられることを，資料Ｃ～Ｅを参考にして，簡潔に述べなさい。

資料Ｃ　伝統的なある祭りについて

この祭りは，380年にわたり続けられており，獅子《しし》の踊りや，みこしなど，約1,700人が神社まで歩く行列が見所となっている。

資料Ｄ　伝統的なある祭りに関する取り組み

○　祭りの開催期間中に，子ども用の祭り道具をもって，神社まで歩く，子どもが主役の行列を企画した。

○　地元の親子を対象に，実際に祭りで使用される道具に触れることができる体験教室を実施した。

資料Ｅ　取り組みに参加した子どもの感想

○　（子どもが主役の行列に参加して）「緊張したけれど，最後まで頑張ることができた。これからもうまくできるように練習したい。」

○　（子どもが主役の行列に参加して）「正式な行列でも生き生きとした動きを披露したい。」

○　（体験教室に参加して）「今日の体験教室で祭りに興味が湧いた。祭りに参加したい。」

（資料Ｃ～Ｅいずれも「八代市ホームページ」より作成）

その言葉がふさわしいと考えた理由も含めて、百六十字～二百字で書きなさい。

【キャッチコピー】

読書はあなたを［　　］に連れて行く

第四問　次の【漢詩】と、その【書き下し文】を読んで、あとの問いに答えなさい。

【漢詩】

農謡五首其五

方《ほう》岳《がく》

漠《ばく》漠《ばく》タル*余*香着キ草花二
森《しん》森《しん》タル*柔*緑長ズ二桑《さう》麻《ま》一
池《ち》*塘《たう》水満チテ蛙《かはづ》ハ成シレ市《いち》ヲ
門《もん》巷《かう》春深クシテ燕《つばめ》ハ作ルレ家ヲ

【書き下し文】

農謡五首其五

方岳

漠漠《ばくばく》たる余香草花に着き
（草花が一面に咲き）
森森《しんしん》たる柔緑桑麻《さうま》長ず
（桑の木も麻も丈が伸びた）
池塘《ちたう》水満ちて蛙《かはづ》は市《いち》を成し
（かえるたちは市場のようなにぎやかさだ）
門巷《もんかう》春深くして燕《つばめ》は家を作る
（村里の春は深まって）

（「秋崖集《しゅうがいしゅう》」による）

*をつけた語句の〈注〉
漠漠――たちこめるさま。
余香――あり余るほど豊かな香り。
森森――さかんに茂るさま。
柔緑――柔らかい緑の葉。
池塘――ため池。

問一　この【漢詩】の形式を何というか、最も適切なものを、次のア～エから**一つ**選び、記号で答えなさい。

ア　五言絶句　**イ**　五言律詩　**ウ**　七言絶句　**エ**　七言律詩

問二　【書き下し文】を参考にして、【漢詩】中の「着キ草花二」に返り点を付けなさい。

問三　次の対話は、【漢詩】について話し合ったものです。あとの(一)、(二)の問いに答えなさい。

〈Xさん〉　この【漢詩】は、全体を通して、晩春の［A］が、さまざまな感覚に訴えるように表現されているよ。
〈Yさん〉　そうだね。第三句の「蛙成市」は、［B］様子が、にぎわう市場にたとえられているね。
〈Xさん〉　そのときの情景を思い浮かべると、耳にも聞こえてくるように感じられて、おもしろいと思ったよ。

(一)　［A］にあてはまる表現として、最も適切なものを、次のア～エから**一つ**選び、記号で答えなさい。
ア　農民の豊かな暮らしぶり
イ　生命感あふれる村里の風景
ウ　動物たちの荒々しい息遣い
エ　大自然に調和する村人の姿

(二)　［B］にあてはまる適切な表現を考えて、**十五字以内**で答えなさい。

第五問
ある中学校の図書委員会では、読書週間に合わせて、読書の魅力を伝えるキャッチコピーを全校生徒から募集し、校内に掲示することにしました。次のページの【キャッチコピー】の［　］に入れる言葉として、あなたはどのような言葉がふさわしいと考えますか。

者になるはずだが、不思議なことに、□という事実が見つかったこと。

問三　【文章Ⅰ】の本文中に「③先入観」とありますが、次の対話は、このことについて【文章Ⅱ】と比べて話し合ったものです。□にあてはまる言葉を、【文章Ⅱ】の本文中から**八字**で**そのまま**抜き出して答えなさい。

〈Xさん〉【文章Ⅰ】でいう「先入観」は、人間があらかじめ持ってしまっている、働きアリに対する一方的な見方のことだよね。
〈Yさん〉そうだね。そして【文章Ⅱ】の本文中にも、この「先入観」と類似する、人間のものの見方が例示されているよ。
〈Xさん〉確かにそうだね。【文章Ⅱ】の、草原に生える草の種類をコントロールする実験の例では、「単純に考えると」という表現が用いられ、一番生産性の高い土地の利用法は、最も成長速度の速い草を□ことだと思われやすいと書かれているよ。
〈Yさん〉二つの文章中に現れた、人間のものの見方には、似通ったところがあるんだね。

問四　【文章Ⅱ】の本文中に「④生物多様性が高いメリット」とありますが、次の文は、このことについて、筆者が述べていることを説明したものです。あとの㈠、㈡の問いに答えなさい。

生物多様性が高いことで、草原内の A に適合した草が生えてくるため、草原全体としての生産性は高くなる。また、生物多様性が高いと、 B ことにもなる。

㈠　A にあてはまる言葉を、【文章Ⅱ】の本文中から**六字**で**そのまま**抜き出して答えなさい。

㈡　B にあてはまる表現として、最も適切なものを、次の**ア～エ**から**一つ**選び、記号で答えなさい。

ア　病気の流行は起こりやすくなるが、一方で気象の変化には強い草が生き残る
イ　草原は不安定になるが、極端な環境の変化や病気の流行が起きたときには逆に安定する
ウ　極端な環境の変化が起きたあとには、より病気に強い種類の草が生まれる
エ　極端な環境の変化や病気の流行が起きたときに、草原全体が被る影響を最小限に抑える

問五　【文章Ⅱ】の本文中に「③一見無駄なように思えてもいざというときに役立つという性質を冗長性という。」とありますが、【文章Ⅰ】の本文中にも、この「冗長性」が現れている事例があります。その事例の内容を、**五十字以内**で説明しなさい。

が高まり、少々の環境変化があっても安定していることが分かったのである。単純に考えると、草原にもっとも成長スピードの速い草を一種類だけ植えることが、いちばん生産性の高い土地の利用法であると思ってしまうかもしれない。しかし現実はそうじゃなくて、種類がたくさんあったほうが、草原全体の生産性が高くなったのである。

草原の草は一見どれもおなじように見えるが、それぞれの性質は微妙に異なっている。そして、草原はどこもおなじように見えても、実は環境が微妙に異なっている。平坦《へいたん》な草原に見えても、きちんと調べれば土地にちょっとした起伏があることが分かるだろう。草原に雨が降って、その水が流れていく。長年のこのような過程が土を少しずつ削り、起伏が生まれるのである。すると、草原のなかに、少しだけ湿った場所や、少しだけ乾いた場所が生じるだろう。草は種類によって、湿った場所が得意なもの、逆に乾いていて日当たりの良い場所を好むものがある。草の多様性が高いと、草原内のいろんな環境にぴったりマッチした草が生えてくるので全体として生産性が高くなるのである。

④生物多様性が高いメリットはほかにもある。生態系にはいろんな突発的な出来事が起こる。たとえば、雨が少なくて干ばつが生じる年があるかもしれない。逆に、雨が多すぎて草原が水びたしになる年もあるかもしれない。そんなとき、干ばつに弱い草や、水びたしに弱い草は枯れてしまうかもしれない。生物多様性が高ければ、その場所に干ばつに強い草、水びたしに強い草が生えることが可能だから、突発的な出来事が生じても、草原全体は安定するのだ。さらに、ある種の病気が流行したときに、草の種類が一種類だけなら草原の全体が枯れてしまう。草の種類が複数あることで、草原全体に及ぶ病気の影響が最小限にとどめられるのだ。ここで学んだように、⑤一見無駄なように思えてもいざというときに役立つという性質を冗長性という。冗長性を高めるため、僕らは生物多様性を守らなければならないのである。

（伊勢《いせ》　武史《たけし》「2050年の地球を予測する」による）

＊をつけた語句の＜注＞

自然選択説――生存に有利な形質を持つものが生き残り、適応しないものは滅びるという、ダーウィン提唱の進化論。

淘汰――ここでは、外界に適応しないものとして滅びること。

補填――不足分を補って埋めること。

レッテル――ここでは、ある人物や物事に対する一方的な評価のこと。

問一 **【文章Ⅰ】**の本文中に「①そうした生き方」とありますが、このことを説明したものとして、最も適切なものを、次の**ア～エ**から一つ選び、記号で答えなさい。

ア 生涯をかけて、自分たちの巣を守るためだけに行動し続ける生き方。

イ 生涯をかけて自分の使命を理解し、徐々に任務を果たしていく生き方。

ウ 生涯にわたり、女王が生む子どもに、エサの採集方法を教える生き方。

エ 生涯にわたり、巣を守るよりも自分の遺伝子を残そうとする生き方。

問二 **【文章Ⅰ】**の本文中に「②事実は理論より奇なり。」とありますが、あとの文は、このことを説明したものです。□にあてはまる適切な表現を考えて、**十五字以内**で答えなさい。

ダーウィンの「自然選択説」の理論に基づけば、真社会性昆虫の巣では、エサや住処をめぐる競争に勝つために全員が働き

エ　「おれ」に対する感謝の言葉を、勇気を出して熱く伝える人物として描かれている。

問五　本文中に「④人間はきっと、誰でも詩を読むことができる。」とありますが、このときの「おれ」の気持ちを五十五字以内で説明しなさい。

第三問　次の【文章Ⅰ】、【文章Ⅱ】を読んで、あとの問いに答えなさい。

【文章Ⅰ】

働きアリは自分たちの巣を守るためだけに、エサの採集、女王が生む子どもたちの育児、そして敵の襲来に対する防御などを行います。自分に与えられた使命を、生涯をかけて果たすように遺伝子によってプログラミングされているのです。

働きアリにとっては①そうした生き方こそが自分の遺伝子を共有する姉妹たちの生存率を上げることになり、ひいては働きアリの持つ遺伝子が次の世代に残る確率を最大化することにつながるようにできているのです。こうしたアリの徹底した社会システムを「真社会性」といいます。

ダーウィンの「*自然選択説」に基づけば、真社会性昆虫の巣では、全員が否《いや》が応でも働き者になるはずです。もし、少しでも「怠け者」が出てくれば、ほかの巣とエサや住処《すみか》をめぐる競争で負けてしまいます。だから「怠け者」の存在する余地なんて「理論上は」寸分もないことになります。

しかし、②事実は理論より奇なり。実際にアリの巣を観察していると、ほかの働きアリがせっせと働いているのを尻目に、1日中、なにもしないで巣穴でゴロゴロして過ごす「怠け者」が存在することがわかったのです。怠け者といえどエサは必要ですから、彼らもちゃんとエサだけは食べます。まさに無駄飯食いです。こんな働きアリが巣に居候《いそうろう》されたのでは、全個体が働き者という巣が別に存在したら、その巣に競争で負けてしまい、子孫を残すことが難しくなります。なので「怠け者」を作り出す遺伝子は自然界からは*淘汰《とうた》されて消滅してしまうはずです。

ところが怠け者にもちゃんと存在意義があったのです。この怠け者がいる巣から、働き者のアリを除去してみると、今まで怠けていたアリたちが働き者に変化して、せっせと働き出すことがわかったのです。どうやらこの「怠け者」たちは、労働量が不足する事態が発生したときに巣全体の労働量を*補填するための予備軍らしいということがわかりました。もし、予備軍がなく、巣全体で１００％の労働パフォーマンスを発揮し続けていたら、不測の事態が生じたときにパンクしてしまうことになるでしょう。アリの巣は最初からこの不測の事態を織り込み済みで、常に怠け者が生じるように遺伝的にプログラミングされているのです。

怠け者を「予備軍」と読み替えるだけで、みなさんの中でも、その存在に対する印象がガラリと変わると思います。結局「怠け者」という*レッテルは人間の③先入観がもたらしたものにすぎず、実際には彼らは働かずにじっと力を蓄えて待機する、という「仕事」をしているのです。

（五箇《ごか》公一《こういち》「これからの時代を生き抜くための生物学入門」による）

【文章Ⅱ】

アメリカの生態学者ティルマンは、草原に生える草の種類をコントロールする実験を行った。その結果、生物多様性が高くなると生産性

グループによる詩の朗読会のこと。あとに出てくる「先日のライブ」も同じ。
白井――「おれ」の勤め先である市役所の上司。
パーソナリティ――ここでは、ラジオ番組の司会者のこと。
壮年――三十代から五十代くらいの、働き盛りの年ごろ。
低頭――謝意を表すために頭を低く下げること。

問一　本文中に「①朗読は一度きりだ。」とありますが、詩の朗読について、「おれ」がこのように思ったのはなぜですか。最も適切なものを、次の**ア**～**エ**から**一つ**選び、記号で答えなさい。

ア　朗読の録音会に多くの参加者が集まったため、進行に余裕がないから。
イ　朗読には高い技術が求められるため、常に成功するとは限らないから。
ウ　朗読は、その瞬間に沸き上がる感情が現れるため、再現できないから。
エ　朗読には緊張による疲労が伴うため、休みなく連続して行えないから。

問二　本文中に「②肩の力が抜けていくのを感じる。」とありますが、次の文は、このときの「おれ」の様子を説明したものです。[　]にあてはまる適切な表現を考えて、**十字以内**で答えなさい。

予想以上に人が集まった録音会を、参加者たちの協力を得ながら何とか進めてきたところ、参加者の言葉によって、無事に[　]ことに気づかされ、緊張が緩みほぐれていく様子。

問三　次の対話は、本文中の～～線部の表現について話し合ったものです。[A]にあてはまる言葉を**十二字**で、[B]にあてはまる言葉を**七字**で、それぞれ本文中から**そのまま抜き出して**答えなさい。

〈Xさん〉　どちらも、「おれ」が涙ぐんだ様子についての描写だね。
〈Yさん〉　そうだね。「涙腺がじわりと緩む」という表現からは、録音会が終わるまで[A]ことに感動しながら、うれしさと感謝で胸がいっぱいになって、涙がにじんだことが読み取れるね。
〈Xさん〉　「鼻の奥がつんとした」は、なくなりそうだった〈街角の詩〉を続けたことに対して、参加者から感謝の言葉をもらった場面での描写だよ。自分が[B]ことは正しかったと肯定的に受け止め、涙が流れるのを我慢していることが伝わるね。
〈Yさん〉　人生で初めて、本当の意味で主体的に行動できたこと、その行動を正面から認めてもらえたことに、喜びを感じているんだね。

問四　本文中に「③気弱そうな男」とありますが、この「男」が、どのような役割を果たす人物として描かれているか説明したものとして、最も適切なものを、あとの**ア**～**エ**から**一つ**選び、記号で答えなさい。

ア　「おれ」が詩に抱いている思いを呼び起こし、詩を読むきっかけを作る人物として描かれている。
イ　参加者を代表して、「おれ」の進行の仕方に対して不満を述べる人物として描かれている。
ウ　録音会を終えて安心する「おれ」に、ステージに立つ喜びを説明する人物として描かれている。

「じゃあ、録音会もこれで終わりですね」
誰からともなく、拍手が起こった。フロアには参加者の半数以上が残っている。こんなに多くの人が見届けてくれたことに感極まり、涙腺がじわりと緩む。思えば、本当の意味で主体的に何事かをしたのは、これが人生で初めてだったかもしれない。
「本当にありがとうございました」
拍手がやみ、朗読サークルの人たちが目の前に来て頭を下げた。あまりに＊低頭するので、こちらのほうが申し訳なくなる。
「そんな、そこまで大したことじゃ」
「でも、なくなりそうだった〈街角の詩〉をこうして続けてくれたんだから、やっぱりありがたいことです。私らにとっては、誰かひとりでも聴いてくれる人が増えるなら、こんなに嬉《うれ》しいことはないですから」
半世紀ほど年上の男性が、混じりけのない笑顔を見せた。
鼻の奥がつんとした。上を向いて涙を堪える。やっぱりやってよかった。一歩踏み出したのは間違いじゃなかった。初めて、正面から他人に認めてもらえた気がする。
解散の空気が流れはじめたころ、「ちょっといいか」と太い声が響いた。無精髭《ぶしょうひげ》を生やした三十前後の男には見覚えがある。先日のライブでベースを弾いていた。
「こいつが言いたいことあるらしいけど」
そう言って、隣に立つ③気弱そうな男を親指で示す。彼はライブで朗読を担当していた。皆の注目を浴びるなか、青ざめた顔で唇を震わせている。ついさっきもステージでは堂々とした態度を見せていたが、ずいぶん対照的だ。
「……ステージに、立ってない」
虫の羽音くらいの声でようやく吐き出したのは、そのひと言だった。
「そうですか？　さっき録音したと思いますけど」
彼が朗読していたことは明確に覚えている。困惑するおれに、ベースの男が付け加えた。
「違う。あんたさんのことだよ」
二人の男の視線はおれに注がれていた。
「おれは、演者じゃないから。この会を開いただけだし」
たっぷりと沈黙を置いてから、応答が返ってきた。
「……いいんですか」
誰もが目を見張るようなパフォーマンスをしていたあの男が、緊張で震えながらおれにそう言った。態度だけ見れば人が変わったようだが、その奥底にはステージ上にいた時と同じ、熱さを感じた。
胸の奥でくすぶっていた火が、勢いを増していく。
誰かの詩を聴きながら、本当はずっと思っていた。おれにも詩が作れるかもしれない、と。本当は作りたいんだ、と。街に流れる詩を耳にするたび、身体の内側が言葉で満たされていくようだった。今、体内には行き場のない言葉たちがいっぱいに詰まっている。
おれはプログラムじゃない。人間だ。④人間はきっと、誰でも詩を読むことができる。
気づけばフロアにいる皆がおれを見ていた。詩人たちは、視線でも詩を語る。その場にいる全員の詩情が、塊になっておれの背中を押していた。

（岩井《いわい》　圭也《けいや》「生者のポエトリー」による）

＊をつけた語句の〈注〉
混沌――ものごとが入りまじって、はっきりしない状態。
例のライブ――ここでは、以前「おれ」が録音に訪れた、個人や音楽

い方に気をつけて発言している。

ウ　他の人の意見の長所を生かしながら、よりよい結論となるように自分の考えを提案している。

エ　他の人の意見を深く理解するために、話し合いの展開を踏まえながら具体的に質問している。

(五)　**【話し合いの一部】**の中に「⑤今のCさんの案に対するみんなの意見は、交流会の目的に合っていて、準備も可能だということでいいかな。」とありますが、次の文は、このAさんの発言の意図についてまとめたものです。［　］にあてはまる適切な表現を考えて、**十字以内**で答えなさい。

> Cさんの案に対して、現時点で交流会の係全員の［　　］ことを確かめようとしている。

第二問　次の文章を読んで、あとの問いに答えなさい。

元コンピュータープログラマーの「おれ」は、市職員となってから、市民の詩の朗読音源を集める〈街角の詩〉という企画に携わっていた。路上やライブハウスで朗読される詩の録音活動をしていくなかで、市民の詩に心を動かされた「おれ」は、企画が中止となったあとも個人的に活動を継続し、人々が詩を朗読する場を設けることにした。

結局、プログラムはどこまでいっても人間になれない。

その思いは朗読を聴くたびに強まった。誰かの朗読を聴くたび、機械との違いを見せつけられるような気がした。①朗読は一度きりだ。同じ人が同じように読んでも、まったく同じ朗読は二つとない。おれたち人間は自分でも制御できない＊混沌《こんとん》をかかえていて、詩を読むたびに混沌のかけらが飛び散る。そしてそれを再現することは絶対にできない。だからこそ、ひどく美しく見える瞬間がある。

今、ひとりの女性が朗読を終えた。おれはレコーダーのスイッチを切り、拍手を送る。朗読が終わるたび、拍手をすることにしていた。女性は照れ笑いを浮かべながらステージを降り、入れ替わりに次の演者が上がる。

ここは、路地を抜けた先にある地下ライブハウス。＊例のライブに参加した時と同じ会場だった。

録音会がはじまって二時間半。十人来ればいいほうだろ、と＊白井は言ったが、蓋を開けてみればその三倍の人数が集まった。朗読サークルの会員、学習支援教室の子どもたち、駅前の路上アーティスト。コミュニティFMの番組で、ポリーという＊パーソナリティが繰り返し紹介してくれたのも大きかった。

三十数名の参加者に対して、事務局はひとり。何とか無事に進んでいるのは、てんてこ舞いになっているおれを見かねて、手伝いを申し出てくれた参加者たちがいるからだ。おかげで、おれはステージの進行と録音に集中できている。

＊壮年の男性が熱演を終え、笑顔でステージを降りた。しかし次に登壇する演者がいない。拍手を送りながらフロアを見渡す。

「次の人は？」

誰からも返事がない。居残って見物している人たちは、互いに顔を見合わせている。

「今の方で最後みたいです」

受付を担当していた参加者からそう告げられた。「そうですか」と答えると同時に、②肩の力が抜けていくのを感じる。長時間にわたる録音は、自分が思う以上に神経をすり減らしていたらしい。

(一)　【話し合いの一部】の中の「①確かに、」で始まるDさんの発言について説明したものとして、最も適切なものを、次のア～エから一つ選び、記号で答えなさい。

ア　他の人の意見を受け止めたうえで、気がかりな点を指摘している。
イ　他の人の意見のよいところを見つけて、全面的に同意している。
ウ　他の人の意見に対して、わかりにくかったところを質問している。
エ　他の人と自分の意見を比較して、よりよい結論にまとめている。

(二)　【話し合いの一部】の中の「②三つの案のうち、」で始まるAさんの発言について、ここでの司会の進め方を説明したものとして、最も適切なものを、次のア～エから一つ選び、記号で答えなさい。

ア　自分の意見にこだわらず、相手の意見を柔軟に受け入れている。
イ　話し合いの方向を修正するために、一時的に話題を整理している。
ウ　自分とは異なる考えの根拠を確かめ、自分の考えを主張している。
エ　ここまでの話し合いをまとめ、次に話し合うべき観点を提示している。

(三)　【話し合いの一部】の中に「③表を使って、三つの案を整理してみるね。」とありますが、案Ⅰ～案Ⅲについて、Aさんが整理した表として、最も適切なものを、次のア～エから一つ選び、記号で答えなさい。

ア

	目的に合う	準備可能
案Ⅰ	○	×
案Ⅱ	保留	×
案Ⅲ	○	○

イ

	目的に合う	準備可能
案Ⅰ	○	保留
案Ⅱ	保留	○
案Ⅲ	○	×

ウ

	目的に合う	準備可能
案Ⅰ	保留	保留
案Ⅱ	○	○
案Ⅲ	保留	×

エ

	目的に合う	準備可能
案Ⅰ	○	保留
案Ⅱ	×	○
案Ⅲ	○	○

※　ア～エの記号について
「○」は、目的に合っていること、または、準備可能なことを表す。
「×」は、目的に合っていないこと、または、準備不可能なことを表す。

(四)　【話し合いの一部】の中の「④先ほどのBさんの、」で始まるCさんの発言について説明したものとして、最も適切なものを、あとのア～エから一つ選び、記号で答えなさい。

ア　他の人の意見を複数提示し、それぞれの案のメリットとデメリットを吟味して説明している。
イ　他の人の意見に対する疑問を、強い調子にならないように言

〈Cさん〉そうだね。ドミノを倒すときは盛り上がりそうだね。でも案Ⅱのドッヂビーもよい案だと思うよ。ボールのルールはドッジボールとほぼ同じだけれど、ボールの代わりに柔らかい円盤を使うから、当てられても痛くないし、全員で楽しく活動できるね。

〈Dさん〉①確かに、ドッヂビーは楽しく活動できる案だね。でも、少し心配なこともあるよ。ドッヂビーは、小学校低学年くらいになればルールを理解できそうだけれど、園児全員がルールを理解して楽しめるか、保育園への確認が必要になってくるね。

〈Aさん〉なるほど。案Ⅲの手作り人形で劇をする案はどうかな。

〈Bさん〉人形劇は、見ている園児も、演じる私たちも一緒に楽しめるよい案だと思うよ。手作りした人形を保育園にプレゼントすれば、交流会後も遊べるし、私たちとのつながりもできるね。

〈Aさん〉②三つの案のうち、案Ⅰと案Ⅲは目的に合っているけれど、案Ⅱについては、保育園への確認が必要だから保留とするよ。次は、準備が可能かどうかという観点から考えてみよう。

〈Cさん〉案Ⅰについては、保育園にある積み木の数で、長いドミノの列が作れるかどうかわからないから、今は保留だね。あとで保育園に確認しよう。案Ⅱのドッヂビーで使う円盤は、近くの公民館が無料で貸し出しているから準備できるよ。

〈Dさん〉案Ⅲの人形劇は、人形を手作りし、練習もするとなると、三週間の準備期間では間に合わないよ。

〈Aさん〉確かにそうだね。では、これまでの話し合いについて、③表を使って、三つの案を整理してみるね。

〈Bさん〉表にすると、考えがすっきりして検討がしやすくなるね。

〈Aさん〉保留にしている点を保育園に確認するとして、結果によっては、別の案も必要になってくると思うよ。考えておこうか。

〈Dさん〉これまでの意見の長所を生かせるような案にしたいよね。

〈Cさん〉④先ほどのBさんの、手作りした人形をプレゼントすれば、交流会後も私たちとのつながりができるという意見は、とてもよいと思ったよ。Bさんの意見を生かして、学校や家にある物で簡単に準備できる手作りおもちゃを幾つか持参して、一緒に遊ぶという案はどうかな。例えば、ペットボトルボウリングなどは、遊んだあとに保育園にプレゼントできるよ。

〈Bさん〉いいね。その案なら準備可能だし、全員で楽しめそうだよ。

〈Dさん〉そうだね。Cさんの案は、よい案になっていると思うよ。

〈Aさん〉私も賛成だよ。⑤今のCさんの案に対するみんなの意見は、交流会の目的に合っていて、準備も可能だということでいいかな。この案が、よりよい案になるよう、さらに検討を続けよう。

＜国語＞

時間　五〇分　満点　一〇〇点

第一問　次の問いに答えなさい。

問一　次の文の——線部①～⑥のうち、漢字の部分はその読み方をひらがなで書き、カタカナの部分は漢字に改めなさい。

・窓から外を①眺める。
・新たに社員を②雇う。
・観光客を③誘致する。
・草木で布を④ソめる。
・未知の⑤リョウイキを探求する。
・白熱した試合に⑥コウフンする。

問二　次の文の——線部①、②のカタカナを漢字に改めたものとして、正しいものを、それぞれあとのア～エから一つ選び、記号で答えなさい。

・説明に対してタン①トウ直入に質問をする。

ア　統　イ　刀　ウ　党　エ　投

・発表会の会場探しに東奔セイ②ソウする。

ア　走　イ　早　ウ　操　エ　創

問三　次の行書で書かれた漢字を楷書で書いたとき、総画数が最も多いものを、次のア～エから一つ選び、記号で答えなさい。

ア　雲　イ　移　ウ　絹　エ　閣

問四　ある中学校の生徒会役員は、近隣の保育園と毎年交流会を行っています。今年は、生徒会役員のAさんたち四人が係となり、三週間後に行う交流会の活動内容について話し合いました。次は、Aさんが司会となって話し合ったときの【黒板の一部】と【話し合いの一部】です。あとの、㈠～㈤の問いに答えなさい。

【黒板の一部】

保育園との交流会について

目的
ふれあいを通じて、楽しい時間を過ごしてもらう。

参加者
・園児（4～5歳児）20人
・生徒会役員10人

活動内容
案Ⅰ　積み木ドミノ倒し
案Ⅱ　ドッヂビー
案Ⅲ　手作り人形劇

【話し合いの一部】

〈Aさん〉　これまで出された案をもとに、交流会の目的に合っているか、準備が可能かどうかという観点から、交流会の活動内容を決めよう。案Ⅰから案Ⅲは、全員が参加できるものばかりだね。まず、目的に合っているかを考えるよ。

〈Bさん〉　案Ⅰの積み木ドミノ倒しは、全員で一本の長いドミノの列を作り、倒して遊ぶというものだから、難しい作業もなく、園児と一緒に楽しく活動できそうだね。

MEMO

大切なことはメモしておこうネ！

2023年度

解答と解説

《2023年度の配点は解答用紙集に掲載してあります。》

＜数学解答＞

第一問　1　-7　　2　9　　3　$2\times5\times11$　　4　$a=\frac{9}{4}b-\frac{3}{4}$　　5　$x=3$，$y=-8$

6　$5\sqrt{6}$　　7　24　　8　ウ

第二問　1　(1)　$\frac{8}{3}\pi$ cm　　(2)　$16\sqrt{3}-\frac{16}{3}\pi\ (\mathrm{cm}^2)$　　2　(1)　$\frac{3}{2}$　　(2)　12秒後

3　およそ1200個　　4　(1)　15行目の3列目　　(2)　(ア)　$3n-2$　　(イ)　177

第三問　1　(1)　16　　(2)　$\frac{3}{8}$　　2　(1)　エ　　(2)　$y=-\frac{1}{3}x+\frac{4}{3}$

(3)　$\left(\frac{13}{4},\ \frac{1}{4}\right)$

第四問　1　解説参照　　2　$\frac{7}{2}$cm　　3　(1)　$3\sqrt{5}$ cm　　(2)　$\frac{63\sqrt{5}}{4}$cm²

＜数学解説＞

第一問　(数の計算，素因数分解，等式の変形，連立方程式，平方根，比例関数，箱ひげ図)

1　$-9+2=-(9-2)=-7$

2　$-15\div\left(-\frac{5}{3}\right)=15\times\frac{3}{5}=9$

3　素因数分解すると，$110=2\times5\times11$

4　$4a-9b+3=0$　$4a=9b-3$　両辺を4で割って，$a=\frac{9}{4}b-\frac{3}{4}$

5　$3x-y=17$…①，$2x-3y=30$…②とする。①×3−②より，$7x=21$　$x=3$　これを①に代入して，$3\times3-y=17$　$-y=8$　$y=-8$

6　$\sqrt{54}+\frac{12}{\sqrt{6}}=\sqrt{3^2\times6}+\frac{12\times\sqrt{6}}{\sqrt{6}\times\sqrt{6}}=3\sqrt{6}+\frac{12\sqrt{6}}{6}=3\sqrt{6}+2\sqrt{6}=5\sqrt{6}$

7　点Aのy座標は$y=\frac{2}{3}x$に$x=6$を代入して，$y=\frac{2}{3}\times6=4$　よって，A(6，4)　点Aは反比例$y=\frac{a}{x}$のグラフ上の点でもあるので，$y=\frac{a}{x}$に$x=6$，$y=4$を代入して，$4=\frac{a}{6}$　$a=24$

8　ア　第1四分位数は，A組は3冊，B組は4冊だから，同じではない。　イ　四分位範囲は，A組は，7−3=4(冊)，B組は，7−4=3(冊)，C組は，8−2=6(冊)より，B組がもっとも小さい。

ウ　第2四分位数(少ない方から18番目の値)に着目すると，A組は4点，B組は6点，C組は5点より，B組で6冊以上借りた生徒は18人以上いるから，もっとも多いといえる。　エ　A組は，最小値が2冊，最大値が8冊より，借りた本の冊数が2冊以上8冊以下である生徒は35人である。よって，A組がもっとも多いといえる。以上より，必ずいえるのは，ウ。

第二問　(おうぎ形，弧の長さ，面積，関数のグラフの利用，変化の割合，標本調査，規則性)

1　(1)　半径4cm，中心角120°のおうぎ形の弧の長さだから，$2\pi\times4\times\frac{120}{360}=\frac{8}{3}\pi\ (\mathrm{cm})$

(2)　求める部分の面積は，△OAC，△OBCの面積から，おうぎ形OABの面積をひいて求められる。対称性より，△OAC，△OBCは内角の大きさが30°，60°，90°の合同な直角三角形だから，$AC=BC=\sqrt{3}\,OA=\sqrt{3}\times4=4\sqrt{3}\,(cm)$ よって，求める面積は，$\frac{1}{2}\times4\times4\sqrt{3}\times2-\pi\times4^2\times\frac{120}{360}=16\sqrt{3}-\frac{16}{3}\pi\,(cm^2)$

2 (1) xの増加量は，$6-0=6$ yの増加量は，$\frac{1}{4}\times6^2-\frac{1}{4}\times0^2=9$ よって，**(変化の割合)＝$\frac{y\text{の増加量}}{x\text{の増加量}}$**$=\frac{9}{6}=\frac{3}{2}$

(2) ボールが転がり始めてから6秒間に転がる距離は，$y=\frac{1}{4}\times6^2=9\,(m)$ 舞さんの坂を下る速さは，$\frac{9}{6}=\frac{3}{2}$より，秒速$\frac{3}{2}$m よって，舞さんのxとyの関係を表す式は$y=\frac{3}{2}x$ 舞さんとボールの間の距離が18mになるとき，$\frac{1}{4}x^2-\frac{3}{2}x=18$ 整理して，$x^2-6x-72=0$ $(x+6)(x-12)=0$ $x=-6,\ 12$ $x>0$より，$x=12$ よって，12秒後。

3 最初に箱の中にあった赤球の個数をx個とすると，白球の個数は$\frac{1}{4}x$個と表される。取り出した赤球と白球の比率は，取り出す前の箱の中の赤球と白球の比率に等しいと考えられるから，$80:(120-80)=x:\left(\frac{1}{4}x+300\right)$ $40x=80\times\left(\frac{1}{4}x+300\right)$ $40x=20x+24000$ $20x=24000$ $x=1200$ よって，およそ1200個。

4 (1) $45\div3=15$より，45は15行目(奇数行目)にあり，その行にある3つの自然数の中でもっとも大きい数だから，3列目にある。

(2) (ア) n行目のマスに入っている3つの自然数のうち，もっとも大きい数は$3n$と表される。よって，n行目にある3つの自然数は，$3n$，$3n-1$，$3n-2$と表されるから，$P=3n-2$

(イ) $(n-1)$行目のマスに入っている3つの自然数のうち，もっとも大きい数は$3(n-1)$と表されるから，$Q=3(n-1)=3n-3$ $P+Q=349$のとき，$(3n-2)+(3n-3)=349$ $6n-5=349$ $6n=354$ $n=59$ 59は奇数より，3列目のマスにはもっとも大きい数が入る。よって，$3n=3\times59=177$

第三問 (関数・グラフと確率，場合の数，確率，図形と関数・グラフ，直線の式，面積を2等分する直線)

1 (1) $4\times4=16$(通り)

(2) $\angle OPQ=90^\circ$となるのは，$(a,\ b)=(1,\ 2)$，$(2,\ 4)$の2通り。$\angle OQP=90^\circ$となるのは，$(a,\ b)=(1,\ 1)$，$(2,\ 2)$，$(3,\ 3)$，$(4,\ 4)$の4通り。よって，全部で，$2+4=6$(通り)あるから，求める確率は，$\frac{6}{16}=\frac{3}{8}$

2 (1) 辺BC上に，$\triangle ABM=\triangle ACM$となる点Mをとる。線分BM，CMを底辺とみると，高さが等しいから，面積が等しいとき，$BM=CM$となる。よって，点Mは辺BCの中点だから，頂点Aと辺BCの中点を通る直線をひけばよい。

(2) 傾きは，$\frac{0-1}{4-1}=-\frac{1}{3}$なので，直線BCの式は，$y=-\frac{1}{3}x+b$とおいて，$C(4,\ 0)$より，$x=4$，$y=0$を代入すると，$0=-\frac{1}{3}\times4+b$ $b=\frac{4}{3}$ よって，$y=-\frac{1}{3}x+\frac{4}{3}$

(3) $\triangle ABC$の面積は，$\frac{1}{2}\times4\times(4-1)=6$より，$\triangle BED=3$となればよい。点Eの$x$座標を$t$とし，点Dを通り$y$軸に平行な直線と辺BCとの交点をFとすると，点Fの座標は，x座標が3より，y座標は$y=-\frac{1}{3}x+\frac{4}{3}$に$x=3$を代入して，$y=-\frac{1}{3}\times3+\frac{4}{3}=\frac{1}{3}$ よって，$F\left(3,\ \frac{1}{3}\right)$ $DF=3-\frac{1}{3}=\frac{8}{3}$より，$\triangle BED=\triangle BFD+\triangle EFD=\frac{1}{2}\times\frac{8}{3}\times(3-1)+\frac{1}{2}\times\frac{8}{3}\times(t-3)=\frac{1}{2}\times\frac{8}{3}\times(t-1)=$

$\frac{4}{3}t-\frac{4}{3}$　△BED＝3のとき，$\frac{4}{3}t-\frac{4}{3}=3$　$\frac{4}{3}t=\frac{13}{3}$　$t=\frac{13}{4}$　$-\frac{1}{3}t+\frac{4}{3}=-\frac{1}{3}\times\frac{13}{4}+\frac{4}{3}=\frac{1}{4}$より，点Eの座標は$\left(\frac{13}{4},\ \frac{1}{4}\right)$

第四問　(平面図形，相似の証明，線分の長さ，面積)

1　(例)△CDEと△BFEにおいて，仮定から，DE：FE＝2：1…①　BC＝9cm，BE＝3cmより，CE＝6cmであるから，CE：BE＝2：1…②　①，②より，DE：FE＝CE：BE…③　対頂角は等しいから，∠CED＝∠BEF…④　③，④より，2組の辺の比とその間の角がそれぞれ等しいから，△CDE∽△BFE

2　△CDE∽△BFEより，CD：BF＝CE：BE　7：BF＝6：3　6BF＝21　BF＝$\frac{7}{2}$(cm)

3　(1)　点Aから辺BCに垂線AIをひくと，AD//BCより，四角形AIGDは長方形だから，△ABIと△DCGは合同な直角三角形である。よって，CG＝(9−5)÷2＝2(cm)　△DCGで，**三平方の定理**により，$DG^2=DC^2-CG^2=7^2-2^2=45$　DG＞0より，$DG=\sqrt{45}=3\sqrt{5}$(cm)

(2)　AD//BCより，**三角形と比の定理**により，HC：HD＝CG：AD　HC：(HC＋7)＝2：5　5HC＝2(HC＋7)　5HC＝2HC＋14　3HC＝14　HC＝$\frac{14}{3}$(cm)　点Bから辺CDに垂線BJをひくと，∠BJC＝∠DGC＝90°，∠BCJ＝∠DCG(共通)より，**2組の角がそれぞれ等しいから**，△BCJ∽△DCG　BJ：DG＝BC：DC　BJ：$3\sqrt{5}$＝9：7　7BJ＝$27\sqrt{5}$　BJ＝$\frac{27\sqrt{5}}{7}$(cm)　△CDE∽△BFEより，∠CDE＝∠BFEなので，錯角が等しいから，BF//DH　よって，四角形BFHCは台形だから，面積は，$\frac{1}{2}\times(BF+HC)\times BJ=\frac{1}{2}\times\left(\frac{7}{2}+\frac{14}{3}\right)\times\frac{27\sqrt{5}}{7}=\frac{1}{2}\times\frac{49}{6}\times\frac{27\sqrt{5}}{7}$
$=\frac{63\sqrt{5}}{4}$(cm²)

＜英語解答＞

第一問　問題1　1番　イ　2番　エ　問題2　1番　ア　2番　ウ　問題3　1番　イ　2番　エ　3番　ウ　問題4　(例)Because there is a nice park.

第二問　1　(1)　イ　(2)　ウ　(3)　ア　2　(1)　(例)meet　(2)　(例)favorite　3　(1)　イ→エ→ア→ウ　(2)　エ→ア→オ→ウ→イ

第三問　1　(例)There were four members.　2　イ　3　(例)演奏を始めたときには，観客は歌わなかったが，演奏の終わりには，体育館が歌声でいっぱいになっていたから。　4　ウ→オ→ア→イ→エ　5　keep doing our best

第四問　1　エ　2　(例)様々な種類の衣服を購入せずに着ることができること。　3　(1)　(例)She took some clothes that were too small for her.　(2)　(例)Because she wants to make her mother happy by using her old clothes again.　4　(1)　ア　(2)　イ　(3)　エ　(4)　ウ

第五問　1　(例)How old is he?　2　(例)I think a picture book is good for him. He can use it to study Japanese because it is written in easy Japanese. Also, he can enjoy the beautiful pictures in the book.

＜英語解説＞

第一問　(リスニング)

放送台本の和訳は，51ページに掲載。

第二問　(語句補充，語句の並べ換え)

1　(1)　カイト　：ジェーン，昨日公園であなたを見かけました。あそこで何をしていたの？
ジェーン：妹を待っていたのよ。
過去進行形の文。**wait for ～**「～を待つ」

(2)　母：今私と一緒にスーパーマーケットに行ってくれる？
子：ごめんなさい。宿題をしなければならないの。
＜Can you ～？＞「～してくれませんか」／**sorry**「ごめんなさい」

(3)　ユキ　：アレックスがいつ帰国するか知っている？
テッド：うん。来月に帰る予定だよ。
「いつ」と尋ねる疑問詞は**when**／**go back ＝ return**「帰る，戻る」

2　(1)　マリ　：リリー，私たちは明日10時40分の電車に乗るべきよ。
リリー：いいわ。10時20分に駅で会いましょう。
助動詞**should**は「～するべき」の意味。meet「(約束して)会う」

(2)　エリー：あなたが大好きな食べ物は何ですか，トオル？
トオル：僕はカレーライスが一番好きです。毎週食べます。
毎週食べるほど好きなので，**favorite**「大好きな」が適する。

3　(1)　ヘンリー：ドアのそばにいるあの少女はだれですか？
チカ　　：あっ，私の友達のカオリです。
(Who is that girl by) the door？　**＜Who is … ?＞**は「…はだれですか」とたずねる言い方。**by ～**「～のそばに」

(2)　ジェイムズ：見て！　富士山の写真を何枚か撮ったんだ。僕の妹に送るつもりだよ。
ケイタ　　：わあ，すごくきれいだね！　それらを彼女がきっと気に入るだろうと僕は思うよ。
I'm (sure that she will like) them.　**＜I'm sure that …＞**は「きっと…だと私は思う」という意味。**that**は接続詞なので，後ろに「主語＋(助)動詞」がくる。**take pictures**「写真を撮る」，**＜send ～ to …＞**「～を…に送る」

第三問　(長文読解問題・学校新聞コラム：英問英答，指示語，日本語で答える問題，文の並べかえ，語句補充)

(全訳)　みなさんは8月の学園祭でのコンサートを覚えていますか？　僕のバンドがそこで音楽を演奏しました。

僕は4月に軽音楽部に入って，友人たちとバンドを始めました。ハナがボーカル，アミがベース奏者，そしてユージがドラム奏者でした。僕はギターを演奏しました。全員が初心者だったので，学園祭のコンサートで1曲だけやることに決めました。生徒の間で人気のある歌を見つけて，5月にそれを練習し始めました。

7月に，バンドに大問題が起きました。ハナが父親の仕事のために転校しました。ほかのボーカルを見つけることができなかったので，僕たちは歌いながら楽器演奏をしてみました。ですが，それをうまくやることは困難でした。ある日，アミが「歌わずに楽器演奏をするのはどうかしら？」

と言いました。ユージは「①それをするのはいやだな。観客が演奏を楽しまないと思う」と言いました。その時，僕はテレビで見たコンサートを思い出しました。観客がバンドと一緒に歌っていたのです。僕は「観客に一緒に歌うように頼むのはどうだろう」と言いました。「いいねえ。彼らの中でたくさんの人があの歌を知っているから，僕たちと一緒に歌うだろうと思う」とユージが言いました。アミは「それをやってみましょう。もし参加出来たら，観客は私たちの演奏をもっと楽しんでくれるだろうと思うわ」と言いました。その日から，僕たちは精一杯頑張り続けました。

学園祭の日，体育館でコンサートが行われました。演奏の前，僕は観客に言いました。「残念ながら，僕たちにはボーカルがいません。僕たちは上手に歌えませんが，頑張ります。もしみなさんが一緒に歌ってくださったら，うれしいです。一緒に歌いましょう」僕たちは演奏し始めましたが，最初，観客は歌いませんでした。しかし僕たちは演奏をやめませんでした。やがて観客の一部が歌い始め，ほかの人たちが加わりました。そしてついに，体育館は歌声でいっぱいになりました。②僕たちが演奏を始めた時は，悲しいと感じました。しかし，終わった時，僕たちは幸せでした。

コンサートの後，私たちは言いました。「観客と一緒に素晴らしい時間を持てたね！　もっと良い演奏ができるように努力をし続けよう！」問題を解決するためには，できることを何でもやり続けることが重要だと僕たちは学びました。

1　質問：「和輝と友人たちがバンドを始めた時，バンドには何人のメンバーがいましたか？」
（解答例訳）　4人のメンバーがいました。　第2段落2文目と3文目を参照。和輝のほかに3人いたことがわかる。**<How many members were there in ～ ?>**「～には何人のメンバーがいましたか」

2　下線部①の文よりも前にあるアミの言葉を参照。do that ＝ play musical instruments without singingである。**without** ～は「～なしで」という意味。

3　第4段落で和輝が観客に話しかけた直後の文に，…at first, the audience didn't singとある。そしてその後ろの3つ目の文に，Finally, the gym was full of singing voices. とあるので，この2つの文の内容を日本語でまとめる。**finally**「ついに，最後には」＝ **when it ended**／**be full of** ～「～でいっぱいである」

4　ウ　和輝は軽音楽部に入ってバンドを始めた。(第2段落1文目を参照) → オ　和輝とバンドのメンバーたちはコンサートで人気のある曲をやることに決めた。(第2段落5，6文目を参照) → ア　ハナは転校したため，バンドを抜けた。(第3段落2文目を参照) → イ　和輝は問題を解決する方法を見つけて，バンドメンバーたちが彼に同意した。(第3段落後半を参照) → エ　和輝とバンドメンバーたちは観客と一緒に演奏を楽しんだ。(第4段落9～11文目を参照)

5　(感想文全訳)　なぜ観客はバンドと一緒に歌ったのでしょう？　私の意見では，観客は，バンドメンバーたちが良い演奏をしようと一生懸命にやっているんだと思ったから，バンドを応援したのです。もし私たちが問題を解決するために精一杯頑張り続ければ，素晴らしい結果を得られるでしょう。私はそれを和輝の話から学びました。　第3段落最後の文を参照。

第四問　(長文読解問題・話題文と意見文：グラフの読み取り，指示語，英問英答，語句選択補充)

(全訳)　〔先生が提供した話題〕

皆さんは，日本でどのくらいたくさんの衣服が手放されているか想像できますか？　2020年には，約75万1千トンの衣服が家庭から手放されました。グラフは衣服がどのように手放されたかを示しています。それによると，衣服の20％が再使用されて，14％が再生利用されました。60％以上がごみとして手放されました。

衣服のごみの量を減らすために，私たちは何をすることができるでしょうか？　この話題についてあなたたちの意見を述べてください。

【グラフ】「2020年に家庭から手放された衣服」 ①

［3人の発表］

真奈　：とてもたくさんの衣服がごみとして手放されているということを知って，私は驚きました。私はたくさんのいろいろなファッションを楽しみたいので，いつも新しいものが欲しいです。でも，多すぎる衣服を持っていたら，その全部を着ることはできません。持っている衣服を大切にしたいと思います。私は衣服のレンタルサービスを利用することが役に立つということを知りました。いろいろな種類の衣服を買わずに着ることができます。それが②<u>このサービスを利用する良い点</u>だと思います。衣服のごみを減らすために，私たちはどんな衣服を買うかということについて考えるべきです。それはファッションを楽しめないということではありません。

里穂　：もし私たちが他の人が必要としない衣服を再使用するなら，衣服のごみを減らすことができます。例えば，私たちは家族が使わない衣服を着ることができます。でも，本当に欲しい衣服をこのようにして手に入れることは難しいと思います。そこで，私は衣服を再使用するためのユニークな方法を紹介したいと思います。ほかの人たちと衣服を交換するためにいくつものイベントが行われています。私はそのイベントの一つに参加して，私には小さすぎる衣服をいくつか持っていきました。私の衣服を欲しいという人たちを見つけたし，私も欲しいと思った衣服を手に入れられたのでうれしかったです。衣服を交換するイベントをすることは衣服を大切にする良い方法だと思います。

ジョン：もしほかの方法でまた使えるなら，衣服を手放す必要はありません。僕は姉のジュディについて話します。母は着ない衣服を何枚も持っています。それらは若かったときに買ったものです。デザインは古くてもきれいです。ジュディはそれらをもらって，それから自分のシャツを作りました。母は，自分の衣服を大切にしてくれたので喜びました。ジュディは，「古い衣服を利用して，お母さんを喜ばせてあげたいな。だから，彼女の古い衣服を材料として，もっとたくさんの衣服を作るつもりよ」と言います。もし古い衣服を利用して新しい衣服を作るなら，僕たちは衣服のごみを減らすことができます。

1　エ〔先生が提供した話題〕の英文中で，20％が再使用，14％が再生利用，60％以上がごみとある。

2　下線部②の前にあるthat'sのthat「それは」は，直前の文の内容を指すので，これを日本語でまとめる。**different kinds of ～「さまざまな種類の～」，without ～ing「～をしないで」**

3　(1)　質問：「里穂は参加したイベントに何を持っていきましたか？」

（解答例訳）　彼女は，彼女には小さすぎる衣服をいくつか持っていきました。　里穂の発表の中の6文目を参照。質問文はWhat did Riho …?とたずねているので，**答えの文ではRihoをSheに代えて，for meをfor herとする。**

(2)　質問：「なぜジュディはお母さんの古い衣服からもっと多くの衣服を作るつもりなのですか？」

（解答例訳）　彼女はお母さんの古い衣服を再利用することによって，お母さんを喜ばせてあげたいからです。　ジョンの発表の中のジュディの言葉を参照。**<make ＋人＋ happy by ～>「～することによって人をうれしくさせる」**

4　（会話文訳）

メアリー：彼らはみんな，話題についてよく考えていたわ。衣服のごみを減らすことは簡単ではないけれど，そうするための興味深い方法があるのね。

健太　：そうだね。真奈のスピーチを聞いて，新しい衣服をⒶ<u>買う</u>ときは注意するべきだということがわかったよ。

メアリー：里穂によると，だれかがⒷ必要としない衣服は，それらをⒸ必要とするほかの人に再使用してもらえるのね。私たちは自分の衣服を手放す前に，それを思い出すべきだわ。

健太　：本当だね。ジョンは，もしⒹ新しい衣服を作るために古い衣服を使うなら，僕たちは衣服のゴミを減らすことができるということを教えてくれた。

メアリー：これら3つのスピーチは，Ⓔ私たちが衣服を大切にするための行動を起こすことによって，衣服のごみを減らすことができるということを教えてくれているのね。

(1)　真奈の発表文の訳を参照。最後から2つ目の文で **what clothes we buy** とあることにも注意。**get**「(お金を出して)買う」

(2)　里穂の発表文の訳を参照。メアリーの言葉は，里穂の発表の1文目をよりわかりやすく述べている。**another person**「別の人，ほかの人」

(3)　ジョンの発表文の訳を参照。健太の言葉は，ジョンの発表の最後の文を言いかえたもの。

(4)　3つの発表文に共通したメッセージはウ。**take actions**「行動を起こす」

第五問　(条件英作文)

(全訳)　慎司：オーストラリアに住んでいる友達にプレゼントを買いたいんだ。彼のために何を買ったらいいかわからないんだよ。

デイビッド：①　(解答例)彼は何歳なの？

慎司　　：17歳だよ。

デイビッド：おや，高校生なの？

慎司　　：うん。今日本語を習っているんだよ。

デイビッド：なるほど。では，日本語の本はどうだろうか？

慎司　　：良い考えだね。どんな本を選んだらいいだろう？　いくつか例を挙げてもらえるかな。

デイビッド：例えば，絵本や漫画，あるいは日本のガイドブックを選ぶことができるよ。彼にはどれがいいだろう？

慎司　　：②　(解答例)彼には絵本がいいと思う。やさしい日本語で書かれているから，彼が日本語を勉強するのに使える。本の中の美しい絵を楽しむこともできるよ。

2023年度英語　放送によるテスト

〔放送台本〕

これから，第一問の放送によるテストを行います。放送を聞いて問題1から問題4に答えなさい。放送中に問題用紙にメモをとってもかまいません。

問題1，英語を聞いて，その内容を最も適切に表しているものを，それぞれア，イ，ウ，エの中から1つ選んで，その記号を解答用紙に書きなさい。英語は，それぞれ2回放送されます。では，始めます。

1番　There are two girls under the tree. A cat is sleeping on the bench.

2番　Ken usually goes to school by bike. But he took a bus this morning because it was raining.

〔英文の訳〕

1番　木の下に2人の女の子がいます。1匹の猫がベンチの上で眠っています。

2番 ケンはいつも自転車で学校へ行きます。しかし雨が降っていたので，彼は今朝，バスに乗りました。

〔放送台本〕

問題2，亮(Ryo)とアリス(Alice)が会話をします。二人の会話は，問題用紙に示されている順に進みます。空欄に入る発言として最も適切なものを，それぞれア，イ，ウ，エの中から1つ選んで，その記号を解答用紙に書きなさい。会話の空欄のところでは，チャイム音が鳴ります。会話は，それぞれ2回放送されます。では，始めます。

1番 Ryo: Alice, what are you doing?
Alice: I'm looking for Mr. Suzuki, but I can't find him.
Ryo: Maybe he is in the library now.
Alice: (チャイム音)

2番 Alice: Do you have any plans for next Sunday, Ryo?
Ryo: Yes. I'm going to play tennis with my sister. Will you join us?
Alice: Sounds good. But I don't have a racket.
Ryo: (チャイム音)

〔英文の訳〕

1番 亮　　：アリス，何をしているの？
アリス：鈴木先生を探しているのだけど，見つからないの。
亮　　：たぶん，今図書館にいるよ。
アリス：ア　そこを調べてみるわ。

2番 アリス：次の日曜日に何か計画はある，亮？
亮　　：うん。僕は妹と一緒にテニスをするつもりだよ。君も参加しない？
アリス：いいわね。だけど私はラケットを持っていないわ。
亮　　：ウ　君は僕のを使えばいいよ。

〔放送台本〕

次に問題3に移ります。伊藤先生(Ms. Ito)と留学生のトム(Tom)が会話をします。そのあとで会話について3つの質問をします。それらの質問に対する答えとして最も適切なものを，それぞれア，イ，ウ，エの中から1つ選んで，その記号を解答用紙に書きなさい。はじめに会話，続いて質問の順で，2回放送されます。では，始めます。

Ms. Ito: Tom, how are you today? You looked tired during the class.
Tom: Well, I went to bed late last night. I couldn't sleep much, so I got up late this morning.
Ms. Ito: That's too bad. Did you have breakfast?
Tom: No, I didn't. My host family always makes delicious Japanese food for breakfast. I wanted to eat it, but I didn't have time today.
Ms. Ito: Oh, both sleeping well and eating breakfast are important for your health.
Tom: That's true. You talked about three important things for good health. Going to bed early, getting up early, and eating breakfast, right?
Ms. Ito: Yes. If you get up early, you can have a good start to the day. Also,

you can do something with your host family in the morning.
Tom: Something? What can I do?
Ms. Ito: How about making breakfast with them?
Tom: That's a nice idea. I want to try it and learn how to make Japanese food from my host family. Thank you very much, Ms. Ito.

続いて質問に移ります。
1番 Why did Tom look tired?
2番 What is Ms. Ito's idea for Tom?
3番 Which is true about Tom?

〔英文の訳〕
伊藤先生：トム，今日の調子はどうですか？　授業中，疲れているように見えましたよ。
トム　　：えーと，僕は昨晩遅く寝ました。たくさん眠れなかったので，今朝は遅く起きました。
伊藤先生：それは良くないですね。朝食を食べましたか？
トム　　：いいえ，食べませんでした。僕のホストファミリーは，いつも朝食においしい日本食を作ってくれます。それを食べたかったけれど，今日は時間がありませんでした。
伊藤先生：まあ，よく眠ることと朝食を食べることは，どちらもあなたの健康のために大事なことですよ。
トム　　：その通りですね。先生は，健康のために重要な3つのことについて話してくださいました。早く寝ること，早く起きること，そして朝食を食べること，ですよね？
伊藤先生：そうです。もし早く起きたら，あなたはその日良いスタートをきることができます。また，朝にホストファミリーと一緒に何かをすることができます。
トム　　：何かですか？　僕は何ができますか？
伊藤先生：彼らと一緒に朝食を作るのはどうですか？
トム　　：それは良いアイデアですね。僕はそうやって，ホストファミリーから日本食の作り方を学びたいです。ありがとうございます，伊藤先生。

1番　質問：なぜトムは疲れているように見えたのですか？
　　　答え：イ　彼は昨晩たくさんは眠れなかった。
2番　質問：トムのための伊藤先生のアイデアは何ですか？
　　　答え：エ　ホストファミリーと一緒に朝食を作ること。
3番　質問：トムについてどれが正しいですか？
　　　答え：ウ　彼は日本食の作り方を知りたい。

〔放送台本〕
次に問題4に移ります。留学生のローラ(Laura)と博人(Hiroto)が会話をします。二人の会話は，問題用紙に示されている順に進み，ローラが博人に質問をします。博人になったつもりで，空欄に入る適切な発言を考えて，英語で解答用紙に書きなさい。会話の空欄のところでは，チャイム音が鳴ります。会話を2回放送したあとに，答えを記入する時間をとります。では，始めます。
Laura: My town is so small and doesn't have many shops.
Hiroto: My town is also small, but I like it very much.
Laura: Why do you like it?
Hiroto: (チャイム音)

〔英文の訳〕

ローラ：私の町はとても小さくて，店も多くないの。
博人　：僕の町も小さいけれど，僕は大好きだよ。
ローラ：どうして好きなの？
博人　：(解答例)良い公園があるからだよ。

＜理科解答＞

第一問 1 (1) ウ (2) 軟体動物 (3) イ 2 (1) 等圧線 (2) エ (3) イ 3 (1) ア (2) ① a イ b エ ② エ ③ X線［エックス線］ (3) ア (4) (例)陽子1個，電子1個がもつ電気の量の量が等しく，陽子と電子の数が等しいため。

第二問 1 道管 2 ウ 3 エ 4 16〔本〕 5 (例)bでは細胞分裂が行われず細胞が大きくなるのに比べ，cでは細胞分裂が行われ，増えた細胞それぞれが大きくなるから。

第三問 1 示準化石 2 イ 3 ウ 4 (1) ① ア ② エ (2) ア

第四問 1 イ 2 質量保存の法則 3 (1) 130〔g〕 (2) 右図 (3) 30〔%〕

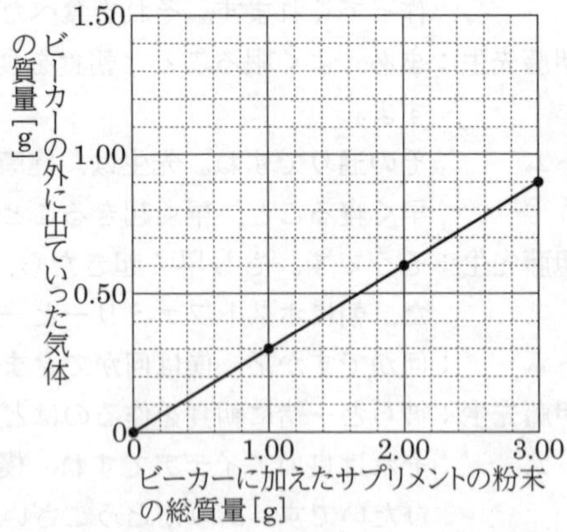

第五問 1 ウ 2 ① イ ② ウ 3 240〔cm/s〕 4 ア 5 (例)レールの左端では小球a，bは同じ位置エネルギーをもっていたが，小球bは小球aより低い位置を進んだため，位置エネルギーから移り変わった運動エネルギーが常に小球aより大きく，速さが大きかったから。

＜理科解説＞

第一問 (無脊椎動物，天気の変化，真空放電と放射線，原子とイオン)

1 (1) ペンギン，カメ，クジラは，すべて肺で呼吸を行う。 (2) 内臓が外とう膜でおおわれた無脊椎動物を，**軟体動物**という。 (3) 消化管は，口→胃→腸→肛門の順につながっている。

2 (1) 気圧(海面の高さの気圧)の等しい地点を結んだ線を，等圧線という。 (2) オホーツク海気団も小笠原気団も，どちらも海の上にできるので湿潤である。また，オホーツク海気団は日本よりも北方にできるので寒冷で，小笠原気団は日本よりも南にできるので温暖である。 (3) 小笠原気団は，日本の南の海上にできる**太平洋高気圧の一部**である。太平洋高気圧が発達しているのは，イである。

3 (1) 原子は，化学変化によって分けることはできず，他の種類の原子に変わることはない。また，原子の1個の質量は元素の種類によって異なる。 (2) ① 陰極線は電子の流れであり，－極から＋極へ向かって進む。よって，電極Bが＋極となる。 ② 陰極線は，－の電気を帯びた電子の流れであるため，電極C，Dに電圧を加えると，陰極線は＋極のほうに向かって曲がる。 ③ 放射線のうちX線は，レントゲンに利用されている。 (3) 原子核は，＋の電気を帯びた陽子と，電気を帯びていない中性子が集まってできている。原子核のまわりに－の電気を帯びた電子が存在する。　(4)　原子では，陽子と電子の数が等しい。陽子は＋の電気を帯びており，電子は－の電気を帯びているが，原子の状態では電子と陽子の数が等しくなることで原子全体の＋と－の電気が打ち消されて，**原子全体としては電気を帯びていない**と考えることができる。

第二問 (細胞分裂)

1　維管束のうち，根から吸収した水や養分(肥料分)が通る管を道管といい，植物の体全体に張り巡らされている。

2　塩酸処理をすることで，細胞と細胞をつないでいる物質を分解し，細胞どうしをはなれやすくする。

3　染色液には，酢酸オルセイン，酢酸カーミンなどがある。

4　破線で囲まれた部分は，この後，新しい核を形成する。よって，**染色体の数はもとの細胞と同じ**16本である。

5　bでは細胞が成長しているだけである一方，cでは細胞が増加し，それらの細胞が大きく成長しているので，他の部分に比べて大きく成長する。

第三問　(地層)

1　ビカリアのように，限られた時代に広い範囲に生息していた生物の化石は，その化石をふくむ層が堆積した地質年代を推測するのに役立つ。このような化石を**示準化石**という。

2　凝灰岩は，火山の噴出によって放出され堆積した火山灰が押し固められてできた岩石である。

3　泥岩を構成する泥の粒は砂岩を構成している砂の粒よりも小さいため，河口付近にあるときは水中に浮いており，沖付近で海底に堆積する。

4　(1)・(2)　A～Cの凝灰岩Yの上面の標高を求める。(Aには凝灰岩Yは見られないが，各層は決まった厚さで平行に堆積していることを利用すると，)Aは約51m，Bは53m，Cは49mである。このことから，この地域では同じ層が西に1マス，北へ1マスずれると，それぞれ2mずつ低くなることがわかる。よって，この地域の地層は全体として，北西に傾いているといえる(右図)。この図から，ア～エの各地点で見られる凝灰岩Yの上面の標高は，アが45m，イが51m，ウが49m，エが57mと求められる。このうち，等高線の値と凝灰岩Yの上面の高さが一致しているのは，アである。

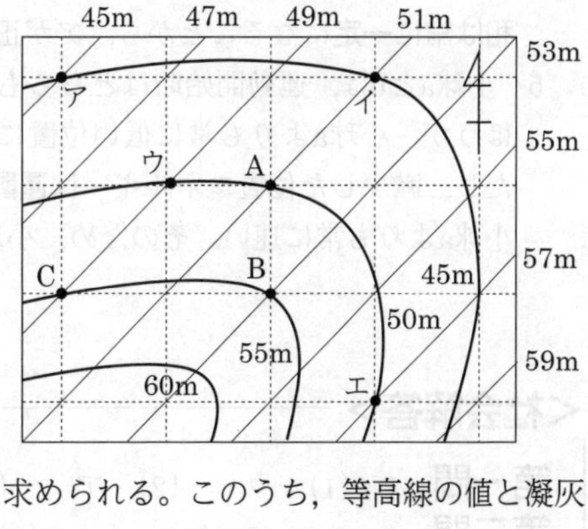

第四問　(化学変化と質量)

1　酸化銀は銀と酸素，水酸化バリウムはバリウムと酸素と水素，塩化銅は銅と塩素，炭酸水素ナトリウムはナトリウムと水素と炭素と酸素からなる。

2　化学変化の前後で，物質全体の質量は変わらないことを，**質量保存の法則**という。

3　(1)　36％の塩酸50gにふくまれる塩化水素の質量は，50×0.36＝18〔g〕　18gが10％に相当する水溶液をつくるときの全体の質量を求めると，18〔g〕÷0.1＝180〔g〕　よって，36％の塩酸50gに加える水の質量は，180－50＝130〔g〕　(2)　**発生した気体の質量〔g〕＝25.00〔g〕＋(ビーカ**

ーに加えたサプリメントの粉末の総質量)〔g〕−(ビーカー内の物質の質量)〔g〕で求める。発生した気体の質量は，加えたサプリメントの粉末の総質量が1.00gのときは，25.00＋1.00−25.70＝0.30〔g〕，2.00gのときは，25.00＋2.00−26.40＝0.60〔g〕，3.00gのときは，25.00＋3.00−27.10＝0.90〔g〕と求められる。

(3)　図1より，1.00gの炭酸カルシウムからは0.40gの二酸化炭素が発生する。また，1.00gの炭酸カルシウムにふくまれるカルシウムの質量は0.40gであることから，炭酸カルシウムが完全に反応した場合，炭酸カルシウムにふくまれるカルシウムの質量は，反応で発生した二酸化炭素の質量に等しい。よって，表より，3.00gのサプリメントを用いると，25.00＋3.00−27.10＝0.90〔g〕の二酸化炭素が発生したことから，このサプリメント3.00gにふくまれるカルシウムの質量も0.90gとなる。よって，サプリメントの質量に対するカルシウムの質量の割合は，0.90÷3.00×100＝30〔%〕

第五問　(運動とエネルギー)

1　重力を力の矢印で表すときは，小球の中心に作用点を打ち，地球の中心に向かって矢印をのばす。

2　斜面の角度が一定の場合，小球には斜面と平行な重力の分力が一定の大きさで常に加わり続けるため，速さも一定の割合で増加するが，斜面の傾きが大きくなるほど斜面と平行な重力の分力が大きくなるため，速さの増加の割合も大きくなる。

3　基準面からの高さが0cmのときの平均の速さを求める。(78.4−54.4)〔cm〕÷(0.50−0.40)〔s〕＝240〔cm/s〕

4　位置エネルギーは高さが高いほど大きい。小球aは，0.10秒たつごとに，高さがしだいに大きく減少するようになるため，位置エネルギーも同様にしだいに大きく減少するようになる。これに対し，失われた位置エネルギーが運動エネルギーに変化し，**位置エネルギーと運動エネルギーの和は常に一定になる**ことから，アが正しい。

5　小球aとbは，運動開始時はどちらも同じ大きさの力学的エネルギーをもっていたが，小球bのほうが，小球aよりも常に低い位置にあることから，位置エネルギーは小球aよりも小さい。ただし，減少した位置エネルギーは**運動エネルギーに変化**しているため，斜面上の小球bの速さは小球aよりも常に速い。そのため，小球bは小球aよりも早くレールの右端に着く。

＜社会解答＞

第一問　1　(1)　ウ　　(2)　ア　　(3)　ア　　2　(1)　イ　　(2)　男女雇用機会均等法

第二問　1　エ　　2　(1)　イ　　(2)　ヨーロッパ連合[EU]　　3　ウ　　4　(例)ベトナムでは，経済成長のために優先する産業に対して，社会資本の整った工業団地を整備し，税金の免除などの優遇措置をとり，積極的に誘致することで，外国からの投資が増加し，経済活動が活発になったため。

第三問　1　口分田　　2　イ　　3　ウ　　4　エ　　5　(例)農具や肥料の購入で，農業に貨幣が必要になり，商品作物の生産などで必要な貨幣を得られなかった農民が，土地を手放したから。

第四問　1　エ　　2　ア　　3　エ　　4　(1)　直接請求権　　(2)　(例)普段利用している道路の危険箇所を，早期に発見できるしくみが整ったことに加え，安全で快適な道路の維持に関わろうとする県民が増えたこと。

第五問 1 (1) イ (2) ウ 2 (1) ア (2) イ 3 (例)商店と連携し，ドローンを活用した新たな配送の方法を取り入れることで，市内の流通の活性化を図り，山間部の住民が，買い物などで不便なく生活できるようになることを目指している。

第六問 1 (1) 国風文化 (2) ア 2 ウ→イ→ア 3 イ 4 (例)子どもを主役とした行列や，親子を対象とした体験教室への参加を通して，子どもに伝統的な祭りへの親しみをもってもらうとともに，地域で長く続く祭りを次の世代へ引き継ごうとしている。

＜社会解説＞

第一問 (公民的分野－平等権を切り口にした問題)

1 (1) 18世紀とあることから，**1776年に出されたアメリカ独立宣言**のことだと判断できるはずである。 (2) アメリカ合衆国のフランクリン・ルーズベルト夫人，エレノア・ルーズベルトが委員長を務めた国際連合人権委員会が中心となって起草したものである。イは太平洋戦争中の**日本に対して無条件降伏を求める，1945年に出された宣言**である。ウは**1919年に調印された第一次世界大戦の講和条約**である。エは**イギリスの不文憲法の根本法となっている，1689年に成文化**されたものである。 (3) 1922年に水平社創立宣言を採択して結成されたものである。イは1874年に板垣退助らによって設立された高知の政治結社である。ウは明治時代に日本の国会開設運動で中心的な役割を果たした政治結社で，後の自由党の母体ともなった組織である。エは1900年頃に使われ始めた，一族の独占的出資による資本を中心にした経営形態のことである。

2 (1) 25歳～29歳の数値を見ると，1985年は低下しているが2019年は上昇していることが読み取れる。すなわち，差が大きくなっていることが分かるはずである。 (2) 1981年に発効した女性差別撤廃条約を日本が批准するために必要となった，職場における男女差別を禁止し，男女を平等に扱うことを定めた法律である。

第二問 (地理的分野－東南アジアの経済発展を切り口にした問題)

1 縦の線が経線，横の線が緯線であり，**緯度0度は赤道**であることを併せて判断すればよい。

2 (1) **ベトナム戦争が1955年～1975年**の出来事であることから判断すればよい。アは1914年～1918年，ウは1950年~1953年，エは1941年~1945年の出来事である。 (2) **1993年にマーストリヒト条約が発効**したことで発足した，ヨーロッパを中心とした27か国が加盟する枠組みである。

3 マレーシアの機械類の輸出額は，2001年は880億ドル×59.9％＝527.12(億ドル)，2019年は2380億ドル×42.0％＝999.6(億ドル)と増加していることが分かるので，ウは誤りである。

4 資料Cからベトナム政府による外国投資を促す政策が読み取れる。資料Dから外国企業らのベトナムへの投資額が増加していることが読み取れる。これらを併せて説明すればよい。

第三問 (歴史的分野－古代から近世おける農村を切り口にした問題)

1 **6歳以上の男女に与えられた土地**のことである。**女子は男子の3分の2の広さ**であった。同時に，人々はここから**収穫される米の3%を国司の元へ納める租**を負担することとなった。

2 **承久の乱が1221年**に起きたことから判断すればよい。アは8世紀後半に繰り返し行われている。ウは1467年から11年間に渡る争乱である。エは平将門の乱が935年~940年，藤原純友の乱が939年～941年のことである。

3　室町時代に成立した，**寄合で掟を決めて自治を進めた農村**のことである。アは室町時代の高利貸し，イは農民に連帯責任を負わせるための江戸時代のしくみ，エは町の自治を進めるための人々の集まりのことである。

4　**豊臣秀吉が行った太閤検地**の内容である。アは江戸時代の老中松平定信による寛政の改革の内容，イは鎌倉時代に出された御家人救済策，ウは江戸幕府8代将軍徳川吉宗による享保の改革の内容である。

5　資料Aから，農民も貨幣を必要としたことが読み取れる。資料Bから，農民の支出の中心が肥料代であったことが読み取れる。小作人は土地を持たない農民のことであるから，貨幣を手に入れられなかった農民は土地を手放して貨幣を手に入れるしかなかったことが分かるはずである。これらをまとめればよい。

第四問　(公民的分野－財政を切り口にした問題)

1　**日本国憲法第60条**の内容である。

2　税の負担者と納税者が同じ税が直接税，異なる税が間接税であることから判断すればよい。

3　国から使い道を決められているとある点に注目して判断すればよい。アは地方自治体の自主財源，イは国が国債を償還するための費用，ウは使い道が定められていない状態で国から渡される財源のことである。

4 (1)　間接民主制を補完するために，地方自治に取り入れられたしくみである。　(2)　資料Bから社会資本の維持に県民の協力を得ようとしていることが分かる。資料Cから危険箇所の早期発見が可能になったことが分かる。資料Dから関わる県民が増えていることが分かる。これらを併せて説明すればよい。

第五問　(地理的分野－中部地方の自然環境と人々の暮らしに関する問題)

1 (1)　**新潟市は冬に雪が多い日本海側の気候**であることから，Xである。**長野市は年間降水量が少なく冬の気温が氷点下となる中央高地の気候**であることから，Zである。**名古屋市は夏に降水量が増える太平洋側**の気候であることから，Yである。これらを併せて判断すればよい。

(2) **三河木綿**が有名であったが，現在は**自動車工業**で有名な**豊田市**を抱える，生産額全国1位の工業地帯である。アは関東内陸工業地域，イは北九州工業地帯，エは瀬戸内工業地域である。

2 (1)　日本アルプスの残りの一つは，**北アルプスと呼ばれる飛騨山脈**である。扇状地は水はけがよいので，かつてはくわ畑，現在は果樹園に利用されている。これらを併せて判断すればよい。　(2)　**寺子屋は江戸時代の教育機関**であることから判断すればよい。

3　資料Dから，山間部の配送が困難であることが分かる。資料Eから，新しい配送方法としてドローンが研究されていることが分かる。これらをまとめて説明すればよい。

第六問　(歴史的分野－日本の文化の発展に関する問題)

1 (1)　**894年に菅原道真の意見で遣唐使が停止**されたことによって発展した，**かな文字**の発明などに代表される日本風の文化である。　(2)　**室町幕府3代将軍足利義満の保護を受けた，観阿弥・世阿弥の親子が大成**したものである。

2　アは1940年，イは1925年，ウは1872年のことである。

3　**Social net working service**の略称である。アは**世界保健機関**，ウは**非政府組織**，エは**人工知能**のことである。

4　資料Cから，祭りが伝統的なものであることが分かる。資料Dから，親・子どもが祭りに関われるような工夫をしていることが分かる。資料Eから，取り組みの成果が出ていることが分かる。これらを併せて説明すればよい。

＜国語解答＞

第一問　問一　①　なが　②　やと　③　ゆうち　④　染　⑤　領域　⑥　興奮
問二　①　イ　②　ア　問三　エ　問四　(一)　ア　(二)　エ　(三)　イ
(四)　ウ　(五)　(例)合意がとれている

第二問　問一　ウ　問二　(例)録音を全て終えていた　問三　A　多くの人が見届けてくれた　B　一歩踏み出した　問四　ア　問五　(例)ずっと抱いていた詩への思いに向き合って，人間らしく，自分も体内に満ちた言葉を詩にして読みたいという気持ち。

第三問　問一　ア　問二　(例)アリの巣に「怠け者」が存在する　問三　一種類だけ植える
問四　(一)　いろんな環境　(二)　エ　問五　(例)一見怠け者に見えるアリが，実は労働量不足の事態に備え，力を蓄えて待機している予備軍だということ。

第四問　問一　ウ　問二　着キ二草花ニ一　問三　(一)　イ　(二)　(例)かえるがたくさん集まって鳴く

第五問　(例)私は「新しい世界」を入れたい。読書によって，知らない知識が増えるし，感情も豊かになる。本を読む前と後では，自分は変わっているはずだ。自分が変われば，見える世界も変わってくる。そうやって，読書は常に読む者を新しい世界へと連れて行ってくれるのだ。そう考えると読書はわくわくする行為である。まだ見ていない世界は，きっと無限に広がっているはずだ。好奇心を持ち，新しい世界へと入っていくのが望ましい。

＜国語解説＞

第一問　(会話・議論・発表—内容吟味，文脈把握，脱文・脱語補充，漢字の読み書き，筆順・画数・部首，熟語，ことわざ・慣用句)

問一　①「眺」の偏は，「目」。②「雇」の訓読みは「やと・う」，音読みは「コ」。「雇用(コヨウ)」。③　積極的な受け入れ態勢を整えて，そこに来るようにすすめること。④「氵」　⑤　その専門担当の範囲。領地の範囲。⑥「奮」は，「奪」との混同に注意。

問二　①「単刀直入」は，前置きや遠回しの表現を避け，直接に本題に入ること。②「東奔西走」は，あちこち忙しく駆けまわること。

問三　アは12画，イは11画，ウは13画，エは14画。

問四　(一)　ドッヂビーの案を楽しくできるものだと認めた上で，心配な点を指摘している。
(二)　目的に合っているかの話し合いのまとめをした上で，次に準備という観点を提示している。(三)「目的」の観点から，ⅠとⅢは「目的に合っている」とし，Ⅱは「保育園への確認が必要だから保留とする」とAさんが述べている。「準備」の観点からは，Cさんが，Ⅰは積み木の数が分からないから保留とし，Ⅱは準備できるとしている。さらにDさんがⅢは準備期間が間に合わないとして準備不可にしている。(四)　Cさんは，Bさんの人形をプレゼントするというアイデアの良さに賛同し，さらに「学校や家にある物で簡単に準備できる手作りおもちゃを幾つか持参して一緒に遊ぶという案」という自分の考えを提示している。（五）　みんなの意見が同じかどうかを確認している。話し合いの合意が採れているかを確認する意図があるのだ。

第二問　（小説―主題・表題，情景・心情，内容吟味，文脈把握，脱文・脱語補充）

問一　「おれたち人間は自分でも……絶対にできない」という心中表現には，朗読は心にあるなんとも表現しがたい感情が表れるもので，その時々に心の状態は変わるのだから，再現不可能だという意味が込められている。

問二　「おれ」は長時間にわたる録音に神経をすり減らしていた。緊張が解けるのは，その録音が全て終わったからである。

問三　A には感動した内容が入る。本文に「こんなに多くの人が見届けてくれたことに感極まり」とある部分から抜き出せる。B には「おれ」がした正しいことが入る。本文に「一歩踏み出したのは間違いじゃなかった」とあるところから抜き出せる。

問四　気弱そうな男に「いいんですか」と言われたことで，「胸の奥でくすぶっていた火が，勢いを増して」いき，本当は自分も詩を作りたかったことに気づかされたのである。つまり気弱そうな男は，そのきっかけをくれた人物ということになる。

問五　「おれ」は，ずっと抱いていた詩への思いを直視することになり，「本当は作りたい」と詩の創作意欲が高まっている。「体内には行き場のない言葉たちがいっぱいに詰まって」いて，その自分の中にある言葉を詩で表現したい気持ちがある。

第三問　（論説文―大意・要旨，内容吟味，文脈把握，脱文・脱語補充）

問一　働きアリの生き方を指し示している。本文の冒頭に「働きアリは自分たちの巣を守るためだけ」の行動を使命として生涯を過ごすように遺伝子によりプログラミングされているとあるので，これをふまえて選択肢を選ぶ。

問二　観察により見つかった事実は「1日中，なにもしないで巣穴でゴロゴロして過ごす『怠け者』が存在すること」である。同趣旨の内容でまとめよう。

問三　文章Ⅱに「単純に考えると，草原にもっとも成長スピードの速い草を一種類だけ植えることが，いちばん生産性の高い土地の利用法であると思ってしまう」とあるので，ここから抜き出せる。

問四　（一）　文章Ⅱに「草の多様性が高いと，草原内のいろんな環境にぴったりマッチした草が生えてくるので全体として生産性が高くなる」とあるので，ここから抜き出せる。（二）　最終段落に注目。「生態系にはいろんな突発的な……草原全体に及ぶ病気の影響が最小限にとどめられる」とあることをふまえて選択肢を選ぶ。

問五　「冗長性」の具体例は「今まで怠けていた……予備軍らしいということがわかりました」と書かれているので，これを用いてまとめる。一見怠けているように見えるアリが労働力不足という事態発生に備えて補填するための予備軍であるということだ。

第四問　（漢文―大意・要旨，文脈把握，段落・文書構成，脱文・脱語補充，表現技法・形式）

【現代語訳】　あまりあるほどに豊かな香りが立ちこめて，

草花が一面に咲き，柔らかい緑の葉が盛んに茂って，桑の木も麻も丈が伸びた。

池の水が満ちて，かえるたちは鳴きわめき，市場のようなにぎやかさだ。

村里の春は深まり，燕が巣を作っている。

問一　四行は絶句で，八行は律詩。

問二　「草」「花」の二字を読んでから「着」を読む。二字以上返って読むには一・二点を用いる。

問三　(一)　「草花」「桑麻」「蛙」の様子を描いているので**生命観**あふれる村里の風景とするのが適切。　(二)　市場のような賑わいに思えるのは，蛙の鳴き声がするからだ。つまり，**たくさんの蛙が集まって鳴いている様子の比喩**である。

第五問　(作文)

読書が私たちに与える効果をふまえて，キャッチコピーを考えよう。何をもたらしてくれるのか，を考えることで，読書が私たちを導く方向性を見出すことができよう。さらに，それを選んだ理由を説明しなくてはならない。**「読書が私たちにもたらしてくれるもの」**を軸にして，**どんな良いことがあるかを丁寧に説明する**とよいだろう。あくまでも，読み手にわかるような，説得力のある説明を心がけたい。

MEMO

大切なことはメモしておこうネ！

宮城県公立高等学校

2022年度

入　試　問　題

2022
年
度

●くわしい解説 …… 43ページ

＜数学＞

時間　50分　　満点　100点

第一問　次の１～８の問いに答えなさい。

1　$-7-4$ を計算しなさい。

2　$6+(-2)^2$ を計算しなさい。

3　$3xy^2 \div 15xy$ を計算しなさい。

4　$a=-1$，$b=\dfrac{3}{5}$のとき，$(a+4b)-(2a-b)$ の値を求めなさい。

5　$\sqrt{3} \times \sqrt{6}-\sqrt{2}$ を計算しなさい。

6　２次方程式　$x^2-x-12=0$　を解きなさい。

7　下の図のような，点（-5，2）を通る反比例のグラフがあります。このグラフ上の，x 座標が 3 である点の y 座標を求めなさい。

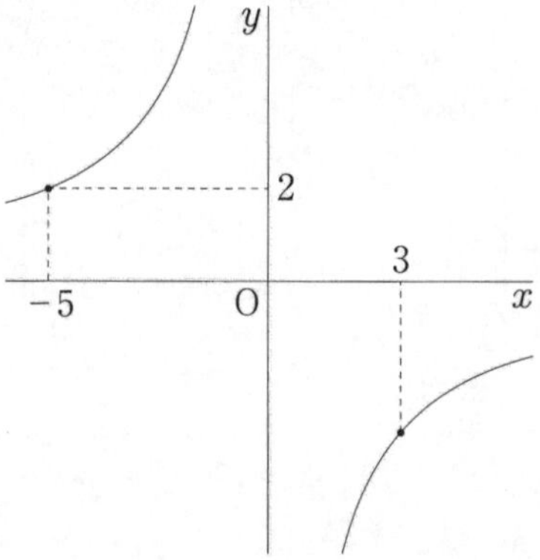

8　下の図のような，∠ABC＝43° の△ABCがあります。△ABCの内部に点Dをとり，点Dと点A，点Dと点Cをそれぞれ結び，∠ADC＝∠ x とします。∠BAD＝28°，∠BCD＝32° のとき，∠ x の大きさを求めなさい。

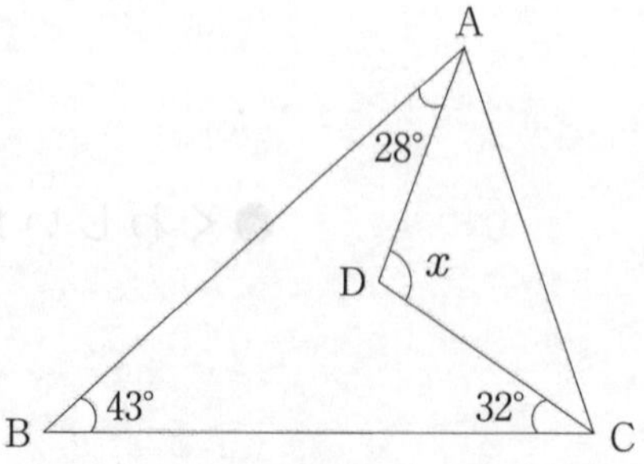

第二問　次の１～４の問いに答えなさい。

1　右の図のように，関数 $y=\frac{1}{2}x^2$ のグラフ上に，x 座標が２である点Ａをとります。また，関数 $y=-x^2$ のグラフ上に，点Ａと x 座標が等しい点Ｂと，点Ｂと y 座標が等しく x 座標が異なる点Ｃをとります。

　次の⑴，⑵の問いに答えなさい。

⑴　点Ｃの座標を求めなさい。

⑵　２点Ａ，Ｃを通る直線の式を求めなさい。

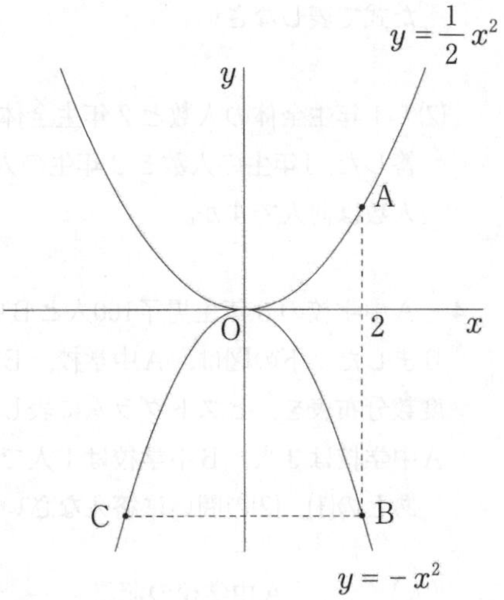

2　図Ⅰのような，半径が３㎝の円Ｏを底面とし，高さが４㎝の円錐《すい》があります。次の⑴，⑵の問いに答えなさい。ただし，円周率を π とします。

⑴　この円錐の体積を求めなさい。

図Ⅰ

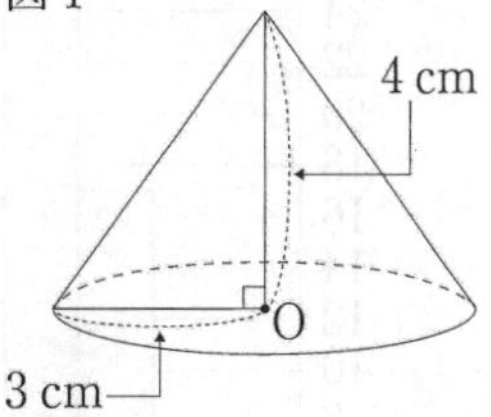

⑵　図Ⅱは，図Ⅰにおいて，円錐の頂点をＡとし，線分ＡＯ上に，ＡＢ：ＢＯ＝３：２となる点Ｂをとったものです。この円錐を，点Ｂをふくむ，底面に平行な平面で分けたときにできる２つの立体のうち，円錐の方をＰ，もう一方の立体をＱとします。円錐Ｐと立体Ｑの体積の比を求めなさい。

図Ⅱ

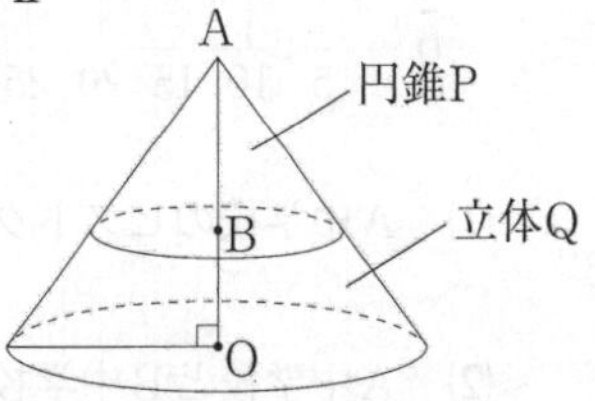

3　ある中学校で，生徒を対象に，好きな給食の献立を調査しました。この調査では，生徒が，好きな給食の献立を１人１つだけ回答しました。下の表は，１年生と２年生のそれぞれについて，回答した人数が多かった上位３つの献立と，その献立を回答した人数の，学年全体の人数に対する割合を整理したものです。

　あとの⑴，⑵の問いに答えなさい。

１年生

献立	割合
カレーライス	30%
から揚げ	25%
ハンバーグ	20%

２年生

献立	割合
から揚げ	36%
カレーライス	24%
ハンバーグ	16%

(1) 1年生全体の人数を x 人とするとき，カレーライスと回答した1年生の人数を，x を使った式で表しなさい。

(2) 1年生全体の人数と2年生全体の人数は，合わせて155人でした。また，カレーライスと回答した，1年生の人数と2年生の人数は，合わせて42人でした。から揚げと回答した2年生の人数は何人ですか。

4 A中学校の3年生男子100人とB中学校の3年生男子50人の，ハンドボール投げの記録をとりました。下の図は，A中学校，B中学校の記録をそれぞれ，階級の幅を5mとして整理した度数分布表を，ヒストグラムに表したものです。たとえば，5m以上10m未満の階級の度数は，A中学校は3人，B中学校は1人です。

あとの(1)，(2)の問いに答えなさい。

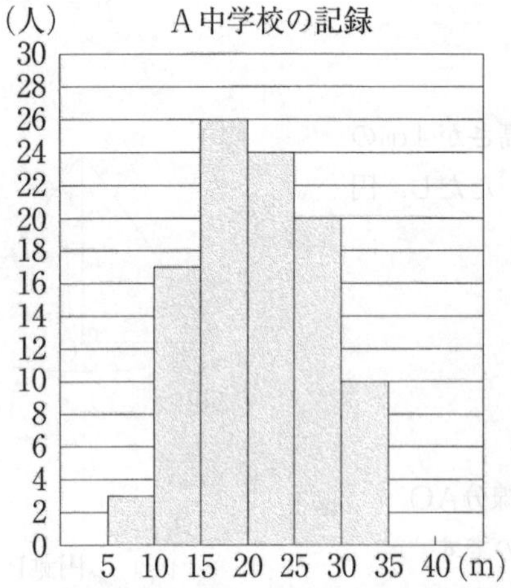

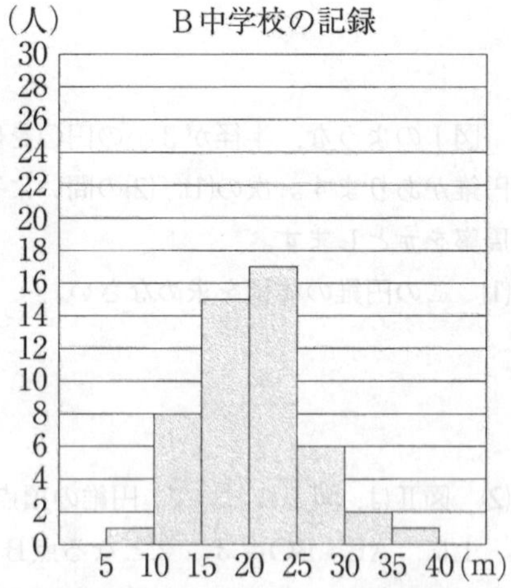

(1) A中学校のヒストグラムで，中央値は，何m以上何m未満の階級に入っていますか。

(2) A中学校とB中学校の，ヒストグラムから必ずいえることを，次の**ア**～**オ**からすべて選び，記号で答えなさい。

ア 記録の中央値が入っている階級は，A中学校とB中学校で同じである。

イ 記録の最大値は，A中学校の方がB中学校よりも大きい。

ウ 記録の最頻値は，A中学校の方がB中学校よりも大きい。

エ 記録が25m以上30m未満の階級の相対度数は，A中学校の方がB中学校よりも大きい。

オ 記録が15m以上20m未満の階級の累積相対度数は，A中学校の方がB中学校よりも大きい。

第三問　あるショッピングモールで，イベントを開催します。そこで，子供向けのゲームを企画しました。また，会場に飾りつけるイルミネーションを点灯させる計画を立てました。

次の１，２の問いに答えなさい。

1　イベントで行うゲームのために，３行３列のマス目があるカードと，2つの箱A，Bを用意しました。カードには，図Ⅰのように，カードのマス目の２行目の，１列目と３列目のマスに星形のシールが貼ってあり，残りの７つのマスには１から７の数字が１つずつ書かれています。また，図Ⅱのように，箱Aには１，２，３の数字が１つずつ書かれた３個の球が，箱Bには４，５，６，７の数字が１つずつ書かれた４個の球が，それぞれ入っています。２つの箱とも，それぞれ中の球をよくかき混ぜておきます。

図Ⅰ

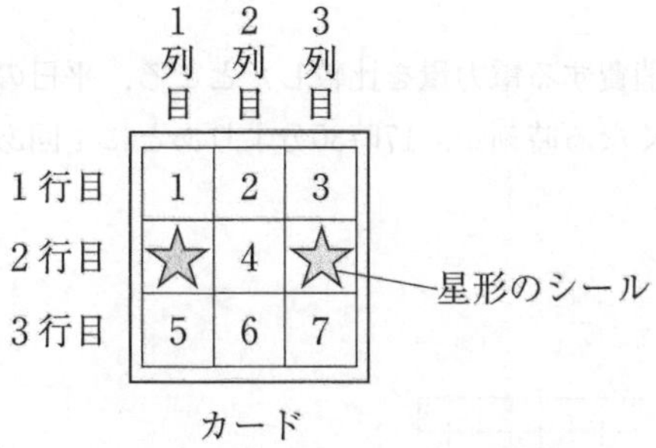

図Ⅱ

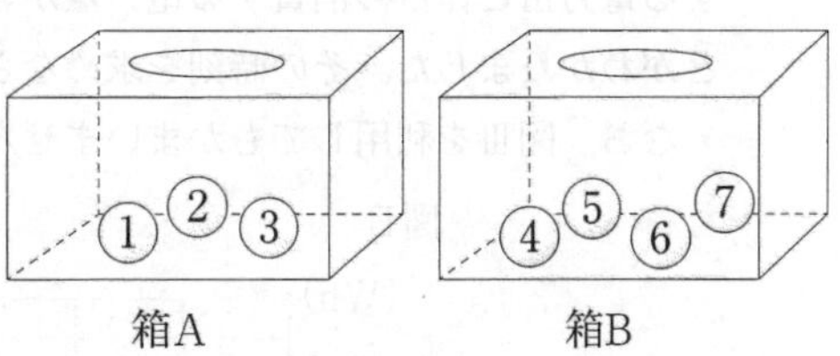

ゲームのルールは，次の［　　］とおりです。

【ルール】
・箱Aと箱Bのそれぞれから球を１個ずつ取り出し，カードのマス目の，取り出した球に書かれた数字と同じ数字が書かれたマスに，星形のシールを貼る。
・カードの縦，横のいずれかに，星形のシールが３つ並ぶと，景品がもらえる。

次の⑴，⑵の問いに答えなさい。

⑴　箱Aと箱Bのそれぞれから球を１個ずつ取り出すとき，球の取り出し方の組み合わせは，全部で何通りありますか。

⑵　箱Aと箱Bのそれぞれから球を１個ずつ取り出すとき，景品がもらえる確率を求めなさい。

2　イルミネーションの点灯について，平日と休日で，異なる計画を立てました。イルミネーションは，1時間あたりの消費する電力量が異なる，２つの設定A，Bのいずれかで点灯させることができます。下の表は，２つの設定A，Bの，１時間あたりの消費する電力量をまとめたものです。どちらの設定も，消費する電力量は，点灯させる時間に比例します。

次の⑴，⑵の問いに答えなさい。

⑴　イルミネーションを設定Aで点灯させる場合，10分間で消費する電力量は，何Whですか。

設定	１時間あたりの消費する電力量（Wh）
A	300
B	100

（Whは消費する電力量の単位）

(2) 次の２つの［　］は，平日と休日の計画です。

次の(ア)，(イ)の問いに答えなさい。

【平日の計画】
・17時から18時30分まで，設定Ａにする。
・18時30分から20時まで，設定Ｂにする。

【休日の計画】
・17時から17時30分まで，点灯しない。
・17時30分から18時まで，設定Ｂにする。
・18時から20時まで，設定Ａにする。

(ア) 平日の17時から20時までの，イルミネーションを点灯させる時間と消費する電力量との関係を表すグラフを，解答用紙の図にかき入れなさい。

(イ) 平日と休日の，17時からある時刻までに消費する電力量を比較したところ，平日の消費する電力量と休日の消費する電力量が等しくなる時刻が，17時30分よりあとに１回あることがわかりました。その時刻を求めなさい。

なお，図Ⅲを利用してもかまいません。

図Ⅲ

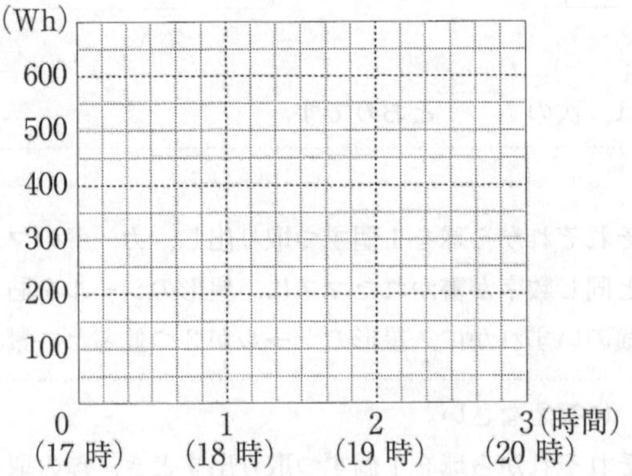

第四問

長さが６㎝の線分ABを直径とする円Ｏがあります。図Ⅰのように，円Ｏの周上にAC＝４㎝となる点Ｃをとり，点Ｂと点Ｃを結びます。また，線分AB上にAC＝ADとなる点Ｄをとり，点Ｃと点Ｄを結びます。さらに，点Ｄから線分ACに垂線をひき，線分ACとの交点をＥとします。

図Ⅰ

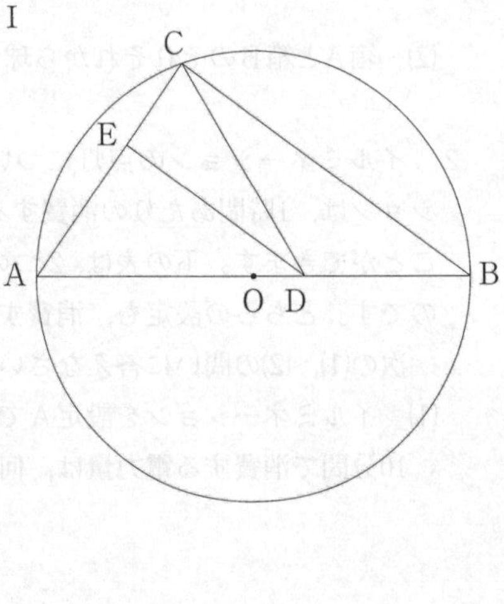

次の１～４の問いに答えなさい。

1 線分BCの長さを求めなさい。

2 △ABC∽△ADEであることを証明しなさい。

3 △CEDの面積を求めなさい。

4　図Ⅱは，図Ⅰにおいて，線分CDをDの方に延長した直線と円Oとの交点をFとし，点Fと点Bを結んだものです。また，線分EDをDの方に延長した直線と線分BFとの交点をGとします。線分EDと線分DGの長さの比を求めなさい。

図Ⅱ

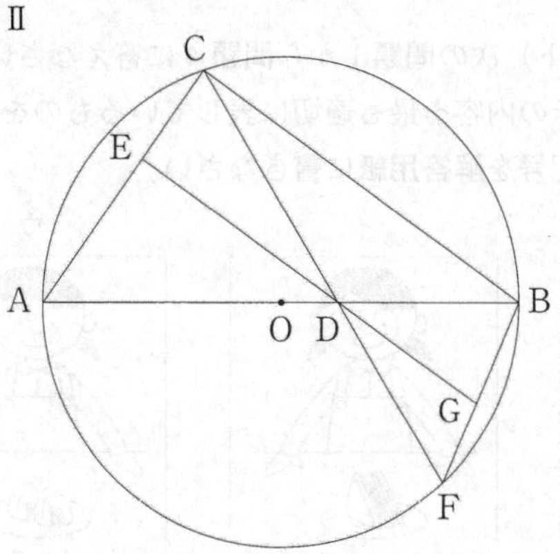

＜英語＞ 時間 50分 満点 100点

第一問 （放送によるテスト）次の問題1から問題4に答えなさい。

問題1 英語を聞いて，その内容を最も適切に表しているものを，それぞれア，イ，ウ，エの中から1つ選んで，その記号を解答用紙に書きなさい。

1番

ア

イ

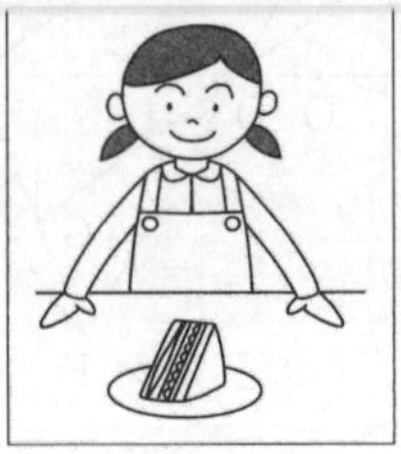

ウ

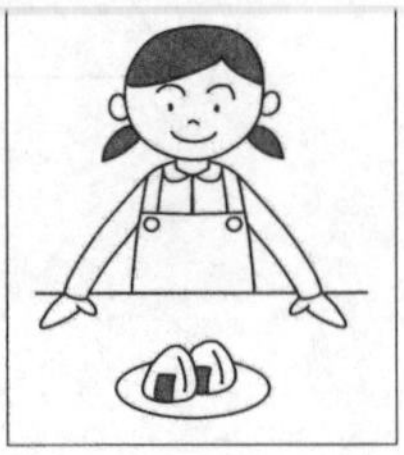

エ

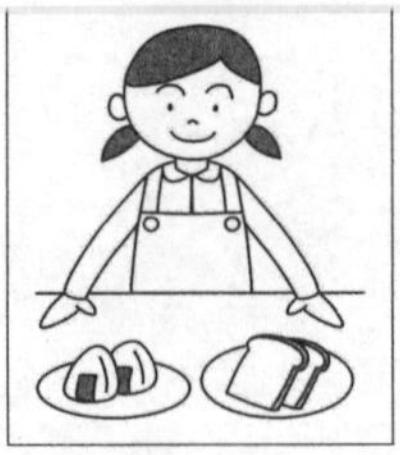

2番

ア

来週の予定	
月	
火	
水	サッカー観戦
木	ピアノ教室
金	

イ

来週の予定	
月	
火	サッカー観戦
水	ピアノ教室
木	
金	

ウ

来週の予定	
月	
火	ピアノ教室
水	
木	サッカー観戦
金	

エ

来週の予定	
月	
火	サッカー観戦
水	
木	ピアノ教室
金	

問題2 太郎（Taro）とサリー（Sally）が会話をします。二人の会話は，問題用紙に示されている順に進みます。［　　］に入る発言として最も適切なものを，それぞれア，イ，ウ，エの中から1つ選んで，その記号を解答用紙に書きなさい。会話の［　　］のところでは，チャイム音が鳴ります。

1番 *Taro:* ・・・・・・・・・・・・・・・・・

Sally: ・・・・・・・・・・・・・・・・・

Taro: ・・・・・・・・・・・・・・・・・

Sally: ［（チャイム音）］

ア It was too big for me.　　イ It was 1,000 yen.

ウ I bought it at a sports shop.　　エ I thought it was nice.

2番 *Taro:* ・・・・・・・・・・・・・・・・・

Sally: ・・・・・・・・・・・・・・・・・

Taro: ・・・・・・・・・・・・・・・・・

Sally: ［（チャイム音）］

ア I don't have good news today.

イ Our favorite singer will come to our city.

ウ We watch TV every morning.

エ I have never heard about the news.

問題３　聡太（Sota）と留学生のジェーン（Jane）が会話をします。そのあとで会話について３つの質問をします。それらの質問に対する答えとして最も適切なものを，それぞれア，イ，ウ，エの中から１つ選んで，その記号を解答用紙に書きなさい。

１番　ア　To see his family member.
　　　イ　To clean the beach.
　　　ウ　To study English.
　　　エ　To stay with Jane's family.

２番　ア　Sota should study English with his sister.
　　　イ　Sota should talk more with his father.
　　　ウ　Sota shouldn't go swimming in the sea.
　　　エ　Sota shouldn't walk along the beach.

３番　ア　He can visit a lot of famous places with his family.
　　　イ　He can learn how to swim in the cold weather.
　　　ウ　He can have a good time without watching the sea.
　　　エ　He can talk with his family and watch the beautiful sea together.

問題４　ジャック（Jack）と彩（Aya）が会話をします。二人の会話は，問題用紙に示されている順に進み，ジャックが彩に質問をします。彩になったつもりで，□に入る適切な発言を考えて，英語で解答用紙に書きなさい。会話の□のところでは，チャイム音が鳴ります。

Jack:　・・・・・・・・・・・・・・・・
Aya:　・・・・・・・・・・・・・・・・
Jack:　・・・・・・・・・・・・・・・・
Aya:　［（チャイム音）］

第一問（放送によるテスト）は，ここまでです。

第二問　次の１～３の問いに答えなさい。

１　次の(1)～(3)の二人の会話が成立するように，(　)に入る最も適切なものを，それぞれあとのア～エから１つ選び，記号で答えなさい。

(1)　*Kelly:*　(　　) you late for school yesterday?
　　Nana:　Yes.　I had to go to the hospital.
　　　ア　Did　イ　Could　ウ　Would　エ　Were

(2)　*John:*　Who is the tall boy over there?
　　Kei:　He is my brother, Kazuyuki.　Everyone calls (　　) Kazu.
　　　ア　his　イ　him　ウ　we　エ　our

(3)　*Tom:*　Let's watch a movie at my house this evening.
　　Naoya:　Sorry, Tom.　I need to take care (　　) my dog.
　　　ア　after　イ　on　ウ　of　エ　in

２　次の(1)，(2)の二人の会話が成立するように(　)に入る適切な英語を，それぞれ１語書きなさい。ただし，答えはすべて(　)内に示された文字で書き始めなさい。

(1) *Child:* Mom, I'm hungry. Can I eat this apple?
Mother: Yes. Have you (w　　) your hands?

(2) *Hayato:* You have visited many countries, right?
Steven: Yes. For (e　　), I've visited France, Spain and India.

3 次の(1), (2)の二人の会話が成立するように, (　) 内の語句を正しい順に並べかえ, (1)はア～エ, (2)はア～オの記号で答えなさい。ただし, 文頭にくる語も小文字で示しています。

(1) *Yumi:* Nancy, if it's sunny tomorrow, let's take a walk in the park. It'll be fun.
Nancy: Sounds interesting. (ア do イ time ウ you エ what) want me to get to the park?

(2) *David:* Akito, look at those cherry blossoms!
Akito: They are beautiful. I (ア of イ like ウ all エ the best オ spring) seasons.

第三問 次の英文は, 中学生の友美 (Tomomi) が, 英語の授業でスピーチをしたときのものです。この英文を読んで, あとの１～５の問いに答えなさい。

I moved to this town just after summer vacation. I didn't know anyone in this school, so I wanted to make friends. I tried to talk to my classmates on my first day of this school, but ① I couldn't. I was too nervous to talk to them. I felt lonely and sad.

After school on that day, Mr. Saito, my homeroom teacher, came to me. He said, "Tomomi, you look sad. If you're worried about something, you can always talk to me." I was glad to hear that and wanted to tell him about my feelings. However, it was difficult for me. Then he said, "When you can't talk about your feelings, I want you to write about them in a notebook. If you write about what happened to you and how you felt about it, you can sort your feelings out."

After talking with Mr. Saito, I saw one of my classmates. She said, "See you, Tomomi." I was happy to hear that, but I couldn't say anything. I felt bad for her, but I didn't know what to do. That night, I remembered Mr. Saito's advice. I opened my notebook and started to write about what happened to me and how I felt about it. When I finished writing, I realized one thing. She called my name, but I didn't know ② hers. I wanted to make friends in the classroom, but I didn't even try to learn about my classmates. Then I found what I should do. I decided to talk to her and ask her name.

The next morning, I saw the girl near our school. I was still nervous, but I knew what I should do then. I said to her, "Hi! Thank you for talking to me yesterday. Can I ask your name?" Her name was Masako. We walked to school together and talked a lot. I made my first friend in this school.

From this experience, I learned that writing about my feelings is an effective way to sort them out. By sorting my feelings out, I could see my problem from a different viewpoint. It helped me find what to do to solve the problem. When you have a problem, I want you to remember my speech.

＜注＞ move(d) 引っ越す　lonely さびしい　homeroom teacher 担任の先生
worried about ～ ～を心配して　sort(ing) ～ out ～を整理する
felt bad ← feel bad 申し訳なく思う　advice 助言　realize(d) ～ ～に気がつく
viewpoint 視点

1 下線部①のような状況になった理由を，具体的に日本語で書きなさい。

2 次の質問に対する答えを，本文の内容に合うように英語で書きなさい。
What did Mr. Saito want Tomomi to do when she couldn't talk about her feelings?

3 下線部②が示す内容として最も適切なものを，次のア～エから１つ選び，記号で答えなさい。
ア her advice　イ her classroom　ウ her notebook　エ her name

4 次のア～オを友美のスピーチの流れに合うように並べかえ，記号で答えなさい。
ア Tomomi made a new friend in the new school.
イ Tomomi felt bad because she couldn't talk to the girl.
ウ Tomomi wrote about how she felt in a notebook.
エ Mr. Saito gave advice to Tomomi because she looked sad.
オ Tomomi didn't have any friends on her first day of school.

5 次の英文は，友美のスピーチを聞いたクラスメートが書いた感想文です。本文の内容をふまえて，[　　]に入る最も適切なひとつづきの英語４語を，本文中から抜き出して書きなさい。

> Tomomi's speech was good. From her speech, I learned one thing. It is important to write about my feelings and sort them out when I have a problem. By doing so, I will find [　　].

第四問 次の英文は，中高生にさまざまな職業を紹介するウェブサイトに掲載されていたものです。これらの英文を読んで，あとの１～４の問いに答えなさい。

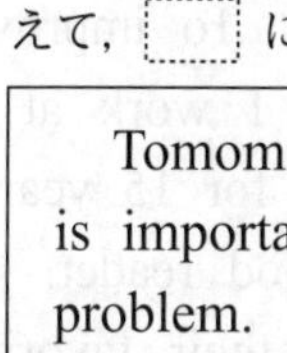
Emma

I work at a toy company in America. I make stuffed animals there. I like to make things with my hands, so I enjoy this job. I learned something interesting about my job. Police officers in my city carry stuffed animals in their patrol cars for small children. ① They are used because small children may be afraid of police officers. Even when children are crying, stuffed animals can make children relieved. I didn't know about this. I also learned that all the patrol cars in my city carry the stuffed animals my company made. The stuffed animals that I make connect the police officers and the children in my city and make them happy. I'm so proud of my job.

Bob

I started working as a chef five years ago. My restaurant is in a small town of the U.K. It is different from other restaurants. At my restaurant, I use the vegetables that local farmers can't sell because of their strange shapes. One day, one of the local farmers said to me, "Thank you for using my vegetables. I'm happy because I'm always working hard to grow them. They don't look good, but they taste good." When I heard this, I also felt happy. I'm supporting the local farmers through my job, and ②I'm also supported by them. I can make delicious food by using their vegetables for my customers. I'm glad to see the happy faces of both the local farmers and my customers.

Lily

When I was a student, I worked as a volunteer for blind people. I read books aloud for them. I still remember the first person I helped. She didn't look happy when I was reading a book aloud. Later, I recorded my voice and listened to it. Then I found that I was speaking too fast and my voice was small. The story I read aloud was interesting, but it didn't sound interesting. I understood why she wasn't happy. To improve my reading, I started to practice reading books aloud. Now I work at a company that makes audiobooks in Canada. I've been working for 15 years, but I still practice reading stories aloud every day to be a good reader. I believe that blind people can feel happy when they listen to their favorite audiobooks.

<注> stuffed animal(s) 動物のぬいぐるみ　patrol car(s) パトカー
afraid of ～ ～を恐れて　relieved 安心した　connect ～ ～を結びつける
proud of ～ ～を誇りに思って　volunteer ボランティア
blind 目の不自由な　aloud 声に出して　record(ed) ～ ～を録音する
audiobook(s) オーディオブック。本の朗読を録音したもの。　reader 朗読者

1 下線部①が示す内容として最も適切なものを，次のア～エから１つ選び，記号で答えなさい。

ア small children　イ stuffed animals　ウ police officers　エ patrol cars

2 下線部②のようにボブ（Bob）が考える理由を，本文の内容から具体的に日本語で書きなさい。

3 次の⑴，⑵の質問に対する答えを，本文の内容に合うように英語で書きなさい。

⑴ Why does Emma enjoy her job at the company?

⑵ What did Lily find when she recorded her voice and listened to it?

4　次の英文は，このウェブサイトを見たパウロ（Paulo）と春香（Haruka）の会話です。本文の内容をふまえて，あとの(1)～(4)の問いに答えなさい。

Paulo:　These stories gave me a chance to think about my future job.
Haruka:　I agree.　I'm interested in Emma's job because I like making clothes with my hands.
Paulo:　She didn't know that her stuffed animals were used by police officers.　I learned our job may be（　Ⓐ　）to someone we never imagine.
Haruka:　That's true.　I was interested in Bob's way of working.　He thinks about not only（　Ⓑ　）but also（　Ⓒ　）.
Paulo:　That's right.　I learned an important thing from Lily's story.　We should do our best to improve our job skills.　Lily does it by [　Ⓓ　].
Haruka:　These three people have different jobs, but they're sending us the same message, "[　Ⓔ　]."

＜注＞　chance　機会　　job skill(s)　仕事の技能

(1)　（Ⓐ）に入る最も適切なものを，次のア～エから１つ選び，記号で答えなさい。
　ア　famous　　イ　popular　　ウ　helpful　　エ　difficult

(2)　（Ⓑ），（Ⓒ）に入る語句の組み合わせとして最も適切なものを，次のア～エから１つ選び，記号で答えなさい。
　ア　Ⓑ　his restaurant　—　Ⓒ　other restaurants
　イ　Ⓑ　his customers　—　Ⓒ　local farmers
　ウ　Ⓑ　his customers　—　Ⓒ　other restaurants
　エ　Ⓑ　other restaurants　—　Ⓒ　local farmers

(3)　[Ⓓ] に入る最も適切なものを，次のア～エから１つ選び，記号で答えなさい。
　ア　talking with her customers
　イ　practicing reading stories aloud every day
　ウ　writing her own stories
　エ　listening to interesting stories

(4)　[Ⓔ] に入る最も適切なものを，次のア～エから１つ選び，記号で答えなさい。
　ア　It is necessary to make things with our hands
　イ　We should start a new company for local people
　ウ　Working as a volunteer will be a good experience
　エ　Our jobs can make other people happy

第五問 高校生の果歩（Kaho）と，果歩の高校に留学しているマイク（Mike）が，次のような会話をしています。この英文を読んで，あとの１，２の問いに答えなさい。

Kaho: A new exchange student is going to come to our class next month.

Mike: I know! Her name is Alice, right? I'm very excited.

Kaho: Do you know anything about her?

Mike: Yes, a little. I heard about her from our English teacher. She is interested in Japanese culture.

Kaho: [①]

Mike: She likes Japanese comics. So she studies Japanese.

Kaho: Oh, really? Then, let's have a welcome party for her.

Mike: That will be nice. Kaho, what do you want to do for her at the party?

Kaho: [②]

＜注＞ exchange student 交換留学生

1 二人の会話が成立するように，本文中の [①] に入る**英語**を１文書きなさい。

2 二人の会話が成立するように，本文中の [②] に**３文以上の英語**を書きなさい。

＜理科＞

時間　50分　　満点　100点

第一問　次の１～３の問いに答えなさい。

１　図１は，ヒトの血液が体内を循環する経路を模式的に表したものです。あとの⑴～⑶の問いに答えなさい。

図１

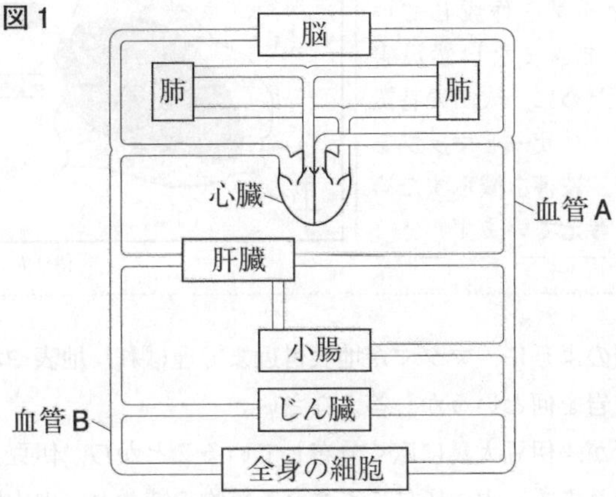

⑴　図１の血管Aを流れる，酸素を多くふくむ血液を何というか，答えなさい。

⑵　さまざまな物質をふくむ血液が，体内を循環することで，物質は器官に運ばれます。血液にふくまれる物質と，器官のはたらきについて述べたものとして，最も適切なものを，次のア～エから１つ選び，記号で答えなさい。

ア　血小板中のヘモグロビンと結びついた酸素は，脳に運ばれ，細胞内で使われる。

イ　血液にふくまれる二酸化炭素は，肝臓に運ばれ，無害なアンモニアに変わる。

ウ　小腸で吸収された食物中の繊維は，肝臓に運ばれ，たくわえられる。

エ　尿素などの不要な物質は，じん臓に運ばれ，血液中からとり除かれる。

⑶　図１の血管Bには，ところどころに弁があります。この弁のはたらきを，簡潔に述べなさい。

２　宮城県に住む久美さんは，理科の学習の中で，自然と人間とのかかわりについて調べており，インターネットを利用して，伊豆大島に住む佐藤さんに質問しています。下の□は，久美さんと佐藤さんの会話です。あとの⑴～⑶の問いに答えなさい。

伊豆大島には，現在も活動を続ける火山がありますが，伊豆大島に住む方々の生活は，火山とどのようなかかわりがありますか。

久美さん

伊豆大島は，島全体が火山です。温泉は観光資源として，また，島に広く分布する，火成岩である玄武岩は，建材として活用されています。このように，火山の恵みを利用する一方，噴火により自然災害が発生し，被害を受けることもあります。

佐藤さん

伊豆大島では，自然災害に備えて，何か取り組んでいることがありますか。

久美さん

佐藤さん

伊豆大島では，火山の特徴に加えて，島の地形や気象の特徴を調べ，ご覧のようなハザードマップを作成しています。さまざまな自然災害に備えるために，火山の特徴を理解し，ハザードマップを活用して，被害を減らすための計画を考えています。

佐藤さんが示したハザードマップの一部

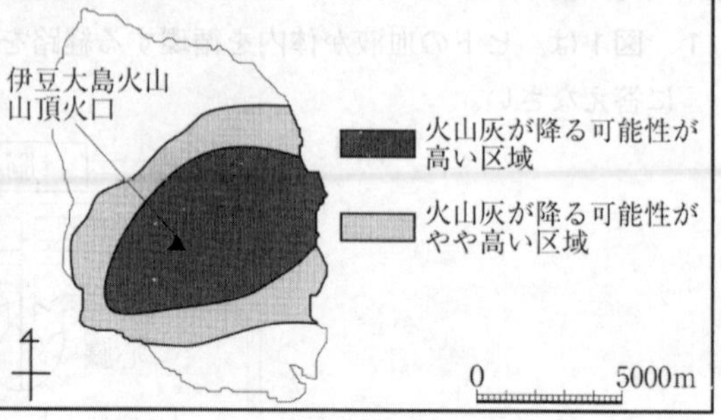

（「伊豆大島火山防災マップ」より作成）

⑴　下線部の玄武岩のように，マグマが地表付近まで運ばれ，地表や地表付近で短い時間で冷えて固まった火成岩を何というか，答えなさい。

⑵　下線部の玄武岩が，伊豆大島に広く分布していることから，伊豆大島火山から噴出した火山灰の特徴がわかります。火山灰にふくまれる鉱物の特徴と，火山灰の色の組み合わせとして，最も適切なものを，次のア～エから１つ選び，記号で答えなさい。

ア　角張った鉱物が多い　－　白っぽい　　イ　丸みを帯びた鉱物が多い　－　白っぽい

ウ　角張った鉱物が多い　－　黒っぽい　　エ　丸みを帯びた鉱物が多い　－　黒っぽい

⑶　次の文章は，久美さんたちの会話とハザードマップをもとにして，伊豆大島火山の火山活動にともなって発生する可能性がある，自然災害について述べたものです。内容が正しくなるように，①のア，イ，②のウ，エからそれぞれ１つ選び，記号で答えなさい。

伊豆大島火山の地下にあるマグマのねばりけは①(ア　弱い　　イ　強い）ため，溶岩流が火山の斜面に沿って流れ，火口から離れたところまで，広がる可能性がある。また，伊豆大島の上空には，②(ウ　北西や南東　　エ　北東や南西）の風がふくことが多く，島の北部や南部と比べて，東部や西部には，火山灰が降り積もる可能性が高い。

3　ダニエル電池をつくり，抵抗器に加わる電圧と，電極のようすを調べた実験について，あとの⑴～⑹の問いに答えなさい。

［実験］

[1]　ビーカーに，５％の硫酸亜鉛水溶液と亜鉛板を入れた。

[2]　透析用セロハンチューブの片方を結んで閉じたものに，５％の硫酸銅水溶液と銅板を入れた。

[3]　図２のように，[2]の透析用セロハンチューブ

図２

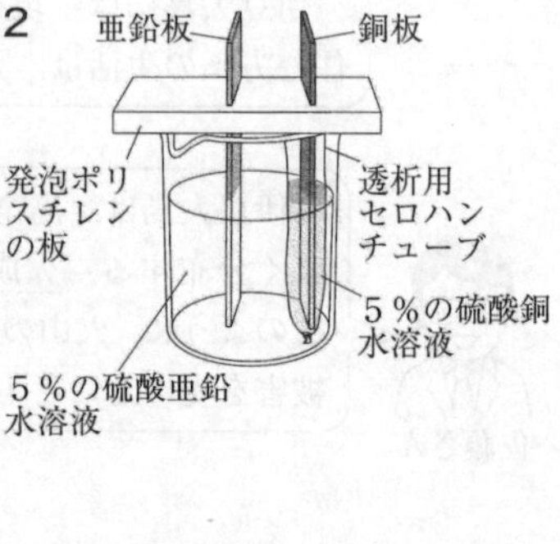

を，1のビーカーの中の硫酸亜鉛水溶液に入れ，発泡ポリスチレンの板を使って２つの金属板を立てた。

4　図３のように，3の金属板，40Ωの抵抗器，電圧計を導線でつなぎ，ダニエル電池をつくった。①電圧計の針はつねに＋《プラス》側にふれ，②電圧計の値は1.0Vを示した。しばらくした後，③銅板には赤い物質が付着した。

図３

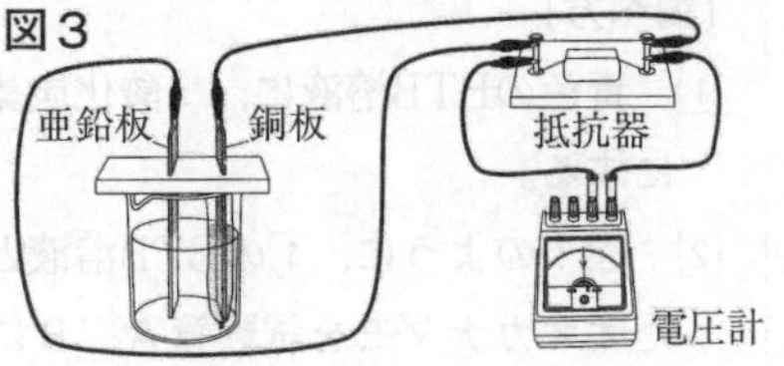

⑴　硫酸銅水溶液における水のように，物質をとかしている液体を溶媒といいますが，硫酸銅水溶液における硫酸銅のように，溶液にとけている物質を何というか，答えなさい。

⑵　下線部①のようになったのは，図３の回路を流れた電流の向きが変わらなかったためです。このように，一定の向きに流れる電流を何というか，答えなさい。

⑶　図３の回路を流れた電流について述べたものとして，正しいものを，次のア～エから１つ選び，記号で答えなさい。

ア　＋極である亜鉛板から，導線や抵抗器を通って，－《マイナス》極である銅板に流れた。
イ　＋極である銅板から，導線や抵抗器を通って，－極である亜鉛板に流れた。
ウ　－極である亜鉛板から，導線や抵抗器を通って，＋極である銅板に流れた。
エ　－極である銅板から，導線や抵抗器を通って，＋極である亜鉛板に流れた。

⑷　次の［　　］は，4で，ダニエル電池によって外部に電気エネルギーをとり出したときの，エネルギーの変換を表したものです。（　）に入る語句として，最も適切なものを，次のア～エから１つ選び，記号で答えなさい。

ア　光　　イ　弾性
ウ　化学　エ　熱

（　　　）エネルギー　→　電気エネルギー

⑸　下線部②のとき，回路を流れた電流の大きさは何Ａか，求めなさい。

⑹　下線部③の赤い物質を集め，薬品さじでこすると，金属光沢が見られたことから，赤い物質は銅であることがわかりました。銅板に銅が付着した理由について述べたものとして，最も適切なものを，次のア～エから１つ選び，記号で答えなさい。

ア　硫酸銅水溶液中の銅イオンが，陽子を失って銅となったから。
イ　硫酸銅水溶液中の銅イオンが，電子を失って銅となったから。
ウ　硫酸銅水溶液中の銅イオンが，陽子を受けとって銅となったから。
エ　硫酸銅水溶液中の銅イオンが，電子を受けとって銅となったから。

第二問

誠さんと恵さんは，理科の授業で，植物に出入りする二酸化炭素の量について疑問をもち，仮説を立て，調べ方を考えて，実験を行いました。あとの１～５の問いに答えなさい。

〔仮説〕

植物は常に呼吸を行うので，植物を入れた密閉容器内の二酸化炭素の量は，植物が光合成を行うと変わらず，光合成を行わないと増えるだろう。

図１

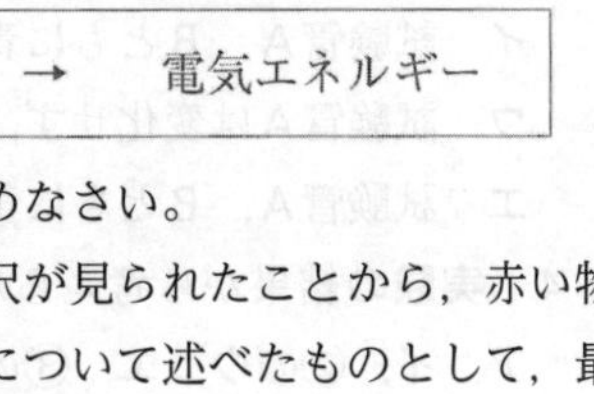

［調べ方］

[1] 青色のBTB溶液に，二酸化炭素を吹きこみ，緑色にする。

[2] 図1のように，[1]のBTB溶液と，同じ長さに切ったオオカナダモを試験管A，Bに入れ，ゴム栓で密閉し，光合成を行わないように，試験管Bの全体をアルミニウムはくで包む。

[3] 暗室で，図2のように，[2]の試験管A，Bに，1m離れた地点から電球の光を当てる。1時間後，BTB溶液の色の変化を観察する。

図2

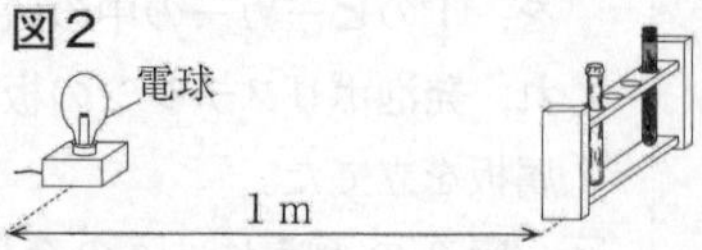

表

	ＢＴＢ溶液の色
試験管A	青色に変化した
試験管B	黄色に変化した

［実験］ 調べ方をもとに操作と観察を行い，その結果を表にまとめた。

1 植物の細胞の中にある，光合成を行う緑色の粒を何というか，答えなさい。

2 調べ方で，誠さんたちは，気体の二酸化炭素がもつ性質をもとにして，溶液中の二酸化炭素の増減を調べようとしました。気体の二酸化炭素がもつ性質のうち，実験で，誠さんたちが利用した性質として，最も適切なものを，次のア～エから1つ選び，記号で答えなさい。

ア 空気よりも重い。　　イ 石灰水を白くにごらせる。

ウ ものを燃やすはたらきがない。　　エ 水にとけると酸性を示す。

3 誠さんたちが立てた仮説が正しい場合に予想される，試験管A，Bに入れたBTB溶液の色の変化について述べたものとして，最も適切なものを，次のア～エから1つ選び，記号で答えなさい。

ア 試験管Aは変化せず，試験管Bは青色に変化する。

イ 試験管A，Bともに青色に変化する。

ウ 試験管Aは変化せず，試験管Bは黄色に変化する。

エ 試験管A，Bともに黄色に変化する。

4 実験の結果から考えられることについて述べた次の文章の内容が正しくなるように，①のア，イ，②のウ，エ，③のオ，カからそれぞれ1つ選び，記号で答えなさい。

> 試験管Aでは，植物から放出された二酸化炭素の量より，植物に吸収された二酸化炭素の量の方が①(ア 多かった　イ 少なかった）と考えられる。試験管Bでは，植物が②(ウ 光合成　エ 呼吸）を行わず，二酸化炭素は③(オ 吸収　カ 放出）されるのみだったと考えられる。

5 下の ⬚ は，実験をふり返ったときの，先生と誠さんたちの会話です。

先生 ：実験で，BTB溶液の色の変化が，植物のはたらきによることを，確かめられたかな。

誠さん：実験をふり返ると，植物のはたらきによるものかは，確かめられなかったと思います。

恵さん：そうだね。では，どうすれば，確かめられるだろう。

誠さんたちは，下線部について確かめるために，試験管Cを準備し，1つの条件以外を同じにして対照実験を行うことにしました。**調べ方**で準備した試験管Aの条件に対して変える，試験管Cの条件と，期待される，試験管CのBTB溶液の色の観察結果を，それぞれ簡潔に述べなさい。

第三問

宮城県内のある地点において，同じ年の夏至の日と秋分の日の太陽の動きを調べた**観察**について，あとの1～4の問いに答えなさい。

〔**観察**〕　夏至の日と秋分の日の8時から15時まで，1時間ごとに太陽の位置を観察し，その位置を●印で透明半球に記録した。図1のように，●印をなめらかな曲線で結び，この曲線を透明半球のふちまで延長して，透明半球上に太陽の通り道をかいた。さらに，夏至の日の曲線と透明半球のふちとの東側の交点をX点，夏至の日の8時の太陽の位置をA点とした。

図1

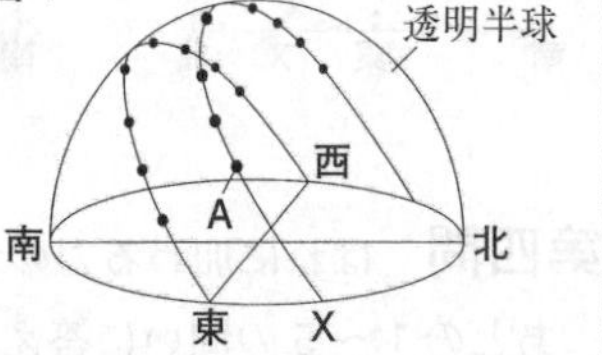

1　太陽などの天体は，地球から天体までの距離が非常に遠いため，観測者を中心とした大きな球体の天井にはりついているように見えます。この見かけ上の球体の天井を何というか，答えなさい。

2　**観察**の結果について説明した次の文章の内容が正しくなるように，①のア，イ，②のウ，エからそれぞれ1つ選び，記号で答えなさい。

透明半球上で，●印は東から西に向かうように記録された。これは，地球が①(ア　西から東　　イ　東から西）へ自転しているためである。また，夏至の日と秋分の日の南中時刻が，12時より②(ウ　前　　エ　後）だったのは，観測地点が兵庫県明石市より東に位置するためである。

3　図1で，A点とX点の間の弧の長さは8.7㎝，夏至の日の，1時間ごとの●印の間の弧の長さは2.3㎝でした。夏至の日の，日の出の時刻は，何時何分だったと考えられるか，最も適切なものを，次のア～エから1つ選び，記号で答えなさい。

ア　3時47分　　イ　4時13分　　ウ　4時47分　　エ　5時13分

4　図2は，図1の透明半球を東側から真横に見たものです。次の⑴，⑵の問いに答えなさい。ただし，図2では，図1にある●印を省略しています。

図2

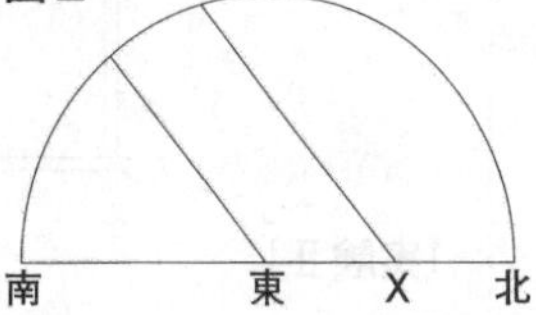

⑴　図2で，夏至の日から秋分の日にかけての，太陽の通り道の変化について述べたものとして，最も適切なものを，次のア～エから1つ選び，記号で答えなさい。

ア　南中高度は高くなり，日の出の位置は北寄りになっていった。
イ　南中高度は高くなり，日の出の位置は南寄りになっていった。
ウ　南中高度は低くなり，日の出の位置は北寄りになっていった。
エ　南中高度は低くなり，日の出の位置は南寄りになっていった。

⑵　現在，地球は，公転面に垂直な方向に対して地軸を23.4°傾けて公転しています。この地軸

の傾きは，約４万年から５万年の周期で少しずつ変化しています。地軸の傾きが22°になったときの，夏至の日の太陽の通り道を，図２に太い点線（…………）でかき入れたものとして，最も適切なものを，次のア～エから１つ選び，記号で答えなさい。ただし，観察と同じ地点で太陽の動きを調べ，地球の地軸の傾き以外の変化は考えないものとします。

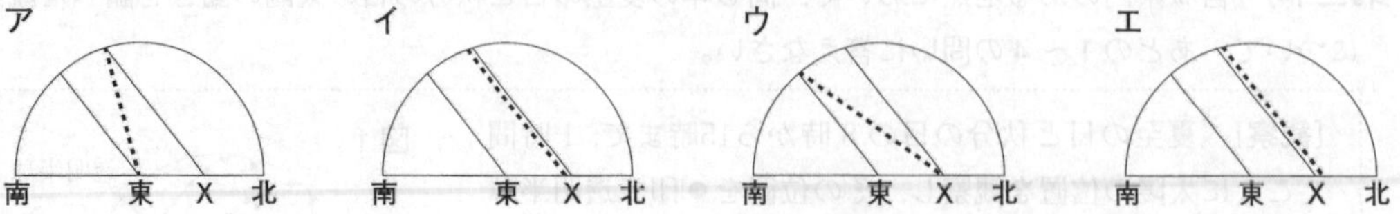

第四問

ばねに加わる力の大きさと，ばねののびとの関係について調べた実験Ⅰ，Ⅱについて，あとの１～５の問いに答えなさい。ただし，質量100 gの物体にはたらく重力の大きさを１Nとし，ばねの質量や力学台車にはたらく摩擦は考えないものとします。

〔実験Ⅰ〕

[1]　図１のように，長さが10.0cmのばねAを，スタンドに固定したつり棒につり下げた。

[2]　ばねAの下端に，質量が50 gのおもりを１個ずつつるしていき，つるすおもりを増やすたびに，ばねAとおもりが静止した状態で，ばねAののびをものさしで測定した。

[3]　ばねAを，長さが10.0cmのばねBにかえ，[2]と同様にして，ばねBののびを測定した。

[4]　[2]と[3]の結果をもとに，ばねAとばねBのそれぞれについて，ばねに加わる力の大きさとばねののびとの関係をグラフにまとめたところ，図２のようになった。

図１

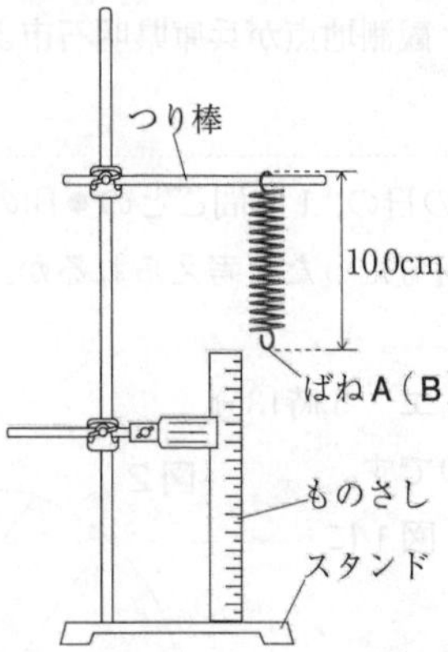

図２

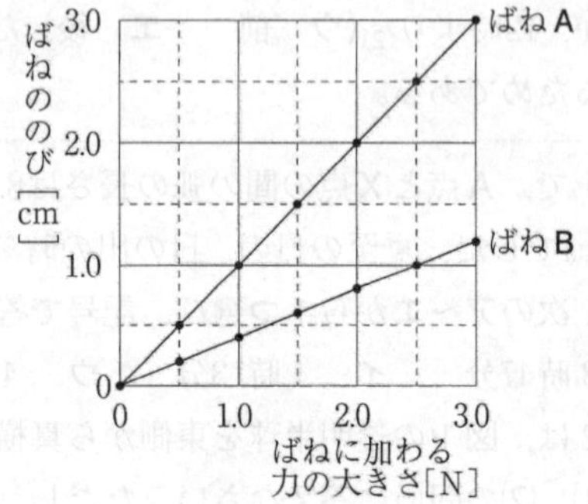

〔実験Ⅱ〕

[1]　次のページの図３のように，水平な台の上に置いた斜面上に質量が500 gの力学台車aを置き，実験Ⅰで使用したばねAをつないで斜面に沿って上向きに引き，力学台車aを斜面上に静止させたとき，ばねAの長さは13.0cmであった。

[2]　次のページの図４のように，水平な台の上に置いた，[1]と同じ傾きの斜面上に質量が1000 gの力学台車bを置き，実験Ⅰで使用したばねBをつないで斜面に沿って上向きに引き，力学台車bを斜面上に静止させたとき，ばねBの長さは12.4cmであった。

図３　　　図４

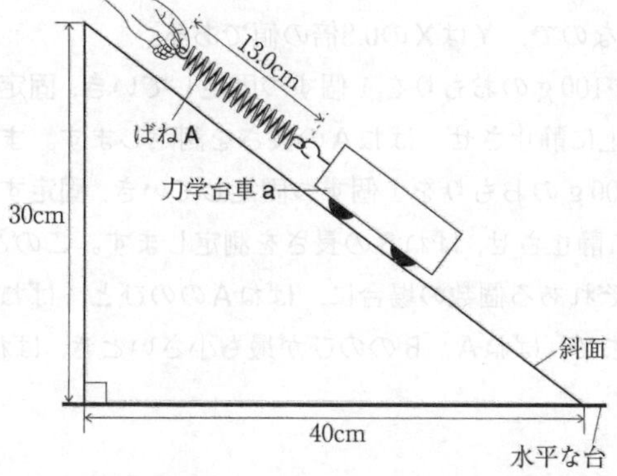

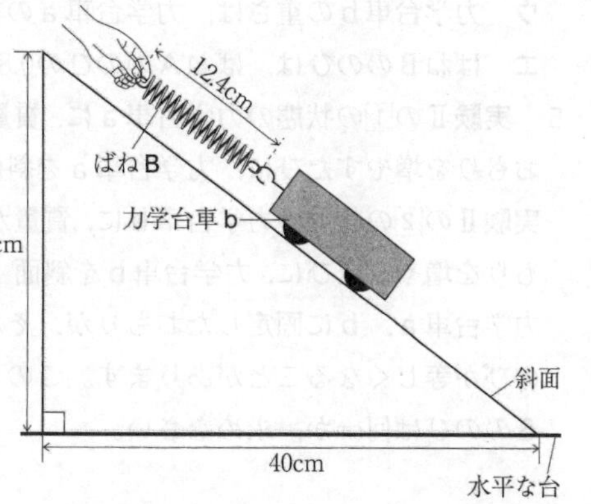

1　実験Ⅰで，ばねに力を加えるとばねがのびたことと共通する，力のはたらきによる物体のようすの変化について述べたものとして，最も適切なものを，次のア～エから１つ選び，記号で答えなさい。

ア　ボールを机の上にのせると，ボールは静止した。

イ　ボールを机におしつけると，ボールの形が変わった。

ウ　ボールを落とすと，ボールは速さを増しながら落下した。

エ　ボールを机の上で転がすと，ボールは少し転がって止まった。

2　実験Ⅰの③で，ばねBに加わる力の大きさが3.0Nのとき，ばねBののびは何cmか，求めなさい。

3　図５は，実験Ⅱの①で，斜面上に置いた力学台車aにはたらく重力を，力の矢印で表したものです。力学台車aにはたらく重力を，斜面下向きの分力と斜面に垂直な分力に分解し，解答用紙の図に力の矢印で表しなさい。

図５

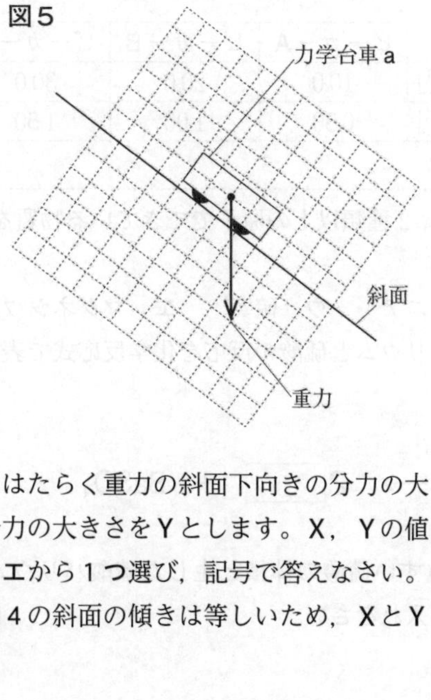

4　実験Ⅱで，力学台車aにはたらく重力の斜面下向きの分力の大きさをX，力学台車bにはたらく重力の斜面下向きの分力の大きさをYとします。X，Yの値について述べたものとして，正しいものを，あとのア～エから１つ選び，記号で答えなさい。

ア　図３の斜面の傾きと図４の斜面の傾きは等しいため，XとYは同じ値である。

イ　力学台車aと力学台車bは，どちらも斜面上に静止しているため，XとYは同じ値である。

ウ　力学台車bの重さは，力学台車aの重さの2倍なので，YはXの2倍の値である。

エ　ばねBののびは，ばねAののびの0.8倍なので，YはXの0.8倍の値である。

5　実験Ⅱの[1]の状態の力学台車aに，質量が100gのおもりを1個ずつ固定していき，固定するおもりを増やすたびに，力学台車aを斜面上に静止させ，ばねAの長さを測定します。また，実験Ⅱの[2]の状態の力学台車bに，質量が200gのおもりを1個ずつ固定していき，固定するおもりを増やすたびに，力学台車bを斜面上に静止させ，ばねBの長さを測定します。このとき，力学台車a，bに固定したおもりが，それぞれある個数の場合に，ばねAののびと，ばねBののびが等しくなることがあります。このうちで，ばねA，Bののびが最も小さいとき，ばねA，Bののびは何cmか，求めなさい。

第五問

うすい塩化バリウム水溶液に，うすい硫酸を加えたときの変化を調べた実験について，あとの1～5の問いに答えなさい。

［実験］

[1]　ビーカーA，B，C，D，Eに，うすい塩化バリウム水溶液を同じ試薬びんから，$50.0cm^3$ずつはかりとった。

[2]　うすい硫酸を同じ試薬びんから，ビーカーAには$10.0cm^3$，ビーカーBには$20.0cm^3$，ビーカーCには$30.0cm^3$，ビーカーDには$40.0cm^3$，ビーカーEには$50.0cm^3$加え，十分に反応させると，ビーカーA～Eのそれぞれで硫酸バリウムの白色沈殿が生じた。

[3]　ビーカーA～Eのそれぞれの液をよくかき混ぜ，硫酸バリウムがビーカーに残らないようにろ過した。次に，それぞれのろ紙に残った硫酸バリウムをよく乾燥させ，硫酸バリウムだけの質量を測定した。

[4]　[3]の結果を，表にまとめた。

表

	ビーカーA	ビーカーB	ビーカーC	ビーカーD	ビーカーE
うすい硫酸の体積　[cm^3]	10.0	20.0	30.0	40.0	50.0
硫酸バリウムの質量［g］	0.50	1.00	1.50	1.50	1.50

1　硫酸バリウムのように，2種類以上の原子でできている物質を，次のア～エから1つ選び，記号で答えなさい。

ア　水素　　イ　アンモニア　　ウ　硫黄　　エ　マグネシウム

2　実験における，塩化バリウムと硫酸の反応を化学反応式で表すとき，次の ① にあてはまる化学式を答えなさい。

$BaCl_2$ ＋ H_2SO_4 ⟶ 2 ① ＋ $BaSO_4$

3　表をもとに，加えたうすい硫酸の体積と生じた硫酸バリウムの質量との関係を表すグラフを，解答用紙の図にかき入れなさい。

4　表から，ビーカーC，D，Eのそれぞれに生じた硫酸バリウムの質量が等しいことがわかります。生じた硫酸バリウムの質量が等しくなった理由を，簡潔に述べなさい。

5　新たに準備したビーカーFに，[1]の試薬びんからうすい塩化バリウム水溶液を45.0cm^3はかりとりました。次に，[2]の試薬びんからうすい硫酸25.0cm^3をビーカーFに加え，十分に反応させました。このときに生じる硫酸バリウムの質量は何gか，求めなさい。

＜社会＞ 時間 50分 満点 100点

第一問 民主政治の成り立ちについて，**資料A**を読んで，あとの1～4の問いに答えなさい。

> **資料A　民主政治の成り立ち**
>
> 紀元前5世紀頃，①のアテネなどの都市国家では市民による政治が行われており，これが民主政治の起源とされます。しかし，奴隷《どれい》制のうえに成り立っていたことなど，古代の民主政治には，現代の民主政治とは異なる面がありました。②17世紀から18世紀に欧米諸国で起こった革命を経て，③民主政治は，基本的人権の尊重などの原理と結びついて発達し，世界に広がっていきました。また，現代では，多くの民主主義国家が，間接民主制を採用しつつ，④直接民主制の考え方を一部取り入れた政治を行っています。

1 ①にあてはまる地名として，正しいものを，次の**ア**～**エ**から1つ選び，記号で答えなさい。

ア インド　**イ** エジプト　**ウ** イラク　**エ** ギリシャ

2 下線部②について，**資料B**は，フランス革命のときに発表された人権宣言の一部です。人権宣言の内容に影響を与えたフランスの思想家を，次の**ア**～**エ**から1つ選び，記号で答えなさい。

> **資料B　人権宣言の一部**
>
> 第3条
>
> あらゆる主権の原理は，本質的に国民に存する。(以下略)

ア ルソー　**イ** ロック　**ウ** マルクス　**エ** ナポレオン

3 下線部③について，次の(1)，(2)の問いに答えなさい。

(1) 民主主義を求める動きが高まりをみせていた，大正時代の日本のできごとについて述べた文として，最も適切なものを，次の**ア**～**エ**から1つ選び，記号で答えなさい。

ア 自由民権運動が始まった。　**イ** 大日本帝国憲法が制定された。

ウ 選挙権が男女に等しく認められた。　**エ** 初の本格的な政党内閣が成立した。

(2) 日本国憲法が保障する基本的人権のうち，自由権に含まれる権利を，次の**ア**～**エ**から1つ選び，記号で答えなさい。

ア 参政権　**イ** 生存権　**ウ** 財産権　**エ** 裁判を受ける権利

4 下線部④について，日本の政治において，直接民主制の考え方が取り入れられているものとして，最も適切なものを，次の**ア**～**エ**から1つ選び，記号で答えなさい。

ア 憲法改正の発議　**イ** 最高裁判所裁判官に対する国民審査

ウ 内閣総理大臣の指名　**エ** 裁判官に対する弾劾裁判

第二問 光一さんは，社会科の授業で，「九州地方の農業」について調べました。次の1，2の問いに答えなさい。

1 光一さんは，九州地方の自然環境と農業について，地域ごとの特色を調べるため，**略地図**を準備しました。あとの(1)～(3)の問いに答えなさい。

(1) **略地図**中に　　　で示した平野では，米の生産がさかんです。福岡県と佐賀県にまたがって広がる，この平野の名称を書きなさい。

(2)　略地図中に示した，P～Sの地域それぞれにおいて，広くみられる地形や土壌について説明した文として，最も適切なものを，次のア～エから１つ選び，記号で答えなさい。

ア　Pの地域には，海の近くまで続く険しい山地と，複雑に入り組んだリアス海岸が，広範囲にわたってみられる。

イ　Qの地域には，火山活動にともなう噴出物が積み重なってできた，シラスとよばれる，水はけのよい灰白色の土の層が広がっている。

ウ　Rの地域には，河川が運んだ，粒の細かな土が堆積してできた大規模な三角州が，河口に向かって広がっている。

エ　Sの地域には，火山の噴火にともなう陥没《かんぼつ》などによってできた，カルデラとよばれる，大きくくぼんだ地形がみられる。

略地図

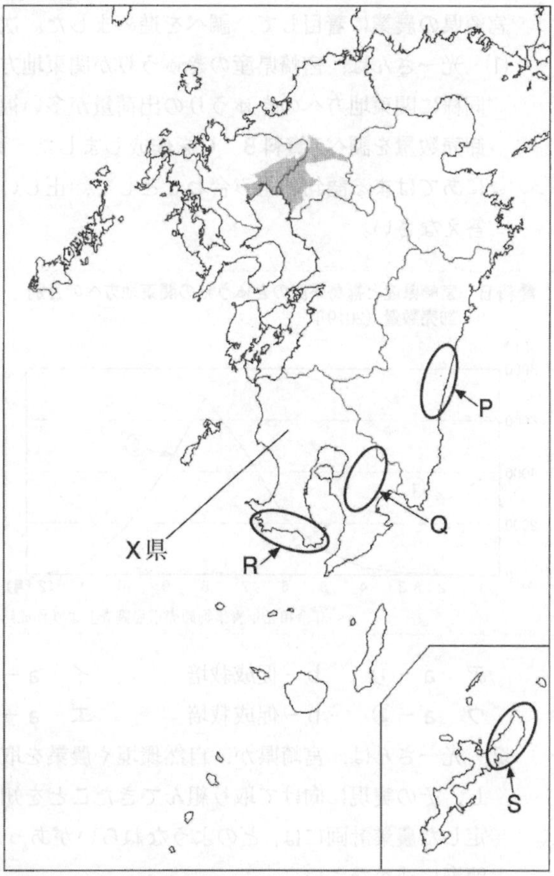

(3)　光一さんは，九州地方の各県で生産されるおもな農産物について調べ，資料Aを作成しました。資料Aは，九州地方の各県の農産物産出額上位４品目をまとめたものです。略地図中のX県を示すものを，資料A中の ア ～ エ から１つ選び，記号で答えなさい。

資料A　九州地方の各県の農産物産出額上位４品目（2019年）

	福岡県	佐賀県	熊本県	宮崎県	ア	イ	ウ	エ
品目〔金額（億円）〕	米〔376〕	肉用牛〔163〕	肉用牛〔427〕	肉用牛〔780〕	肉用牛〔239〕	米〔210〕	肉用牛〔1278〕	肉用牛〔254〕
	いちご〔220〕	米〔155〕	トマト〔408〕	ブロイラー〔687〕	さとうきび〔152〕	肉用牛〔152〕	豚〔847〕	豚〔127〕
	鶏卵〔111〕	みかん〔136〕	米〔368〕	豚〔521〕	豚〔132〕	豚〔83〕	ブロイラー〔695〕	いちご〔119〕
	生乳〔82〕	ブロイラー〔92〕	生乳〔276〕	きゅうり〔178〕	きく（切り花）〔70〕	生乳〔76〕	鶏卵〔263〕	みかん〔118〕

（注）ブロイラーとは，食肉用鶏の一品種である。また，数字は四捨五入している。

（「令和元年生産農業所得統計」より作成）

2　光一さんは，宮崎県の農産物産出額が，第二次世界大戦後に大きく伸びていることを知り，宮崎県の農業に着目して，調べを進めました。次の⑴，⑵の問いに答えなさい。

⑴　光一さんは，宮崎県産のきゅうりが関東地方に多く出荷されていることを知り，宮崎県と同様に関東地方へのきゅうりの出荷量が多い福島県と比較するために，関東地方への月別の卸売数量を調べ，**資料B**，**C**を作成しました。**資料C**中の［a］にあてはまる記号と，［b］にあてはまる語句の組み合わせとして，正しいものを，あとの**ア**～**エ**から**1つ**選び，記号で答えなさい。

資料B　宮崎県産と福島県産のきゅうりの関東地方への月別卸売数量（2019年）

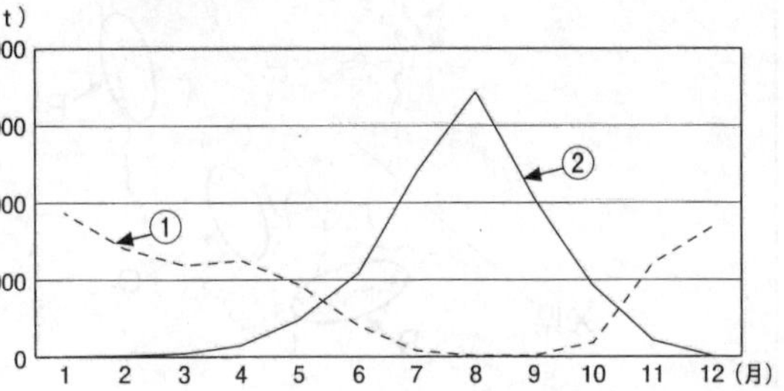

（「令和元年青果物卸売市場調査」より作成）

資料C　宮崎県のきゅうり生産の特徴

資料B中の，関東地方に出荷された宮崎県産のきゅうりの卸売数量を示した［a］のグラフをみると，卸売数量が最も多くなる時期が，福島県とは異なることがわかります。これは，宮崎県の気候の特徴を生かした［b］を取り入れることで，出荷時期の調整が行われているからです。

ア　a－①　　b－促成栽培　　　**イ**　a－①　　b－抑制栽培
ウ　a－②　　b－促成栽培　　　**エ**　a－②　　b－抑制栽培

⑵　光一さんは，宮崎県が，自然環境や農業を取りまく情勢の変化に対応した農業計画を策定し，その実現に向けて取り組んできたことを知り，**資料D**～**F**を作成しました。宮崎県が策定した農業計画には，どのようなねらいがあったと考えられるか，**資料D**～**F**を参考にして，簡潔に述べなさい。

資料D　宮崎県が策定した農業計画の内容の一部

・宮崎県防災営農計画（1960年）
　早期に収穫できる水稲，施設を利用する園芸農業，畜産を導入し，定着を図る。
・第四次農業振興長期計画（1991年）
　宮崎牛などのみやざきブランドを確立する。

（「みやざき新農業創造プラン」などより作成）

資料E　台風による宮崎県の被害

○　宮崎県では，1945年から1960年のあいだに，台風の影響による大きな災害が6回起こった。
○　1954年9月の台風12号による豪雨災害では，約1万3,700haの田畑が，流失したり，埋没したりした。

（「九州災害履歴情報データベース」などより作成）

資料F　牛肉の国内生産量と輸入量

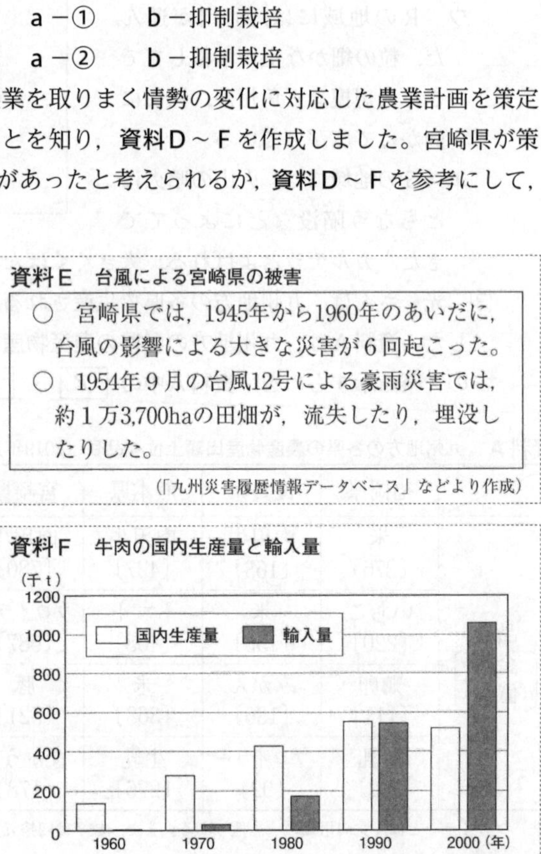

（「数字でみる日本の100年 改訂第7版」より作成）

第三問　京子さんは，社会科の授業で，「みそとしょうゆの歴史」について調べました。**資料A**は，京子さんが調べたことをまとめたものの一部です。これをみて，あとの**1**～**5**の問いに答えなさい。

資料A　みそとしょうゆの歴史

みそとしょうゆの起源	みその広まり	しょうゆの広まり
古代中国でつくられていた醤《ひしお》が，みそとしょうゆの起源とされる。日本では，①飛鳥時代には，醤がつくられていたと考えられている。	②農業生産力が向上した鎌倉時代に，原料の大豆の生産量が増えた。③中世のあいだに，戦いのときの携帯食としての利用が広がり，みそ汁も普及した。	④江戸時代にそばなどの庶民の料理が発展し，しょうゆの需要が高まった。⑤大量に生産されたしょうゆが各地に運ばれ，流通が拡大した。

1　下線部①について，この時代の日本では，中国・朝鮮の文化を取り入れ，政治制度が整備されました。家がらによらず有能な人材を採用するために，7世紀初めに，役人の序列を定めた制度を何というか，書きなさい。

2　下線部②について，この時代の農業の特徴を述べた文として，最も適切なものを，次の**ア**～**エ**から**1つ**選び，記号で答えなさい。

ア　大陸から鉄器が伝わり，鉄の刃先をつけた農具が使われはじめた。
イ　農具の改良が行われ，千歯こきや備中ぐわが使われるようになった。
ウ　農法が進歩し，二毛作や牛馬による耕作が行われるようになった。
エ　木版印刷が広まり，出版された農書を通じて農業技術が普及した。

3　下線部③について，戦乱の多かった中世には，多くの武士や農民が戦いに加わりました。日本の中世の戦いについて述べた次の**ア**～**ウ**の文を，起こった年代の古い順に並べかえ，記号で答えなさい。

ア　幕府に不満をもつ武士を味方に付けた後醍醐天皇が兵を挙げ，幕府を倒した。
イ　南朝と北朝に分かれて対立していた朝廷が統一され，長く続いた動乱が収まった。
ウ　幕府に忠誠をちかった武士が，モンゴルの襲来に対して，防衛のために戦った。

4　下線部④について，**資料B**は，そばを運ぶ人の姿がえがかれている，江戸時代の作品の一部です。**資料B**に関わる文化について述べた次の文中の　a　，　b　にあてはまる語句の組み合わせとして，最も適切なものを，次の**ア**～**エ**から**1つ**選び，記号で答えなさい。

資料B　江戸時代の風景画の一部

この作品がえがかれたころ，　a　文化とよばれる，江戸を中心とした庶民の文化が発展し，この作品のような，庶民の生活のようすや風景をえがいた　b　が流行した。

ア　a－化政　b－錦絵　　**イ**　a－化政　b－水墨画
ウ　a－元禄　b－錦絵　　**エ**　a－元禄　b－水墨画

5　下線部⑤について，京子さんは，しょうゆの生産と輸送に興味をもって調べ，次のページの**資料C**，**D**を作成しました。18世紀から19世紀のあいだに，江戸に供給されるしょうゆの，おもな生産地と江戸までの輸送は，どのようにうつりかわったと考えられるか，**資料C**，**D**を参考にして，簡潔に述べなさい。

資料C 1726年と1821年に江戸に入荷したしょうゆの量と生産地

1726年	入荷したしょうゆは約13万樽《たる》で，そのうち約76％が関西地方産。
1821年	入荷したしょうゆは約125万樽で，そのうち約98％が関東地方産。

(注) 数字は四捨五入している。

資料D 18世紀から19世紀の水運の航路の一部としょうゆのおもな生産地

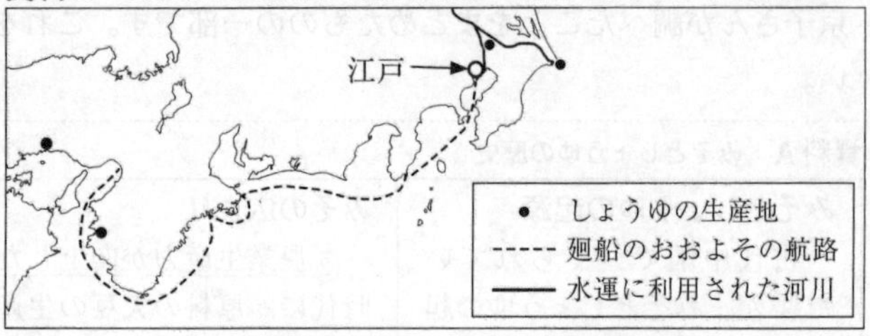

(資料C，Dともに「日本の味 醤油の歴史」などより作成)

第四問 科学技術の発展と社会の変化について，資料Aを読んで，あとの1～3の問いに答えなさい。

資料A 科学技術の発展と社会の変化

科学技術の発展は，社会に大きな変化をもたらしました。たとえば，①情報化の進展は，新しい産業を創出し，市場を拡大させました。また，②医療技術の進歩は，医療のあり方にも影響を与えています。私たちには，科学技術の発展にともなう変化に対応するとともに，③社会をよりよい方向に変える手助けになるように，科学技術を活用することが求められています。

1 下線部①について，次の(1)～(3)の問いに答えなさい。

(1) 情報化の進展についてまとめた資料B中の a ， b にあてはまる語句の組み合わせとして，最も適切なものを，次のア～エから1つ選び，記号で答えなさい。

資料B 情報化の進展

a と略称される情報通信技術は，急速に発展し，私たちの生活の利便性を大きく向上させました。一方で，情報化社会に対応するために，情報を正しく読み取り活用する能力である b を身に付けることが求められています。

ア a － ICT b － 情報リテラシー
イ a － ICT b － マスメディア
ウ a － AI b － 情報リテラシー
エ a － AI b － マスメディア

(2) 科学技術の発展にともない，情報通信などの分野で，形のない商品の流通が増えています。市場で取り引きされる商品のうち，形のない商品のことを何というか，次のア～エから1つ選び，記号で答えなさい。

ア 資本 イ サービス ウ 株式 エ 利潤

(3) 日本において，市場の独占を規制して自由競争をうながすために，独占禁止法にもとづいて監視や指導を行う国の機関を何というか，書きなさい。

2 下線部②について，医療のあり方の変化を背景に，医療現場でインフォームド・コンセントが求められるようになりました。インフォームド・コンセントについて説明したものとして，最も適切なものを，次のページのア～エから1つ選び，記号で答えなさい。

ア　医師が，医療に関する十分な専門的知識を身に付けたうえで，患者の治療にあたること。
イ　医師が，治療の内容について記録を残し，患者からの要望があれば情報を開示すること。
ウ　患者の個人情報を，患者の許可なく他者に知られないよう，医師が厳重に管理すること。
エ　治療方法などを患者が最終決定できるよう，医師が十分に説明して患者の同意を得ること。

3　下線部③について，科学技術を医療に生かす取り組みとして，情報通信機器を通して診察や診断などを行うオンライン診療の導入が進められています。オンライン診療について，導入することで高齢の患者が得られる利点と，導入にあたっての課題を，**資料C～E**を参考にして，簡潔に述べなさい。

資料C　医療サービス利用時の移動手段（2017年）

		自分で運転する自動車等	公共交通機関	家族による送迎
都市規模別（%）	大都市	25.0	23.1	4.1
	中都市	46.8	9.9	11.2
	小都市	59.2	5.2	17.0
	町村	55.2	4.6	16.7
年齢別（%）	55～59歳	65.4	11.8	1.3
	60歳代	59.8	7.7	6.2
	70歳代	40.9	12.0	12.8
	80歳以上	21.9	14.0	26.5

（注）調査対象は全国の55歳以上の男女である。また，数字は四捨五入している。
（「平成29年高齢者の健康に関する調査」より作成）

資料D　年齢階層別インターネット利用率（2017年）

年齢階層	インターネット利用率（%）
60歳代	73.9
70歳代	46.7
80歳以上	20.1

（「令和元年版情報通信白書」より作成）

資料E　オンライン診療に患者への配慮を取り入れた例

看護師などが通信用機器を持参して患者宅を訪問し，機器の設置と診療のサポートを行う。

（「厚生労働省ホームページ」より作成）

第五問

美雪さんは，社会科の授業で，「南アメリカ州の人々の生活と文化」について調べました。次の1～3の問いに答えなさい。

1　美雪さんは，南アメリカ州の自然環境と生活とのかかわりについて調べ，**資料A**を作成しました。あとの(1)，(2)の問いに答えなさい。

資料A　南アメリカ州の自然環境と生活とのかかわり

○　アマゾン川の流域に暮らす先住民は，焼畑農業を行い，キャッサバとよばれるいもなどを栽培してきました。また，川でとれる豊富な魚は，流域に暮らす人々の食生活にかかせないものとなっています。

○　ラプラタ川流域の平地には，河口付近を中心に，［①］とよばれる広大な草原が広がっています。この地域では，19世紀から大規模な牧畜が発展し，牛肉を使った料理がよく食べられてきました。

○　②<u>アンデス山脈の高山地帯に暮らす先住民</u>は，とうもろこしやじゃがいもなどを，それぞれの栽培に適した標高の場所でつくり，それらの作物を標高の異なる地域のあいだで互いに交換してきました。

(1) ① にあてはまる語句を書きなさい。

(2) 下線部②について，美雪さんは，南アメリカ州の気候について，アンデス山脈の高山地帯の気候を他の地域の気候と比べるために，資料A中に示したⅠ～Ⅲの3つの都市の標高と気候を調べ，資料B，Cを作成しました。都市Ⅰ～Ⅲと，資料C中のグラフX～Zの組み合わせとして，正しいものを，あとのア～カから1つ選び，記号で答えなさい。

資料B　都市Ⅰ～Ⅲの標高

	都市Ⅰ	都市Ⅱ	都市Ⅲ
標高（m）	3,826	72	1,159

（「気象庁ホームページ」より作成）

資料C　都市Ⅰ～Ⅲの気温と降水量

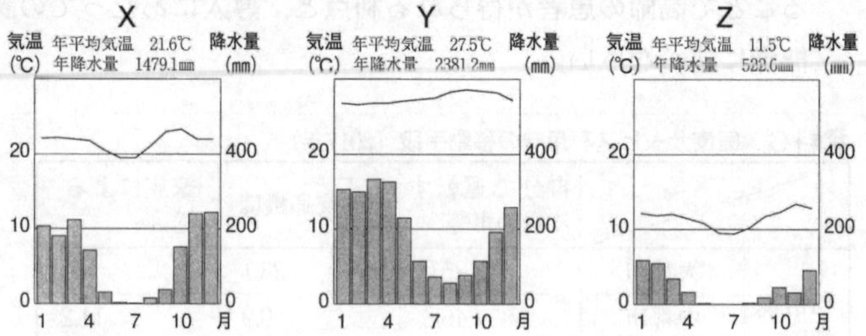

（「気象庁ホームページ」より作成）

	都市Ⅰのグラフ	都市Ⅱのグラフ	都市Ⅲのグラフ
ア	X	Y	Z
イ	X	Z	Y
ウ	Y	X	Z
エ	Y	Z	X
オ	Z	X	Y
カ	Z	Y	X

2　美雪さんは，南アメリカ州では，多様な人々が混ざり合って暮らす社会が形成されていることに気づきました。そこで，そのような社会が形成された背景について，南アメリカ州で最も人口が多いブラジルに着目して調べを進め，資料Dを作成しました。あとの(1)，(2)の問いに答えなさい。

資料D　ブラジルに暮らす人々の特徴

公用語	ポルトガル語
人種・民族の構成	ヨーロッパ系（約48%） 混血（約43%） アフリカ系（約８%） アジア系（約1.1%） 先住民（約0.4%）

○　ブラジルには，ヨーロッパ系とアフリカ系とのあいだの混血の人々が多く暮らしています。これは，メスチソ（メスチーソ）が多い，ペルーなどの，アンデス山脈に位置する国とは異なる特徴です。

○　ブラジルには，移民の子孫が多く暮らしています。農園での労働力として，ヨーロッパやアジアから多くの移民がブラジルに渡りました。③1908年に日本からブラジルへの最初の移民が渡り，1920年代から1930年代には特に増加しました。

（「外務省ホームページ」などより作成）

(1) 下線部③について，ブラジルへの移民の増加がみられた，1920年代から1930年代の日本のようすについて述べた文として，最も適切なものを，次のア～エから1つ選び，記号で答えなさい。

ア　高度経済成長と急激な人口の増加により，エネルギー不足が心配されるようになった。

イ　関東大震災や恐慌の影響で失業者が増え，各地で激しい労働争議や小作争議が起こった。
ウ　日露戦争の開戦により軍事費が急増し，それにともなう増税が国民の生活を圧迫した。
エ　地租改正で決められた税負担などに対する不満が高まり，改正反対の一揆が起こった。

(2)　美雪さんは，ブラジルに暮らす人々の食文化について調べ，さまざまな食材が使われている伝統料理に興味をもち，**資料E**を作成しました。ブラジルの食文化の形成には，どのような歴史的背景があると考えられるか，**資料D，E**を参考にして，簡潔に述べなさい。

資料E　ブラジルの代表的な伝統料理

料理名	フェイジョアーダ
特　徴	○　黒いんげん豆と豚肉・牛肉などを煮こんだ料理で，米やキャッサバとともに食べる。 ○　豚・牛はヨーロッパから持ちこまれた。また，キャッサバは先住民の伝統的な主食の一つであり，米は西アフリカで古くからつくられてきた作物である。 ○　かつて，アフリカ系の人々が，ヨーロッパ系の人々が食べなかった豚の部位を，黒いんげん豆とともに煮こんで食べたことが始まりとされる。

（「世界の食文化13　中南米」などより作成）

3　美雪さんは，ブラジルに暮らす人々について調べるなかで，先住民の生活と文化を保護することが課題となっていることを知り，**資料F**を作成しました。**資料F**中の□にあてはまるものとして。最も適切なものを，あとの**ア～エ**から**1つ**選び，記号で答えなさい。

資料F　ブラジル先住民の生活と文化の保護

　ブラジルの先住民の多くは，アマゾン川の流域で，部族ごとに独自の文化を守りながら暮らしています。しかし，アマゾン川の流域では，□が起こっており，このことが，先住民の生活をおびやかしています。アマゾン川流域の自然環境を保護することは，先住民の生活と文化を保護し，ブラジルの多様な文化を守ることにもつながります。

ア　酸性雨による森林の立ち枯れと湖沼の水質変化
イ　温暖化による干ばつの頻発と砂漠の拡大
ウ　農地開発などのための伐採による森林の減少
エ　大規模なかんがいによる地下水の減少

第六問

拓矢さんは，社会科の授業で，「国際問題と日本の国際貢献」について調べ，**資料A**を作成しました。これを読んで，あとの1～4の問いに答えなさい。

資料A　国際問題と日本の国際貢献

　①世界各地で起こっている戦争や地域紛争，テロは，多くの難民を生み出し，貧困や飢餓などの問題を深刻化させています。これらの問題を解決し，よりよい社会を実現するためには，従来の安全保障の考え方に加えて，一人一人の生命や人権を大切にして平和と安全を実現する「②の安全保障」という考え方が重要です。日本を含む多くの国が，③国際連合をはじめとする国際機関と協力しながら，④政府開発援助などを通じて途上国への支援を行っています。今後も，国際社会が協調して，国際問題の解決に向けた継続的な取り組みを進めていく必要があります。

1　下線部①について，第二次世界大戦後に起こった，戦争や地域紛争，テロにかかわるできごとについて述べた次の**ア**～**ウ**の文を，起こった年代の古い順に並べかえ，記号で答えなさい。

ア　アメリカのニューヨークなどで，同時多発テロが起こった。

イ　ベトナムで起こった戦争に，アメリカが軍事介入した。

ウ　冷戦による東西対立の象徴であったベルリンの壁が崩壊した。

2　[②] にあてはまる語句を書きなさい。

3　下線部③について，国際連合と連携して活動する専門機関のうち，医療や衛生などに関する活動を行う機関として，最も適切なものを，次の**ア**～**エ**から1つ選び，記号で答えなさい。

ア　PKO　　**イ**　WHO　　**ウ**　UNESCO　　**エ**　UNICEF

4　下線部④について，次の⑴，⑵の問いに答えなさい。

⑴　**資料B**は，政府開発援助の援助額上位6か国の援助額の内訳を示したものです。**資料B**から読みとれることについて述べた文として，正しいものを，次の**ア**～**エ**から1つ選び，記号で答えなさい。

ア　援助額計の上位6か国のうちでは，援助額計が大きい国ほど，国際機関向け援助額が大きくなる。

イ　援助額計の上位3か国はいずれも，援助額計に占める二国間援助額の割合が9割以上である。

ウ　日本は，援助額計の上位6か国のうちで，二国間援助額に占める技術協力の額の割合がもっとも大きい。

エ　オランダは，援助額計に占める国際機関向け援助額の割合が，日本と比べて大きい。

資料B　政府開発援助の援助額上位6か国の援助額の内訳
(2019年)

	援助額計(億ドル)	二国間援助(億ドル)	うち技術協力	国際機関向け援助(億ドル)
アメリカ	335	293	7	42
ドイツ	242	186	61	56
イギリス	194	131	20	63
日本	156	118	20	38
フランス	122	74	17	48
オランダ	53	34	5	19

(注) 二国間援助とは，相手国に直接援助を行うものである。また，数字は四捨五入している。

(「外務省ホームページ」より作成)

⑵　拓矢さんは，日本で，ある団体が行う，「市民参加協力事業」という事業について知り，**資料C**，**D**を作成しました。この事業によって，日本での国際貢献の取り組みと活動対象地域の発展に，どのような効果が期待されるか，**資料C**，**D**を参考にして，簡潔に述べなさい。

資料C　ある団体が行う「市民参加協力事業」

開発途上地域の住民に対して経済・社会の開発や復興のための協力活動を行う，個人，ＮＧＯ，自治体，大学，民間企業などを募集する。

志望者に対して，それぞれの国際協力活動の経験や提案内容に応じて，活動資金や研修などを提供する。

資料D　ある団体が行う「市民参加協力事業」を通じた活動の例

○　ＮＧＯが，カンボジアで，乳幼児の栄養状態を改善するために，母親への離乳食の指導や，地元の食材で作れる離乳食レシピの開発などを，乳幼児検診を担当する現地スタッフと共同で行った。

○　ＮＰＯ法人が，インドネシアで，現地の人を対象に，故障した車いすを整備・修理する技術を身に付けるための講座を開き，マニュアルを作成した。

(資料C，Dともに「国際協力機構ホームページ」より作成)

イ　たとえ話を用いることによって、主張に説得力を持たせている

ウ　話題を急に転換することによって、読者の注意を引きつけている

エ　中心的な主張を述べた後に根拠を示して、論理を明確にしている

第五問

次の**【創作している俳句】**について、□に指示語を入れて、この俳句を完成させるとしたら、あなたは**【言葉の候補】**の中の、どの指示語を選びますか。あとの**ア～ウ**から一つ選び、その記号を**解答用紙の所定の欄**に書き入れ、その指示語を用いることによって、句全体でどのような情景や心情を表現できると考えたのかを、**百六十字～二百字**で書きなさい。

【創作している俳句】

見渡せば春の訪れ□にある

【言葉の候補】

ア　ここ　　イ　そこ　　ウ　どこ

きるから。

エ 「読む」とは言葉を「あたま」に取り込むことであり、「書く」とは身体を使って言葉を送り出すことであると捉えることができるから。

問五 本文を通して、筆者が最も主張したいことはどのようなことですか。呼吸のありように触れながら、**五十五字以内**で説明しなさい。

第四問 次の【漢文】と、その【書き下し文】を読んで、あとの問いに答えなさい。

【漢文】

①夫《そ》レ治《をさ》ムルハ国ヲ、猶《な》ホ如《ごと》シレ栽《う》ウルガレ樹《き》ヲ。②本《ほん》根《こん》不レバレ揺《ゆる》ガ、則《すなは》チ枝《し》葉《えふ》茂《も》盛《せい》ス。＊君《きみ》能《よ》ク清《せい》静《せい》ナラバ、＊百《ひやく》姓《せい》何ゾ得ンレ不ルヲ二安楽ナラ一乎《や》。

【書き下し文】

夫《そ》れ国を治《をさ》むるは、猶《な》ほ樹《き》を
(そもそも) (ちょうど)
栽《う》うるがごとし。本根《ほんこん》揺《ゆる》がざれば、
(植え育てるのと同じだ) (根もと)
則《すなは》ち枝葉《しえふ》茂盛《もせい》す。
(枝葉は繁茂する)
君《きみ》能《よ》く清静《せいせい》ならば、百姓《ひやくせい》
(心清らかであれば)
何ぞ安楽ならざるを得んや。
(どうして安楽とならないことがあろうか)

(「貞観政要《じょうがんせいよう》」による)

＊をつけた語句の〈注〉
君——君主。
百姓——人民。

問一 【書き下し文】を参考にして、【漢文】中の「①夫レ治ムルハ国ヲ、」に返り点を付けなさい。

問二 【漢文】中に「②本根不レバレ揺ガ、則チ枝葉茂盛ス。」とありますが、「本根」と「枝葉」について、【漢文】中の語で、それぞれが対応しているものの組み合わせとして、最も適切なものを、次のア～エから**一つ**選び、記号で答えなさい。

ア 「本根」…… 君 「枝葉」…… 樹
イ 「本根」…… 百姓 「枝葉」…… 君
ウ 「本根」…… 君 「枝葉」…… 百姓
エ 「本根」…… 百姓 「枝葉」…… 国

問三 次の対話は、【漢文】について話し合ったものです。あとの(一)、(二)の問いに答えなさい。

〈Xさん〉 【漢文】の最後にある「何ぞ安楽ならざるを得んや」という表現から、「いや、安楽とならないはずがない」という考えが読み取れるよ。つまり、【漢文】で筆者は、国を統治するにあたっては、[A]ことが大切だと述べているね。

〈Yさん〉 うん。そして、そのようなことを述べている、【漢文】の論の進め方の特徴は、「[B]」と説明できるよ。

(一) [A]に入る適切な表現を考えて、**十字以内**で答えなさい。

(二) [B]にあてはまる表現として、最も適切なものを、次のア～エから**一つ**選び、記号で答えなさい。

ア 二つのものを対比して、それぞれの良いところを分析している

＊をつけた語句の〈注〉
袋小路――ここでは、物事が行き詰まった状態のこと。
デカルト――十七世紀に活躍したフランスの哲学者。
生起――ある物事が現れ起こること。
功を奏さない――成功しない。うまくいかない。
有機的――多くの部分が結びついて全体をつくり、互いに関連・影響し合いながらまとまっているさま。
素樸――素朴。

問一　本文中に「奇妙なもので、」①とありますが、筆者がこのように述べる理由を説明したものとして、最も適切なものを、次の**ア**～**エ**から**一つ**選び、記号で答えなさい。

ア　会話とは、誰かと言葉を交わすことであるにもかかわらず、互いが一方的に話していてもどうにか成り立つものであるから。

イ　会話は、互いが一方的に話していてもどうにか成り立つにもかかわらず、話し手と聞き手が必要だと考えられているから。

ウ　会話とは、互いが一方的に話していてもどうにか成り立つものであるにもかかわらず、独話とは異なると思われているから。

エ　考えが浅いままの独話はすぐに行き詰まるにもかかわらず、会話ならば、互いが一方的に話していてもどうにか成り立つから。

問二　本文中に「こうしたことをどんなに繰り返しても、けっして対話にはならない。」②とありますが、次の文は、「対話」と「会話」について、筆者の考えを説明したものです。[　　]にあてはまる適切な表現を考えて、**二十字以内**で答えなさい。

「対話」は、他者と言葉を交わすという点では「会話」と共通するが、[　　]という点で、「会話」とは異なるのである。

問三　本文中に「『読む』という営みも対話的に行われなくてはならない。」③とありますが、次の文は、「『読む』という営み」について、筆者の考えを説明したものです。あとの㈠、㈡の問いに答えなさい。

対話的に行う「読む」という営みは、書物から読み取ったことを踏まえて、[A]を、「書く」という方法を用いて、[B]に語りかけることによって成り立つのである。

㈠　[A]にあてはまる言葉を、本文中から**十二字**で**そのまま**抜き出して答えなさい。

㈡　[B]にあてはまる言葉として、最も適切なものを、次の**ア**～**エ**から**一つ**選び、記号で答えなさい。

ア　その書物に登場する人
イ　その書物を読んだ人
ウ　その書物を読んでいない人
エ　その書物を著した人

問四　本文中に「『読む』は言葉を吸うこと、そして『書く』は吐くことに似ている。」④とありますが、筆者がこのように述べるのはなぜですか。最も適切なものを、次の**ア**～**エ**から**一つ**選び、記号で答えなさい。

ア　「読む」によって必要な言葉を「からだ」に取り込めば、「書く」によって不要な言葉が「からだ」から排出されると考えられるから。

イ　「読む」によって多くの言葉を「あたま」に取り込めば、「書く」ときに多くの言葉が使えるようになると考えられるから。

ウ　「読む」とは言葉を「からだ」に取り込むことであり、「書く」

②こうしたことをどんなに繰り返しても、けっして対話にはならない。対話は、話者が自分の言いたいことを話したときに始まるのではなく、相手の「おもい」を受け止めたところに始まる。

「おもい」とひらがなで書いたのは、対話が始まるとき、私たちが受容しなくてはならないのは、言葉にできる「思い」や「想い」だけでなく、その人の心の深いところにあって、本人すらその全貌を知らない「念《おも》い」が、おぼろげながらにでも感じられなくてはならないからである。対話において人が、どうにかして相手に伝えたいと願うのは、言葉になる事象よりも、むしろ、言葉にならない「念い」なのではあるまいか。

近代哲学の方向性を決定したとされるデカルト*が、読書をめぐって、次のように興味深いことを述べている。

> すべて良書を読むことは、著者である過去の世紀の一流の人びとと親しく語り合うようなもので、しかもその会話は、かれらの思想の最上のものだけを見せてくれる、入念な準備のなされたものだ。　（デカルト『方法序説』谷川多佳子訳）

「親しく語り合う」と記されているように、ここでは「会話」と訳されているが、その本質的意味は、先に述べた「対話」であることが分かる。

デカルトは、③「読む」という営みも対話的に行われなくてはならない、と考えている。相手が語ることを受け止めるだけでなく、その言葉を受けて自らの内面で生起*《せいき》したことを声によって「語る」のとは別の方法で、過去の賢者に送り届けなくてはならない、というのである。

それは「書く」ことにほかならない。デカルトは多くの本を読んだが、何よりも深く読んだ人だった。そして、その経験に呼応するように深く書いた人だった。

「読む」と「書く」はまさに、呼吸のような関係にある。④「読む」は言葉を吸うこと、そして「書く」は吐くことに似ている。「読む」あるいは「書く」という営みは、世に言われているよりもずっと身体を使う。「あたま」だけでなく、心身の両面を含んだ「からだ」の仕事なのである。

さらにいえば、深く読むために多く本を読んでもあまりうまくいかない。それでは吸ってばかりいることになる。

書くことにおいても同じで、深く書きたいと思って、多く書いてもあまり功を奏さない*。深く「読む」ためには深く「書く」必要がある。「読む」を鍛錬するのは「書く」で、「書く」を鍛えるのは「読む」なのである。「読む」と「書く」を有機的*につなぐことができれば言葉の経験はまったく変わる。それを実現する、もっとも簡単な行為は、心動かされた文章を書き写すことなのである。

本に線を引くだけでなく、その一節をノートなどに書き記す。じつに素朴*《そぼく》な行為だが手応えは驚くほど確かだ。「十読は一写に如《し》かず」ということわざもある。一度書き写す、それは十回の読書に勝る経験になる、というのである。

近代以前の日本では、多くの人にとって、本を読むとは、持っている人から借りて、それを書き写すことだった。「読む」と「書く」を同時に行うことによって初めて、「読む」という行為が始まる。それが常識だった。

（若松《わかまつ》英輔《えいすけ》「読書のちから」による）

〈Yさん〉「楽しげに笑う」から、老紳士の明るい表情が想像できるよ。

〈Xさん〉そうだね。ただ、それと矛盾するような「笑っていない目で」は重要だよ。何か老紳士の思いのようなものが感じられるね。

〈Yさん〉うん。老紳士の、[B]がにじみ出ているようだね。

(一) [A]にあてはまる表現を、本文中から**二十字**で**そのまま**抜き出して、**はじめの五字**で答えなさい。

(二) [B]に入る表現として、最も適切なものを、次の**ア**～**エ**から**一つ**選び、記号で答えなさい。

ア 隠していた自分の本心を知られることを恐れる気持ち

イ 何とかして自分の考えを伝えたいという真剣な気持ち

ウ 自分の思いを理解してもらえないことを悲しむ気持ち

エ 自分の発言を客観的に見つめようという冷静な気持ち

問四 本文中に④「そっか、何度飛び立ってもいいんだな」とありますが、このときの亮二の気持ちを、**五十五字以内**で説明しなさい。

問五 本文中の〰〰線部の表現について説明したものとして、最も適切なものを、次の**ア**～**エ**から**一つ**選び、記号で答えなさい。

ア 「仙人のような、予言者のような、そんなまなざし」という直喩によって、目に見えることが確かな事実であることを印象づけている。

イ 「ふらふらと」という擬態語によって、具体的な説明が難しいような状態を伝え、読み手の興味を引き出している。

ウ 「空港のあちこちに飾られた桜の花の造花が、美しく見えた。」という描写によって、登場人物の心情を暗示している。

エ 「いくつもの翼が、空を目指し、陸へと降りてきていた。翼に灯りを灯して。」という倒置の技法によって、情報の正しさを強調している。

第三問　次の文章を読んで、あとの問いに答えなさい。

食事や入浴、あるいは散歩など、さまざまな習慣があるが、呼吸ほど頻繁《ひんぱん》に行われる営みはない。人は、寝ているときですら呼吸をしている。

呼吸に変化が生じてくると生活にも違いが出てくる。世の中ではさまざまなことが呼吸的に行われていることが分かってくる。

たとえば、話すという行為も呼吸の深度によって性質が変わってくる。独りで話すことを独話という。誰かと言葉を交わすことを会話という。そして、深いところでつながりながら言葉や経験の深みを探るのが対話だ。

どんなに多く言葉を交わしても、互いの呼吸が合わなければ会話に留《とど》まり、対話にはならない。対話は、互いに呼吸の共鳴から始まる。

考えが浅いまま独話する。人はすぐに行き詰まる。*袋小路《ふくろこうじ》に入って出られなくなり、愚かなことを思い込むことすらある。浅い独話は危険ですらある。

①奇妙なもので、会話は、互いが一方的に話していてもどうにか成り立つのである。ときおり、カフェなどで原稿を書いていると、隣の人の声がどうしても耳に入ってくる。大きな声で、楽しそうに話しているのだが、よく聞いてみるとそれぞれが好きなことを話しているだけで、接点がほとんどない場合が少なくない。相手が受け止めていようがいまいが関係なく、ひたすら近況を話している。

――そうしたら、わたしの心の片隅にまだ生きていた、漫画が好きだという思いが報われて*成仏《じょうぶつ》してくれそうな気がしたのかも」

亮二は老紳士にお礼をいって、ふらふらと歩き出した。飛行機の搭乗時間がどうなったのか、もう諦めて明日の便にでも変えてもらった方がいいのでは、と脳の片隅の冷静な部分が気にしていたけれど、それよりも老紳士から聞いた言葉が、じんと沁《し》みていた。

（そうか、諦めなくてもいいのか）

（夢の卵を抱えていても、いいのか）

（風を待つ――）

空港のあちこちに飾られた桜の花の造花が、美しく見えた。花たちに招かれるように、ゆらゆらと、上りのエスカレーターに乗り、手すりに寄りかかるようにして、上を、空の方を目指していた。

夜が近づいた空が、大きなガラス越しに見えてきた。紫色の宝石のような光をたたえた空が、滑走路を滑る飛行機が見えた。

いくつもの翼が、空を目指し、陸へと降りてきていた。翼に灯《あか》りを灯《とも》して。

④「そっか、何度飛び立ってもいいんだな」

一度地上に降りても、また空を目指してもいいのだ。何度だって。生きている限り。

（村山《むらやま》早紀《さき》「風の港」による）

＊をつけた語句の〈注〉

つて――自分の希望などを実現するための手がかり。

あの料亭の漫画――かつて亮二が描いていた漫画作品。

茶化す――まじめな話を冗談のようにしてしまう。

成仏――ここでは、未練がなくなり、満足すること。

問一 本文中に①「俺も、故郷に帰ったら、似顔絵に挑戦してみようかな」とありますが、亮二がこのように言ったのはなぜですか。最も適切なものを、次の**ア**～**エ**から**一つ**選び、記号で答えなさい。

ア これまでの生き方を語る老紳士の話を聞いて、似顔絵を描くことが自分の天職であると気づいたから。

イ 似顔絵を描く楽しさはわかるような気がするが、似顔絵を描くことを仕事にするのは不安なので、よく考えようと思ったから。

ウ 似顔絵を描くことを仕事にすることにまだ迷いはあるが、ためらっていても仕方がないので、早く決断すべきだと気づいたから。

エ 老紳士の話に共感するとともに、似顔絵であれば、自分にも描けるのではないだろうかと思ったから。

問二 本文中に②「亮二は口ごもった。」とありますが、次の文は、このときの亮二の心情について説明したものです。□にあてはまる適切な表現を考えて、**十五字以内**で答えなさい。

老紳士が言うことはもっともだと思うが、漫画家の仕事を続けたとしても、□ことは難しいと考えており、どう返答するか迷った。

問三 本文中に③「老紳士は楽しげに笑う。笑っていない目で。」とありますが、次の対話は、このことについて話し合ったものです。あとの㈠、㈡の問いに答えなさい。

〈Xさん〉 これは、亮二が「 A 」と言ったことを受けて、老紳士が、人生を連載漫画にたとえて話したときの様子だよね。

半ば思いつき、半ば本気でそう口にしたとき、

「あなたは、似顔絵じゃなく、漫画を描けばいいですのに」

静かな、けれど強い声で老紳士がいった。

「え、でも、俺はもう田舎に帰るんですし」

「ご自分でさっきおっしゃってたじゃないですか。いまはどこにいても漫画が描ける、都会から遠くにいても、出版社とやりとりはできるし描けるって担当さんに説得されたって。そして、担当さんたちはあなたの復帰を待っていてくれてるって。おうちのお手伝いをしながら、自分のペースで少しずつ描くこともできるんじゃないですか？」

「それは、そうなんですが、でも……」

②亮二は口ごもった。

「俺は、そこまで*あの料亭の漫画が好きかどうかわからないですし、俺が本当に描きたい、ヒーローが活躍するような少年漫画は、人気が出なくて描けないですし。いや、自分ではそこそこうまいと思ってましたよ。自分の漫画、大好きでしたよ。でも、運も才能も、あと一歩、たりてなかったっていうか……夢を見続けるのは、無理だったというか」

「夢、あきらめなきゃいけないですかね？」

老紳士はいまは目を上げ、ひた、と亮二を見据えるようにしていた。

「夢の卵を抱えて、いつか孵《かえ》る日を待つ人生というのも良いかと思いますよ。夢見ることを諦めるのは、いつでもできますのでね」

亮二は返答に迷い、*茶化《ちゃか》すように笑った。

「いやでも、俺の漫画家としての人生は、失敗に終わったと、その、思ってまして」

「人生に失敗とかバッドエンドとかってあるんですかねえ。生きている内は続いている連載漫画みたいなものなんじゃないかと思うんですが。そう勝手に打ち切らなくても」

③老紳士は楽しげに笑う。笑っていない目で。

「人生という漫画の読み手は自分。描くのも自分。読者の気が済むまでは夢の卵を抱えていてもいいんじゃないですか？」

「……」

「ああ、いやすまない、すみませんでした」

ふと我に返ったように老紳士は笑い、手を打つと、柔和な表情で亮二に頭を下げた。

「ついね。もったいないと思ってしまって。いやね、業界に長かったでしょう？　運やツキに恵まれなくて、消えていった漫画家をたくさん見てきたんですよ。すごいいものを描いてた奴もたくさんいた。でもみんないなくなっちゃってね。いや、消えた漫画家といえば、自分自身がまさにそのひとりなんですが、ははは。――あのね、覚えていて欲しいんです。人間どんなに実力があっても、良い風に恵まれなくて、にっちもさっちもいかなくなるときがある。そんなときは風を待っていてもいいんですよ、きっと。静かに、諦めずに。良い風が吹くその日まで」

「風を待つ――？」

「はい」

老紳士は微笑《ほほえ》んだ。どこか仙人のような、予言者のような、そんなまなざしをした。

そして、ふっと笑って付け加えた。

「すみませんね。あなたの漫画があまりに良かったものだから、つい夢をみてしまったのかも知れません。自分が行かなかった道のその先を目指してもらえるかも知れないと。もっと遠くまで、あなたなら行けるかも知れないと。

イ「今回の企画は、いくつあると思いますか。」と、質問を投げかける。

ウ「今回の企画は、皆さんが楽しめるものばかりです。」と、企画のよさを訴える。

エ「今回の企画は、生徒全員が参加できます。」と、企画の対象を明確にする。

(三)【話し合いの一部】の中に③「間の取り方を工夫」とありますが、「『先生がおすすめする一冊』というテーマの特集記事を掲載します。」という部分を、「／」で示すところで間を取って話したとき、伝えたい内容が正確に伝わるような間の取り方として、最も適切なものを、次のア〜エから一つ選び、記号で答えなさい。

ア 先生がおすすめする／一冊というテーマの特集記事を掲載します。

イ 先生がおすすめする一冊／というテーマの特集記事を掲載します。

ウ 先生がおすすめする一冊という／テーマの特集記事を掲載します。

エ 先生がおすすめする一冊というテーマの特集記事を／掲載します。

(四)【話し合いの一部】の中の④「企画について述べた後の、」で始まるBさんの発言の意図として、最も適切なものを、次のア〜エから一つ選び、記号で答えなさい。

ア Aさんのリハーサルを聞いて、その後の話し合いが深まるように質問を工夫し、Aさんの人柄を理解しようとした。

イ Aさんのリハーサルを聞いて、実際に放送を聞く生徒から出そうな質問を予想し、その質問にAさんが戸惑わないようにした。

ウ Aさんのリハーサルを聞いて、興味を覚えたことについて質問し、Aさんが話し合いをうまく進められるようにした。

エ Aさんのリハーサルを聞いて、自分が気になった点を質問することによって、Aさんの考えや思いを引き出そうとした。

(五)【話し合いの一部】の中に⑤「放送は音声だけで伝えることを考慮すると、『読書習慣』という部分は、別の表現にするとよい」とありますが、Cさんがこのように言うのはなぜですか。三十字以内で答えなさい。

第二問 次の文章を読んで、あとの問いに答えなさい。

中堅漫画家の亮二《りょうじ》は、人気の衰えを感じ、引退して実家の家業を手伝うことにして向かった空港で、似顔絵描きの老紳士と出会う。老紳士は亮二の作品を知っており、自身もかつては漫画家だったと語る。

「過去も名前も捨てて、それから各所を流れ流れまして。縁やらつて*やら巡り合わせとかありまして、気がつくと、ここで似顔絵を描くようになりまして。

そしたら――」

ふうっと老紳士はため息をつき、笑った。

「楽しかったんです。ああこれが自分の天職だったのか、と思いました。毎日毎日笑顔を見つめて、笑顔を写し取り、描き残してゆく。笑顔でお礼をいわれ、笑顔を描いて得たお金に感謝し、笑顔に囲まれて暮らしてゆける。なんて幸せな日々を得たのだろうと思いました」

なるほど、と亮二はうなずいた。

「わかるような気がします。――①俺も、故郷に帰ったら、似顔絵に挑戦してみようかな」

【話し合いの一部】

〈Aさん〉　放送のリハーサルを聞いて、何か意見はあるかな。

〈Bさん〉　企画が複数あるので、企画の内容を具体的に紹介する前に一言を加えて、情報を整理することによって、こちらが伝えたいことを、②聞き手が理解しやすくなるような話し方の工夫をしてはどうかな。

〈Aさん〉　なるほど。聞き手が理解しやすくなるよう、情報を整理して話すことは大切だね。Cさんは、何か気づいたことがあるかな。

〈Cさん〉　三つ目の企画のところで、「『先生がおすすめする一冊』というテーマの特集記事を掲載します。」と言っていたけれど、ひと息で話すと、伝えたい内容を正確に理解してもらえない恐れがあるから、聞き手に、伝えたい内容が正確に伝わるように、③間の取り方を工夫してはどうだろう。

〈Aさん〉　分かった。もう少し、間の取り方を工夫してみるよ。

〈Bさん〉　④企画について述べた後の、「なお、読書週間の期間中、本の貸し出しは、一回につき、一人五冊までとします。」という部分から、普段借りることができる冊数とは異なると伝わりそうだけれど、少し唐突な感じがするよ。このような言い方をしたのには、何か理由があるのかな。

〈Aさん〉　うん。普段借りることができるのは一人二冊までであることを踏まえて、読書週間は、特別に五冊まで借りることができる、ということを伝えたいのだけれど、放送の時間は限られているから、普段と異なる情報だけを、簡潔に話したつもりだよ。

〈Bさん〉　そうか。確かに簡潔に話すことは大切だね。でも、本を五冊まで借りられるのは読書週間の期間中だけのことであるという情報をうまく伝えるためには、やはり、普段は一人二冊までであるということを、簡潔に述べる方がよいのではないかな。

〈Cさん〉　私もそう思う。読書週間だけ、という特別な感じになるし、読書週間が終わった後に図書室を利用する人にとっても、役に立つ情報だからね。その他のことでは、最後の方で言っていた「これまであまり本を読まなかった人にも、読書習慣を身につけてもらえたらうれしいです。」というところが気になったよ。⑤放送は音声だけで伝えることを考慮すると、「読書習慣」という部分は、別の表現にするとよいのではないかな。

〈Aさん〉　いろいろと話してくれて、ありがとう。二人の意見を参考にして、放送に臨むことにするよ。

㈠　**【放送のリハーサル】**の中に①「読書週間の活動は、図書委員会が、二週間にわたって実施されるものです。」とありますが、適切な表現になるように、「実施される」の部分を、**五字以内**で直しなさい。

㈡　**【話し合いの一部】**の中に②「聞き手が理解しやすくなるような話し方の工夫」とありますが、その工夫として、最も適切なものを、次の**ア～エ**から**一つ**選び、記号で答えなさい。

ア　「今回の企画は、次の三つです。」と、企画がいくつあるのかを述べる。

〈国語〉

時間 五〇分 満点 一〇〇点

第一問 次の問いに答えなさい。

問一 次の文の――線部①～⑥のうち、カタカナの部分は漢字に改め、漢字の部分はその読み方をひらがなで書きなさい。

・ハンドルを①握る。
・水底に魚が②潜む。
・すばらしい演奏に③陶酔する。
・お年寄りを④ウヤマう。
・前の試合の⑤ハンセイを生かす。
・結果から原因を⑥スイソクする。

問二 次の文の――線部①、②のカタカナを漢字に改めたものとして、正しいものを、それぞれあとのア～エから一つ選び、記号で答えなさい。

・一石①ニチョウの効果を狙う。

ア 兆 イ 丁 ウ 鳥 エ 頂

・彼はまさに大器②バンセイの人物だ。

ア 晩 イ 判 ウ 板 エ 万

問三 次の□に共通して入る語を、あとのア～エから一つ選び、記号で答えなさい。

・□許可 ・□作為 ・□頓着

ア 未 イ 非 ウ 不 エ 無

問四 Aさんの中学校では、まもなく始まる読書週間の活動内容を全校生徒に知らせるため、図書委員が校内放送をすることになりました。そこで、図書委員のAさんは、事前に放送のリハーサルを行い、そのリハーサルを、図書委員のBさん、Cさんに聞いてもらいました。次は、Aさんが行った【放送のリハーサル】と、その後の、三人による【話し合いの一部】です。あとの㈠～㈤の問いに答えなさい。

【放送のリハーサル】

皆さん、こんにちは。図書委員会からのお知らせです。来週から春の読書週間が始まります。①読書週間の活動は、図書委員会が、二週間にわたって実施されるものです。皆さんに、たくさんの本を読んでもらえるよう、私たちはさまざまな企画を考えました。

一つ目は、特製しおりのプレゼントです。読書週間中に四冊以上の本を借りた人には、図書委員が作ったオリジナルのしおりを差し上げます。

二つ目は、多読クラスの表彰です。読書週間内の貸し出し冊数をクラスごとに集計し、冊数が最も多いクラスを表彰します。

三つ目は、「図書室だより特別号」の発行です。特別号では、新たな試みとして、「先生がおすすめする一冊」というテーマの特集記事を掲載します。この記事で紹介する本は、すべて図書室にあるので、ぜひ読んでみてください。

なお、読書週間の期間中、本の貸し出しは、一回につき、一人五冊までとします。

今回の活動をきっかけにして、これまであまり本を読まなかった人にも、読書習慣を身につけてもらえたらうれしいです。

以上、図書委員会からのお知らせでした。

2022年度

解 答 と 解 説

《2022年度の配点は解答用紙集に掲載してあります。》

＜数学解答＞

第一問　1　-11　　2　10　　3　$\frac{1}{5}y$　　4　4　　5　$2\sqrt{2}$　　6　$x=-3$，$x=4$

7　$-\frac{10}{3}$　　8　103度

第二問　1　(1)　$(-2,\ -4)$

(2)　$y=\frac{3}{2}x-1$　　2　(1)　$12\pi\,\mathrm{cm}^3$

(2)　円錐P：立体Q＝27：98

3　(1)　$\frac{3}{10}x$人　　(2)　27人

4　(1)　20m以上25m未満の階級

(2)　ア，エ

第三問　1　(1)　12通り　(2)　$\frac{5}{12}$

2　(1)　50Wh　　(2)　(ア)　右図

(イ)　19時45分

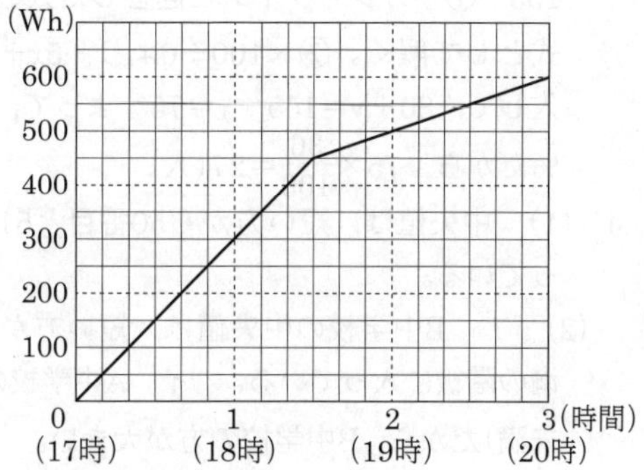

第四問　1　$2\sqrt{5}$ cm　　2　解説参照　　3　$\frac{8\sqrt{5}}{9}\mathrm{cm}^2$　　4　ED：DG＝14：9

＜数学解説＞

第一問　（数・式の計算，式の値，平方根，2次方程式，比例関数，角度）

1　$-7-4=-(7+4)=-11$

2　$6+(-2)^2=6+4=10$

3　$3xy^2\div15xy=\frac{3xy^2}{15xy}=\frac{1}{5}y$

4　$(a+4b)-(2a-b)=a+4b-2a+b=-a+5b$　$a=-1$，$b=\frac{3}{5}$を代入して，$-(-1)+5\times\frac{3}{5}=1+3=4$

5　$\sqrt{3}\times\sqrt{6}-\sqrt{2}=\sqrt{3}\times\sqrt{3\times2}-\sqrt{2}=3\sqrt{2}-\sqrt{2}=2\sqrt{2}$

6　$x^2-x-12=0$　$(x+3)(x-4)=0$　よって，$x=-3$，4

7　反比例の式を$y=\frac{a}{x}$とおく。グラフが点$(-5,\ 2)$を通るから，$x=-5$，$y=2$を代入して，$2=\frac{a}{-5}$　$a=-10$　$y=-\frac{10}{x}$に$x=3$を代入して，$y=-\frac{10}{3}$

8　直線ADと辺BCとの交点をEとする。△ABEで，内角と外角の関係から，∠AEC＝28＋43＝71(°)　△CDEで，内角と外角の関係から，$\angle x$＝∠ADC＝32＋71＝103(°)

第二問　（関数とグラフ，円錐の体積と体積比，方程式の応用，データの分析）

1　(1)　点Bのy座標は，$y=-x^2$に$x=2$を代入して，$y=-2^2=-4$　B$(2,\ -4)$　2点B，Cはy軸について対称だから，点Cの座標は$(-2,\ -4)$

(2)　点Aのy座標は，$y=\frac{1}{2}x^2$に$x=2$を代入して，$y=\frac{1}{2}\times2^2=2$　A$(2,\ 2)$　直線ACの傾きは，

$\frac{2-(-4)}{2-(-2)}=\frac{3}{2}$より，直線の式を$y=\frac{3}{2}x+b$とおいて，A(2, 2)より，$x=2$，$y=2$を代入すると，$2=\frac{3}{2}\times2+b$　$b=-1$　よって，$y=\frac{3}{2}x-1$

2　(1)　底面の円の半径が3cm，高さが4cmの円錐だから，体積は，$\frac{1}{3}\pi\times3^2\times4=12\pi\,(\mathrm{cm}^3)$

(2)　円錐Pともとの円錐は相似で，相似比は，3：(3＋2)＝3：5　**相似な立体の体積の比は相似比の3乗に等しい**から，(円錐P)：(もとの円錐)＝3^3：5^3＝27：125　よって，(円錐P)：(立体Q)＝27：(125－27)＝27：98

3　(1)　カレーライスと回答した1年生の割合は30%$\left(=\frac{3}{10}\right)$だから，$\frac{3}{10}x$人。

(2)　1年生全体の人数をx人，2年生全体の人数をy人とすると，全体の人数の関係から，$x+y=155$…①　カレーライスと回答した人数の関係から，$\frac{3}{10}x+\frac{24}{100}y=42$…②　①，②を連立方程式として解く。②×100÷6より，$5x+4y=700$…③　③－①×4より，$x=80$　これを①に代入して，$80+y=155$　$y=75$　よって，2年生全体の人数は75人。唐揚げと回答した割合は36%だから，$75\times\frac{36}{100}=27$(人)

4　(1)　中央値は，短い方から50番目と51番目の値の平均だから，20m以上25m未満の階級に入っている。

(2)　ア　B中学校の中央値は，短い方から25番目と26番目の値の平均だから，20m以上25m未満の階級に入っている。　イ　A中学校の最大値は35m未満，B中学校の最大値は35m以上(40m未満)だから，B中学校の方が大きい。　ウ　最頻値は，A中学校が，$\frac{15+20}{2}=17.5$(m)，B中学校が，$\frac{20+25}{2}=22.5$(m)である。　エ　A中学校の相対度数は，$\frac{20}{100}=0.2$，B中学校の相対度数は，$\frac{6}{50}=0.12$である。　オ　A中学校の累積相対度数は，$\frac{3+17+26}{100}=\frac{46}{100}=0.46$　B中学校の累積相対度数は，$\frac{1+8+15}{50}=\frac{24}{50}=0.48$である。以上より，必ずいえることは，アとエ

第三問　(場合の数，確率，1次関数のグラフの利用，グラフの作成)

1　(1)　(箱A，箱B)＝(1，4)，(1，5)，(1，6)，(1，7)，(2，4)，(2，5)，(2，6)，(2，7)，(3，4)，(3，5)，(3，6)，(3，7)の12通り。

(2)　景品がもらえるのは，(1)の下線をつけた5通り。よって，求める確率は，$\frac{5}{12}$

2　(1)　$300\times\frac{10}{60}=50$(Wh)

(2)　(ア)　17時から18時30分までに消費する電力量は，$300\times\frac{90}{60}=450$(Wh)　18時30分から20時までに消費する電力量は，$100\times\frac{90}{60}=150$(Wh)　よって，点(0，0)，(1.5，450)，(3，600)を順に線分で結ぶ。

(イ)　平日と休日について，17時からx時間経ったときの消費する電力量をyWhとして，xとyの関係をそれぞれグラフで表したとき，2つのグラフの交点が消費する電力量が等しくなるときである。平日について，$1.5\leqq x\leqq3$のときのxをyの式で表すと，$x=3$のとき$y=600$で，変化の割合は100だから，$y=100x+b$に$x=3$，$y=600$を代入して，$600=300+b$

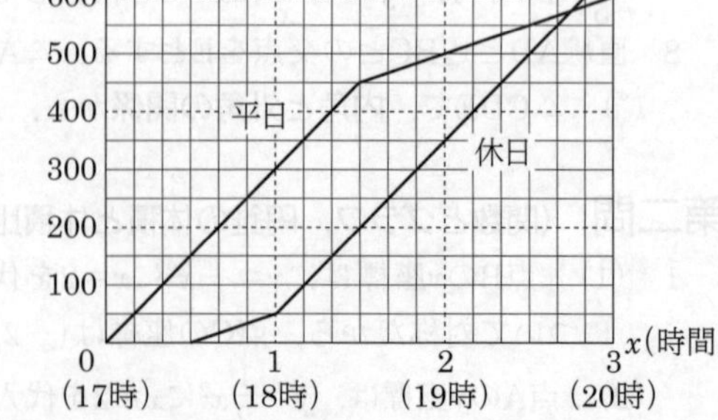

$b=300$　$y=100x+300$…①　休日について，$1 \leqq x \leqq 3$のときのxをyの式で表すと，$x=1$のとき$y=50$で，変化の割合は300だから，$y=300x+c$に$x=1$，$y=50$を代入して，$50=300+c$　$c=-250$　$y=300x-250$…②　①，②を連立方程式として解く。①を②に代入して，$100x+300=300x-250$　$-200x=-550$　$x=\frac{11}{4}=2\frac{3}{4}$　よって，17時から2時間45分後より，19時45分。

第四問 （平面図形，線分の長さ，相似の証明，面積，線分比）

1　△ABCで，三平方の定理により，$BC^2=AB^2-AC^2=6^2-4^2=20$　BC>0より，$BC=\sqrt{20}=2\sqrt{5}$ (cm)

2　（証明）（例）△ABCと△ADEにおいて，共通な角だから，∠BAC=∠DAE…①　線分ABは円Oの直径だから，∠ACB=90°…②　仮定から，∠AED=90°…③　②，③より，∠ACB=∠AED…④　①，④より，2組の角がそれぞれ等しいから，△ABC∽△ADE

3　線分ABは円Oの直径だから，∠ACB=90°　よって，同位角が等しいから，DE//BC　平行線と線分の比の定理により，AE：AC=AD：AB=4：6=2：3　よって，$\triangle CED=\frac{3-2}{3}\triangle ADC=\frac{1}{3}\times\frac{2}{3}\triangle ABC=\frac{2}{9}\times\left(\frac{1}{2}\times4\times2\sqrt{5}\right)=\frac{8\sqrt{5}}{9}$ (cm²)

4　線分CDの中点をHとすると，△ADCは二等辺三角形より，∠AHC=90°　△AHCと△DECは2組の角がそれぞれ等しいから，△AHC∽△DEC　AC：DC=CH：CE　$4:DC=\frac{1}{2}DC:\frac{1}{3}\times4$　$\frac{1}{2}DC^2=\frac{16}{3}$　$DC^2=\frac{32}{3}$　DC>0より，$DC=\frac{4\sqrt{2}}{\sqrt{3}}=\frac{4\sqrt{2}\times\sqrt{3}}{\sqrt{3}\times\sqrt{3}}=\frac{4\sqrt{6}}{3}$ (cm)　△ADCと△FDBにおいて，$\overset{\frown}{BC}$に対する円周角は等しいから，∠CAD=∠BFD…③　対頂角だから，∠ADC=∠FDB…④　③，④より，2組の角がそれぞれ等しいから，△ADC∽△FDB　AD：FD=DC：DB　$4:FD=\frac{4\sqrt{6}}{3}:2$　$\frac{4\sqrt{6}}{3}FD=8$　両辺に$\sqrt{6}$をかけて，$8FD=8\sqrt{6}$　$FD=\sqrt{6}$ (cm)　よって，$FD:FC=\sqrt{6}:\left(\sqrt{6}+\frac{4\sqrt{6}}{3}\right)=\sqrt{6}:\frac{7\sqrt{6}}{3}=3:7$　ここで，GE//BCなので，平行線と線分の比の定理により，DE：BC=AE：AC=2：3　$DE=\frac{2}{3}BC$　GD：BC=FD：FC=3：7　$GD=\frac{3}{7}BC$　したがって，$ED:DG=\frac{2}{3}BC:\frac{3}{7}BC=14:9$

＜英語解答＞

第一問　問題1　1番　ウ　2番　エ　問題2　1番　ウ　2番　イ　問題3　1番　ア　2番　ウ　3番　エ　問題4　(例) I'm going to clean my room.

第二問　1　(1)　エ　(2)　イ　(3)　ウ　2　(1)　(例) washed　(2)　(例) example
3　(1)　エ→イ→ア→ウ　(2)　イ→オ→エ→ア→ウ

第三問　1　(例) 友美はとても緊張していたから。　2　(例) He wanted her to write about her feeling in a notebook.　3　エ　4　オ→エ→イ→ウ→ア
5　what I should do

第四問　1　イ　2　(例) 地元の農家の野菜を使用することで，お客さんのためにおいしい料理を作ることができるから。　3　(1)　(例) Because she likes to make things with her hands.　(2)　(例) She found that she was speaking too fast and her voice was small.　4　(1)　ウ　(2)　イ　(3)　イ　(4)　エ

第五問　1 (例) What does she like?　2 (例) I want to sing some Japanese songs for her because she studies Japanese. She can learn some Japanese words in the songs. I hope she will enjoy the party.

＜英語解説＞

第一問 (リスニング)

放送台本の和訳は，49ページに掲載。

第二問 (語句補充，語句の並べ換え)

1 (1) ケリー：昨日学校に遅刻したの？
ナナ　：ええ。病院に行かなければならなかったの。
be動詞を用いた過去の疑問文。be late for ～「～に遅れる」

(2) ジョン：向こうにいる背の高い少年は誰なの？
ケイ　：私の弟のカズユキよ。みんなが彼をカズと呼んでいるわ。
＜call +(人)+呼び名＞で「(人)を…と呼ぶ」。(人)が代名詞の場合は目的格(「～を」の形)にする。

(3) トム　：今日の午後，うちで映画を見ようよ。
ナオヤ：ごめん，トム。犬の世話をする必要があるんだ。
＜take care of ～＞「～の世話をする」

2 (1) 子　：お母さん，お腹がすいたよ。このリンゴを食べてもいい？
母親：いいわ。手を洗いましたか？
現在完了の疑問文は＜Have +主語+過去分詞 … ?＞。wash one's hands「手を洗う」

(2) ハヤト　　：あなたはたくさんの国を訪れたことがあるんですね？
スティーブン：はい。例えば，フランスやスペインやインドです。
for example「例えば」

3 (1) ユミ　　：ナンシー，もし明日晴れたら，公園で散歩をしましょうよ。楽しいわよ。
ナンシー：おもしろそうね。私に，公園に何時に着いてほしいですか？
What time do you (want me to get to the park ?)　**＜What time … ?＞は時刻をたずねる言い方。＜want +(人)+ to +動詞の原形＞「(人)に～してほしい」**

(2) デイビッド：アキト，あの桜の花々を見てごらん！
アキト　　：美しいね。僕はすべての季節の中で春がいちばん好きだよ。
(I) like spring the best of all (seasons.)　**＜like ～ the best＞「～がいちばん好きだ」，of all ～「すべての～中で」**

第三問 (長文読解問題・スピーチ：日本語で答える問題，英問英答，文の並べかえ，要約文)

(全訳) 私はこの町に夏休みのすぐ後に引っ越してきました。私はこの学校でだれも知らなかったので，友達を作りたいと思いました。学校の最初の日に，クラスメートたちに話かけようとしましたが，①できませんでした。私はとても緊張していて，話しかけられませんでした。さびしくて悲しかったです。

その日の放課後，担任の斉藤先生が私のところに来て「友美，悲しそうだね。何か心配に思っていることがあるなら，いつでも相談してくださいね」とおっしゃいました。私はそれを聞いてうれしくなり，先生に自分の気持ちを話したいと思いました。でも，それが難しかったのです。すると先生は，「あなたが自分の気持ちについて話せないときは，それをノートに書いてほしい。あなたに起きたことと，それについてどう思ったかを書くと，自分の気持ちを整理することができますよ」とおっしゃいました。

斉藤先生と話した後，私はクラスメートの一人に会いました。彼女は「またね，友美」と言いました。私はそれを聞いてうれしかったけれど，何も言えませんでした。彼女に申し訳ないと思ったけれど，どうしてよいかわかりませんでした。その日の夜，斉藤先生の助言を思い出しました。ノートを開いて，起きたこととそれについて感じたことを書き始めました。書き終えたとき，一つのことがわかりました。彼女が私の名前を呼んでくれたけれど，私は②彼女の(名前)を知りませんでした。私はクラスで友達を作りたかったけれど，私はクラスメートたちについて知ろうとさえしなかったのです。そしてやるべきことに気がつきました。私が彼女に話しかけて，彼女の名前をたずねることに決めました。

次の日の朝，学校の近くで少女を見かけました。私はまだ緊張していたけれど，その時は何をするべきかわかっていました。私は彼女に，「こんにちは！　きのうは話しかけてくれてありがとう。あなたの名前を聞いてもいいかしら？」と言いました。彼女の名前はマサコでした。私たちは一緒に登校して，たくさん話をしました。この学校で最初の友達ができました。

この経験から，気持ちについて書くことは，自分の気持ちを整理する効果的な方法だということを学びました。気持ちを整理することによって，自分の問題を違った視点から見ることができました。この問題を解決するためにやるべきことを発見する手助けになりました。みなさんが困ったときには，私のスピーチを思い出してください。

1　下線部①の直後の文を参照。**<too ～ to …>**「～すぎて…できない」，nervous「緊張して」

2　質問：「斉藤先生は，友美が自分の気持ちについて話せないとき，彼女にどうしてほしかったのですか？」　第2段落5文目のThen he saidに続く斉藤先生の言葉を参照。

3　文の前半のmy nameに対応して，her nameの代わりに**所有代名詞hers**(～のもの)が使われている。

4　オ　友美は最初の登校日に友達が一人もいなかった。(第1段落1，2文目を参照)　→　エ　斉藤先生は友美が悲しそうに見えたので助言した。(第2段落2文目と5，6文目を参照)　→　イ　友美は少女に話しかけられなくて申し訳ないと思った。(第3段落4文目を参照)　→ ウ　友美はどう感じたかということについてノートに書いた。(第3段落6文目を参照)　→　ア　友美に新しい学校で新しい友達ができた。(第4段落最後の文を参照)

5　(感想文全訳)　友美のスピーチはよかったです。私は彼女のスピーチから1つのことを学びました。問題を抱えているときは，自分の気持ちを書いて整理することが大事だということです。そうすることによって，私が何をやるべきかということがわかるでしょう。
第3段落最後から2文目を参照。

第四問　(長文読解問題・紹介文：指示語，英問英答，会話文を用いた問題で語句選択補充他)

(全訳)　エマ：私はアメリカのおもちゃ会社で働いています。そこで動物のぬいぐるみを作っています。手作りをすることが好きなので，この仕事を楽しんでいます。私は自分の仕事に関して興味深いことを知りました。市の警察官が幼い子供達のためにパトカーに動物のぬいぐるみを乗せているのです。幼い子供達が警察官を怖がるかもしれないので①それらが使われています。子供達が泣いているときでも，動物のぬいぐるみが子供達を安心させることができます。私はこのことを知りませんでした。私はまた，市のパトカーの全てが私の会社が作った動物のぬいぐるみを乗せていることを知りました。私が作る動物のぬいぐるみが市の警察官と子供達を結び付けて，楽しませています。私は自分の仕事をとても誇りに思っています。

ボブ：私は5年前にシェフとして働き始めました。私のレストランはイギリスの小さな町にあります。ほかのレストランとは違っています。私のレストランでは，形が良くないせいで，地元の農家の人たちが売ることのできない野菜を使います。ある日，地元の農家の一人が私に言いました。「私の野菜を使ってくれてありがとう。いつも一生懸命に働いて育てているからうれしいです。見た目が良くなくてもおいしいですよ」これを聞いたとき，私もうれしかったです。私は自分の仕事を通して地元の農家を支援している一方で，②私も彼らに支えてもらっているのです。彼らの野菜を使って，お客さんのためにおいしい料理を作ることができます。私は，地元の農家の人たちとお客さんたち両方の幸せそうな顔を見ることができてうれしいです。

リリー：学生のときに，私は目の不自由な人たちのためにボランティア活動をしました。彼らのために声に出して本を読みました。私は初めて支援した人をまだ覚えています。私が本を朗読していたとき，彼女は楽しそうではありませんでした。あとで，私は自分の声を録音して聞きました。そのとき，私は速く話し過ぎていて，しかも声が小さいということがわかりました。私が朗読した物語は面白かったのですが，面白く聞こえなかったのです。なぜ彼女が楽しそうでなかったのかわかりました。私の読み方を改善するために，本を朗読する練習を始めました。今私は，カナダでオーディオブックを制作する会社で働いています。15年間ずっと働いていますが，上手な朗読者になるために，私はまだ毎日物語を朗読する練習をしています。目の不自由な人たちは，大好きなオーディオブックを聴くときに楽しいと感じることができるのだと私は信じています。

1　イ　エマの英文の訳を参照。

2　下線部②の直後の文を参照。

3　(1)　質問：「エマはなぜ会社で楽しく仕事ができるのですか？」
(解答例訳)彼女は手作りをする[手を使って物を作る]ことが好きだから。　エマの英文の1～3文目を参照。**soは前の文の内容を受けて「だから～」という意味で使う接続詞。**

(2)　質問：「リリーは自分の声を録音して聞いたとき，何がわかりましたか？」
(解答例訳)彼女は自分が速く話し過ぎていて，しかも声が小さいということがわかった。　リリーの英文の5，6文目を参照。**found that ～「～ということがわかった」thatは接続詞。**

4　(会話文訳)　パウロ：これらの話は僕に自分の将来の仕事について考える機会を与えてくれたよ。

春香　：そうね。私は洋服を手作りすることが好きだから，エマの仕事に興味があるわ。

パウロ：彼女は動物のぬいぐるみが警察官たちに使ってもらっていることを知らなかった。僕は自分たちの仕事が想像もしない誰かのⒶ役に立つかもしれないということを学んだよ。

春香　：そうね。私はボブの働き方に興味を持ったわ。彼はⒷお客さんたちだけでなくⒸ地元の農家の人たちについても考えているのよ。

パウロ：その通り。僕はリリーの話から大事なことを学んだよ。僕たちは仕事の技能を磨くために最善を尽くすべきだ。リリーはⒹ毎日物語を朗読する練習をすることでそうしているね。

春香　：この3人は違う仕事を持っているけれど，「Ⓔ私たちの仕事は他の人たちを幸せにできる」という同じメッセージを私たちに送っているわ。

(1)　エマの英文全訳を参照。helpful「役に立つ，助けになる」

(2)　ボブの英文で，最後の2文を参照。**<not only A but also B>**「AだけでなくBも」

(3)　リリーの英文で最後から2文目を参照。

(4)　3つの英文に共通したメッセージはエ。**<make ＋(人)＋形容詞>**「(人)を～にする」

第五問 （条件英作文）

（全訳） 果歩 ：新しい交換留学生が，来月私たちのクラスに来るのよ。

マイク：知っているよ！ 彼女の名前はアリスだね。すごく楽しみだよ。

果歩 ：彼女について何か知っている？

マイク：うん，少し。彼女について英語の先生から聞いたんだ。彼女は日本文化に興味があるよ。

果歩 ：① （解答例）彼女は何が好きなの？

マイク：彼女は日本の漫画が好きなんだ。だから日本語を勉強するんだよ。

果歩 ：まあ，本当？ では，彼女のために歓迎会をしましょうよ。

マイク：それはいいね。果歩，君は彼女のために歓迎会で何をやりたい？

果歩 ：② （解答例）彼女は日本語を勉強するから，私は彼女のために日本語の歌をいくつか歌いたいわ。その歌の中の日本語の言葉をいくつか学べるでしょ。彼女が会を楽しんでくれるといいなあ。

2022年度英語 放送によるテスト

〔放送台本〕

これから，第一問の放送によるテストを行います。放送を聞いて問題1から問題4に答えなさい。放送中に問題用紙にメモをとってもかまいません。

問題1，英語を聞いて，その内容を最も適切に表しているものを，それぞれア，イ，ウ，エの中から 1つ選んで，その記号を解答用紙に書きなさい。英語は，それぞれ2回放送されます。では，始めます。

1番 I didn’t have bread to make some sandwiches. So I made two rice balls.

2番 I usually have a piano class on Tuesday, but it will be on Thursday next week. I can go to watch a soccer game next Tuesday.

〔英文の訳〕

1番 サンドイッチを作るためのパンがありませんでした。それで，2個のおにぎりを作りました。

2番 いつもは火曜日にピアノのクラスがありますが，来週はそれが木曜日になります。次の火曜日にはサッカーの試合を見に行くことができます。

〔放送台本〕

問題2，太郎(Taro)とサリー(Sally)が会話をします。二人の会話は，問題用紙に示されている順に進みます。空欄に入る発言として最も適切なものを，それぞれア，イ，ウ，エの中から1つ選んで，その記号を解答用紙に書きなさい。会話の空欄のところでは，チャイム音(チャイム音)が鳴ります。会話は，それぞれ2回放送されます。では，始めます。

1番 *Taro:* You’re wearing a nice T-shirt.
Sally: Thank you, Taro.
Taro: Where did you get it?
Sally: (チャイム音)

2番 *Taro:* Hi, Sally. You look happy today.

Sally: Actually, I have good news for us.
Taro: What is it?
Sally: (チャイム音)

〔英文の訳〕

1番　太郎　：すてきなTシャツを着ているね。
サリー：ありがとう，太郎。
太郎　：どこでそれを買ったの？
サリー：ウ　スポーツショップで買ったのよ。

2番　太郎　：やあ，サリー。今日は楽しそうだね。
サリー：実はね，私たちにとって良いニュースがあるのよ。
太郎　：それは何？
サリー：イ　私たちの大好きな歌手が街に来るのよ。

〔放送台本〕

次に問題3に移ります。聡太(Sota)と留学生のジェーン(Jane)が会話をします。そのあとで会話について3つの質問をします。それらの質問に対する答えとして最も適切なものを，それぞれア，イ，ウ，エの中から1つ選んで，その記号を解答用紙に書きなさい。はじめに会話，続いて質問の順で，2回放送されます。では，始めます。

Sota: Jane, guess what! I'm going to go to Australia this summer.
Jane: That's nice!
Sota: My sister is studying English in Sydney. My father and I are going to see her.
Jane: I see. I hope you enjoy your stay.
Sota: Thanks. I want to spend a lot of time with my sister there. Now I'm planning to go swimming in the sea with her.
Jane: I think you shouldn't do that. It's so cold that you can't swim. It will be winter when you are in Sydney.
Sota: Oh, that's too bad. I wanted to swim because Sydney is famous for its beautiful sea.
Jane: Well, how about walking along the beach? You can enjoy talking with your sister and watching the beautiful sea. I think your father also wants to talk with your sister a lot.
Sota: I like your idea! We can talk together and watch the beautiful sea at the same time. Thanks, Jane.

続いて質問に移ります。

1番　Why is Sota going to go to Sydney?
2番　What does Jane say about Sota's plan in Sydney?
3番　Why does Sota like Jane's idea?

〔英文の訳〕

聡太　：ジェーン，ちょっと聞いて！　僕はこの夏にオーストラリアに行くんだ。

ジェーン：それはいいわね！

聡太　：姉[妹]がシドニーで英語を勉強しているんだよ。父と僕で彼女に会いに行くんだ。

ジェーン：なるほど。楽しい滞在になるといいわね。

聡太　：ありがとう。向こうで姉[妹]と一緒にたくさんの時間を過ごしたいんだ。彼女と海に泳ぎに行く計画なんだよ。

ジェーン：それはしないほうがいいと思うわ。寒すぎて泳げないわよ。あなたがシドニーにいるときは冬よ。

聡太　：わあ，それは残念だな。シドニーは美しい海で有名だから，泳ぎたかったんだ。

ジェーン：では，海辺を散歩するのはどうかしら？　お姉さん［妹さん］と楽しく会話しながら，美しい海をながめることができるわ。あなたのお父さんもお姉さん［妹さん］とたくさん話をしたいはずよ。

聡太　：君のアイデアがいいな！　話をすることと，美しい海を見ることが同時にできるね。ありがとう，ジェーン。

1番　質問：聡太はなぜシドニーに行くのですか？
　　　答え：ア　家族に会うために。

2番　質問：聡太のシドニーでの計画についてジェーンは何と言っていますか？
　　　答え：ウ　聡太は海に泳ぎに行かないほうがいい。

3番　質問：聡太はなぜジェーンのアイデアが気に入っているのですか？
　　　答え：エ　彼は家族と話をして，一緒に美しい海を見ることができる。

〔放送台本〕

次に問題4に移ります。ジャック(Jack)と彩(Aya)が会話をします。二人の会話は，問題用紙に示されている順に進み，ジャックが彩に質問をします。彩になったつもりで，空欄に入る適切な発言を考えて，英語で解答用紙に書きなさい。会話の空欄のところでは，チャイム音(チャイム音)が鳴ります。会話を2回放送したあとに，答えを記入する時間をとります。では，始めます。

Jack: Aya, it will be rainy tomorrow.

Aya: Then I can't go to the mountain. I will stay home tomorrow.

Jack: What are you going to do?

Aya: (チャイム音)

〔英文の訳〕

ジャック：彩，明日は雨だよ。

彩　：じゃあ，山に行くことができないわ。明日は家にいようと思う。

ジャック：何をするつもりなの？

彩　：(解答例)私の部屋を掃除するつもりよ。

＜理科解答＞

第一問　1　(1)　動脈血　(2)　エ　(3)　(例)血液の逆流を防いでいる。
2　(1)　火山岩　(2)　ウ　(3)　①　ア　②　エ　3　(1)　溶質
(2)　直流　(3)　イ　(4)　ウ　(5)　0.025〔A〕　(6)　エ

図1

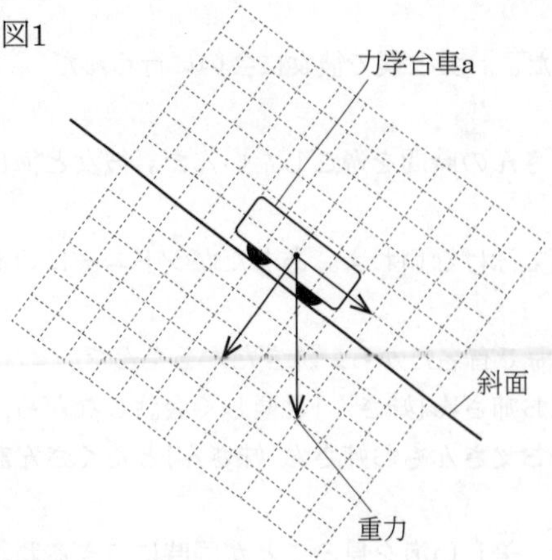

図2

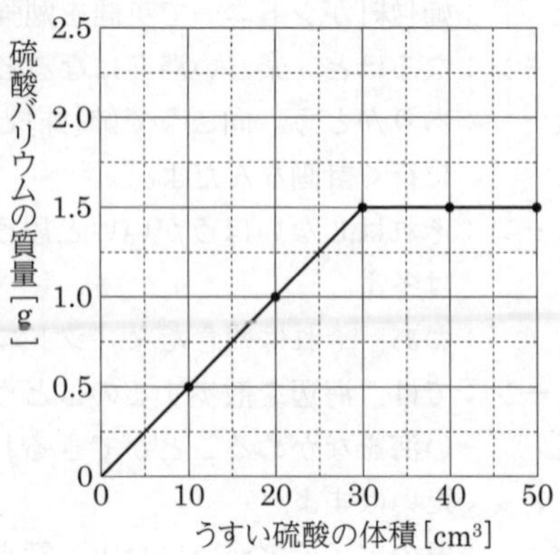

第二問　1　葉緑体　　2　エ　　3　ウ　　4　①　ア　　②　ウ　　③　カ
5　(条件)　(例)オオカナダモを入れない。　(観察結果)　(例)緑色から変化しない。

第三問　1　天球　　2　①　ア　　②　ウ　　3　イ　　4　(1)　エ　　(2)　イ

第四問　1　イ　　2　1.2〔cm〕　　3　図1　　4　ウ　　5　4.8〔cm〕

第五問　1　イ　　2　HCl　　3　図2　　4　(例)ビーカーC，D，Eに入っている塩化バリウムが，すべて硫酸と反応したから。　5　1.25〔g〕

＜理科解説＞

第一問　(血液循環，火山，電池)

1　(1)　酸素を多くふくむ血液を動脈血，二酸化炭素を多くふくむ血液を静脈血という。
(2)　ア　ヘモグロビンをふくむのは赤血球である。　イ　アンモニアはアミノ酸を細胞の呼吸に利用した結果生じる物質で有害なため，肝臓で無害な尿素に変えられる。　ウ　食物中の繊維は小腸で吸収されず，ふんとして排出される。　(3)　静脈には，逆流を防ぐための弁がところどころに見られる。

2　(1)　マグマが冷え固まってできた岩石を火成岩といい，そのうち，マグマが地表付近で急速に冷え固まったものを火山岩，地下深くでゆっくりと冷え固まったものを深成岩という。
(2)　火山灰は，島に広く分布している玄武岩と同じ成分をもつ。よって，有色鉱物が多いため黒っぽい。また，火山灰は流れる水の影響を受けていないため，角張っている。　(3)　玄武岩のもとになったマグマは**有色鉱物を多くふくむためねばりけが弱い**。また，火山灰が降る可能性が高い地域が火口に対して南西，北東に広がっている。これは，伊豆大島上空に北東や南西の風がふくことが多いためである。

3　(1)　硫酸銅水溶液において，水が溶媒，硫酸銅が溶質である。　(2)　大きさが変わらず，一定の向きに流れる電流を，直流という。　(3)　電圧計の針が＋側に振れていることから，＋側につながっている**銅板が＋極**であるとわかる。電流は，銅板の＋極から抵抗を通って－極の亜鉛板に流れる。　(4)　ダニエル電池は，化学エネルギーを電気エネルギーに変換する装置である。
(5)　**電圧〔V〕÷抵抗〔Ω〕＝電流〔A〕**より，1.0〔V〕÷40〔Ω〕＝0.025〔A〕　(6)　亜鉛板側から銅板へ移ってきた電子を硫酸銅水溶液中の銅イオンが受け取り，銅に変化した。

第二問　(植物のはたらき)

1 植物の細胞内にあるつくりで光合成を行う部分を葉緑体という。
2 BTB溶液は，**酸性で黄色，中性で緑色，アルカリ性で青色**を示す。水に二酸化炭素を吹き込むと，水中に二酸化炭素量が増加する。溶液中にとけている二酸化炭素量が多くなるほど，水溶液の性質がアルカリ性→中性→酸性のように変化し，BTB溶液の色もそれにともない変化する。
3 試験管Aでは，呼吸で放出した二酸化炭素の量＝光合成で吸収した二酸化炭素の量となり，溶液中の二酸化炭素量に変化はないため，BTB溶液も緑色のまま変わらない。試験管Bでは呼吸のみを行うため，溶液中の二酸化炭素量が増加して黄色を示すようになる。
4 試験管Aでは，実験前よりも溶液中の二酸化炭素の量が少なくなった。これは，植物が光合成によって，呼吸で放出した二酸化炭素の量よりも多くの量を吸収したためである。試験管Bでは呼吸のみを行ったため，溶液中の二酸化炭素の量が増加している。
5 植物のはたらきによることを調べるためには，植物を入れずに他の条件は同様にした実験を行う必要がある。

第三問 (天体)

1 天体の動きは，地球上に大きな球体の天井があるとして考えることが多い。この球体の天井を天球という。
2 天体の日周運動は，地球が西から東に自転していることによる見かけの動きである。日本で正午に太陽が南中するのは，東経135° に位置する明石市なので，明石市よりも東にある地域では，正午よりも前に南中する。
3 太陽は，60分で23mm天球上を移動するので，87mm動くのにかかった時間をx分とすると，60：23＝x：87　x＝226.9…→227〔分〕　これは，3時間47分となる。よって，日の出の時刻は8時の3時間47分前の4時13分ごろとなる。
4 (1) 日の出の位置は，Xから真東に移動している。これにともない，日の出の位置はしだいに南寄りに変化し，南中高度(∠南－観測点－南中した太陽)もしだいに低くなる。　(2) **夏至の南中高度＝90°－(緯度－地軸の傾きの角度)**で求められる。よって，地軸の傾きが23.4°であるならば，北緯x°の地点における南中高度は，90°－(x°－23.4°)＝(113.4－x)°となる。地軸の傾きが22°であるならば，北緯x°の地点における南中高度は，90°－(x°－22°)＝(112－x)°となる。よって，地軸の傾きが22°になると，南中高度もわずかに低くなる。

第四問 (物理総合)

1 力を加えたことによって物体が変形しているものを選ぶ。
2 **ばねののびと力の大きさは比例**する。図2より，ばねBは2.5Nの力を加えると1.0cmのびることから，3.0Nの力を加えたときのばねののびを$x$cmとすると，2.5：1.0＝3.0：x　x＝1.2〔cm〕
3 斜面上に置いた物体の重力は，斜面に垂直な分力と斜面下向きの分力に分解する。
4 台車の重さを比べると，力学台車bのほうが重いので，重力の斜面下向きの分力も大きくなる。
5 図2より，ばねAは0.5Nの力で0.5cm，ばねBは0.5Nの力で0.2cmのびる。また，図3の状態ではばねAは，13.0－10.0＝3.0〔cm〕のびている。図4の状態でばねBは，12.4－10.0＝2.4〔cm〕のびている。重力：斜面下向きの力＝台の斜辺：台の高さ＝50cm：30cm＝5：3となることから，図3の台車上に1Nのおもり1個を追加することで，斜面下向きの力0.6Nが生じる。これにより，おもり1個を追加すると，ばねAは$0.5〔\mathrm{cm}〕\times\dfrac{0.6〔\mathrm{N}〕}{0.5〔\mathrm{N}〕}=0.6〔\mathrm{cm}〕$のびる。ばねBは，図4の台車上に2Nのおもりを1個追加することで，斜面下向きの力1.2Nが生じる。これにより，おもり1個を追加すると，ばねBは0.2〔cm〕×$\frac{1.2[\mathrm{N}]}{0.5[\mathrm{N}]}$＝0.48〔cm〕のびる。よって，おもりの個数とばね全体ののびは，次の表のような関係となる。よって，図3の装置におもりを3個固定し，図4の装置におもりを5個固定したとき，ばねAとBののびはともに4.8cmとなり等しくなる。

おもりの数〔個〕	0	1	2	3	4	5
ばねAののび〔cm〕	3.0	3.6	4.2	4.8	5.4	6.0
ばねBののび〔cm〕	2.4	2.88	3.36	3.84	4.32	4.8

第五問　（化学変化と質量）

1　化合物を選ぶ。ア，ウ，エはすべて単体である。

2　化学反応式では，左辺と右辺で原子の種類と数が等しくなることから，［　①　］の部分には塩化水素が当てはまることがわかる。

3　それぞれの結果を表す打点を打ち，打点の規則的な変化のようすに合わせて各点の近くを通るように線を引く。このグラフでは，ビーカーCまでは規則的に増加するが，ビーカーD，Eでは硫酸バリウムの質量は増加していない。

4　ビーカーCではうすい硫酸とうすい塩化バリウムとの間で過不足なく反応が起こっており，それ以上うすい硫酸を加えても，新たな化学変化は起こらない。よって，硫酸バリウムの質量も増加しない。

5　過不足なく反応するうすい硫酸とうすい塩化バリウム水溶液の体積の割合は，硫酸：塩化バリウム＝30.0：50.0　よって，うすい硫酸25.0cm^{3}と過不足なく反応する塩化バリウムを$x$cm^{3}とすると，30.0：50.0＝25.0：x　x＝41.66…〔cm^3〕で，うすい硫酸25.0cm^{3}はすべて反応する。よって，うすい硫酸が過不足なく反応したときの硫酸バリウムの質量を求める。うすい硫酸30.0cm^{3}を用いたときに生じる硫酸バリウムの質量が1.50gなので，うすい硫酸25.0cm^{3}が完全に反応したときに生じる硫酸バリウムの質量をygとすると，30.0：1.50＝25.0：y　y＝1.25〔g〕

＜社会解答＞

第一問　1　エ　2　ア　3　(1)　エ　(2)　ウ　4　イ

第二問　1　(1)　筑紫(平野)　(2)　イ　(3)　ウ　2　(1)　ア　(2)　(例)台風の影響を受けにくい農業生産を進めることで，台風による農業被害を減らすとともに，牛肉などの県産農産物のブランド化を進めることで，輸入量の増加する外国産農産物に対抗するための競争力を高めようとした。

第三問　1　冠位十二階　2　ウ　3　ウ→ア→イ　4　ア　5　(例)関西地方産のしょうゆが廻船で海上輸送されていたのにかわり，関東地方産のしょうゆが河川を利用して輸送されるようになった。

第四問　1　(1)　ア　(2)　イ　(3)　公正取引委員会　2　エ　3　(例)自身の運転や公共交通機関による移動が難しい高齢の患者にとって，移動が不要だという利点がある一方，通信用機器の使用が難しい高齢の患者には，受診に支援が必要だという課題がある。

第五問　1　(1)　パンパ　(2)　カ　2　(1)　イ　(2)　(例)ブラジルを植民地にしたポルトガルが，先住民を支配し，アフリカから奴隷として連れてこられた人々を労働

力としたこと。 3 ウ

第六問 1 イ→ウ→ア 2 人間 3 イ 4 (1) エ (2) (例)国際協力活動に参加しやすくなることで，国際貢献に取り組む市民が日本で増えるとともに，課題解決に必要な知識や技術の伝達などを通じて現地の人の自立を支援することで，活動対象地域の持続的な発展が見込まれる。

＜社会解説＞

第一問 (公民的分野－民主政治に関する問題)

1 アテネはギリシャの首都で，大都市国家として栄えた古代ギリシャ文明の中心都市であることから判断すれば良い。

2 人権宣言には，ルソーが唱えた社会契約論の考え方が反映されている点から判断すれば良い。イはイギリスの哲学者，ウはプロイセン王国出身の哲学者，エはフランス皇帝である。

3 (1) 大正時代が，1912年から1926年であることから判断すれば良い。初の本格的な政党内閣は，1918年に組閣された原敬内閣である。アは1874年，イは1889年，ウは1945年のことである。 (2) 日本国憲法第29条の規定から判断すれば良い。アは政治に参加する権利，イは社会権，エは請求権である。

4 日本国憲法第79条に規定された，司法権に直接国民が関わる仕組みである。ア・ウ・エは国会が行うものである。

第二問 (地理的分野－九州地方に関する問題)

1 (1) 筑紫次郎の別名を持つ筑後川下流に広がる，二毛作が盛んな平野である。 (2) 大隅半島中央に広がる笠野原は，九州南部最大のシラス台地であることから判断すれば良い。 (3) Xはシラス台地が広がる鹿児島県であることから，畜産が中心であることに注目すれば良い。

2 (1) 宮崎県は，冬でも暖かい気候を利用した野菜の促成栽培が盛んなこと，促成栽培では，夏野菜を冬に出荷していることに注目すれば良い。 (2) 資料Dから牛肉などのブランド化を目指していることが読み取れる。資料Eから，背景には以前台風被害を受けたことが読み取れる。資料Fから，牛肉は輸入量が多いことが読み取れる。これらを併せて説明すれば良い。

第三問 (歴史的分野－みそ・しょうゆを切り口にした問題)

1 603年に聖徳太子によって定められた制度である。

2 二毛作が近畿地方で始まり，牛馬耕が行われるようになったのは鎌倉時代であることから判断すれば良い。アは弥生時代，イ・エは江戸時代である。

3 アは1333年，イは1392年，ウは1274年・1281年のことである。

4 元禄文化は上方中心，化政文化は江戸中心である。錦絵は江戸時代中期に確立した木版画浮世絵の形態，水墨画は室町時代に雪舟が大成した墨の濃淡による表現形態である。これらに注目して判断すれば良い。

5 資料Cから，しょうゆの産地が関西から関東に移ったことが読み取れる。資料Dから，海上輸送が河川利用による輸送に代わったことが読み取れる。これらを併せて説明すれば良い。

第四問 (公民的分野－科学技術と社会の変化を切り口にした問題)

1 (1) aは，文中に情報通信技術とあることから判断すれば良い。**Information and Communication**

Technologyのことである。**AI**は**Artificial Intelligence**，人工知能のことである。bは，情報を読み取り活用するとあることから判断すれば良い。リテラシーは文字を読み書きし理解する力のことである。マスメディアは大衆向けコミュニケーションのための媒体のことである。 (2) 第三次産業が扱う効用や満足などを提供する形のない財のことである。 (3) 他からの指揮監督を受けることなく企業の違反行為を監視し，**消費者保護のため**に独立して職務を行う**行政機関**である。委員長と4名の委員の計5名で構成されている。

2 アメリカで提唱された，医療行為について，医師及び看護師から事前に十分な説明を受け，患者自身が納得した上で治療を進めることである。

3 資料Cから，地方都市の方が自分で運転して医療サービスを受けに行く傾向が高いことと，高齢者ほど家族による送迎の割合が高いことが分かる。資料Dから，高齢になるほどインターネット利用率が低下することが分かる。資料Eから，自宅で医療行為を受けることが可能になり，移動の手間がかからなくなることが分かる。これらを併せて説明すれば良い。

第五問 (総合問題－南アメリカ州を切り口にした問題)

1 (1) **アルゼンチンの首都であるブエノス・アイレス**を中心に広がる平原のことである。
(2) Ⅰはアンデス山脈に位置することから，気温が低く降水量が少ないZであることが分かる。Ⅱはアマゾンに位置することから，気温が高く降水量が多い熱帯の気候のYであることが分かる。これらを併せて判断すれば良い。

2 (1) **関東大震災が1923年**のできごとであることから判断すれば良い。アは1960年代，ウは1904年以降，エは1873年以降のことである。 (2) 資料Dから，ブラジルがポルトガルの植民地であったことが分かる。資料Eから，アフリカ系の人たちが奴隷として連れてこられていたことが分かる。これらを併せて説明すれば良い。

3 大規模な畑や放牧地を作り出すために行われた**焼畑や森林伐採**により，**アマゾンの熱帯雨林が**減少していることに注目すれば良い。

第六問 (総合問題－国際問題と日本の国際貢献を切り口にした問題)

1 アは2001年，イは1965年，ウは1989年のことである

2 国家を単位とした安全だけでは守りきれない，災害・貧困などの脅威に人々がさらされるようになってきたことから生まれた考え方である。

3 **世界保健機関**のことである。アは**国連平和維持活動**，ウは**国連教育科学文化機関**，エは**国連児童基金**のことである。

4 (1) 援助額計に占める国際機関向け援助の割合は，日本が24%，オランダが36%であることから判断すれば良い。援助額計5位のフランスが国際機関向け援助額では3位であることから，アは誤りである。援助額計上位3か国の内，二国間援助額の割合が9割以上となる国は存在していないことから，イは誤りである。二国間援助に占める技術協力額の割合は，日本が17%，ドイツが33%であることから，ウは誤りである。 (2) 資料Cから，個人が国際協力に参加しやすくなっていることが分かる。資料Dから，現地スタッフとのつながりが強まることで，援助が持続可能になることが分かる。これらを併せて説明すれば良い。

＜国語解答＞

第一問　問一 ① にぎ　② ひそ　③ とうすい　④ 敬　⑤ 反省　⑥ 推測
問二 ① ウ　② ア　問三 エ　問四 (一) (例)実施する　(二) ア
(三) イ　(四) エ　(五) (例)「習慣」という語を，同音の「週間」と誤解する恐れがあるから。

第二問　問一 エ　問二 (例)描きたい漫画を描いて人気を得る　問三 (一) 俺の漫画家　(二) イ　問四 (例)漫画家としての人生を諦めず，よい機会が来るのを待ちながら，自分のペースで漫画を描いていこうという気持ち　問五 ウ

第三問　問一 ア　問二 (例)相手の「おもい」を受け止める必要がある。
問三 (一) 自らの内面で生起したこと　(二) エ　問四 ウ　問五 (例)呼吸における吸うことと吐くことの関係と同様に，読むためには書くこと，書くためには読むことが必要だということ。

第四問　問一 夫レ治ムルハ㆑国ヲ、　問二 ウ　問三 (一) (例)君主が心清らかである
(二) イ

第五問　【言葉の候補】 そこ
(例) 「そこ」という中称は，自分の方からも相手の方からも遠くも近くもない，適切な距離感を生み出すと感じた。私が見渡すことで春を実感する風物は春の花か，空の様子か，いずれにしても自然のものだ。私たちを包み込む自然が待ちに待った春の到来を教えてくれた。それを独り占めするのではなく，みんなと共に感じ，喜びを分かち合いたい気持ちを表現するために適切な距離感を生み出す「そこ」を用いると，一体感が出るはずだ。

＜国語解説＞

第一問 (会話・議論・発表─内容吟味，文脈把握，漢字の読み書き，熟語，ことわざ・慣用句，文と文節)

問一 ① 「握」の訓読みは「にぎ・る」，音読みは「アク」。 ② 隠れて，外に出ない状態。 ③ その良さにすっかり引きつけられること。 ④ うやまうは「敬う」。「尊敬」という熟語を作る「とうとぶ(尊ぶ)」と混同しない。 ⑤ 「省」は「目」と書く部分を「日」にしない。 ⑥ 「推」は，てへん。「測」は，さんずい。

問二 ① 「一石二鳥」は，一つのことをして同時に二つの利益をあげること。 ② 「大器晩成」は，優れた器量の人は往々にして遅れて大成するということ。

問三 共通する打ち消し語を入れる。「無許可」は許可を得ていないこと。「無作為」はこしらえごとではなく，偶然に任せること。「無頓着」は，思惑や細かい物事や事情について気にかけない様子。

問四 (一) 主語の「図書委員会が」に合わせる。「何がどうする」という主述の関係にすればよいので，「実施する」となる。受身にする必要はない。 (二) 放送原稿を読むと企画は三つあることがわかるが，聞き手は，いくつあるのかわからないと，ただ聞き流してしまうので，はじめに企画がいくつあるかを明確に示しておくとよい。 (三) 伝えたいのは，テーマの内容だ。したがって「先生がおすすめする一冊」を一区切りにまとめて示すのが適切である。引用の働きをする助詞の「と」があるので，ここで間を取るとよい。 (四) Bさんの発言は，自分が「少

し唐突な感じがする」と気になった部分があったので，それについてAさんに説明を求めるものだ。どうしてそうしたのかということについて，「何か理由があるのかな」とAさんの考えを尋ねている。（五）聞くだけでは同音異義語の区別がしづらい。読書に慣れ親しむという意味の「読書習慣」と，図書委員が企画する「読書週間」では音が同じなので，誤解を招く恐れがあるのだ。

第二問（小説―主題・表題，情景・心情，内容吟味，文脈把握，脱文・脱語補充，表現技法・形式）

問一　亮二は，老紳士の笑顔を見つめ笑顔に囲まれて暮らす幸せという言葉に「なるほど」と共感している。半分は冗談でも，「挑戦してみようかな」と言ったのは半分本気で自分もできそうだと感じたからだ。

問二　[　]には漫画家としてできなかったことを補えばよい。亮二の言葉の中に「俺が本当に描きたい，ヒーローが活躍するような少年漫画は，人気が出なくて描けない」とある。つまり漫画家を続けていても，描きたい漫画を描いて人気を得ることは難しくてできないと考えているのだ。

問三　（一）傍線③の老紳士の様子は「いやでも，俺の漫画家としての人生は，失敗に終わったと，その，思ってまして」という亮二の言葉を受けたものだ。ここから抜き出せる。（二）老紳士は亮二の漫画家としての才能を認めている。諦めて欲しくないと考えている。その自分の考えを亮二に伝えようとする真剣な思いが「笑っていない目」に表れているのだ。

問四　老紳士は亮二に風(チャンス)に恵まれなくても，夢を諦めずに持ち続け，チャンスを待っていて良いのだと教えてくれた。ここから，亮二は漫画家人生を諦めずに良いチャンスがくる日を待ちながら自分なりにコツコツと漫画を描いていれば良いのだと考えたのだ。

問五　「空港のあちこちに……美しく見えた」のは，亮二の心のもやもやしたものが消えて晴れ晴れした状態になったことを示している。アの直喩が「確かな事実」を示すとした点，イの擬態語が「詠み手の興味を引き出す」とした点，エの倒置の技法が「情報の正しさを強調」するとした点が不適切。

第三問（論説文―大意・要旨，内容吟味，文脈把握，脱文・脱語補充）

問一　筆者が「奇妙」だと思うのは「会話は，互いが一方的に話していてもどうにか成り立つ」点である。なぜなら「誰かと言葉を交わすことを会話という」はずなのに一方的でも会話が成り立つというのは矛盾しているからだ。

問二　傍線②の直後「対話は，話者が自分の言いたいことを話したときに始まるのではなく，相手の『おもい』を受け止めたところに始まる」に着目する。前半の「話者が自分の言いたいことを話」すのは会話と同じだ。後半が対話の始まりだ。すなわち「相手の『おもい』を受け止めたところ」があるかどうかが会話と対話の違いである。ここを用いてまとめる。

問三　傍線③以降を手がかりに解く。(一)の[A]には書物を読んだあとに，「語る」のとは別の「書く」という方法で表現すべき内容が入る。「その言葉を受けて自らの内面で生起したことを声によって『語る』のとは別の方法で，過去の賢者に送り届けなくてはならない」という記述から抜き出せる。(二)の[B]には「過去の賢者」に相当する内容が入るから，読んだ書物の著者となる。

問四　「読む」とは，著者の語ることを受け止めることだから，自分の「からだ」に取り込むことである。一方「書く」とは，読んで内面に生起したことを言葉によって表現することだから，自分の「からだ」から出すことである。

問五　筆者は本文で「『読む』を鍛錬するのは『書く』で，『書く』を鍛えるのは『読む』なのである。」と主張している。これを「呼吸のありよう」とからめ，**「吸う」と「吐く」という切り離せない一対の関係のように，読むためには書くことが，書くためには読むことが欠かせないということ**，を筆者の主張としてまとめることができる。

第四問 (漢文—大意・要旨，文脈把握，段落・文書構成，脱文・脱語補充，表現技法・形式)

【現代語訳】 そもそも，国を統治するということは，ちょうど樹木を植えて育てるのと同じだ。根元が揺るがなければ，枝葉は繁茂する。君主が心清らかであれば，百姓たちはどうして安楽とならないことがあろうか。いや皆安楽となる。

問一 「治」と「国」の読む順序が逆転している。**一字返って読むのでレ点**を用いる。

問二 本根の在り方が枝葉に影響するのだ。国の統治において，**君主の在り方が百姓に影響する**と考えて選択肢を選ぶ。

問三 (一) [A] には国の統治に必要とされる根本的なことを入れる。**百姓が安楽であるために必要なことは，君主が心清らかであること**だ。 (二) この漢文は，本根と枝葉の**例え話を用いて**，本題の君主と百姓の関係をわかりやすく説明する構成になっている。

第五問 (作文)

「ここ」「そこ」「どこ」という指示語の違いをおさえよう。**近称・中称・不定称の場所を示すこそあど言葉が出す効果**を考えたうえで，どんな心情を表現したいのかを決めて作文を書き出そう。「ここ」ならば自分の手元にある春を表現できるし，「そこ」ならば自分と他者の間にある春を共有できるし，「どこ」ならば春を探す心境を表現できる。選んだ指示語の特性をふまえて，それを用いることで表現したいあなたの思いや春の情景について，考えを書き進めよう。

宮城県公立高等学校

2021年度

入 試 問 題

●くわしい解説……41ページ

2021年 宮城県公立高校入試　出題範囲縮小内容

令和2年5月13日付け2文科初第241号「中学校等の臨時休業の実施等を踏まえた令和3年度高等学校入学者選抜等における配慮事項について（通知）」を踏まえ，出題範囲について以下通りの配慮があった。

○下記の内容を出題範囲から除外する

数学	・標本調査
理科	○第1分野 ・科学技術と人間 ○第2分野 ・自然と人間
社会	○公民的分野 ・私たちと国際社会の諸課題

＜数学＞

時間　50分　満点　100点

第一問　次の１～８の問いに答えなさい。

1　$-14-(-5)$ を計算しなさい。

2　$\dfrac{3}{2}\div\left(-\dfrac{1}{4}\right)$ を計算しなさい。

3　$a=3$，$b=-2$ のとき，$2a^2b^3\div ab$ の値を求めなさい。

4　等式 $4a-5b=3c$ を a について解きなさい。

5　$\sqrt{27}+\dfrac{3}{\sqrt{3}}$ を計算しなさい。

6　x^2-25y^2 を因数分解しなさい。

7　ある中学校の１年生40人を対象に，休日１日の学習時間を調べました。右の表は，その結果を度数分布表に整理したものです。この度数分布表から必ずいえることを，次のア～オからすべて選び，記号で答えなさい。

ア　学習時間が０分の生徒はいない。

イ　最頻値は90分である。

ウ　平均値は90分である。

エ　中央値は120分以上180分未満の階級に入っている。

オ　240分以上300分未満の階級の相対度数は0.05である。

学習時間（分）	度数（人）
以上　未満	
0 ～ 60	8
60 ～ 120	13
120 ～ 180	11
180 ～ 240	6
240 ～ 300	2
合計	40

8　下の図のような，AC＝BC＝６㎝，∠ACB＝90°の直角三角形ABCがあります。辺AB，BCの中点をそれぞれD，Eとし，点Dと点Eを結びます。四角形ADECを，辺ACを軸として回転させてできる立体の体積を求めなさい。ただし，円周率をπとします。

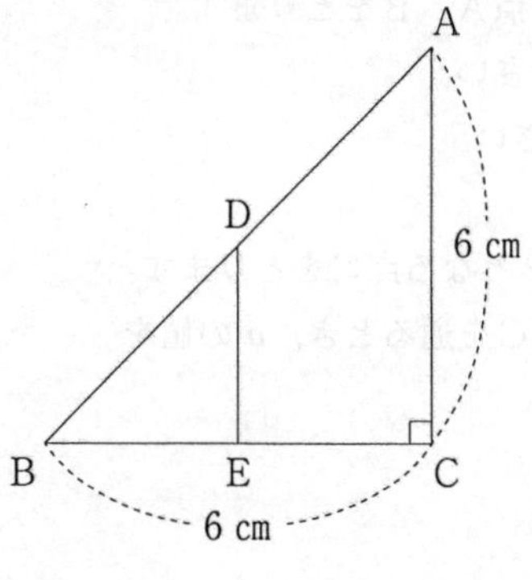

第二問　次の１～４の問いに答えなさい。

1　一の位の数字が０でない２けたの自然数Ｐがあります。自然数Ｐの十の位の数字と一の位の数字を入れかえた２けたの自然数をＱとします。

次の⑴，⑵の問いに答えなさい。

⑴　自然数Ｐの十の位の数字をa，一の位の数字をbとするとき，自然数Ｐをa，bを使った式で表しなさい。

⑵　Ｐ－Ｑ＝63になる自然数Ｐを求めなさい。ただし，Ｐは奇数とします。

2　下の図のような，1から４の数字が書いてある円盤と，3つの容器Ａ，Ｂ，Ｃがあります。円盤はまわすことができ，円盤とは別に針が固定されています。まわした円盤が静止すると，針が指す場所に書いてある数字が，必ず１つ決まります。容器Ａ，Ｂには，それぞれ２個の球が入っており，容器Ｃには何も入っていません。円盤を１回まわすごとに，次のルールで球を操作します。

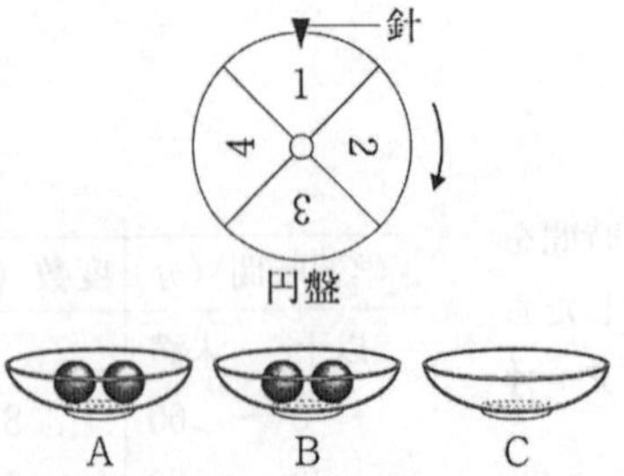

【ルール】

・１か２の数字に決まったときは，容器Ａから容器Ｂに球を１個移す。

・３の数字に決まったときは，容器Ｂから容器Ｃに球を１個移す。

・４の数字に決まったときは，球を移さない。

次の⑴，⑵の問いに答えなさい。ただし，一度移した球はもとにもどさないものとします。また，針が指す場所に書いてある数字は，１から４のどの数字に決まることも同様に確からしいものとします。

⑴　円盤を１回まわします。このとき，容器Ａに２個，容器Ｂに１個，容器Ｃに１個の球が入っている確率を求めなさい。

⑵　円盤を２回まわします。このとき，容器Ｃに少なくとも１個は球が入っている確率を求めなさい。

3　右の図のように，関数 $y = x^2$ のグラフ上に，x 座標がそれぞれ－２，１である２点Ａ，Ｂをとります。

次の⑴，⑵の問いに答えなさい。

⑴　直線ABの傾きを求めなさい。

⑵　直線AB上に y 座標が－２となる点Ｃをとります。関数 $y = ax^2$ のグラフが点Ｃを通るとき，a の値を求めなさい。

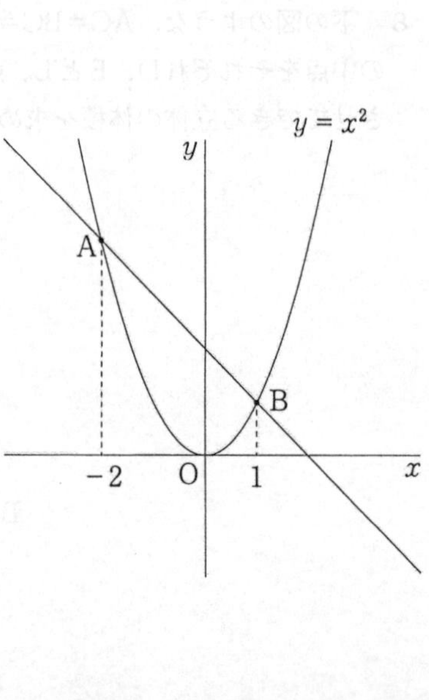

4　ある菓子店では，ドーナツとカップケーキを詰め合わせた３種類の商品Ａ，Ｂ，Ｃをそれぞれ何箱か作ります。商品Ａはドーナツを２個とカップケーキを１個，商品Ｂはドーナツを４個とカップケーキを２個，商品Ｃはドーナツを１個とカップケーキを２個，箱に詰めて作ります。また，商品Ｂは商品Ａの半分の箱数，商品Ｃは商品Ｂの３倍の箱数となるように作ります。

次の(1)，(2)の問いに答えなさい。

(1)　商品Ａを x 箱作るとき，商品Ｃの箱数を x を使った式で表しなさい。

(2)　ドーナツが176個あるとき，ドーナツとカップケーキを過不足なく箱に詰めて商品Ａ，Ｂ，Ｃを作るために必要なカップケーキは何個ですか。

第三問　数学の授業で，先生が，スクリーンにコンピュータの画面を投影しながら説明しています。□ は先生の説明です。

次の１，２の問いに答えなさい。

1　先生が，スクリーンに画面を投影し，説明しています。

１次関数 $y = ax + b$ のグラフのようすを考えてみましょう。

はじめに，a の値を１，b の値を０としたグラフと，グラフ上の点 (5，5) を表示します。

このあと，b の値は変えず，a の値を１より大きくしたグラフを表示し，グラフの形を比べてみましょう。

図Ⅰ

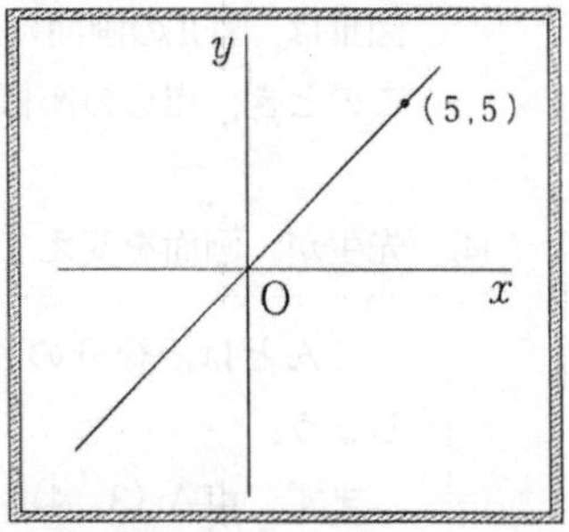

図Ⅰは，先生が，はじめに表示した画面です。この説明のあとに表示される下線部のグラフとして，最も適切なものを，次の**ア**～**エ**から**１つ**選び，記号で答えなさい。

ア

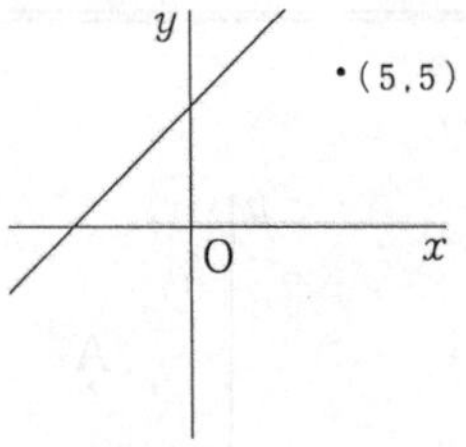

イ

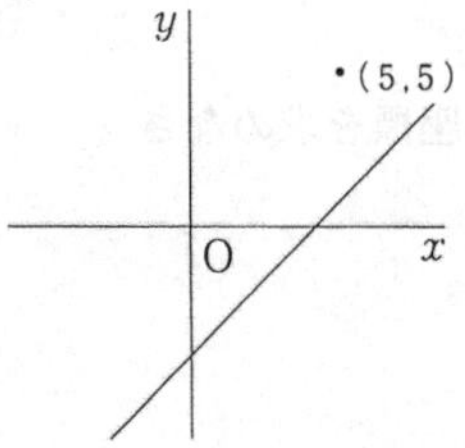

ウ

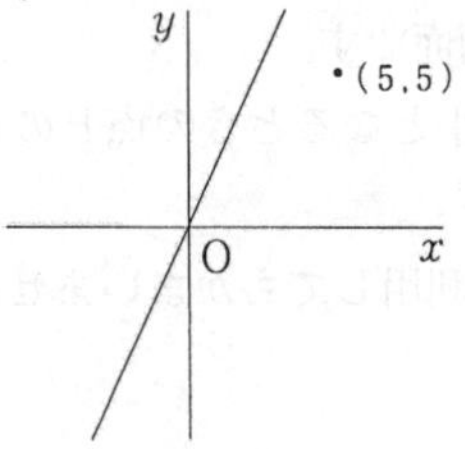

エ

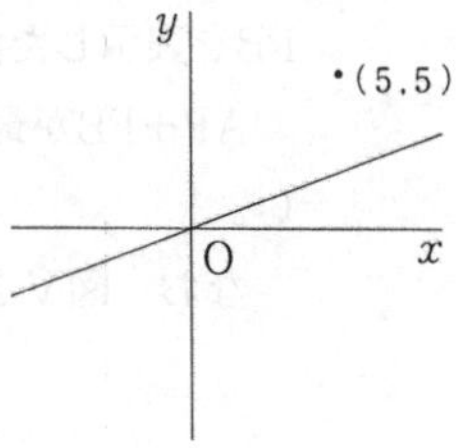

2　先生が，スクリーンにいくつかの画面を順に投影し，説明します。

次のページの(1)～(4)の問いに答えなさい。

こんどは，直線や点をいくつか表示します。

点 (3，4)，点 (5，0) をそれぞれＡ，Ｂとし，点Ａ，Ｂ，直線OAを表示します。さらに，点Ｂを通り，直線OAに平行な直線 ℓ を表示します。

図Ⅱ

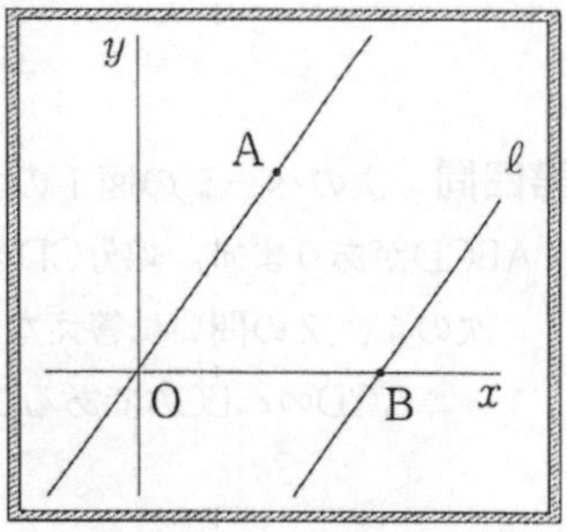

前のページの図Ⅱは，点A，B，直線OA，ℓを表示した画面です。

(1) 2点O，Aの間の距離を求めなさい。

(2) 直線ℓの式を答えなさい。

(3) 先生が，画面を変えて，続けて説明しています。

図Ⅲ

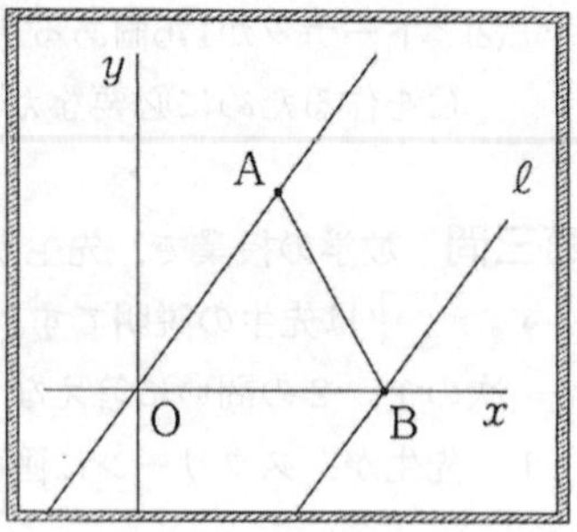

> 次は，グラフや座標を利用して，図形について考えてみましょう。
> まず，先ほどの画面に，線分ABを表示します。次に，直線ℓ上に，△ABC：△ABO＝1：2となるように点Cをとってみましょう。ただし，点Cのy座標は正とします。

図Ⅲは，図Ⅱの画面に，線分ABを表示した画面です。このとき，点Cの座標を求めなさい。

(4) 先生が，画面を変えて，続けて説明しています。

図Ⅳ

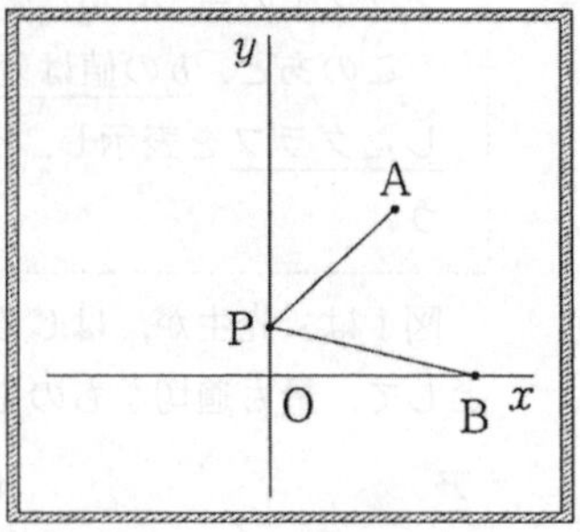

> こんどは，線分の長さの和について考えてみましょう。
> まず，点A (3, 4)，点B (5, 0) を表示します。次に，y軸上に，AP＋PBが最小となるような点Pをとってみましょう。

図Ⅳは，点Pを適当に定め，点A，B，P，線分AP，PBを表示した画面です。

AP＋PBが最小となるときの点Pのy座標を求めなさい。

なお，図Ⅴを利用してもかまいません。

図Ⅴ

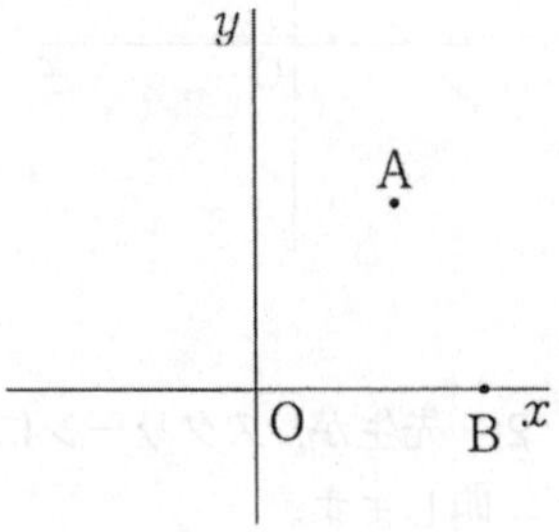

第四問 次のページの図Ⅰのような，AD//BC，BC＝2AD，AD＜CD，∠ADC＝90°の台形ABCDがあります。線分CDをDの方に延長した直線上に，∠CAE＝90°となる点Eをとります。

次の1，2の問いに答えなさい。

1 △ACD∽△ECAであることを証明しなさい。

図Ⅰ

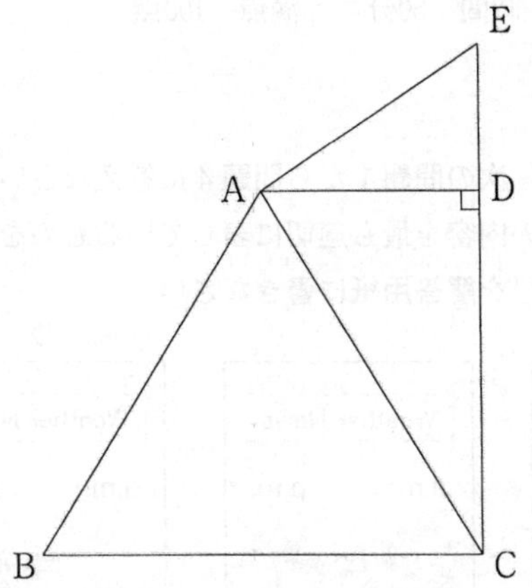

2　図Ⅱは，図Ⅰにおいて，点Bと点Eを結んだものです。また，点Aから線分BCに垂線をひき，線分BEとの交点をFとします。さらに，線分BEと線分AC，ADとの交点をそれぞれG，Hとします。

AD＝2㎝，CD＝3㎝のとき，次の⑴～⑶の問いに答えなさい。

⑴　線分DEの長さを求めなさい。

⑵　△EHDの面積を求めなさい。

⑶　線分FHと線分GHの長さの比を求めなさい。

図Ⅱ

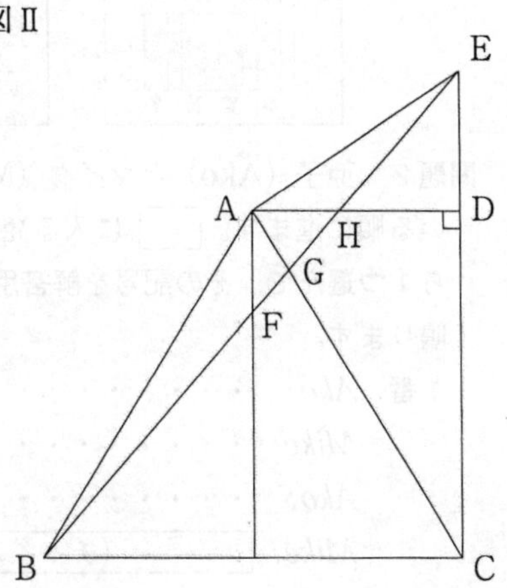

＜英語＞

時間　50分　　満点　100点

第一問　（放送によるテスト）次の**問題１**から**問題４**に答えなさい。

問題１　英語を聞いて，その内容を最も適切に表しているものを，それぞれ**ア**，**イ**，**ウ**，**エ**の中から１つ選んで，その記号を解答用紙に書きなさい。

ア　　**イ**　　**ウ**　　**エ**

１番

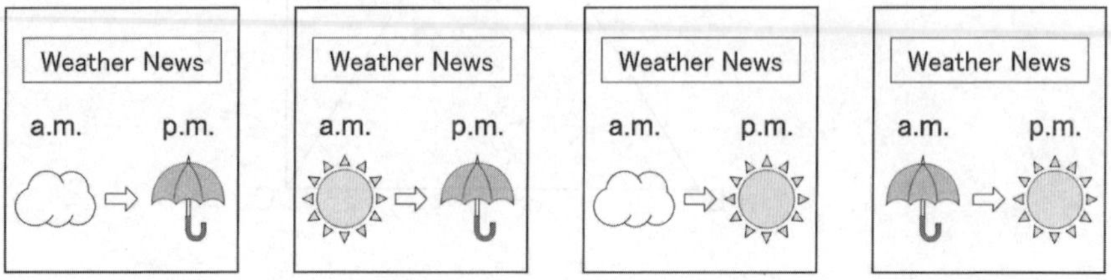

ア　　**イ**　　**ウ**　　**エ**

２番

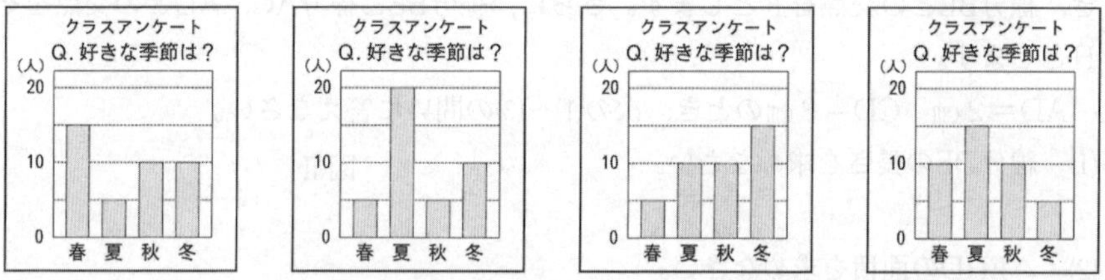

問題２　亜子（Ako）とマイク（Mike）が会話をします。二人の会話は，問題用紙に示されている順に進みます。［　　］に入る発言として最も適切なものを，それぞれ**ア**，**イ**，**ウ**，**エ**の中から１つ選んで，その記号を解答用紙に書きなさい。会話の［　　］のところでは，チャイム音が鳴ります。

１番　*Ako:*　・・・・・・・・・・・・・・・・

Mike:　・・・・・・・・・・・・・・・・

Ako:　・・・・・・・・・・・・・・・・

Mike:　［　（チャイム音）　］

ア　Just push here.　　**イ**　Take many pictures.

ウ　It's my father's.　　**エ**　Of course, you can.

２番　*Mike:*　・・・・・・・・・・・・・・・・

Ako:　・・・・・・・・・・・・・・・・

Mike:　・・・・・・・・・・・・・・・・

Ako:　［　（チャイム音）　］

ア　Thank you for telling me about it.

イ　Are you looking for yours, too?

ウ　History is your favorite subject.

エ　It's blue and my name is on it.

問題３　留学生のジョン（John）と青木先生（Ms. Aoki）が会話をします。そのあとで会話について３つの質問をします。それらの質問に対する答えとして最も適切なものを，それぞれア，イ，ウ，エの中から１つ選んで，その記号を解答用紙に書きなさい。

１番　ア　He wanted to ask her about his classmates.
　　　イ　He wanted to know how to study Japanese.
　　　ウ　He wanted to talk about his future dream.
　　　エ　He wanted to take her Japanese class.

２番　ア　He should study Japanese with more books.
　　　イ　He should speak English more slowly.
　　　ウ　He should use Japanese more in his daily life.
　　　エ　He should make new Japanese friends.

３番　ア　He teaches English to his classmates after school.
　　　イ　He usually studies Japanese through reading and writing.
　　　ウ　He talked with Ms. Aoki in Japanese to practice speaking.
　　　エ　He showed the best way to study a language to Ms. Aoki.

問題４　アン（Ann）と智樹（Tomoki）が会話をします。二人の会話は，問題用紙に示されている順に進み，アンが智樹に質問をします。智樹になったつもりで，□に入る適切な発言を考えて，英語で解答用紙に書きなさい。会話の□のところでは，チャイム音が鳴ります。

Ann:　・・・・・・・・・・・・
Tomoki:　・・・・・・・・・・
Ann:　・・・・・・・・・・・・
Tomoki:　［（チャイム音）］

第二問　次の１～３の問いに答えなさい。

１　次の⑴～⑶の二人の会話が成立するように，（　）に入る最も適切なものを，それぞれあとのア～エから１つ選び，記号で答えなさい。

⑴ *Marty:*　Emi, (　　) was the science test?
　Emi:　It was really difficult, but I did my best.
　　ア where　イ which　ウ what　エ how

⑵ *Atsushi:*　Who is that girl (　　) a picture by the window?
　Lily:　She is my classmate, Olivia.
　　ア paints　イ is painting　ウ painting　エ painted

⑶ *Kevin:*　It's so hot in this room, isn't it?
　Yuta:　Yes, it really is. Shall we take (　　) our jackets?
　　ア out　イ off　ウ down　エ back

２　次の⑴，⑵の二人の会話が成立するように，（　）に入る適切な英語を，それぞれ１語書きなさい。ただし，答えはすべて（　）内に示された文字で書き始めなさい。

⑴ *Julia:*　I heard you have a *kimono*. What (c　　) is it?
　Kanae:　It's pink. I wear it on New Year's Day every year.

(2) *Mr. Hill:* Did you finish the homework I gave you last week?

Ryoko: Yes, I did. But I (f　　　) to bring it with me. I'm sorry.

3 次の(1)，(2)の二人の会話が成立するように，(　) 内のア～オの語句を正しい順に並べかえ，記号で答えなさい。ただし，文頭にくる語も小文字で示しています。

(1) *Sonia:* My brother started a music band. (ア is going to　イ a guitar　ウ him　エ my mother　オ buy) this weekend.

Akane: That's nice. He'll be very happy.

(2) *Bob:* This temple looks very old. Do you (ア when　イ know　ウ it　エ built　オ was)?

Hiroto: I'm not sure. I'll check it on the Internet.

第三問 次の英文は，中学生の奈々（Nana）が，英語の授業でスピーチをしたときのものです。この英文を読んで，あとの１～４の問いに答えなさい。

Hi, everyone. Today I want to share a story from this summer with you. This summer, I joined an English volunteer guide project. I'm going to talk about the things I learned through this project.

One day in April, I heard about a project from my father. He said, "Our city is going to invite 50 tourists from all over the world in August. The city needs English volunteer guides to show them around." Then I thought, "This is a good chance!" I wanted to talk with many people from different countries. I was a little worried about my English, but I decided to become a member of the project.

Soon, the project started. I thought we only had to practice English, but there were also other things to do. For example, we needed to check which places were interesting for the tourists. So we went to many places on the weekends and collected useful information. One of the members said, "How about making a city map with the information we collected? Then we can show the tourists where to visit easily." All of us agreed, and we started making one. It took three weeks. We also practiced speaking English a lot. Through much effort, we were finally ready for the tourists.

Finally, the day came. "Will the tourists understand my English? Will this map be useful?" I was worried. But I remembered our effort and started talking to the tourists. My English wasn't perfect, but they tried hard to understand me. One tourist said, "This map is so useful. I'll use it during my trip. You also did your best to talk to me and understand me. I had a great time today!" Many other tourists also said the same thing, and I was so relieved. This project was not easy. However, we worked very hard and the tourists were able to enjoy their trip. I was glad we were able to make them happy. I was worried about the language barrier, but it was not a big problem.

＜注＞　volunteer　ボランティアの　guide(s)　ガイド　project　プロジェクト
tourist(s)　観光客　information　情報　relieved　安心した　barrier　障壁

1　下線部のように奈々が考えた理由を，本文の内容から具体的に**日本語**で書きなさい。

2　次の質問に対する答えを，本文の内容に合うように**英語**で書きなさい。

What did the project members do to show the tourists where to visit easily?

3　次の**ア**～**オ**を奈々のスピーチの流れに合うように並べかえ，記号で答えなさい。

ア　One member had an idea and shared it with the other members.
イ　Nana found that practicing English wasn't the only thing she had to do.
ウ　The kind words from the tourists made Nana relieved.
エ　Nana decided to join the English volunteer guide project.
オ　Nana was worried but started talking to the tourists.

4　次の英文は，奈々のスピーチを聞いたクラスメートが書いた感想文です。本文の内容をふまえて，(Ⓐ)，(Ⓑ) のそれぞれに入る最も適切な**英語1語**を，本文中から抜き出して書きなさい。

I got two important messages from Nana's speech. Nana worked so hard on the project, and she was able to see the happy faces of the tourists. I learned a lot of (Ⓐ) can make people around us happy. I also learned we don't have to speak perfect English when we talk with people from other countries. If we try to (Ⓑ) each other, we can enjoy good communication.

第四問　次の英文は，高校生のキャリー(Carrie)，彩(Aya)，和也(Kazuya)，ハッサン(Hassan)が，コンビニエンスストアの24時間営業（24-hour operations）について，英語の授業で自分の意見を述べたときのものです。これらの英文を読んで，次のページの１～４の問いに答えなさい。

 Carrie	I've never seen 24-hour convenience stores in my country. When I came to Japan, I was surprised to see such stores in every town. I think they are great! I go to convenience stores when I don't have time to make a *bento*. Even early in the morning, many kinds of food are sold. Such stores are also useful for busy people who work until late at night. If they are too tired to cook after work, they can buy their dinner at convenience stores. I think they are necessary for our life.
Aya	Like Carrie, many people say convenience stores are useful, but I don't think 24-hour operations are good. I have two reasons. First, working during the night is very hard for the store staff. To keep stores open for 24 hours, someone has to work there late at night. Second, it's difficult for store owners to find people who want to work during the night. Why don't

	you think about 24-hour operations from the viewpoints of people who work in such jobs?
 Kazuya	Aya said that running 24-hour operations is difficult for stores. However, 24-hour convenience stores are necessary for people who can only work at night. For example, college students usually can't work during the day. Such people can work at convenience stores during the night. Also, 24-hour convenience stores can help us when a disaster happens. When trains stop because of a disaster and people have to walk home, they can visit a convenience store to get water or use a restroom. We don't know when and where a disaster will happen, so we need such places.
 Hassan	Like Carrie's country, there aren't any 24-hour convenience stores in my country. When I came to Japan, I found the streets at night looked different from those in my country. The light from the convenience stores is bright, so people can see the streets well and feel safe even in the night. I think this is another good point about keeping stores open during the night. However, it also means a lot of electricity is used. If more electricity is used, more CO_2 is produced. So I don't agree with 24-hour operations. I know they're useful, but the future of the earth is more important.

<注> late 遅く staff スタッフ keep(ing) stores open 店を開けておく
owner(s) (店の)所有者 viewpoint(s) 視点 running ～← run ～ ～を営む
during the day 昼間に disaster 災害 restroom トイレ bright 明るい

1 コンビニエンスストアが24時間営業することについて，賛成の立場で意見を述べている人物の組み合わせとして最も適切なものを，次のア～エから１つ選び，記号で答えなさい。

ア Carrie ― Aya
イ Carrie ― Kazuya
ウ Aya ― Hassan
エ Kazuya ― Hassan

2 次の(1)，(2)の質問に対する答えを，本文の内容に合うように**英語**で書きなさい。

(1) When does Carrie go to convenience stores?
(2) Who said that 24-hour operations may be bad for the environment?

3 下線部が表す具体的な内容を，本文中から探して**日本語**で書きなさい。

4 次のページの英文は，４人の意見を聞いた陸（Riku）とサーシャ（Sasha）の会話です。本文の内容をふまえて，あとの(1)～(4)の問いに答えなさい。

Riku: Sasha, what do you think about their opinions?

Sasha: I agree with Carrie. She told us her opinion from the viewpoint of (Ⓐ). We can get the things we need, even early in the morning or late at night. 24-hour convenience stores are really useful because everyone has a different way of life.

Riku: I thought they were useful too, but now I see them in a different way. I heard store owners have to work for a long time when there aren't enough staff who work during the night. We should think about a sustainable way of working for everyone. So my opinion has changed and become (Ⓑ) Aya's.

Sasha: Both Aya and Kazuya thought about 24-hour convenience stores from the side of people who work there. But their opinions were different from each other. Kazuya said [Ⓒ].

Riku: Hassan's idea was also interesting. Among the four students, only Hassan showed [Ⓓ]. I learned that it's important to see things from different viewpoints.

＜注＞ opinion(s)　意見　　sustainable　持続可能な

(1) (Ⓐ) に入る最も適切なものを，次のア～エから１つ選び，記号で答えなさい。

ア store owners

イ store staff

ウ customers

エ Japanese people

(2) (Ⓑ) に入る最も適切なものを，次のア～エから１つ選び，記号で答えなさい。

ア better than

イ dangerous to

ウ different from

エ similar to

(3) [Ⓒ] に入る最も適切なものを，次のア～エから１つ選び，記号で答えなさい。

ア 24-hour operations produce more places to work

イ running 24-hour operations is hard for stores

ウ convenience stores should choose better staff

エ people get a lot of money by working at night

(4) [Ⓓ] に入る最も適切なものを，次のア～エから１つ選び，記号で答えなさい。

ア a difference between Japan and another country

イ how 24-hour convenience stores can help us in our life

ウ a good point about keeping stores open during the night

エ both a strong and a weak point about 24-hour operations

第五問 中学生の由香（Yuka）と留学生のカルロス（Carlos）が，書写の授業で，黒板に掲示された手本を見ながら，下のような会話をしています。英文を読んで，あとの１，２の問いに答えなさい。

〔黒板に掲示された手本〕

Yuka: Carlos, we are going to write those two words today.
Carlos: Oh, I've seen the left one. It's "friendship," right?
Yuka: That's right.
Carlos: I don't know the right one. [①]
Yuka: It means "to try new things, or to try difficult things."
Carlos: Both are nice words! Yuka, which word do you like better, the left one or the right one?
Yuka: [②]
Carlos: That's nice!

1 二人の会話が成立するように，本文中の [①] に入る英語を１文書きなさい。
2 二人の会話が成立するように，本文中の [②] に３文以上の英語を書きなさい。

＜理科＞　時間　50分　満点　100点

第一問　次の１～４の問いに答えなさい。

1　次の文章は，ヒトの体内における消化と吸収について述べたものです。あとの⑴～⑶の問いに答えなさい。

> 食物中の養分は，消化液にふくまれる a アミラーゼやペプシンなどのはたらきで分解され，吸収されやすい物質になる。デンプンは麦芽糖を経てブドウ糖に，タンパク質はアミノ酸にそれぞれ分解され，小腸のかべから吸収される。小腸で吸収されたブドウ糖とアミノ酸は毛細血管に入り，（　　　）を通って全身の細胞へ運ばれる。

⑴　下線部 a のような，食物中の養分を分解する物質を何というか，答えなさい。

⑵　図１は，小腸のかべの断面を模式的に表したものです。小腸のかべにはたくさんのひだがあり，その表面は柔毛でおおわれています。小腸がこのようなつくりをもつ利点を，簡潔に述べなさい。

図１

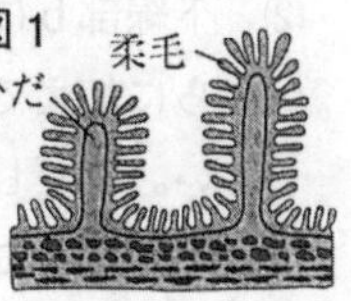

⑶　（　）に入る語句として，最も適切なものを，次のア～エから１つ選び，記号で答えなさい。

ア　じん臓　　**イ**　肝臓　　**ウ**　すい臓　　**エ**　大腸

2　次の表は，太陽系の惑星の，太陽からの距離，直径，密度をまとめたものです。あとの⑴～⑶の問いに答えなさい。ただし，表中の太陽からの距離は，太陽から地球までの距離を１としたときの値を，直径は，地球の直径を１としたときの値をそれぞれ示しています。

表

	水星	金星	地球	火星	木星	土星	天王星	海王星
太陽からの距離	0.39	0.72	1.00	1.52	5.20	9.55	19.22	30.11
直径	0.38	0.95	1.00	0.53	11.21	9.45	4.01	3.88
密度［g/cm^3］	5.43	5.24	5.51	3.93	1.33	0.69	1.27	1.64

⑴　太陽系の惑星は，太陽のまわりを回っています。惑星が恒星のまわりを回る運動を何というか，答えなさい。

⑵　太陽系の惑星は，直径と密度の違いから，地球型惑星と木星型惑星に分けられます。地球型惑星の特徴を述べたものとして，最も適切なものを，次のア～エから１つ選び，記号で答えなさい。

ア　おもに水素とヘリウムからできていて，表面の平均温度は木星型惑星より高い。

イ　おもに水素とヘリウムからできていて，表面の平均温度は木星型惑星より低い。

ウ　おもに岩石と金属からできていて，表面の平均温度は木星型惑星より高い。

エ　おもに岩石と金属からできていて，表面の平均温度は木星型惑星より低い。

⑶　太陽から出る光が地球に届くのは，太陽が光を出してから約500秒後です。太陽から出る光が海王星に届くのは，太陽が光を出してから約何秒後か，次のページのア～エから１つ選び，記号で答えなさい。ただし，光は一定の速さで進むものとします。

ア 1900秒後　イ 15000秒後　ウ 19000秒後　エ 150000秒後

3 ショ糖（砂糖）とデンプンを水に入れたときのようすを調べた実験Ⅰについて，あとの(1)～(3)の問いに答えなさい。

［実験Ⅰ］ ビーカーA，Bを用意し，水を50ｇずつ入れた。b ビーカーAにショ糖5.0ｇを入れ，よくかき混ぜると，ショ糖がとけた。その液をろ過すると，ろ紙には何も残らず，ろ過した液は透明だった。ビーカーBにデンプン5.0ｇを入れ，よくかき混ぜると，デンプンはとけず，液が白くにごった。その液をろ過すると，c ろ紙にデンプンが残り，ろ過した液は透明だった。このろ過した透明な液を加熱して，水を蒸発させたあとには何も残らなかった。

(1) ショ糖は，１種類の物質でできた純粋な物質です。ショ糖のような純粋な物質を，次のア～エから１つ選び，記号で答えなさい。

ア 海水　イ 石油　ウ 食酢　エ 酸化銀

(2) 下線部bについて，このときできたショ糖水溶液の温度が20℃のとき，この液に，ショ糖をさらに加えて飽和溶液にするためには，少なくともショ糖を何ｇ加えることが必要か，求めなさい。ただし，20℃におけるショ糖の溶解度は204ｇとし，水の蒸発は考えないものとします。

(3) 下線部cについて，デンプンの粒子，水の粒子，ろ紙のあなの大きさについて述べたものとして，最も適切なものを，次のア～エから１つ選び，記号で答えなさい。

ア デンプンの粒子と水の粒子は，どちらもろ紙のあなより大きい。

イ デンプンの粒子と水の粒子は，どちらもろ紙のあなより小さい。

ウ デンプンの粒子はろ紙のあなより小さく，水の粒子はろ紙のあなより大きい。

エ デンプンの粒子はろ紙のあなより大きく，水の粒子はろ紙のあなより小さい。

4 回路に流れる電流を調べた実験Ⅱについて，あとの(1)～(3)の問いに答えなさい。

［実験Ⅱ］ 図２のように，電源装置，スイッチ，電流計，抵抗器，電圧計を導線でつないだ。スイッチを入れて抵抗器に加える電圧を０Ｖから５Ｖまで変化させたときの，回路を流れる電流の大きさを測定した。その結果を図３のグラフに示した。

図２

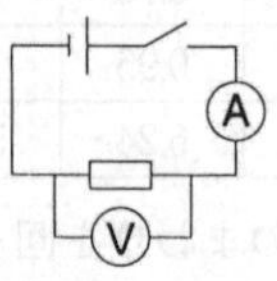

図３

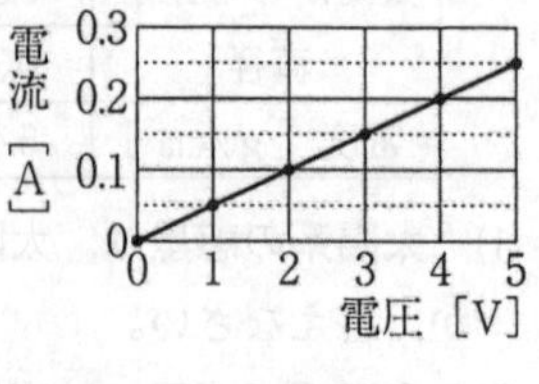

(1) 導線の外側をおおうポリ塩化ビニルは，電気をほとんど通さない物質です。ポリ塩化ビニルのように，抵抗がきわめて大きく電気をほとんど通さない物質を何というか，答えなさい。

(2) 実験Ⅱで，電圧を２Ｖにしたときの電流計を表したものとして，最も適切なものを，次のア～エから１つ選び，記号で答えなさい。

ア

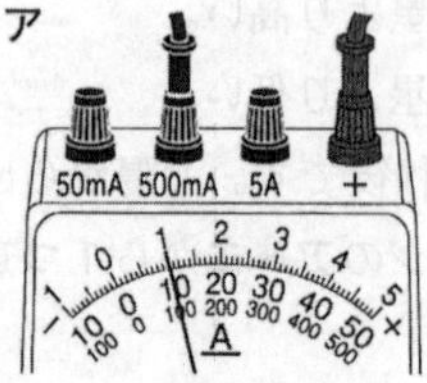

イ

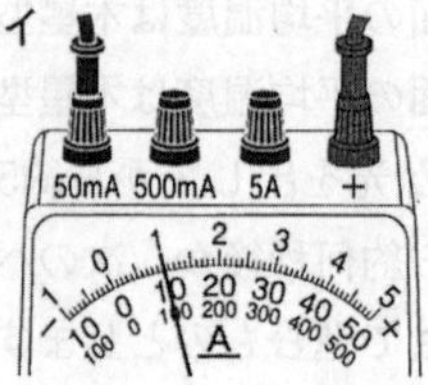

ウ

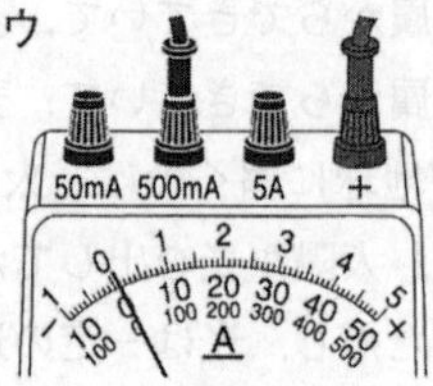

エ

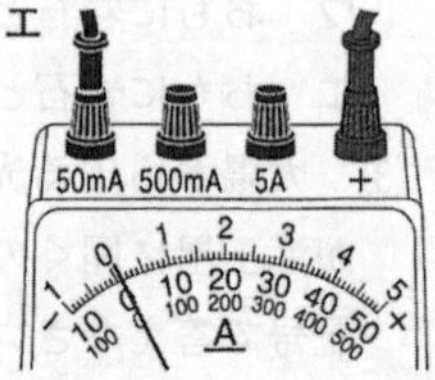

(3)　実験Ⅱで用いた抵抗器の抵抗の値は何Ωか，求めなさい。

第二問　エンドウの観察と，メンデルが行ったエンドウの交配（かけ合わせ）実験の結果の一部をまとめた資料について，あとの１～５の問いに答えなさい。

［観察］

1　エンドウの花の形を観察すると，図１のように，３種類の花弁があり，おしべとめしべは見えなかった。

2　エンドウの花をカッターナイフで切って断面をルーペで観察すると，図２のように，花弁の内側におしべとめしべがあり，①子房の中には胚珠が見られた。

3　エンドウの葉を観察すると，図３のように葉脈が網目状に通っていた。

図１

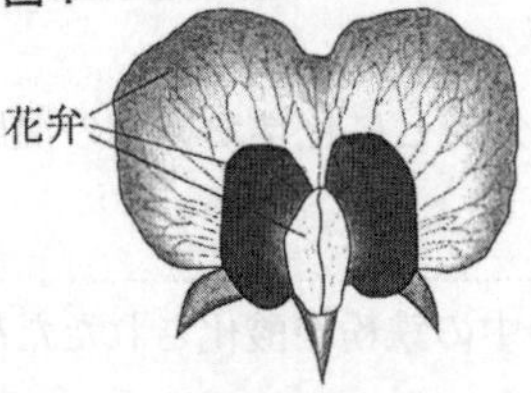

図２

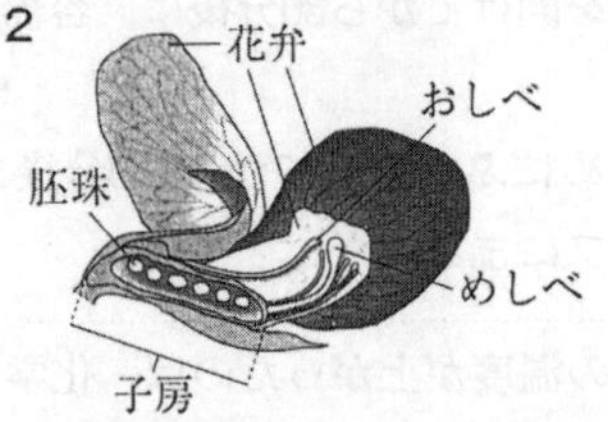

図３

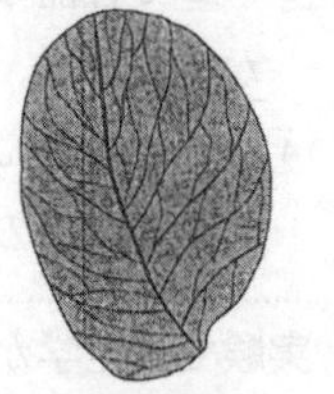

［資料］　丸形の種子をつくる純系のエンドウの種子と，しわ形の種子をつくる純系のエンドウの種子を，土にまいて育て交配すると，得られた種子は，②すべて丸形になった。この交配によって得られた種子を，すべて土にまいて育て，自然の状態で受粉させると，③丸形の種子が5474個，しわ形の種子が1850個できた。

1　下線部①のようなつくりをもつ植物を何というか，答えなさい。

2　花弁のつき方と葉脈の通り方の特徴をもとに植物を分類したとき，エンドウと同じなかまに分類される植物を，次のア～エから１つ選び，記号で答えなさい。

ア　アブラナ　　**イ**　ツユクサ　　**ウ**　アサガオ　　**エ**　タンポポ

3　エンドウは，自然の状態で自家受粉します。自然の状態でエンドウが行う自家受粉のしくみを，エンドウの花のつくりをもとに，簡潔に述べなさい。

4　下線部②について，このようになった理由を述べたものとして，最も適切なものを，次のア～エから１つ選び，記号で答えなさい。ただし，エンドウの種子の形を決める遺伝子を，丸形はＡ，しわ形はａと表します。

ア　遺伝子の組み合わせがＡＡの受精卵とＡａの受精卵ができ，優性形質が現れたから。

イ　遺伝子の組み合わせがＡＡの受精卵とＡａの受精卵ができ，劣性形質が現れたから。

ウ　遺伝子の組み合わせがＡａの受精卵ができ，優性形質が現れたから。

エ　遺伝子の組み合わせがＡａの受精卵ができ，劣性形質が現れたから。

5　下線部③をすべて土にまいて育てたエンドウと，しわ形の種子をつくる純系のエンドウの交配によって得られた種子では，丸形の種子としわ形の種子の個数の比はどのようになると予想されるか，最も適切なものを，次のア～エから１つ選び，記号で答えなさい。

ア　丸形：しわ形＝１：０　　**イ**　丸形：しわ形＝１：１

ウ　丸形：しわ形＝２：１　　**エ**　丸形：しわ形＝３：１

第三問　次の1，2の問いに答えなさい。

1　化学かいろの温度変化と質量変化を調べた**実験**について，あとの(1)～(3)の問いに答えなさい。

［実験］

[1]　図1のように，温度計をはりつけた市販の化学かいろをプラスチック製の容器に入れ，ふたをして密閉し，a容器全体の質量をはかった。

[2]　容器を密閉してから90分後に，b容器全体の質量をはかり，その後，容器のふたを開けた。

[3]　[2]で容器のふたを開けてから30分後に，容器に再びふたをしてc容器全体の質量をはかった。

[4]　[1]で容器にはじめにふたをしてから120分後まで，10分ごとに化学かいろの温度を記録し，図2のグラフにまとめた。

図1

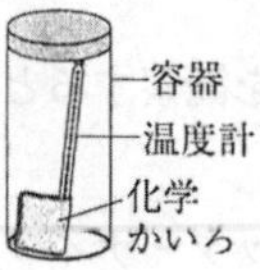

図2

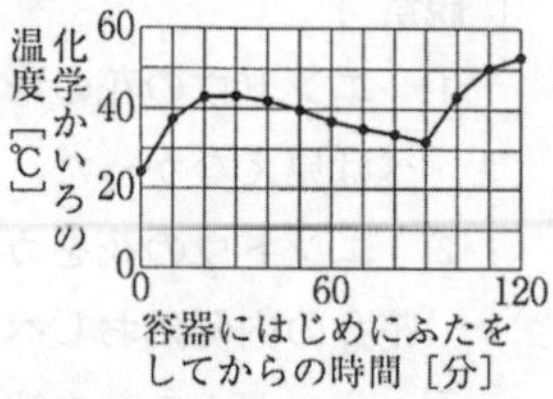

(1)　**実験**で，化学かいろの温度が上がったのは，化学かいろの中の鉄粉が酸化されたためです。このように，化学変化が起こるときに温度が上がる反応を何というか，答えなさい。

(2)　図2で，化学かいろの温度が下がった時間帯があることがわかります。化学かいろの温度が下がった理由を，簡潔に述べなさい。ただし，[1]で容器にはじめにふたをしてから120分後まで，**実験**を行った部屋の室温に変化はなかったものとします。

(3)　下線部a，b，cのときの質量を，それぞれX，Y，Zとします。X，Y，Zの値について述べたものとして，正しいものを，次のア～エから1つ選び，記号で答えなさい。

ア　X，Y，Zはすべて同じ値である。

イ　XとYは同じ値で，ZはXとYとは異なる値である。

ウ　YとZは同じ値で，XはYとZとは異なる値である。

エ　X，Y，Zはすべて異なる値である。

2　現代のおもな製鉄方法についてまとめた**資料**について，あとの(1)，(2)の問いに答えなさい。

［資料］　鉄鉱石には酸化鉄が多くふくまれている。鉄鉱石，コークス（炭素）などを炉に入れ加熱すると，d酸化鉄と炭素から，鉄と二酸化炭素ができる。eこの方法で得られる鉄には，炭素がふくまれている。鉄にふくまれる炭素は，酸素を送りこみながら燃焼させることによって減らすことができる。

(1)　下線部dからわかることについて述べた次の文の内容が正しくなるように，①のア，イ，②のウ，エからそれぞれ1つ選び，記号で答えなさい。

> 酸化鉄が①(ア　還元　イ　中和）されたことから，鉄より炭素のほうが酸素と化合②(ウ　しやすい　エ　しにくい）ことがわかる。

(2)　下線部eについて，炭素を3.0％ふくんだ鉄50kgが得られたとき，この鉄にふくまれている炭素をすべて燃焼させるために，酸素は少なくとも何kg必要か，求めなさい。ただし，二酸化炭素にふくまれる炭素と酸素の質量の比は，３：８とします。

第四問　液体中の物体にはたらく力を調べた実験Ⅰ，Ⅱについて，次のページの１～４の問いに答えなさい。ただし，糸とフックの重さと体積は考えないものとします。

［実験Ⅰ］

[1]　図１のような，フックがついた高さが７㎝のおもりに糸を取り付け，ばねばかりにつるすと，ばねばかりの値は0.95Nだった。

図１

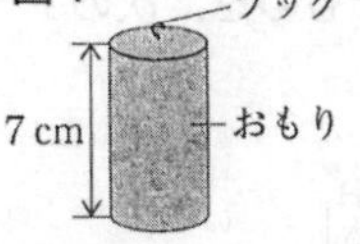

図２

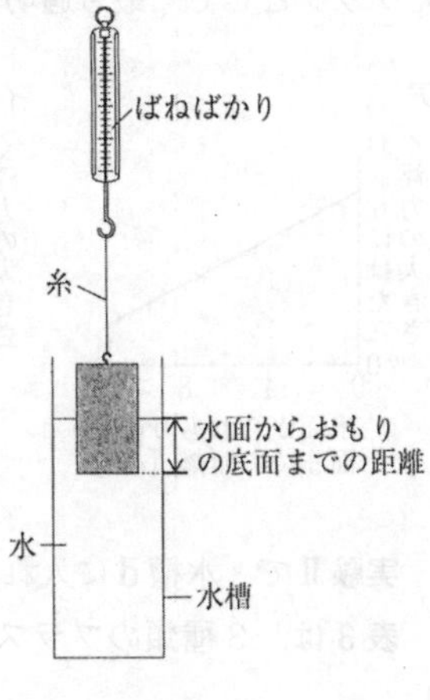

[2]　図２のように，水槽《すいそう》に水を入れ，ばねばかりにつるしたおもりを，水槽にふれないようにして，水槽の水の中に入れた。水面からおもりの底面までの距離が４㎝，８㎝，12㎝のときのばねばかりの値をそれぞれ読み取り，表１にまとめた。

表１

水面からおもりの底面までの距離	4 cm	8 cm	12cm
ばねばかりの値　［N］	0.70	0.45	0.45

［実験Ⅱ］

[1]　実験Ⅰで用いた水槽と形や大きさが同じ水槽ａ～ｄと，実験Ⅰで用いたおもりと形や大きさ，重さが同じおもり４つを準備した。水槽ａには水，水槽ｂには25％の食塩水，水槽ｃにはエタノール，水槽ｄにはサラダ油を，それぞれ400cm^3入れた。

[2]　水槽ａ～ｄに入れた液体の質量を，それぞれ測定した。

[3]　図３のように，４つのばねばかりに１つずつつるしたおもりを，水槽にふれないようにして，水槽ａ～ｄの液体に，おもり全体が液体につかるように入れ，ばねばかりの値をそれぞれ読み取った。

図３

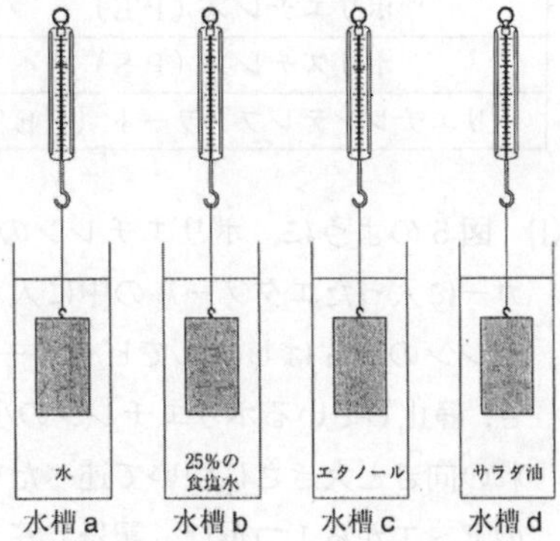

[4]　[2]と[3]の結果を，表２にまとめた。

表２

	水槽ａ	水槽ｂ	水槽ｃ	水槽ｄ
液体の種類	水	25％の食塩水	エタノール	サラダ油
液体の質量　［g］	400	468	312	364
ばねばかりの値［N］	0.45	0.34	0.55	0.49

1　図４は，実験Ⅰで，水面からおもりの底面までの距離が８㎝のときの，おもりとおもりにはたらく浮力の作用点を表したものです。このときのおもりにはたらく浮力を，**解答用紙の**図に力の矢印で表しなさい。ただし，**解答用紙の図**の１目盛りは0.10Nの力の大きさを表すものとします。

図４

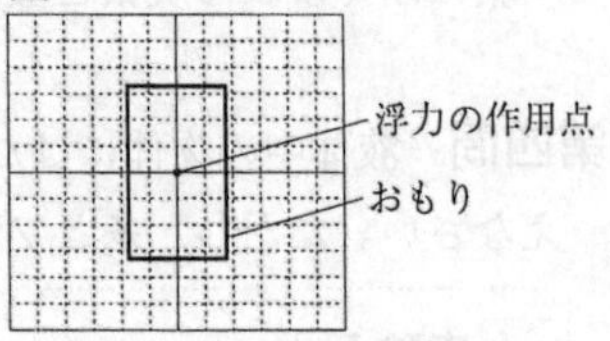

2　実験Ⅰで，水面からおもりの底面までの距離とおもりにはたらく浮力の大きさとの関係を表したグラフとして，最も適切なものを，次のア～エから１つ選び，記号で答えなさい。

ア

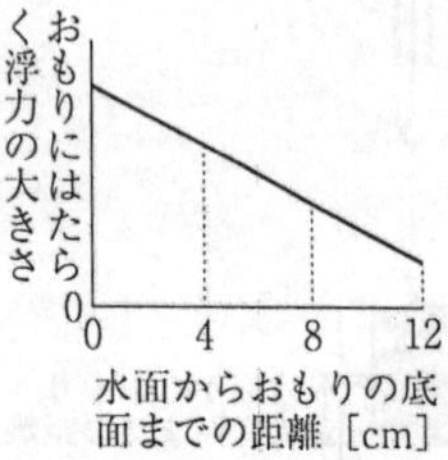

イ

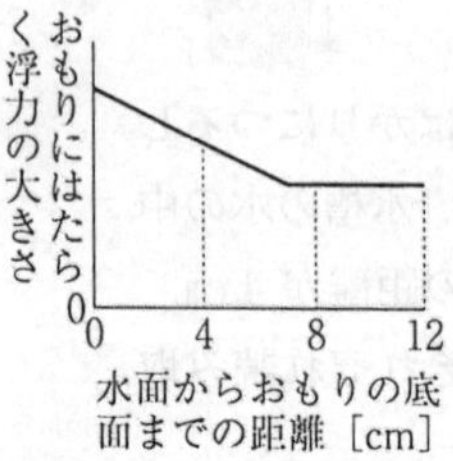

ウ

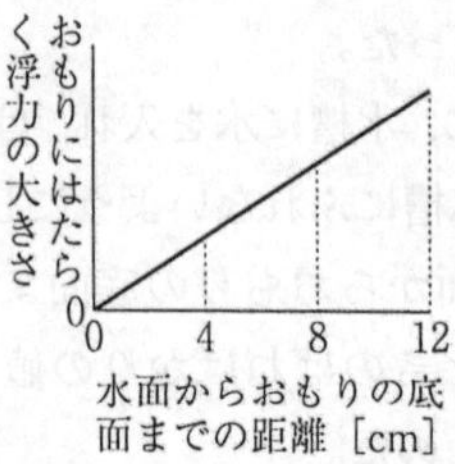

エ

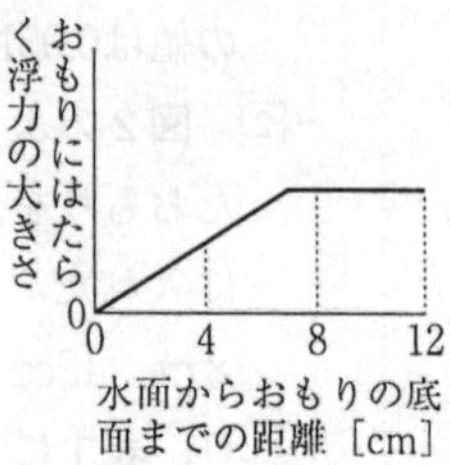

3　実験Ⅱで，水槽ｄに入れたサラダ油の密度は何ｇ/㎤か，求めなさい。

4　表３は，３種類のプラスチックの密度をまとめたものです。あとの(1)，(2)の問いに答えなさい。

表３

プラスチックの種類（略語）	密度［g/cm³］
ポリエチレン（ＰＥ）	0.92 ～ 0.97
ポリスチレン（ＰＳ）	1.05 ～ 1.07
ポリエチレンテレフタラート（ＰＥＴ）	1.38 ～ 1.40

(1)　図５のように，ポリエチレンの小片をピンセットではさみ，ビーカーに入ったエタノールの中に入れて静かにはなしたところ，ポリエチレンの小片はしずんでビーカーの底につき静止しました。このとき，静止しているポリエチレンの小片にはたらく重力と浮力のそれぞれの向きと大きさについて述べたものとして，最も適切なものを，次のア～エから１つ選び，記号で答えなさい。

図５

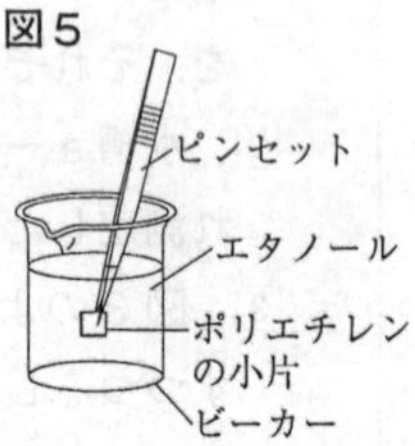

ア　重力と浮力の向きは逆向きで，大きさは等しい。
イ　重力と浮力の向きは逆向きで，大きさは重力より浮力のほうが小さい。
ウ　重力と浮力の向きは同じ向きで，大きさは等しい。
エ　重力と浮力の向きは同じ向きで，大きさは重力より浮力のほうが小さい。

(2)　**表２**の４種類の液体のうち２種類の液体を使って，**表３**の３種類のプラスチックの種類を見分けます。液体への浮きしずみからプラスチックの種類をどのように判断するか，使う２種類の液体の種類を示して，簡潔に説明しなさい。ただし，プラスチックの種類は略語で表してかまいません。

第五問　雲のでき方を調べた**実験Ⅰ**，**Ⅱ**について，あとの１～４の問いに答えなさい。

〔**実験Ⅰ**〕　図１のように，簡易真空容器の中に，気圧計と少しふくらませて口を閉じた風船を入れて，ふたをした。簡易真空容器の中の空気をぬくと，風船の大きさが変化した。

〔**実験Ⅱ**〕　内側を水でぬらした簡易真空容器の中に，温度計と少量の線香のけむりを入れて，ふたをした。簡易真空容器の中の空気をぬくと，温度が変化し，簡易真空容器の中が全体的に白くくもった。

図１

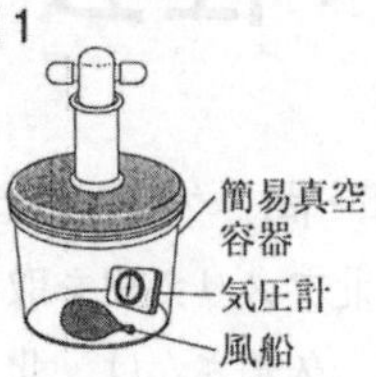

１　**実験Ⅰ**で，下線部のことについて述べたものとして，最も適切なものを，次の**ア**～**エ**から**１つ**選び，記号で答えなさい。

ア　簡易真空容器の中の気圧が下がり，風船がしぼんだ。
イ　簡易真空容器の中の気圧が下がり，風船がふくらんだ。
ウ　簡易真空容器の中の気圧が上がり，風船がしぼんだ。
エ　簡易真空容器の中の気圧が上がり，風船がふくらんだ。

２　**実験Ⅱ**で，簡易真空容器の中が白くくもった現象について述べた次の文の内容が正しくなるように，①の**ア**，**イ**，②の**ウ**，**エ**からそれぞれ**１つ**選び，記号で答えなさい。

簡易真空容器の中の温度が露点まで①(**ア**　上がる　**イ**　下がる) と，②(**ウ**　水滴が水蒸気に　**エ**　水蒸気が水滴に) 変わり，簡易真空容器の中が全体的に白くくもった。

３　**実験Ⅰ**，**Ⅱ**を行った部屋の室温は24.2℃，湿度は80%でした。この部屋の空気１m^3にふくまれていた水蒸気の質量は何ｇか，求めなさい。ただし，24.2℃における飽和水蒸気量は22.0 g/m^3とします。

４　図２は，かさ雲とよばれる，山の頂をおおう笠《かさ》のような形の雲を，模式的に表したものです。かさ雲は，日本に低気圧や前線が接近し，あたたかくしめった空気が入ってくるときにできることがあります。次の⑴，⑵の問いに答えなさい。

図２

⑴　日本のある山でかさ雲が見られたとき，山の近くに低気圧があり，南からしめった空気をふくむ強い風がふいていました。このときの低気圧の位置と風の向きについて述べたものとして，最も適切なものを，次の**ア**～**エ**から**１つ**選び，記号で答えなさい。

ア　山の北側に低気圧があり，低気圧の中心に向かって周辺から風がふいている。
イ　山の北側に低気圧があり，低気圧の中心から周辺に向かって風がふいている。
ウ　山の南側に低気圧があり，低気圧の中心に向かって周辺から風がふいている。
エ　山の南側に低気圧があり，低気圧の中心から周辺に向かって風がふいている。

⑵　かさ雲が，上空に強い風がふいていても流されず，その場にとどまって見えるのは，風上側の空気が斜面をのぼるとき雲ができ，風下側の空気が斜面を下るとき雲が消える現象を絶え間なくくり返しているからです。このとき，雲ができる理由と消える理由を，**実験Ⅰ**，**Ⅱ**の結果を参考にして説明しなさい。

＜社会＞

時間 50分 満点 100点

第一問 久美さんは，社会科の授業で出された「世界の諸地域について調べよう」という課題で，北アメリカ州を取り上げました。次の１～３の問いに答えなさい。

1 久美さんは，北アメリカ州の年間降水量について調べ，**資料Ａ**を作成しました。次の⑴，⑵の問いに答えなさい。

⑴ **資料Ａ**中の**経線ａ**は，カナダ，アメリカ，メキシコを通る経線です。**経線ａ**の経度として，最も適切なものを，次の**ア**～**エ**から１つ選び，記号で答えなさい。

資料Ａ 北アメリカ州の年間降水量

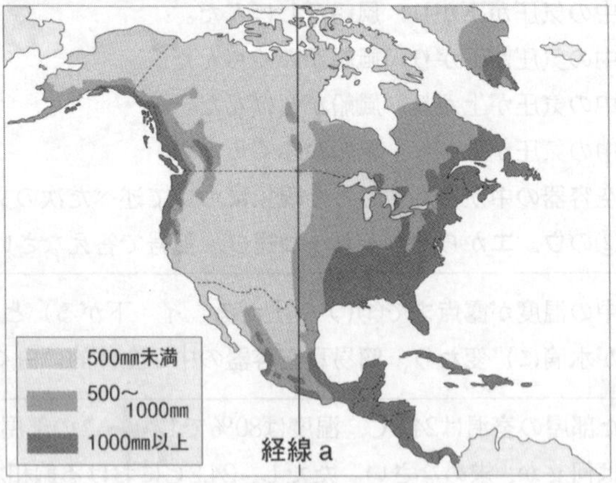

（「Goode's World Atlas 2017」より作成）

ア 東経40度 **イ** 東経100度 **ウ** 西経40度 **エ** 西経100度

⑵ **資料Ａ**から読みとれることについて述べた文として，最も適切なものを，次の**ア**～**エ**から１つ選び，記号で答えなさい。

ア **経線ａ**が通る３つの国はいずれも，年間降水量が500㎜を超える地域は，内陸にはほとんど見られず，沿岸に集中している。

イ **経線ａ**が通る３つの国はいずれも，年間降水量が1000㎜を超える地域は，大西洋側と比べて太平洋側により広く分布している。

ウ **経線ａ**が通る３つの国をみると，年間降水量が500㎜を超える地域は，**経線ａ**より東側に広がっており，**経線ａ**より西側では一部にしかみられない。

エ **経線ａ**が通る３つの国を比べると，緯度が低い国ほど，年間降水量が1000㎜を超える地域は**経線ａ**より西側に広がっている。

2 久美さんは，北アメリカ州のうち，カナダ，アメリカ，メキシコの３つの国について，さらに調べを進めました。次の⑴，⑵の問いに答えなさい。

⑴ 久美さんは，カナダ，アメリカ，メキシコの貿易について調べ，**資料Ｂ**（次のページ）を作成しました。**資料Ｂ**から読みとれることについて述べた文として，正しいものを，次のページの**ア**～**エ**から１つ選び，記号で答えなさい。

資料B　カナダ，アメリカ，メキシコの貿易（2016年）

		カナダ	アメリカ	メキシコ
輸出	輸出額 （十億ドル）	390	1,454	372
	輸出先上位5カ国 〔輸出額に占める割合(%)〕	アメリカ〔76.4〕 中国〔4.1〕 イギリス〔3.3〕 日本〔2.1〕 メキシコ〔1.5〕	カナダ〔18.3〕 メキシコ〔15.9〕 中国〔8.0〕 日本〔4.4〕 イギリス〔3.8〕	アメリカ〔81.3〕 カナダ〔2.8〕 中国〔1.5〕 ドイツ〔1.1〕 日本〔1.0〕
輸入	輸入額 （十億ドル）	403	2,189	386
	輸入先上位5カ国 〔輸入額に占める割合(%)〕	アメリカ〔52.2〕 中国〔12.1〕 メキシコ〔6.2〕 ドイツ〔3.2〕 日本〔3.0〕	中国〔21.1〕 メキシコ〔13.4〕 カナダ〔12.7〕 日本〔6.0〕 ドイツ〔5.2〕	アメリカ〔46.5〕 中国〔18.0〕 日本〔4.6〕 ドイツ〔3.6〕 韓国〔3.5〕

（注）数字は四捨五入している。

（「世界国勢図会2018/19」より作成）

ア　カナダは，貿易赤字額が３つの国の中で最も大きい。

イ　アメリカの輸出先と輸入先はいずれも，北アメリカ州の国が最上位となっている。

ウ　メキシコの輸出額と輸入額はいずれも，アメリカとのものが４割以上を占めている。

エ　３つの国はいずれも，輸出先の上位５か国にヨーロッパ州の国は含まれていない。

⑵　久美さんは，日本の輸入品のうち，カナダ，アメリカ，メキシコからの輸入の割合が高いものについて調べ，**資料C**を作成しました。**資料C**中の X ～ Z に入る品目の組み合わせとして，正しいものを，次の**ア**～**カ**から１つ選び，記号で答えなさい。

	X に入る品目	Y に入る品目	Z に入る品目
ア	小麦	とうもろこし	木材
イ	小麦	木材	とうもろこし
ウ	とうもろこし	小麦	木材
エ	とうもろこし	木材	小麦
オ	木材	とうもろこし	小麦
カ	木材	小麦	とうもろこし

資料C　カナダ，アメリカ，メキシコからの輸入の割合が高い日本の輸入品（2016年）

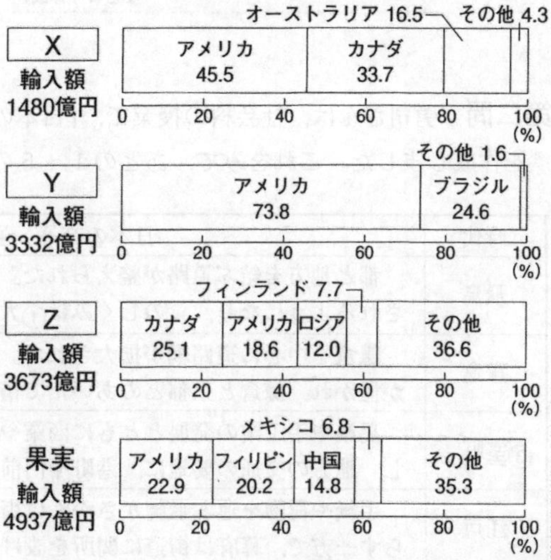

（「日本国勢図会2017/18」より作成）

3　久美さんは，日本がアメリカから多くの農産物を輸入していることに気づき，アメリカの農業について調べを進めました。次の⑴，⑵の問いに答えなさい。

⑴　現代のアメリカの農業のようすについて述べた文として，最も適切なものを，次の**ア**～**エ**か

ら１つ選び，記号で答えなさい。

ア　東部では，パンパとよばれる草原を利用して，大規模な牧畜が行われている。

イ　中央部では，センターピボットを使って，大規模なかんがい農業が行われている。

ウ　南西部では，プランテーションで，輸出用の天然ゴムやコーヒーが栽培されている。

エ　北西部では，広大な面積をもつ牧場で，肉牛や羊毛用の羊の飼育が行われている。

(2)　久美さんは，アメリカ国内で生産された輸出用のとうもろこしと小麦の多くが，国内の港から輸出されていることを知り，**資料Ｄ～Ｆ**を作成しました。とうもろこしの輸出で，ミシシッピ川河口にある輸出港が積み出し場所として使用される割合が高い理由として考えられることを，**資料Ｄ～Ｆ**をもとに，簡潔に述べなさい。

資料Ｄ　アメリカ国内で生産された輸出用のとうもろこしと小麦の輸出量の積み出し場所別割合（2016年）

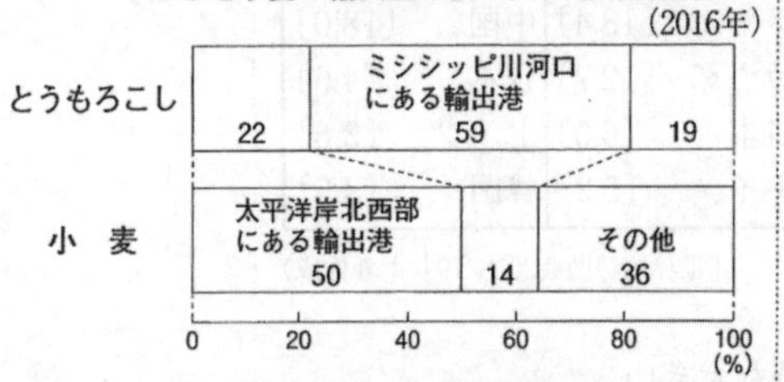

資料Ｅ　アメリカ国内で生産された輸出用のとうもろこしと小麦の国内輸送量の輸送手段別割合（2016年）

	鉄道（%）	運搬船（%）	トラック（%）
とうもろこし	35	55	10
小　麦	62	29	9

（資料Ｄ，Ｅともに「海外食料需給レポート 平成29年10月」などより作成）

資料Ｆ　アメリカ国内でとうもろこしや小麦の生産量が多い地域とおもな輸出港（2016年）

（「AGRICULTURAL STATISTICS 2018」などより作成）

第二問　勇司さんは，社会科の授業で，「日本の交通・通信の歴史」について調べ，次のような表を作成しました。これをみて，あとの１～５の問いに答えなさい。

時代	日本の交通・通信に関するおもなことがら
飛鳥	都と地方を結ぶ道路が整えられた。主要道路に設けられた駅に乗りつぎ用の馬が用意されるようになり，このしくみは①大宝律令に定められた。
鎌倉	鎌倉を中心に道路網が拡大された。承久の乱のあと，鎌倉幕府によって京都に［　②　］が置かれ，鎌倉と京都とのあいだで情報を伝達するしくみが整えられた。
③室町	農業や手工業の発展とともに商業や交通が活発になった。馬借などの運送業者が活躍し，地方の交通の要地に，港町や門前町などの都市が発達した。
江戸	手紙や荷物を運ぶ飛脚がさかんに街道を往来した。④参勤交代が宿場町の発展をもたらす一方で，幕府は街道に関所を設けて人の通行や荷物の輸送を監視した。
明治	飛脚にかわって⑤近代的な郵便制度や電信が始まった。鉄道網の全国的な拡大によって，おおぜいの人や大量の荷物の輸送が可能になった。

1　下線部①について，大宝律令が制定されたころの地方のようすについて述べた文として，最も適切なものを，次のページの**ア～エ**から１つ選び，記号で答えなさい。

ア　国司が都から派遣された。　　　イ　地頭が年貢の取り立てを行った。
ウ　守護大名が領地の支配を強めた。　エ　県令が政府から派遣された。

2　②　にあてはまる語句を，次のア～エから１つ選び，記号で答えなさい。
ア　管領　　イ　大宰府　　ウ　京都所司代　　エ　六波羅探題

3　下線部③の時代について，次の⑴，⑵の問いに答えなさい。
⑴　この時代のようすについて述べた文として，最も適切なものを，次のア～エから１つ選び，記号で答えなさい。
ア　人々に調や庸などが課せられ，税として納められた布や特産品が都まで運ばれた。
イ　日本の各地を結ぶ航路が開かれ，年貢米や特産品が大阪の蔵屋敷に運ばれた。
ウ　勘合を与えられた貿易船によって，中国に銅や硫黄，刀が輸出された。
エ　幕府から朱印状を与えられた貿易船によって，東南アジアに銀が輸出された。
⑵　この時代には，産業や交通が発達し，地方の都市や農村でも文化が発展しました。この時代に発展した文化として，最も適切なものを，次のア～エから１つ選び，記号で答えなさい。
ア　川柳　　イ　狂言　　ウ　錦絵　　エ　人形浄瑠璃

4　下線部④は，江戸幕府が大名に対して定めた制度の一つです。大名を統制するために，参勤交代などのきまりを定めた法律を何というか，書きなさい。

5　下線部⑤について，勇司さんは，郵便制度の創設によって，新聞や雑誌が郵便物として各地に運ばれたことを知り，**資料A**，**B**を作成しました。新聞・雑誌と郵便制度が果たした役割を，**資料A**，**B**をもとに，簡潔に述べなさい。

資料A　郵便物として取り扱われた新聞・雑誌の数

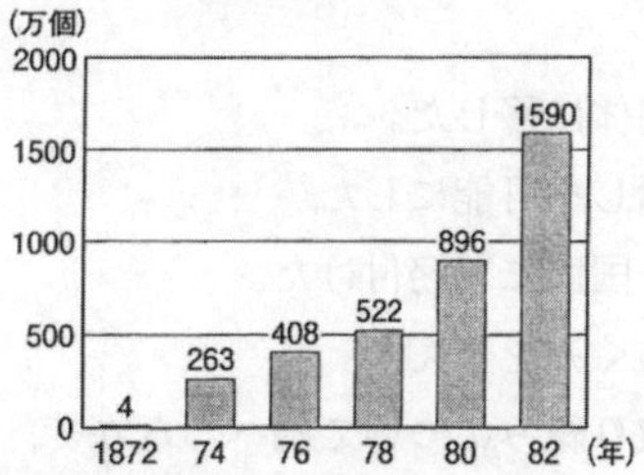

(注）数字は四捨五入している。
(「明治前期における郵便ネットワーク」より作成)

資料B　日本で発行された新聞・雑誌に掲載されたことがらの例

○　1870年に日刊新聞が日本ではじめて発行され，国内のできごとや外国のようすが掲載された。
○　1874年に民撰議院設立建白書の内容が報じられ，国会開設の時期などについて，さまざまな意見が掲載された。
○　1877年に鹿児島の士族らが反乱を起こしたことが報じられ，戦況が掲載された。
○　1880年ころに，さまざまな憲法案が民間で作成され，その内容が掲載された。

(「日本新聞通史」などより作成)

第三問　あやなさんは，社会科の授業で，「地方自治のしくみと課題」について調べ，**資料A**を作成しました。これを読んで，次のページの１～５の問いに答えなさい。

資料A　地方自治のしくみと課題

地方自治には，政治に①住民の意思を反映するためのしくみが組み込まれています。地方公共団体の首長は　a　で選ばれ，地方議会は首長に対して　b　を行うことができます。また，住民が行政を監視できるように，②情報公開制度を取り入れている地方公共団体もあります。多くの地方公共団体では，人口減少や少子高齢化が進むとともに，③財政にも課題が見られます。こうした課題を改善し，④地域の活性化を図るための取り組

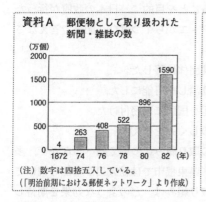

みを行う地方公共団体が増えています。

1 下線部①について，住民が首長に対して直接請求権を行使できるものを，次のア～エから１つ選び，記号で答えなさい。

ア 刑事補償　イ 条例の制定　ウ 事務の監査　エ 憲法の改正

2 a ， b にあてはまる語句の組み合わせとして，最も適切なものを，次のア～エから１つ選び，記号で答えなさい。

ア a－地方議会による指名　b－不信任決議
イ a－地方議会による指名　b－議決の拒否
ウ a－住民による直接選挙　b－不信任決議
エ a－住民による直接選挙　b－議決の拒否

3 下線部②が整備された背景には，新しい権利を求める動きがありました。下線部②によって拡充されると考えられる権利として，最も適切なものを，次のア～エから１つ選び，記号で答えなさい。

ア 財産権　イ 知る権利　ウ 環境権　エ プライバシーの権利

4 下線部③について，国から地方へ配分される財源のうち，地方公共団体のあいだの財政格差を減らすことを目的としているものを，次のア～エから１つ選び，記号で答えなさい。

ア 地方債　イ 地方税　ウ 国庫支出金　エ 地方交付税交付金

5 下線部④について，次の⑴，⑵の問いに答えなさい。

⑴ 地方公共団体が地域に必要な取り組みを行いやすくすることを目的に，日本の政府が行った政策について述べた文として，最も適切なものを，次のア～エから１つ選び，記号で答えなさい。

ア 地方分権一括法を制定し，国の仕事の権限を地方公共団体に移した。
イ 消費者契約法を制定し，不当な勧誘による契約の取り消しを可能にした。
ウ 介護保険制度を導入し，制度への加入と保険料の負担を国民に義務付けた。
エ 累進課税を導入し，税の支払い能力に応じた税負担のしくみを整えた。

⑵ あやなさんは，地方公共団体が行っている地域活性化の取り組みについて調べるなかで，多くの地方公共団体で人口減少が進んだ2000年以降も，山形県東根市では総人口が増加し続けていたことを知り，**資料B，C**を作成しました。東根市の取り組みは，どのような効果を期待して行われたと考えられるか，**資料B，C**を参考にして，簡潔に述べなさい。

資料B　東根市の人口推移（人）

年	総人口	市内への転入者数	市外への転出者数
2000	44,800	2,110	1,855
2003	45,604	2,018	1,958
2006	45,968	2,182	2,080
2009	46,273	2,058	2,024
2012	47,217	2,100	1,869
2015	47,768	2,049	1,915

（注）総人口は各年10月１日現在のものであり，転入・転出者数は各前年10月から当年９月のものである。

（「山形県統計年鑑」より作成）

資料C　東根市の取り組みの一部

1996年	市内中心部に工業団地を増設
2000年	第３子医療費の完全無料化
2005年	子育て支援センターの開設
2008年	未就学児医療費の完全無料化
2010年	育児相談の充実
2013年	子どもの遊戯《ゆうぎ》施設を整備

（「山形県東根市ホームページ」などより作成）

第四問　香奈さんは，社会科の授業で，「北海道地方の産業」について調べ，**資料A**を作成しました。これを読んで，あとの１～４の問いに答えなさい。

資料A　北海道地方の産業

北海道は，豊かな自然と文化を生かした産業に力を入れています。その代表的なものが，①自然や歴史的遺産などを資源とした観光産業です。北海道開拓の中心地として発達した②札幌市をはじめ，北海道の各地には国内外から多くの観光客が訪れます。また，農林水産業でも，③水産物の安定した生産を目指す取り組みを行ったり，④農業に新たな技術を導入したりするなど，時代の変化に合わせた工夫が行われています。

1　下線部①について，香奈さんは，**略地図**を準備し，北海道の自然や歴史的遺産について調べました。次の⑴，⑵の問いに答えなさい。

⑴　釧路市では，豊かな自然を生かしたエコツーリズムがさかんに行われています。釧路市周辺の自然について述べた文として，最も適切なものを，次の**ア**～**エ**から１つ選び，記号で答えなさい。

略地図

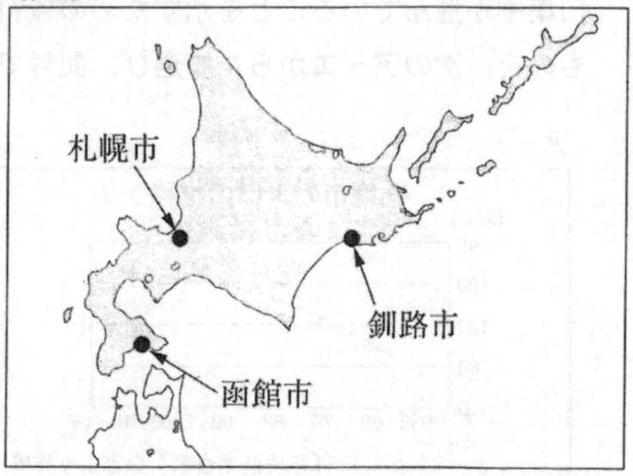

ア　まわりを山で囲まれた盆地となっており，夏と冬の気温の差が大きい。

イ　湿地が広がっており，季節風の影響を受けて，夏でも気温が低く，霧が発生しやすい。

ウ　冬になると，水蒸気を含んだ季節風が山地に当たるため，北海道の中でも降雪量が多い。

エ　冬になると，海水が凍ってできた流氷が，北から沿岸に押し寄せてくる。

⑵　香奈さんは，函館市では，歴史的建造物が整備され，観光資源として活用されていることを知り，**資料B**を作成しました。**資料B**中の a ， b に入る語句の組み合わせとして，正しいものを，次の**ア**～**エ**から１つ選び，記号で答えなさい。

資料B　函館市の観光で人気の歴史的建造物

赤レンガ倉庫群	五稜郭《ごりょうかく》
a 条約によって貿易港として開かれた函館港に，海運業の発展にともない建てられた倉庫群で，多くの貨物が預けられました。	函館の開港後に築かれた西洋式の城郭《じょうかく》で，明治時代のはじめに起こった b 戦争では，旧幕府軍が立てこもりました。

ア　a－日米修好通商　　b－戊辰
イ　a－日米修好通商　　b－西南
ウ　a－ポーツマス　　b－戊辰
エ　a－ポーツマス　　b－西南

2 下線部②について，政令指定都市である札幌市は，北海道のなかで最も人口の多い都市です。次の(1)，(2)の問いに答えなさい。

(1) 北海道の人口が札幌市に集中した背景の一つに，1960年代から続いた北海道の炭鉱の閉山があります。炭鉱の閉山によって，多くの人々が仕事を求めて札幌市に移り住みました。炭鉱の閉山があいついだ1960年代に日本の社会で起きた変化について述べた文として，最も適切なものを，次の**ア**～**エ**から**1つ**選び，記号で答えなさい。

ア バブル経済が崩壊して不景気になった。

イ 大戦景気のなかで重化学工業が発展した。

ウ 主要なエネルギー資源が石油に移った。

エ 石油危機の影響で物価が上昇した。

(2) 香奈さんは，北海道と札幌市の人口について調べを進め，資料を作成しました。香奈さんが作成した資料は，1960年代後半から札幌市の人口が増え続けるとともに，道内で札幌市への人口集中が進んでいることを示すための資料です。香奈さんが作成した資料として，最も適切なものを，次の**ア**～**エ**から**1つ**選び，記号で答えなさい。

ア

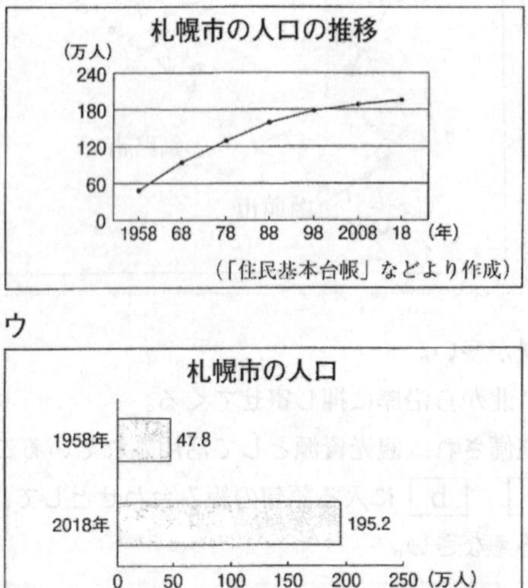

(「住民基本台帳」などより作成)

イ

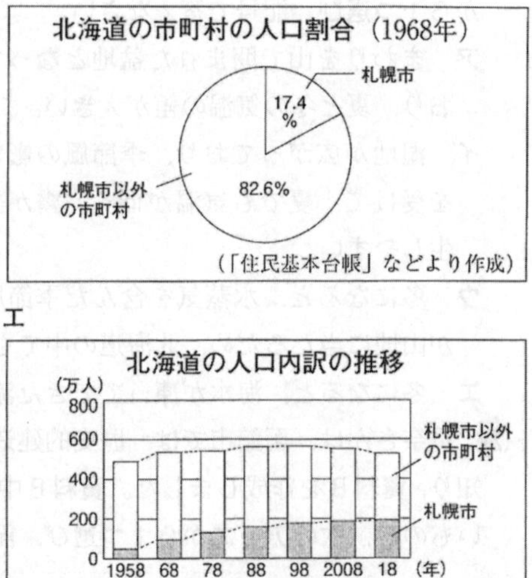

(「住民基本台帳」などより作成)

ウ

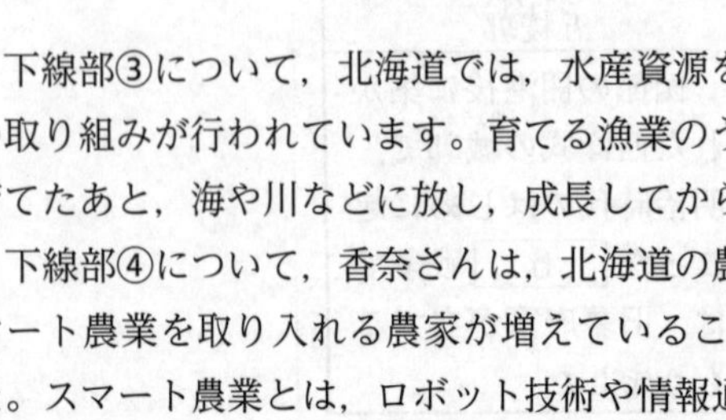

(「住民基本台帳」などより作成)

エ

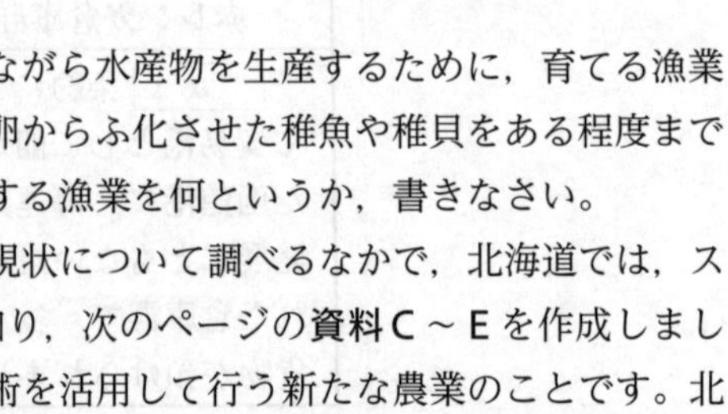

(「住民基本台帳」などより作成)

3 下線部③について，北海道では，水産資源を守りながら水産物を生産するために，育てる漁業の取り組みが行われています。育てる漁業のうち，卵からふ化させた稚魚や稚貝をある程度まで育てたあと，海や川などに放し，成長してから漁獲する漁業を何というか，書きなさい。

4 下線部④について，香奈さんは，北海道の農業の現状について調べるなかで，北海道では，スマート農業を取り入れる農家が増えていることを知り，次のページの**資料C**～**E**を作成しました。スマート農業とは，ロボット技術や情報通信技術を活用して行う新たな農業のことです。北海道の農家が，スマート農業を導入する理由として考えられることを，**資料C**～**E**を参考にして，簡潔に述べなさい。

資料C　北海道の自営農業従事者に占める65歳以上人口の割合と総農家数

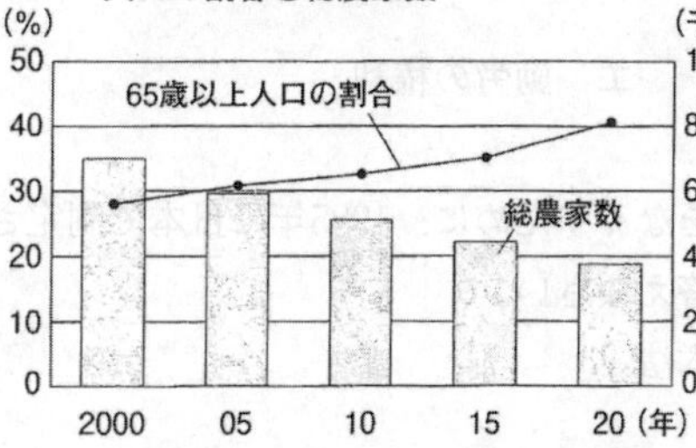

資料D　1農業経営体あたりの経営耕地面積（2020年）

	北海道	全国平均（北海道を除く）
経営耕地面積（ha）	30.6	2.2

（注）数値は各年2月1日現在のものであり，農業経営体とは，一定規模以上の農業を行う者である。

（資料C，Dともに「農林業センサス2020」などより作成）

資料E　北海道の農家が取り入れているスマート農業の技術例とその効果

スマート農業の技術例		効　果
稲作	人工衛星からの位置情報をもとに，農業機械を自動で運転するシステム	田植えなどの負担軽減と省力化
畑作	ドローンが計測した情報をもとに，肥料の散布量を自動で制御するシステム	肥料散布の省力化と効率化
畜産	時間に合わせて，牛舎内の牛の乳を自動でしぼる搾《さく》乳《にゅう》ロボット	搾乳の負担軽減と効率化

（「北海道スマート農業推進方針」より作成）

第五問　優也さんは，社会科の授業で，「日本における労働環境の変化」について調べ，**資料A**を作成しました。**資料A**をみて，あとの**1**～**4**の問いに答えなさい。

資料A　日本における労働環境の変化

産業革命のはじまりと労働問題	労働者の増加と労働運動の高まり	法の整備と労働の多様化
①19世紀末に産業革命が始まり，軽工業を中心に産業が発展した。一部の労働者は，劣悪な環境や厳しい条件のもとでの労働を強いられた。	第一次世界大戦中の経済発展により，労働者が大幅に増加した。各地で②社会運動が活発化し，労働条件の改善を求める労働運動が起こった。	第二次世界大戦後，日本国憲法に③労働者の権利が規定された。④女性の社会進出が進み，多様な労働のあり方が求められるようになった。

1　下線部①について，産業革命が始まった19世紀末の日本の社会のようすについて述べた文として，最も適切なものを，次の**ア**～**エ**から**1つ**選び，記号で答えなさい。

ア　年貢の軽減を要求する百姓一揆が起こった。

イ　足尾銅山の鉱毒の影響が社会問題化した。

ウ　富山県で起きた米騒動が全国に広がった。

エ　水俣病などの公害問題が発生した。

2　下線部②について，日本で社会運動が高まった20世紀前半の世界のできごとについて述べた次の**ア**～**ウ**の文を，起こった年代の古い順に並べかえ，記号で答えなさい。

ア　ロシア革命が起こり，レーニンの指導のもとで社会主義の政府が成立した。

イ　ニューヨークで株価の暴落が起こり，その影響が各国に広がって世界恐慌となった。

ウ　国際紛争を平和的に解決するための機関として，国際連盟が設立された。

3　下線部③について，次の⑴，⑵の問いに答えなさい。

⑴　日本国憲法に規定された労働者の権利は，人間らしい生活を営む権利である社会権の一つです。20世紀初頭にドイツで制定された，世界で初めて社会権を定めた憲法を何というか，書きなさい。

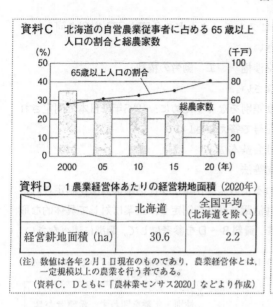

(2)　労働者が，労働条件の改善を実現するためにストライキなどの争議を行う権利を何というか，次のア～エから１つ選び，記号で答えなさい。

ア　団結権　　イ　団体行動権　　ウ　団体交渉権　　エ　勤労の権利

4　下線部④について，次の(1)，(2)の問いに答えなさい。

(1)　職場での募集や採用，定年などに関する男女差別をなくすために，1985年に日本で制定された法律の名称を，次のア～エから１つ選び，記号で答えなさい。

ア　労働組合法　　　　イ　男女共同参画社会基本法

ウ　育児・介護休業法　エ　男女雇用機会均等法

(2)　優也さんは，女性の社会進出をいっそう進めるため，2015年に女性活躍推進法が制定されたことを知り，資料Ｂ～Ｄを作成しました。女性活躍推進法を制定し，企業に対して具体的な取り組みを促したねらいとして考えられることを，資料Ｂ～Ｄを参考にして，簡潔に述べなさい。

資料Ｂ　就業者と管理的職業従事者に占める男女の割合（2014年）

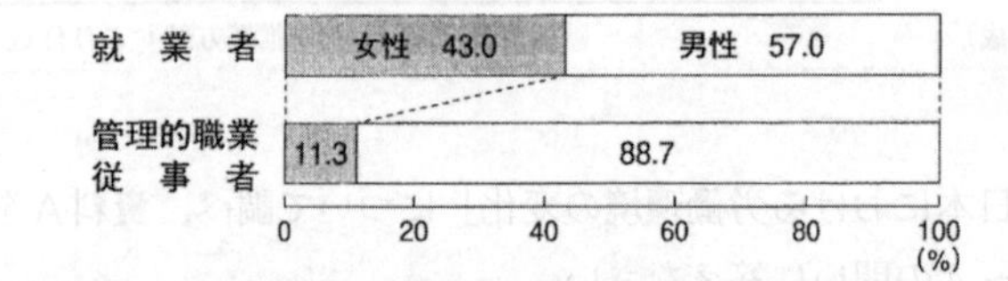

資料Ｃ　女性活躍推進法で企業に義務づけられたおもな内容

○　採用者や管理的職業従事者に占める女性の割合，労働条件などの数値目標設定。
○　女性の活躍推進に向けた行動計画の策定・公表。

（注）管理的職業従事者とは，国や地方公共団体の各機関，企業などで，経営・管理の仕事に従事するものをいい，議会議員を含む。

（資料Ｂ，Ｃともに「内閣府ホームページ」より作成）

資料Ｄ　女性の活躍を推進するための企業の取り組み事例

・Ｘ社
性別・年齢を問わず，希望者が昇格審査に挑戦できる制度の導入。

・Ｙ社
産後休暇や育児休業から復職する女性への支援制度や，育児や介護のための短時間勤務制度の導入。

・Ｚ社
事業所内への保育施設の設置や，男性が取得しやすい育児休業制度の導入。

（「厚生労働省ホームページ」より作成）

㈠ A に入る適切な表現を考えて、**五字以内**で答えなさい。

㈡ B にあてはまる言葉として最も適切なものを次の**ア**～**エ**から**一つ**選び、記号で答えなさい。

ア 吟味しようとする　**イ** 目新しくしようとする
ウ 詰め込もうとする　**エ** 大胆に用いようとする

問三 本文中に「③斧うちのままにて置きたらんがごとし。」とありますが、筆者がこの表現を通して伝えたいことはどのようなことですか。最も適切なものを、次の**ア**～**エ**から**一つ**選び、記号で答えなさい。

ア 使い古された技法にこだわらずに、新たな技法を探すのがよい。
イ 手間をかけ、よいものを作ろうとする基本を忘れてはならない。
ウ ものを作るときは、材料や道具を大切に扱わなければならない。
エ 自身の苦労を周囲に誇示しようとするのは、見苦しいことである。

第五問

次は、「どのようなときに国語の乱れを感じるか」という質問に対して、中学生の三人が述べた意見です。

〈Aさん〉 私は、敬語が正しく使われていないときに国語の乱れを感じます。敬語は、堅苦しく感じるという人もいますが、相手を大切に思う気持ちを表すことができるので、正しく使いたいです。

〈Bさん〉 私は、会話の中で若者言葉が使われると、国語の乱れを感じることがあります。確かに同世代や仲間内では通じやすいのですが、相手や場面によってはふさわしくない言葉だと思います。

〈Cさん〉 私は、テレビの出演者などが外来語を多用した発言をしていると、国語が乱れていると感じます。効果的な使い方もありますが、多用されると分かりにくく感じます。

三人の意見の中で、あなたが注目した意見を一つ選び、その意見に対するあなたの考えと、そのように考えた理由を、**百六十字～二百字**で書きなさい。

し、私たちが行う他者理解や自己提示の営みには、なにかしらの［　A　］が存在するものであり実際にはスマホの至便性につり合うように［　B　］ということを確認しておく必要がある。

問四　本文中に「④大切な〝無駄〟」とありますが、筆者が述べる「大切な〝無駄〟」とはどのようなことですか。**五十五字以内**で説明しなさい。

問五　本文中に「⑤スマホというツールに対する発想や認識を変えてみてはどうだろうか。」とありますが、筆者がこのように提案するのはなぜですか。最も適切なものを、次の**ア**〜**エ**から**一つ**選び、記号で答えなさい。

ア　スマホは、至便性がある道具ではなく、かえって他者との関係を阻害するものだと認識を変えて、使う場面や相手を選んでほしいから。

イ　スマホは、利便性や速度をもつ優れた道具だと再認識して、他者や多様な現実とつながる機会を数多く持ってほしいから。

ウ　スマホは、便利ではあるが万能なものではないと認識し直して、自己提示や他者理解の奥深さと向き合ってほしいから。

エ　スマホは、至便性があり必要不可欠な道具であるという認識を捨て去って、手紙や電話の方が便利なのだと分かってほしいから。

第四問　次の文章を読んで、あとの問いに答えなさい。

それ、(そもそも)細工する人は、まづ斧《をの》うちにしたる木を取り重ねて、手斧《てうな》うちをして、次に鉋《かんな》をかけて、＊上を磨くにも、＊さめ木賊《とくさ》を①つかひてのち、＊椋《もく》の葉にて磨き侍《はべ》るなり。②連歌の地《ぢ》もまたしかなり。(連歌の基本もまた同様です)大荒《おおあら》目《め》に取りなしてはかなふべからず。(おおざっぱに言葉をつなげてはいけません)いかにも詞《ことば》の上下をも置き換へ置き換へして、しかも、あらあらしき詞などを、和《やは》らかなるに取り替へ取り替へ、いかにも執《しふ》すべきものなり。(できるだけよくなるようにこだわるべきです)当世の好士《かうし》、(現代の連歌愛好家が)あらあらしく耳なれぬことなどをめづらし顔に付け出《い》だすことは、③斧うちのままにて置きたらんがごとし。

(「連《れん》歌《が》比《ひ》況《きょう》集《しゅう》」による)

＊をつけた語句の〈注〉

上――表面。おもて。

さめ木賊――ものを磨くための道具。粗めに磨くために用いる。

椋の葉――ムクノキの葉。ものを磨く仕上げの際に用いる。

問一　本文中の「①つかひて」を**現代仮名遣い**に改めなさい。

問二　本文中に「②連歌の地もまたしかなり。」とありますが、次の文は、細工をする人が行うことと連歌の基本の似ている点をまとめたものです。あとの㈠、㈡の問いに答えなさい。

細工をする際に、道具を次々と替えながら、木を切り出し、削って、［　A　］いく過程と、連歌を詠む際に、言葉を置き換えたり取り替えたりして［　B　］過程が、こだわって作り上げるという点でよく似ている。

る。いわば、自分と他者の間に横たわる〝距離〟や、他者理解の困難さや奥深さを思い知らされるのである。だからこそ、なんとか言葉を駆使し、自分の思いを相手に伝えようと、さらに奮起し、書くことにエネルギーを投入していくのだ。

＊アプリでもともと用意された＊スタンプや顔文字で、自分の言いたいことや気持ちが伝わるのだろうか。伝わるとしても、そのやりとりによって、他者理解のどのような部分を達成できているのだろうか。

スマホに飼いならされることで、従来であれば多様な言葉をつくして相手に何かを伝えようとしたときに私たちがつぎこんでいた〝生きられた時間〟、④大切な〝無駄〟を失ってしまったような気がするのである。

だから、⑤スマホというツールに対する発想や認識を変えてみてはどうだろうか。

「＊多孔化した現実のなかで、他者や多様な現実と平易につながることができるツールとしてのスマホ」ではなく、「ミステリアスでよくわからない存在としての他者と、それだけでは簡単につながることなどできはしないツールとしてのスマホ」というふうに。

（好井《よしい》　裕明《ひろあき》「違和感から始まる社会学」による）

＊をつけた語句の〈注〉

即レス――電子メールの受信後、即座に返信すること。
E・ゴフマン――アメリカの社会学者。
至便――非常に便利なこと。
ノスタルジー――ここでは、昔を懐かしむ気持ちのこと。
スタンプ――メッセンジャーアプリで、メッセージに添えたり、メッセージの代わりに送ったりするイラスト。
多孔化――ここでは、空間や時間に縛られずに、無数の情報に接続することができる状態にあること。

問一　本文中に「①メールが届いたら、即座に返事をしないと落ち着かない。」とありますが、このように即座に返事をしないと落ち着かなくなるのは、なぜだと筆者は考えていますか。最も適切なものを、次の**ア**～**エ**から**一つ**選び、記号で答えなさい。

ア　相手の都合を考えようとはせずに、反射的に対応をしてしまうから。

イ　自分に対して相手が抱く印象を、勝手に想像して不安になるから。

ウ　相手を軽視してしまっている自分自身の姿勢を、認めたくないから。

エ　自分に対して相手が下しているであろう評価を、早く知りたいから。

問二　本文中に「②それは至便さ、利便性の象徴でもある〝速度〟ではないか。」とありますが、「それ」が指し示す内容を、**三十字以内**で答えなさい。

問三　本文中に「③『さくさくと相手を理解し、さくさくと自分を相手に提示すること』は、はたして素晴らしいことなのだろうか。」とありますが、次の文章は、この問いかけに込められた筆者の考えを説明したものです。[A]にあてはまる言葉を**五字**で、[B]にあてはまる言葉を**十字**で、それぞれ本文中から**そのまま**抜き出して答えなさい。

　スマホやケータイなどの情報機器は、私たちの日常に、「さくさく」と感じられる〝速度〟をもたらしてくれる一方で、さまざまな場面でその〝速度〟を私たちに押しつけている。しか情報機器がもつ機能としての至便性である〝速度〟が、私たちの日常的なコミュニケーションや他者理解、他者への意思や感情の表明をめぐる〝速度〟にまで介入し、〝この速度こそ最適だよ〟といわんばかりに、私たちに強いてしまっているのだ。

「さくさくとつながる」ことは、便利なことだ。しかし③「さくさくと相手を理解し、さくさくと自分を相手に提示すること」は、はたして素晴らしいことなのだろうか。

かつてケータイやスマホなど想像もできなかった時代、私たちは家にある固定電話で友達と遅くまで電話をしたはずだ。電話は、リビングや廊下など、家の者が誰でも使える場所にあった。だからこそ、私たちは友たちと秘密の談話をしたり、長電話をしたりするときは、家族にわからないように工夫しただろう。

「どうしたら家族にばれないように、あの子と電話できるのかを考えた時間。なんとか電話でき、深夜にこっそり二人で親密な会話を楽しめたときの楽しさや達成感。こうした営みは、けっして「さくさく」進められるものではなく、つねになんらかの困難や障壁をともなうし、時間やエネルギーがかかるものだ。

これはけっして昔を懐かしんだり、昔はよかったと*ノスタルジーを語ったりしているわけではない。他者とつながり、他者を理解し、*翻《ひるがえ》って自分を他者に提示する営みは、けっして「さくさく」達成されるものではなく、さまざまな困難や障壁、長い時間や多様なエネルギーがかかるものであり、私たちはスマホの〝速度〟に見合うように他者とはつながれないという事実を確認したいのだ。

スマホがもつ〝速度〟に関連して、さらに考えられること。

それは私たちが言葉を介して他者と出会い、他者を理解していたときの〝時間〟や〝あいまいさ〟〝余裕〟とでもいえる何かが、その〝速度〟によって奪われたり、変質したりしているのではないか、ということだ。

大学の講義でよく学生に尋ねることがある。

「あなたたちは、好きな人ができたとき、自分の思いを伝えようとして、まず何をしますか」と。別の尋ね方をするときもある。「好きな人ができて、あなたたちは自分の思いを伝えようとして、手紙を書くことはありますか」と。

多くの学生はこう答える。

「ケータイで自分の気持ちを伝えます」「まず電話（ケータイ）しますね」

「手紙は書いたことはありません」等々。

「そうか、最近の若い人は手紙を書かんようになったな。私は大学生のとき、好きな人に一晩かけて便箋で一五枚書いたことがあるぞ」と、私は彼らの答えを受けて話しだす。この話にはオチがあり、一週間後、相手から便箋一〇枚くらいの返事が届く。「お友達でいましょうね」と。

過去の恥ずかしい出来事を学生に披露したいのではない。私が言いたいのは、〝言葉を尽くして、思いや考えをまとめ、相手に語りだす〟ということがもつ意味だ。

相手のことが好きだとして、自分はどのように好きなのか。それをどのように言葉を駆使して表わせば、一番印象深く相手に伝えることができるのだろうか。

手紙を書いているとき、私たちはこうした自分の思いや言葉と格闘しているだろう。ただ、そのとき実感するのは、自分の思いを、いかに言葉で言いつくすことが難しいのかということであり、同時に、相手がどのような人間であるのかを想像しつくすことの難しさでもあ

手、バスケットのトレーナー、定食屋の店主などが、明日香の印象に残っている人なのだろうね。

〈Xさん〉　Ｇｏｌｄに異動したばかりのとき、明日香はスポーツに苦手意識があったよね。それまでの明日香は、スポーツの世界ではどんな場面においても［　Ａ　］されてしまうものだと捉えていたのかな。

〈Yさん〉　そうだね。でもいろいろな人に取材をして話を聞くうちに、スポーツの勝負を通して［　Ｂ　］が、いつかどこかで生かされるのだと思えるようになったんだね。「負けて終わりではなく、道は続いている」という言葉にそれが表れているね。

㈠　［Ａ］にあてはまる言葉を、本文中から**十一字**で**そのまま**抜き出して答えなさい。

㈡　［Ｂ］に入る適切な表現を考えて、**十字以内**で答えなさい。

問三　本文中に「③あまりにも眩しくて疎外感すら覚えてしまったけれど、きっとちがう。」とありますが、次の文は、このときの明日香の心情について説明したものです。［　］にあてはまる適切な表現を考えて、**十字以内**で答えなさい。

勝利を手に入れた人は輝きを放ち、自分とは遠くかけ離れた存在だと感じてしまっていたが、本当はそうではなく、光の粒は自分の中にもきっとあり、自分にも［　　　］のだと希望を抱いている。

問四　本文中に「④石渡は目を細め、『頑張ってね』とうなずいた。」とありますが、このときの石渡の心情を説明したものとして、最も適切なものを、次の**ア**～**エ**から**一つ**選び、記号で答えなさい。

ア　きっぱりと答える明日香の様子を意外に感じ、いぶかしく思っている。

イ　明るく答える明日香の様子に眩しさを感じ、うらやましく思っている。

ウ　控えめな返答をする明日香の様子に遠慮を感じ、寂しく思っている。

エ　しっかりと返答する明日香の様子に成長を感じ、嬉しく思っている。

問五　本文中に「⑤今はその道が先の先まで、途切れることなく続いているのを知っている。」とありますが、明日香がこのように思ったのはなぜですか。**五十五字以内**で答えなさい。

第三問　次の文章を読んで、あとの問いに答えなさい。

①メールが届いたら、即座に返事をしないと落ち着かない。なぜなら返事をしないと、相手が下すであろう自分への評価——「自分のことを無視したり軽く見たりしているのではないか」——を先どりして不安にかられ、＊即レスを繰り返していく。

私たちのこうした行動や反応は、病理か何かのように論じられることもあるが、私はそうは思わない。独自の自己論や相互行為自体がもつ秩序を論じた＊Ｅ・ゴフマンをあげるまでもなく、他者に対する自己提示や自己の印象操作は、スマホやケータイを介したコミュニケーションに限らず、私たちが普段から自然に行っている営みだからだ。

では何が問題なのだろうか。

②それは＊至便さ、利便性の象徴でもある〝速度〟ではないか。

「私はスポーツファンに期待されるスポーツ誌で、期待に応える記事を書くんですよ」

「ほう」

「石渡さんのおっしゃった言葉の意味も、少しわかってきました。負けを卑下することなく、勝って輝くものに素直な称賛をおくりたいです。眩しいものは眩しい。多くの人の心を照らす。その尊さを美しい形で留めておけるのは雑誌ですし」

少しおどけて胸を張ると、④石渡は目を細め、「頑張ってね」とうなずいた。

「いろんな人が、いろんな場所から見上げている星だよね。大きいのも小さいのもある。その魅力を十分に伝えてくれたなら、ぼくとしてもとても嬉しい。期待してるよ」

会場で出会った＊美濃部選手のコーチも「とても嬉しい」と言っていた。教え子の素晴らしい泳ぎを見たときの率直な感想だ。

スポーツ競技でなくても、誰かに喜んでもらえるようなことが、自分にもできるだろうか。

誰かの心を揺さぶることはできるだろうか。

「目黒さん、オリンピックで会おう」

Ｇｏｌｄに異動になって名刺を作ってもらった日から、道の先に＊燦然《さんぜん》と輝いていた巨大な星だ。四年に一度の世界大会。五十六年ぶりの自国開催。

「よろしくお願いします」

⑤今はその道が先の先まで、途切れることなく続いているのを知っている。

（大崎《おおさき》　梢《こずえ》「彼方のゴールド」による）

＊をつけた語句の〈注〉

統べる――一つにまとめて支配する。

派遣記録――代表選手を選考する基準となる記録。

興奮のるつぼ――大勢の人が熱狂している状態やその場所。

石渡――水泳競技を専門に取材する記者。

メディアブース――取材のために報道関係者が待機する場所。

異動――仕事の配属先が変わること。

美濃部選手――メダルの獲得を期待されている競泳の選手。

燦然と――きらきらと鮮やかに光り輝くさま。

問一　本文中に「①ＤＮＡにそうすり込まれている。」とありますが、明日香がこのように考えたのはなぜですか。最も適切なものを、次の**ア**～**エ**から**一つ**選び、記号で答えなさい。

ア　挑戦し続ける選手の姿に、人は心を動かされるのだと実感したから。

イ　進化する選手の様子から、自分も進化していくことを予感したから。

ウ　ひたむきに戦う選手に対し、声援を送り続ける人を見て共感したから。

エ　全力で競技に向かう選手を見て、平凡な自分との差を痛感したから。

問二　本文中に「②たくさんの顔や言葉が浮かんだ。」とありますが、次の対話は、このときの明日香の心情について話し合ったものです。あとの㈠、㈡の問いに答えなさい。

〈Xさん〉　明日香がこの場面で思い浮かべた、たくさんの顔や言葉はどんな人たちのものだったのかな。

〈Yさん〉　おそらく、取材を通して出会った人たちのことを思い出しているのだと思うよ。その中でも、プロ野球選

い。人が前に進むようにできているのならば、むき出しの向上心に、畏怖や憧憬を持たずにいられない。①DNAにそうすり込まれている。

「裕！」

夢中で声を上げた。オリンピックに行って。夢を叶《かな》えて。

最後のターン。

裕がトップに出た。ほんのわずかだがトップ。速く速く。もっと速く。水を摑《つか》んで水にのって水を蹴る。歓声が真昼の太陽のようにプールを照らす。青い水が白く輝く。そのまばゆさに明日香は身をゆだねた。光を＊統《す》べる、遠い頂からの力に同化する。なんでもできそうだ。どこにでも行けそうだ。眠っていたものが一斉に目覚める。

ゴール。トップで壁に触れたのは裕だ。

水からあがった頭が電光掲示板の方を向く。＊派遣記録突破。オリンピック代表決定。

裕の拳が真上に突き上げられる。場内は＊興奮のるつぼとなり観客は総立ちだ。明日香は＊石渡《いしわたり》と手を取り合い、涙を拭うことも忘れた。

優勝選手インタビューでは久しぶりに裕の声を聞くことができた。喜びが全身からほとばしっていた。片づけの手を止めて、明日香は思わず余韻に浸ってしまう。また目の奥が熱くなる。

「目黒さん、おめでとうを言いに行ったらどう？　感動の対面になるんじゃないの。写真に撮らせてよ」

石渡からもらったティッシュで洟《はな》をかみ、苦笑いと共に「いいえ」と断った。

観客はあらかた退出し、＊メディアブースの人も減った。プールサイドでは用具の片づけ作業が始まっている。

「今日の報告をしなくてはいけませんし、私も自分の仕事を頑張るのみです」

「目黒さんの仕事？」

そこで首を傾《かし》げないでほしい。「あのですね」と言いかけて、②たくさんの顔や言葉が浮かんだ。

Ｇｏｌｄへの＊異動を言われたとき、スポーツへの苦手意識はどうしようもなかった。一事が万事、勝つか負けるかで色分けされ、華やかな勝利の陰で脱落していく人が大勢いる。しのぎを削り、順位を競い、多くの夢が砕け散る。スポーツを応援する人にしても、勝てば嬉《うれ》しいのはよくわかる。でも負けが続いたり、贔屓《ひいき》の選手が引退したり、不祥事を起こしたり、チームそのものが解体したりと、大なり小なり失望や落胆がつきまとう。心折れたりしないだろうか。

理解できずにいたけれど、もしかしたら勝ち負けにこだわっているのは自分なのかもしれない。負けたらおしまい、夢は破れると、いつしか思い込んでいた。つらくて苦しいことを強いるスポーツに対して、不信感を募らせていた。

けれどプロ野球の山川選手とのやりとりを思い出せば、勝っても負けても経験値を積んでいるのだ。いつかどこかでそれが生かされる。現役時代でなくても、スポーツの世界でなくても。男子バスケットで活躍した的場《まとば》はトレーナーになり、プロレスラーになれなかった定食屋の店主は不屈の魂で今の店をオープンさせた。負けて終わりではなく、道は続いている。

その道の上で、勝利は一番星のように輝く。③あまりにも眩《まぶ》しくて疎外感すら覚えてしまったけれど、きっとちがう。遥か彼方《かなた》だけでなく、光の粒は自分の中にもある。だからこんなにも引きつけられる。まるで恋をしているみたいに。

イ　同音の言葉が多数あるため、熟語の漢字を一字ずつ確認している。

ウ　耳で聞いて分かりにくい言葉を、例を用いて理解しやすくしている。

エ　大切な情報を繰り返して、忘れることがないように念を押している。

(三)　【話し合いの一部】の中の「③私もよい提案だと思うのだけれど、」で始まるDさんの発言が果たす役割を説明したものとして、最も適切なものを、次のア～エから一つ選び、記号で答えなさい。

ア　説得力のある提案をするためには、聞き手からの意見や反論を想定して準備する必要があるということを提起する役割。

イ　話し手が提示したいと思う内容であっても、反対されてしまう要素は削除するほうがよいということを提言する役割。

ウ　提案の内容で短所と思われる点も、資料の提示の仕方や説明の工夫次第では長所となるということを指摘する役割。

エ　提案しようとしている内容に問題点があるため、提案の内容を根本から見直した方がよいということを忠告する役割。

(四)　Aさんのグループでは、提案の中心となるところに時間を多く割り当てて、プレゼンテーションを行おうと考えました。Aさんたちが最も多く時間を配分しようと考えたのは、【進行案】にある説明内容のⅠ～Ⅴのどこか、最も適切なものを、次のア～オから一つ選び、記号で答えなさい。

ア　Ⅰ　　イ　Ⅱ　　ウ　Ⅲ　　エ　Ⅳ　　オ　Ⅴ

(五)　Aさんのグループでは、【進行案】の提示資料の欄にある［スライド４］として、次のア～ウを準備しましたが、検討した結果、アの資料を用いることにしました。Aさんたちがアの資料を用いることにした理由を具体的に、三十字以内で説明しなさい。

ア

芝桜にはこんなよい点も

1　育てやすい！
2　雑草を防ぐ！
3　毎年花を楽しめる！

イ

芝桜を植える利点について

芝桜は他の花と比べて手入れが簡単で、育てやすい花です。また、芝桜の広がって根付く点を利用すれば、雑草が生えることを防いでくれます。毎年花を咲かせるので春の楽しみが増えます。

ウ

ひと目で分かる芝桜のよさ

・花は小さいが、手入れが簡単。
・日当たりのよいところに植えれば、毎年花をつける。

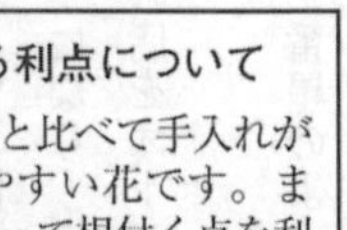

第二問　次の文章を読んで、あとの問いに答えなさい。

スポーツ誌『Ｇｏｌｄ』の記者、目黒明日香《めぐろあすか》は、かつて同じスイミングスクールに通っていた幼なじみの綾瀬裕《あやせゆう》がオリンピック競泳代表選考会に出場することを知り、取材を兼ねて裕の応援に駆けつける。

台を蹴って飛び込む。数秒の潜水後、浮上して腕を掻《か》く。裕は六コース。なめらかできれいな泳ぎだ。パワフルでぐいぐい進む。座ってはいられず明日香は腰を浮かした。両手の拳を握りしめる。行け、速く、もっと、もっと。

勝っても負けても終わりじゃない。でも勝ちたい。負けたくない。そこにこだわるからこそ一秒でも速く、一センチでも高く、遠く、記録は塗り替えられる。新しい技が生み出され、超絶プレイに磨きがかかる。それを前進とか進化とか言うのならば、惹《ひ》かれずにいられな

いと思うな。

〈Dさん〉③私もよい提案だと思うのだけれど、芝桜は他の花と比べて花が小さいので、華やかさが足りないという意見が出るかもしれないよ。芝桜を提案するのであれば、花言葉以外にも芝桜を提案する理由を準備したほうがよいと思うな。

〈Bさん〉確かにそうだね。たとえば、芝桜は比較的育てやすい植物だという点を理由に付け足せないかな。日当たりのよいところに植える必要があるけれど、乾燥や寒さにも強い植物で、手入れもそれほど難しくないよ。

〈Cさん〉私の家では、芝桜が広がって根付く性質を利用して、庭に雑草が生えるのを防いでいるよ。理由として使えそうだよね。

〈Aさん〉校門付近に芝桜を植えることも合わせて提案するのはどうかな。芝桜は毎年花を咲かせるから、自分たちが植えた花を卒業後も見に来ることができるという提案になるよ。

〈Dさん〉うん、芝桜を植える利点はいくつかあげられるね。花言葉に着目して芝桜を植えたいという提案に付け足せば、みんなからの共感を得やすくなりそうだね。

〈Aさん〉それでは、説明内容を整理して、進行案を作ろうよ。

〈全　員〉賛成。

【進行案】

クラスにぴったり！「芝桜」

説明内容	提示資料	担当
Ⅰ **初めに** ・提案理由の説明	〔スライド１〕 テーマと提案理由 ・テーマ ・提案理由	Aさん
Ⅱ **色々な花と花言葉** ・花言葉の説明 ・色々な花の花言葉	〔スライド２〕 花の写真と花言葉 ・候補にあげた花の写真 ・その花の花言葉	Bさん Dさん
Ⅲ **芝桜を提案する理由** ・花言葉「一致」 ・芝桜が咲く様子	〔スライド３〕 芝桜の写真と花言葉 ・芝桜の花言葉 ・密集して咲く芝桜の写真 ・肩を組み合うクラス写真	Bさん Cさん
Ⅳ **花言葉以外の提案理由** ・芝桜を植える利点	〔スライド４〕 理由として付け加えるもの ・提案を補強するための理由	Cさん Dさん
Ⅴ **まとめ** ・提案理由のまとめ	〔スライド３〕※再提示 芝桜の写真と花言葉	Aさん

(一) **【話し合いの一部】**の中の ① にあてはまる言葉として、最も適切なものを、次の**ア**～**エ**から**一つ**選び、記号で答えなさい。

ア まるで　**イ** ぜひ　**ウ** たとえ　**エ** もし

(二) **【話し合いの一部】**の中に、「②『イッチ』とは、『一致団結』の『一致』のことだよ。」とありますが、Bさんのこの発言における工夫を説明したものとして、最も適切なものを、次の**ア**～**エ**から**一つ**選び、記号で答えなさい。

ア 難解な言葉を理解してもらうために、類似する言葉を提示している。

〈国語〉

時間 五〇分 満点 一〇〇点

第一問 次の問いに答えなさい。

問一 次の文の――線部①～⑥のうち、漢字の部分はその読み方をひらがなで書き、カタカナの部分は漢字に改めなさい。

・級友と約束を①交わす。
・知人に道案内を②頼む。
・前年の形式を③踏襲する。
・太陽の光を全身に④アびる。
・人生の⑤タビジを歩む。
・委員長としての⑥セキムを果たす。

問二 次の文の――線部①、②のカタカナを漢字に改めたものとして、正しいものを、それぞれあとのア～エから一つ選び、記号で答えなさい。

・入場者の数をキ①セイする。
ア 省 イ 制 ウ 製 エ 精

・大会に参加するイ②コウを関係者に伝える。
ア 光 イ 行 ウ 降 エ 向

問三 次の□に共通して入る言葉を、あとのア～エから一つ選び、記号で答えなさい。

・□が回る
・□先三寸
・□の根の乾かぬうち

ア 首 イ 目 ウ 口 エ 舌

問四 Aさんの中学校では、三年生がクラスごとに校内に花を植える緑化活動をしています。Aさんのクラスでは、クラスで植える花を決めるために、グループごとにプレゼンテーションを行うことになり、Aさんたち四人のグループは、花言葉に着目して植える花を提案することを思いつきました。次は、Aさんたちが行った【話し合いの一部】と、プレゼンテーションで使うための【進行案】です。あとの㈠～㈤の問いに答えなさい。

【話し合いの一部】

〈Aさん〉 いろいろな花の候補があがったけれど、もっとクラスにぴったりの花はないかな。［①］ みんなから支持してもらえるような花を提案したいよね。

〈Bさん〉 「イッチ」という花言葉をもつ「芝桜」はどうかな。②「イッチ」とは、「一致団結」の「一致」のことだよ。小さな花が仲むつまじく密集して咲く様子からついた花言葉で、咲いている様子も花言葉も、私たちのクラスにぴったりだと思うよ。

〈Cさん〉 うん、「一致」という花言葉はクラスにぴったりだね。まとまりがあって仲のよいところが、私たちのクラスのよいところだと感じていたから、私も芝桜がい

2021年度

解 答 と 解 説

《2021年度の配点は解答用紙集に掲載してあります。》

＜数学解答＞

第一問　1　-9　　2　-6　　3　24　　4　$a=\frac{5}{4}b+\frac{3}{4}c$　　5　$4\sqrt{3}$

6　$(x+5y)(x-5y)$　　7　イ，オ　　8　$36\pi\ \mathrm{cm}^3$

第二問　1　(1)　$10a+b$　　(2)　81　　2　(1)　$\frac{1}{4}$　　(2)　$\frac{7}{16}$　　3　(1)　-1

(2)　$-\frac{1}{8}$　　4　(1)　$\frac{3}{2}x$箱　　(2)　160個

第三問　1　ウ　　2　(1)　5　　(2)　$y=\frac{4}{3}x-\frac{20}{3}$　　(3)　$\left(\frac{13}{2},\ 2\right)$　　(4)　$\frac{5}{2}$

第四問　1　解説参照　　2　(1)　$\frac{4}{3}\mathrm{cm}$　　(2)　$\frac{32}{39}\mathrm{cm}^2$　　(3)　FH：GH＝31：18

＜数学解説＞

第一問　(数・式の計算，等式の変形，平方根，因数分解，資料の活用，回転体の体積)

1　$-14-(-5)=-14+5=-9$

2　$\frac{3}{2}\div\left(-\frac{1}{4}\right)=\frac{3}{2}\times(-4)=-6$

3　$2a^2b^3\div ab=\frac{2a^2b^3}{ab}=2ab^2$　これに，$a=3$，$b=-2$を代入して，$2\times3\times(-2)^2=24$

4　$4a=5b+3c$　両辺を4でわって，$a=\frac{5}{4}b+\frac{3}{4}c$

5　$\sqrt{27}+\frac{3}{\sqrt{3}}=\sqrt{3^2\times3}+\frac{3\times\sqrt{3}}{\sqrt{3}\times\sqrt{3}}=3\sqrt{3}+\frac{3\sqrt{3}}{3}=3\sqrt{3}+\sqrt{3}=4\sqrt{3}$

6　$x^2-25y^2=x^2-(5y)^2=(x+5y)(x-5y)$

7　ア　0分以上60分未満の生徒が8人いるので，0分の生徒がいないとは限らない。　イ　最も度数が多い階級は60分以上120分未満の階級だから，最頻値は，$\frac{60+120}{2}=90$(分)　ウ　平均値は，$\frac{30\times8+90\times13+150\times11+210\times6+270\times2}{40}=\frac{4860}{40}=121.5$(分)　エ　中央値は，学習時間の短い方から20番目と21番目の値の平均だから，60分以上120分未満の階級に入っている。　オ　度数は2人だから，相対度数は，$\frac{2}{40}=0.05$　よって，必ずいえることは，イとオ

8　点Dから辺ACに垂線DFをひく。中点連結定理により，$\mathrm{DE}=\frac{1}{2}\mathrm{AC}=\frac{1}{2}\times6=3$(cm)だから，四角形DECFは正方形である。よって，求める立体は，半径DF＝3cm，高さAF＝3cmの円すいと半径EC＝3cm，高さCF＝3cmの円柱を組み合わせたものだから，体積は，$\frac{1}{3}\pi\times3^2\times3+\pi\times3^2\times3=36\pi$ (cm³)

第二問　(方程式の応用，確率，関数とグラフ，直線の傾き，一次方程式の応用)

1　(1)　自然数Pの十の位の数をa，一の位の数をbとすると，$\mathrm{P}=10a+b$と表される。

(2)　$\mathrm{Q}=10b+a$より，$\mathrm{P}-\mathrm{Q}=63$のとき，$(10a+b)-(10b+a)=63$　$9a-9b=63$　$a-b=7$　$1\leqq a\leqq9$，$1\leqq b\leqq9$に注意すると，a，bの組み合わせは，$(a,\ b)=(8,\ 1),(9,\ 2)$　Pは奇数より，

$(a,\ b)=(8,\ 1)$だから，$P=81$

2　(1)　3の数字に決まる場合だから，確率は，$\dfrac{1}{4}$

(2)　容器Cに少なくとも1個は球が入るのは，3の数字に1度は決まる場合だから，(1回目，2回目)$=(1,\ 3)$，$(2,\ 3)$，$(3,\ 1)$，$(3,\ 2)$，$(3,\ 3)$，$(3,\ 4)$，$(4,\ 3)$の7通り。すべての場合は，$4\times4=16$(通り)だから，確率は，$\dfrac{7}{16}$

3　(1)　点Aのy座標は，$y=x^2$に$x=-2$を代入して，$y=(-2)^2=4$　よって，$A(-2,\ 4)$　点Bのy座標は，$y=x^2$に$x=1$を代入して，$y=1^2=1$　よって，$B(1,\ 1)$　したがって，直線ABの傾きは，$\dfrac{1-4}{1-(-2)}=-1$

(2)　直線ABの傾きは-1より，直線ABの式を$y=-x+b$とおいて，$x=1$，$y=1$を代入すると，$1=-1+b$　$b=2$　よって，$y=-x+2$　これに$y=-2$を代入すると，$-2=-x+2$　$x=4$　よって，$C(4,\ -2)$　関数$y=ax^2$のグラフが点Cを通るから，$y=ax^2$に$x=4$，$y=-2$を代入して，$-2=a\times4^2$　$16a=-2$　$a=-\dfrac{1}{8}$

4　(1)　商品Aの箱数がx箱のとき，商品Bの箱数は$\dfrac{1}{2}x$箱より，商品Cの箱数は，$\dfrac{1}{2}x\times3=\dfrac{3}{2}x$(箱)と表される。

(2)　ドーナツの個数の関係から，$2\times x+4\times\dfrac{1}{2}x+1\times\dfrac{3}{2}x=176$　$\dfrac{11}{2}x=176$　$x=32$　よって，商品Aは32箱，商品Bは，$\dfrac{1}{2}\times32=16$(箱)，商品Cは，$\dfrac{3}{2}\times32=48$(箱)作ることができるから，必要なカップケーキの個数は，$1\times32+2\times16+2\times48=160$(個)

第三問　(一次関数のグラフ，2点間の距離，直線の式，最短距離)

1　切片は変わらず，傾きが大きくなるから，ウ

2　(1)　$OA^2=3^2+4^2=25$　$OA>0$より，$OA=5$

(2)　直線ℓの傾きは直線OAの傾きに等しく$\dfrac{4}{3}$より，直線ℓの式を$y=\dfrac{4}{3}x+b$とおいて，$x=5$，$y=0$を代入すると，$0=\dfrac{4}{3}\times5+b$　$b=-\dfrac{20}{3}$　よって，$y=\dfrac{4}{3}x-\dfrac{20}{3}$

(3)　$\triangle ABO=\dfrac{1}{2}\times5\times4=10$　点Cの座標を$\left(t,\ \dfrac{4}{3}t-\dfrac{20}{3}\right)$とすると，直線OAと直線$\ell$は平行だから，**平行線と面積の関係**により，$\triangle ABC=\triangle OBC=\dfrac{1}{2}\times5\times\left(\dfrac{4}{3}t-\dfrac{20}{3}\right)=\dfrac{10}{3}t-\dfrac{50}{3}$

$\triangle ABC:\triangle ABO=1:2$のとき，$\left(\dfrac{10}{3}t-\dfrac{50}{3}\right):10=1:2$　$\dfrac{20}{3}t-\dfrac{100}{3}=10$　$\dfrac{20}{3}t=\dfrac{130}{3}$　$t=\dfrac{13}{2}$

$\dfrac{4}{3}\times\dfrac{13}{2}-\dfrac{20}{3}=2$より，点Cの座標は$\left(\dfrac{13}{2},\ 2\right)$

(4)　x軸上にx座標が-5である点Dをとると，$PB=PD$より，$AP+PB=AP+PD\geqq AD$　よって，3点A，P，Dが一直線上にあるとき，$AP+PB$は最小となる。直線ADの傾きは，$\dfrac{4-0}{3-(-5)}=\dfrac{1}{2}$より，直線ADの式を$y=\dfrac{1}{2}x+c$とおいて，$x=-5$，$y=0$を代入すると，$0=\dfrac{1}{2}\times(-5)+c$　$c=\dfrac{5}{2}$　よって，$y=\dfrac{1}{2}x+\dfrac{5}{2}$　したがって，点Pのy座標は$\dfrac{5}{2}$

第四問　(平面図形，相似の証明，線分の長さ，面積)

1　(証明)　(例)$\triangle ACD$と$\triangle ECA$において，仮定から，$\angle ADC=\angle EAC=90^\circ$…①　共通な角だから，$\angle ACD=\angle ECA$…②　①，②より，2組の角がそれぞれ等しいから，$\triangle ACD\backsim\triangle ECA$

2　(1)　$\triangle ACD$で，**三平方の定理**により，$AC^2=AD^2+CD^2=2^2+3^2=13$　$AC>0$より，$AC=\sqrt{13}$(cm)　$\triangle ACD\backsim\triangle ECA$より，$AC:EC=CD:CA$　$\sqrt{13}:EC=3:\sqrt{13}$　$3EC=13$　$EC=\dfrac{13}{3}$

(cm)　よって，$DE=\frac{13}{3}-3=\frac{4}{3}$(cm)

(2)　$BC=2AD=2\times2=4$(cm)　AD//BCより，**三角形と比の定理**により，$HD:BC=ED:EC$

$HD:4=\frac{4}{3}:\frac{13}{3}$　$\frac{13}{3}HD=\frac{16}{3}$　$HD=\frac{16}{13}$(cm)　よって，$\triangle EHD=\frac{1}{2}\times\frac{16}{13}\times\frac{4}{3}=\frac{32}{39}$($cm^2$)

(3)　$AH=2-\frac{16}{13}=\frac{10}{13}$(cm)　点Aから線分BCにひいた垂線と線分BCとの交点をIとすると，四角形AICDは長方形だから，AD＝IC　よって，点Iは線分BCの中点より，BI＝IC＝2cm

AD//BCより，$BF:FH=BI:AH=2:\frac{10}{13}=13:5$　$FH=\frac{5}{13+5}BH=\frac{5}{18}BH$　また，$BG:GH=BC:AH=4:\frac{10}{13}=26:5$　$GH=\frac{5}{26+5}BH=\frac{5}{31}BH$　したがって，$FH:GH=\frac{5}{18}BH:\frac{5}{31}BH=31:18$

＜英語解答＞

第一問　問題1　1番　ウ　2番　エ　問題2　1番　ア　2番　エ　問題3　1番　イ　2番　ウ　3番　イ　問題4　(例)Let's make a birthday card for him.

第二問　1　(1)　エ　(2)　ウ　(3)　イ　2　(1)　color　(2)　(例)forgot
3　(1)　エ→ア→オ→ウ→イ　(2)　イ→ア→ウ→オ→エ

第三問　1　(例)様々な国のたくさんの人々と話をしたかったから。　2　(例) They made a city map with the information they collected.　3　エ→イ→ア→オ→ウ
4　Ⓐ　effort　Ⓑ　understand

第四問　1　イ　2　(1)　(例)She goes there when she doesn't have time to make a *bento*.　(2)　(例)Hassan did.　3　(例)コンビニエンスストアの光が明るいので，人々は夜でも通りがよく見え，安全だと感じることができるということ。
4　(1)　ウ　(2)　エ　(3)　ア　(4)　エ

第五問　1　(例) What does it mean?　2　(例) I like the left one better. My friends always help me when I have a problem. I enjoy every day at school because of my friends.

＜英語解説＞

第一問　(リスニング)

放送台本の和訳は，47ページに掲載。

第二問　(語句補充，語句の並べ換え)

1　(1)　マーティー：エミ，理科のテストはどうだった？
エミ　　　：本当に難しかったけど，ベストを尽くしたわ。
＜how was…？＞「…はどうだったか？」。

(2)　アツシ：窓のそばで絵を描いているあの女の子はだれ？
リリー：彼女は私のクラスメートのオリビアよ。
＜～名詞girl＋現在分詞painting…＞「…を描いている女の子」 現在分詞の形容詞的用法。

(3)　ケビン：この部屋，とっても暑いよね？

ユウタ：うん，本当にそうだね。ジャケットを脱ごうか？

<take off…>「…を脱ぐ」という連語。　**<Shall we~?>**「~しましょうか？」

2　(1)　ジュリア：あなたは着物を持っていると聞いたわ。何色なの？

カナエ　：ピンクよ。毎年，お正月に着るわ。

<What color…?>「何色の…？」

(2)　ヒル先生：私が先週出した宿題は終わりましたか？

リョウコ：はい，終わりました。でも持ってくるのを忘れました。すみません。

<forget to＋動詞の原形…>「…するのを忘れる。forgetの過去形：forgot。

3　(1)　ソニア：私の兄が音楽のバンドを始めたの。母は今週末，彼にギターを買ってあげるつもりなんだ。

アカネ：いいわね。彼は喜ぶでしょうね。

My mother is going to buy him a guitar (this weekend.)　**<be動詞is＋going to＋動詞の原形buy…>**「…するつもり」　**<buy＋(人)＋(もの)>**「(人)に(もの)を買う」

(2)　ボブ　：この寺はとても古そうだね。いつ建てられたかわかる？

ヒロト：分からないな。インターネットで調べてみるよ。

(Do you) know when it was built?　間接疑問文。<主語you＋動詞know>の後ろに<疑問詞when＋主語it＋動詞was…>。　疑問詞whenの後ろは，過去形の受け身**<be動詞was＋過去分詞built>**「建てられた」

第三問　(長文読解問題・スピーチ：日本語で答える問題，英問英答，文の並べかえ，要約文)

(全訳)　皆さん，こんにちは。私は今日，この夏の体験を皆さんにシェアしたいと思います。この夏，私は英語ボランティアのガイドプロジェクトに参加しました。このプロジェクトを通して私が学んだことを話します。

4月のある日，私は父からあるプロジェクトについて聞きました。父は，「8月に，私たちの市は世界中から50人の観光客を招待する予定だよ。市は，彼らを案内する英語ボランティアガイドを必要としているね」と言いました。それで私は，「これはいい機会だ！」と思いました。いろいろな国から来るたくさんの人と話をしたかったのです。自分の英語について少し心配でしたが，プロジェクトのメンバーになることに決めました。

すぐにプロジェクトが始まりました。英語の練習だけすればよいのだろうと私は思っていました。しかし，ほかにもしなければならないことがありました。例えば，観光客にとって面白い場所はどこなのかを調べる必要がありました。それで私たちは週末にたくさんの場所へ行き，役立つ情報を収集しました。メンバーの一人が，「私たちが集めた情報を入れた市の地図を作るのはどうでしょう？　そうすれば，どこを訪れたらいいかを観光客に簡単に教えることができますね」と言いました。全員が賛成し，地図の作成を始めました。3週間かかりました。英語を話す練習もたくさんしました。多くの努力によって，観光客を迎える準備がようやく整いました。

ついにその日が来ました。「観光客は私の英語を理解してくれるだろうか？　この地図は役立つかな？」と私は不安でした。でも，自分たちの払った努力を思い出し，そして観光客と話し始めました。私の英語はパーフェクトではありませんでしたが，彼らは私の言うことを理解しようと努めてくれました。ある観光客は，「この地図はとても便利ですね。旅行中に使わせてもらいます。あなたも私と話して，私を理解しようと最善を尽くしてくれました。今日はとても楽しかったです！」と言ってくれました。他の多くの観光客も同じことを言ってくれ，私は本当に安心しました。このプロジェクトは簡単ではありませんでした。しかし，私たちは一生懸命に努力し，観光客は旅行を楽しんでくれました。彼らを喜ばせることができてうれしかったです。言葉の障壁について私は心配しましたが，それは大きな問題ではありませんでした。

1　直後の文を参照。

2　質問：「プロジェクトメンバーは，観光客にどこを訪れたらいいか簡単に教えるために何をしましたか？」　第3段落5，6文目を参照。

3　エ　奈々は英語ボランティアのガイドプロジェクトに参加することに決めた。(第2段落最終文を参照)　→　イ　奈々は，英語の練習がしなければならない唯一のことではないということに気づいた。(第3段落2文目を参照)　→　ア　一人のメンバーがアイディアを出し，それを他のメンバーと共有した。(第3段落5～7文目を参照)　→　オ　奈々は不安だったが，観光客と話し始めた。(最終段落4，5文目を参照)　→　ウ　観光客からの親切な言葉は奈々を安心させた。(最終段落最後から5文目を参照)

4（全訳）私は奈々のスピーチを通して2つの大切な点を学んだ。奈々は熱心にプロジェクトで働き，観光客の喜ぶ顔を見ることができた。たくさんのⒶ努力によって周りの人を喜ばせることができるのだということを私は学んだ。外国から来る人と話すときにパーフェクトな英語を話す必要はないということも学んだ。私たちはお互いをⒷ理解しようとするなら，良いコミュニケーションをとることができる。

Ⓐ　第3段落最終文を参照。　Ⓑ　最終段落5文目を参照。

第四問 (長文読解問題・討論：メモ・要約文などを用いた問題，英問英答，日本語で答える問題他)

（全訳）キャリー：私の国で24時間営業のコンビニエンスストアを私は見たことがありません。私が日本に来たころ，どの町にもそのような店があるのを見て驚きました。それらの店はすばらしいと思います！　私は，お弁当を作る時間がない時にコンビニエンスストアに行きます。早朝でも，多くの種類の食べ物を売っています。そのようなお店はまた，夜遅くまで働く忙しい人々にとって便利でもあります。彼らが仕事を終えてとても疲れて料理できなくても，コンビニエンスストアで夕食が買えます。コンビニエンスストアは私たちの生活に必要です。

彩：キャリーのように，多くの人はコンビニエンスストアが便利だと言いますが，24時間営業は良くないと私は思います。理由は2つあります。1つ目に，夜間に働くのは店のスタッフにとってとても大変です。店を24時間開けておくためには，だれかが夜遅くにそこで働かなければいけません。2つ目として，店の所有者にとって，夜間に働きたい人を見つけるのは難しいという点です。そのような仕事をする人の視点から24時間営業について考えてみるのはどうですか？

和也：彩は，24時間営業することは店にとって大変だと言っていましたね。でも，24時間営業のコンビニエンスストアは夜にしか働けない人たちにとって必要です。例えば，大学生はたいてい昼間に働くことができません。そのような人は夜間のコンビニエンスストアで働けます。また，24時間のコンビニエンスストアは災害が起きた時，助かります。災害のために列車が止まって，歩いて帰宅しなければいけなくなった時，水を手に入れたりトイレを使ったりするためにコンビニエンスストアに行くことができます。いつ，どこで災害が起きるかわかりませんから，そのような場所は必要です。

ハッサン：キャリーの国のように，私の国にも24時間のコンビニエンスストアは1つもありません。私が日本に来た時，夜間の通りが私の国の通りとは違って見えることに気づきました。コンビニエンスストアの光が明るいので，人々は夜でも通りがよく見えて，安全だと感じることができます。これは，夜間に店を開けておくもう一つの良い点だと思います。しかし，それはたくさんの電気が使用されることを意味します。より多くの電気が使われれば，より多くの二酸化炭素が排出されます。ですから，24時間営業に私は賛成できません。それが便利であることは認めますが，地球の未来はもっと重要です。

1　イ　上記全訳を参照。

2　(1)　質問：「キャリーはいつコンビニエンスストアに行きますか？」
(解答例訳)彼女は弁当を作る時間がない時にそこへ行きます。
(2)　質問：「だれが24時間営業は環境に良くないかもしれないと言いましたか？」
(解答例訳)ハッサンが言いました。解答にある**did**は，**前に出た動詞を受けたもの**。ここでは，質問文にある**過去形の動詞，said**の代わりに使われている。

3　直前の文を参照。

4　(会話文訳)

陸　　　：サーシャ，彼らの意見についてどう思う？

サーシャ：私はキャリーに賛成よ。彼女はⒶ客の視点から私たちに意見を述べていたわ。早朝でも夜遅くであっても，私たちが必要とするものを手に入れることができるわ。24時間営業のコンビニエンスストアは，生活の仕方がみんな違うから本当に便利ね。

陸　　　：僕もコンビニは便利だと思うけど，今ぼくは違う見方をしているんだ。夜間に働く十分なスタッフがいない時，店の所有者は長時間働かなければいけないそうだよ。誰にとっても持続可能な働き方について考えるべきだよ。だから僕の意見は変わって，彩の意見にⒷよく似たものになったよ。

サーシャ：彩と和也の両方ともそこで働く人の側からコンビニエンスストアについて考えていたわ。でも彼らの意見はそれぞれ違っていたわね。和也はⒸア　24時間営業はより多くの働く場所を生み出すと言っていたね。

陸　　　：ハッサンの考えもおもしろかったね。4人の生徒の中で，ハッサンだけが，Ⓓエ　24時間営業の長所と短所の両方を示していた。異なる視点で物事を見ることが大切だということを僕は学んだよ。

(1)　キャリーの意見の最後の3文を参照。

(2)　**＜similar to~＞**「~によく似た」（性質などに共通点があるという意味で，「似ている」と言いたいときに使う語）。

(3)　ア　**＜more places to＋動詞の原形＞「…するためのもっと多くの場所」**　和也の意見2~4文目を参照。

(4)　エ　**＜both A and B＞「AとBの両方とも」**　ハッサンの意見3文目と5，6文目を参照。

第五問 (条件英作文)

(全訳) 由香　：カルロス，今日はあの2つの言葉を書くわよ。

カルロス：あ，左の言葉は見たことがある。「フレンドシップ」だよね？

由香　　：その通り。

カルロス：右側の言葉はわからないな。①　(例)それはどういう意味なの？

由香　　：「新しいことにトライする，あるいは，難しいことにトライする」という意味よ。

カルロス：両方ともいい言葉だね！　由香，左の言葉と右の言葉のどちらが好き？

由香　　：②　(例)私は左の言葉の方が好き。私が困っているとき友だちは私をいつも助けてくれるわ。友だちのおかげで，私は学校で毎日を楽しんでいるわ。

カルロス：すばらしいね！

2021年度英語　放送によるテスト

〔放送台本〕

これから，第一問の放送によるテストを行います。放送を聞いて問題1から問題4に答えなさい。放送中に問題用紙にメモをとってもかまいません。

問題1，英語を聞いて，その内容を最も適切に表しているものを，それぞれア，イ，ウ，エの中から1つ選んで，その記号を解答用紙に書きなさい。英語は，それぞれ2回放送されます。では，始めます。

1番　It's cloudy now but it'll be sunny in the afternoon. You don't have to worry about rain.

2番　In this class, summer is the most popular. Spring and fall are more popular than winter.

〔英文の訳〕

1番　現在は曇っていますが，午後には晴れるでしょう。雨の心配をする必要はありません。

2番　このクラスでは，夏が一番人気があります。春と秋は，冬より人気があります。

〔放送台本〕

次に問題2に移ります。亜子(Ako)とマイク(Mike)が会話をします。二人の会話は，問題用紙に示されている順に進みます。空欄に入る発言として最も適切なものを，それぞれア，イ，ウ，エの中から1つ選んで，その記号を解答用紙に書きなさい。会話の空欄のところでは，チャイム音(チャイム音)が鳴ります。会話は，それぞれ2回放送されます。では，始めます。

1番　*Ako:*　I'll take your picture, Mike.
Mike:　Oh, thank you. Here's my camera.
Ako:　How do you use this?
Mike:　(チャイム音)

2番　*Mike:*　Ako, what are you looking for?
Ako:　I can't find my history notebook. I need it for tomorrow's class.
Mike:　I'll help you. What does it look like?
Ako:　(チャイム音)

〔英文の訳〕

1番　亜子　：あなたの写真を撮るわね，マイク。
マイク：あ，ありがとう。はい，これがぼくのカメラ。
亜子　：これ，どうやって使うの？
マイク：ア　ただここを押して。

2番　マイク：亜子，何を探してるの？
亜子　：私の歴史のノートが見つからないの。明日の授業で必要なんだけど。
マイク：手伝うよ。どんなノートなの？

亜子　：エ　青いノートで，私の名前が書いてあるわ。

〔放送台本〕

次に問題3に移ります。留学生のジョン(John)と青木先生(Ms. Aoki)が会話をします。そのあとで会話について3つの質問をします。それらの質問に対する答えとして最も適切なものを，それぞれア，イ，ウ，エの中から1つ選んで，その記号を解答用紙に書きなさい。はじめに会話，続いて質問の順で，2回放送されます。では，始めます。

John: Ms. Aoki, may I talk to you now?
Ms. Aoki: Sure, John. What is it about?
John: I want to know a good way to learn Japanese. My dream is to make Japanese anime, so I want to be good at Japanese.
Ms. Aoki: That's wonderful!
John: Thanks, but I have a problem. I'm studying hard, but my Japanese isn't improving. Today my classmates talked to me in Japanese, but I couldn't understand them.
Ms. Aoki: I see. John, how do you usually study Japanese?
John: I read books written in easy Japanese. Also, I write *kanji* many times.
Ms. Aoki: Well, studying language with books is important, but using language in everyday life is also important. Why don't you talk to your classmates more in Japanese? When you can't understand them, just ask them to speak slowly. They are studying English, so they know how you feel.
John: Thank you, I'll try that. Tomorrow, I'm going to talk to my classmates in Japanese a lot.
Ms. Aoki: That will be great.

続いて質問に移ります。

1番　Why did John talk to Ms. Aoki?
2番　What was Ms. Aoki's advice to John?
3番　Which is true about John?

〔英文の訳〕

ジョン　：青木先生，今お話ししていいですか？
青木先生：もちろん，ジョン。何についてかな？
ジョン　：日本語を学ぶ良い方法が知りたいんです。僕の夢は日本のアニメを作ることなので，日本語がうまくなりたいです。
青木先生：すばらしいわね！
ジョン　：ありがとうございます。でも問題があるんです。一生懸命勉強しているのですが，僕の日本語は上達していません。今日，クラスメートたちが僕に日本語で話しかけてきたんですが，彼らの言っていることが理解できませんでした。
青木先生：なるほど。ジョン，あなたはたいていどのように日本語を勉強しているの？
ジョン　：やさしい日本語で書かれた本を読んでいます。また，漢字をたくさん書いています。

青木先生：そうねえ，書籍を使って言葉を勉強するのは大事だけど，毎日の生活で言葉を使うことも大切よ。クラスメートにもっと日本語で話してみるのはどうかな？　彼らの言うことが分からない時は，ゆっくり話してくれるようにただお願いすればいいのよ。彼らは英語を勉強しているから，あなたの気持ちがわかるわよ。

ジョン　：ありがとうございます。試してみます。明日，クラスメートに日本語でたくさん話してみます。

青木先生：それはいいことだわ。

1番　質問：なぜジョンは青木先生と話したか？

答え：イ　彼は日本語の勉強の仕方を知りたかった。

2番　質問：ジョンへの青木先生のアドバイスはどんなものだったか？

答え：ウ　日常生活でもっと日本語を使うべきだ。

3番　質問：ジョンについて正しいのはどれか？

答え：イ　彼はたいてい，読み書きを通して日本語を勉強している。

〔放送台本〕

次に問題4に移ります。アン(Ann)と智樹(Tomoki)が会話をします。二人の会話は，問題用紙に示されている順に進み，アンが智樹に質問をします。智樹になったつもりで，空欄に入る適切な発言を考えて，英語で解答用紙に書きなさい。会話の空欄のところでは，チャイム音(チャイム音)が鳴ります。会話を2回放送したあとに，答えを記入する時間をとります。では，始めます。

Ann:　Our ALT, Mr. Brown's birthday is next week.

Tomoki:　Oh, really?　Let's do something for him.

Ann:　Yes!　What shall we do?

Tomoki:　(チャイム音)

これで放送によるテストを終わります。

[英文の訳]

アン：ALTのブラウン先生の誕生日は来週ね。

智樹：え，本当？　先生のために何かやろうよ。

アン：そうね！　何をしようか？

智樹：(例)先生のためにバースデーカードを作ろうよ。

<理科解答>

第一問　1 (1) 消化酵素　(2) (例)小腸の表面積が大きくなることによって，効率よく養分の吸収ができること。　(3) イ　2 (1) 公転　(2) ウ　(3) イ　3 (1) エ　(2) 97〔g〕　(3) エ　4 (1) 不導体[絶縁体]　(2) ア　(3) 20〔Ω〕

第二問　1 被子植物　2 ア　3 (例)おしべとめしべが一緒に花弁に包まれており，花粉が同じ花のめしべについて受粉する。　4 ウ　5 ウ

第三問　1 (1) 発熱反応　(2) (例)容器の中の酸素が減って，鉄粉の酸化が進みにくくなったから。　(3) イ　2 (1) ① ア　② ウ　(2) 4〔kg〕

第四問　1　右図　　2　エ　　3　0.91〔g/cm^3〕

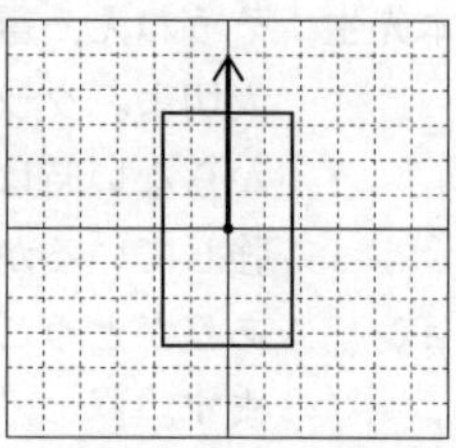

4　(1)　イ　　(2)　(例)水と25%の食塩水を使い，いずれの液体にも浮いたものがPE，25%の食塩水にだけ浮いたものがPS，いずれの液体にもしずむものがPETだと判断する。

第五問　1　イ　　2　①　イ　　②　エ　　3　17.6〔g〕

4　(1)　ア　　(2)　(例)雲ができるのは，空気が斜面をのぼるとき，気圧が下がって膨張し温度が露点より低くなるためであり，雲が消えるのは，空気が斜面を下るとき，気圧が上がって収縮し温度が露点より高くなるためである。

<理科解説>

第一問　(消化吸収，太陽系，物質の種類と水溶液，回路)

1　(1)　体内にとり入れた養分を吸収できる大きさにまで分解するはたらきをもつのは，消化酵素である。　(2)　小腸の中にはひだがあり，その表面は無数の柔毛でおおわれている。柔毛があることにより，養分を吸収する面積が大きくなる。(3)　小腸から吸収されたアミノ酸やブドウ糖は，その後肝臓へ運ばれて貯蔵されたりつくり変えが行われる。

2　(1)　惑星は，恒星を中心として円形の軌道上を公転している。　(2)　地球型惑星は小型であるが，金属や岩石からなるために密度が大きい。これに対し，木星型惑星はおもに気体からなるため，大型ではあるが密度は小さい。(3)　500〔秒後〕×30.11＝15055〔秒後〕

3　(1)　海水，石油，食酢はすべて混合物である。(2)　20℃の水におけるショ糖の溶解度は204gであることから，50gの水にはこの半量の102gがとける。よって，102－5.0＝97.0〔g〕
(3)　デンプンは水にとけず，粒子の大きさがろ紙のあなよりも大きいため，ろ紙を通り抜けることができない。一方，ショ糖は水にとけ，粒子がろ紙のあなよりも小さくなるためろ紙を通り抜ける。

4　(1)　プラスチックは電気を通しにくいため，電気器具などで絶縁するための材料として用いられることも多い。　(2)　図3から，2Vの電圧を加えると，この回路は100mAの電流が流れることから，用いる－端子は500mAが適している。　(3)　抵抗〔Ω〕＝$\frac{\text{電圧〔V〕}}{\text{電流〔A〕}}$　より，4〔V〕÷0.2〔A〕＝20〔Ω〕

第二問　(植物のふえ方，遺伝)

1　種子植物のうち，胚珠が子房の中にある花のつくりをしているのは，**被子植物**ある。

2　エンドウは葉脈と花弁の特徴から，双子葉類の中でも離弁花類に分類される。アサガオとタンポポは，双子葉類ではあるが合弁花類である。ツユクサは単子葉類である。

3　エンドウは，おしべとめしべが花弁に包まれているので，同じ花の中で受粉を行う。

4　丸形の種子をつくる純系のエンドウがもつ遺伝子の組み合わせはAA，しわ形の種子をつくる純系のエンドウの遺伝子の組み合わせはaaである。よって，これらの掛け合わせによって生じた子は，両親から片方ずつ遺伝子を受け継ぐために，遺伝子の組み合わせがAaとなる。Aaの遺伝子の組み合わせで丸形が現れたことから，**優性形質は丸形**である。

5　下線部③の丸形の種子は，AA：Aa＝1：2の割合となっている。AAを種子Ⅰ，Aaを種子Ⅱ，種子Ⅲとし，種子ⅠからⅢをそれぞれaaの遺伝子をもつ個体と掛け合わせた結果について考える。種子Ⅰ(AA)とaaを掛け合わせた結果，得られる種子を4個とすると，すべてAaとなり，丸形となる。種子Ⅱ(Aa)とaaを掛け合わせた結果，得られる種子を4個とすると，Aaが2個，aaが2個となる。種子Ⅲを用いた場合も同様になることから，これらをすべて合計すると，丸形(AAとAa)：しわ形(aa)＝8：4＝2：1となる。

第三問　(化学変化と質量)

1　(1)　化学変化のうち，周囲に熱を放出し温度が上がる反応を，発熱反応という。　(2)　鉄は酸素と反応することで熱を発生させるので，温度が下がったのは，容器内の酸素が不足したためと考えられる。　(3)　aとbは，容器のふたを開けていないため，**質量保存の法則**により質量は等しい。これに対してcは，容器内で減少した酸素の分だけ新たに周囲から空気が入るので，全体の質量はaやbに比べて増加する。

2　(1)　酸化鉄からとり去られた酸素は，炭素に結びつく。よって，鉄と炭素を比べると，炭素のほうが酸素と結びつきやすいことがわかる。　(2)　鉄50kgにふくまれている炭素の質量は，50〔kg〕×0.03＝1.5〔kg〕　よって，この炭素をもとにつくられる二酸化炭素の質量は，1.5〔kg〕×$\frac{8}{3}$＝4.0〔kg〕

第四問　(1分野総合)

1　浮力の大きさは，0.95－0.45＝0.50〔N〕

2　浮力は，おもり全体が水中にしずむ前までは，水中の体積に比例して大きくなるが，全体が水中に沈んだ場合は一定となる。

3　密度〔g/cm^3〕$=\frac{\text{質量〔g〕}}{\text{体積〔}cm^3\text{〕}}$　より，364〔g〕÷400〔cm^3〕＝0.91〔g/cm^3〕

4　(1)　浮力と重力が等しい場合，小片は液体中で静止するが，しずんだことから，浮力＜重力となっていることがわかる。　(2)　それぞれの液体の密度を求めると，水は400〔g〕÷400〔cm^3〕＝1.00〔g/cm^3〕，25％の食塩水は468〔g〕÷400〔cm^3〕＝1.17〔g/cm^3〕，エタノールは312〔g〕÷400〔cm^3〕＝0.78〔g/cm^3〕，サラダ油は3より0.91g/cm^3。液体の密度よりも固体の密度が大きい場合，固体はしずみ，固体の密度が小さい場合，固体は浮く。よって，ポリエチレンを見分けるには，水を用いて浮いたものをさがせばよい。また，ポリスチレンとポリエチレンテレフタラートを見分けるためには，密度がPSよりも大きく，PETよりも小さい液体を選べば，PSが液体に浮き，PETが液体にしずむようすが確認できる。

第五問　(空気中の水蒸気，雲のでき方)

1　容器内の気圧が下がると，風船の中の空気のほうが気圧が高くなるために，風船がふくらむ。

2　空気の温度が低下したことで，空気中の水蒸気が**露点**に達して，水蒸気が水滴に変化する。

3　22.0〔g/m^3〕×0.80＝17.6〔g/m^3〕

4　(1)　低気圧の中心へふきこむ南からのしめった風によってかさ雲ができた。低気圧の北側では北よりの風，南側では南よりの風がふく。　(2)　しめった空気が山の斜面をのぼるとき，**上昇気流**が発生するために雲ができるが，この空気が山を越えて下降気流になるときは，温度が上がるために水滴が水蒸気に変化して雲が消える。

<社会解答>

第一問　1 (1) エ　(2) ウ　2 (1) ウ　(2) ア　3 (1) イ
(2) (例)とうもろこしは，主要な生産地が内陸のミシシッピ川流域に集中しており，輸出用のとうもろこしを，ミシシッピ川を利用して，運搬船で輸出港まで効率よく運ぶことができるから。

第二問　1 ア　2 エ　3 (1) ウ　(2) イ　4 (例)武家諸法度
5 (例)郵便物として運ばれる新聞・雑誌の数が増えたことで，掲載されたさまざまな情報や人々の意見を広く伝える役割を果たした。

第三問　1 イ　2 ウ　3 イ　4 エ　5 (1) ア　(2) (例)工業団地の増設によって就業場所を増やしたり，子育て支援策を充実させたりすることで，暮らしやすさを高め，転入や定住を促すこと。

第四問　1 (1) イ　(2) ア　2 (1) ウ　(2) エ　3 (例)栽培漁業
4 (例)農家数の減少と自営農業従事者の高齢化が進むなか，広大な耕地で農業を営む北海道の農家が，自動運転やロボットなどの技術を導入することで，農作業の負担軽減や効率化を図ることができるから。

第五問　1 イ　2 ア→ウ→イ　3 (1) (例)ワイマール憲法　(2) イ
4 (1) エ　(2) (例)企業が制度や労働環境を整備することで，管理的職業従事者に占める女性の割合を増やしたり，女性が，希望に応じて昇格することや，家庭生活との両立を図りながら働くことを可能にしたりすること。

<社会解説>

第一問　(地理的分野－アメリカ州に関する問題)

1 (1) **アメリカは西半球に位置しているので**，経度は西経になることから，ア・イは誤りとなる。また，**東経140度の経線**が男鹿半島を通っており，**日本の真裏となる西経40度**は南アメリカ大陸の東側の大西洋に位置することから，ウは誤りとなる。これらを併せて判断すれば良い。
(2) 経線aの東側の内陸部には降水量が500mmを超える地域が広がっていることから，アは誤りである。**経線aの東側**に広がるのが**大西洋**，**西側**に広がるのが**太平洋**であることから，降水量1000mm以上の地域は大西洋沿岸部に広がっていることが分かることから，イは誤りである。経線aの東側の地域に降水量が1000mmを超える地域が広がっていることが読み取れることから，エは誤りである。

2 (1) メキシコの輸出額の81.3%，輸入額の46.5%を占めているのがアメリカであることが，資料Bから読み取れることから判断すれば良い。貿易赤字額は，カナダが130億ドル，アメリカが7350億ドル，メキシコが140億ドルであることから，アは誤りである。アメリカの輸入相手国1位は，アジア州に位置する中国であることから，イは誤りである。カナダの輸出相手国3位であり，アメリカの輸出相手国5位であるイギリスと，メキシコの輸出相手国4位であるドイツはヨーロッパ州の国であることから，エは誤りである。　(2) X・Yは1位がアメリカであることから小麦・とうもろこしのいずれかであるが，金額が大きいYが家畜の飼料として輸入されているとうもろこしであると分かる。また，カナダが1位であることからZは木材であることが分かる。

3 (1) **センターピボット**とは，乾燥地域で大規模に作物を栽培するために，**くみ上げた地下水に肥料を加えた後，自走式の散水管を利用するかんがい方法**のことで，**アメリカのグレートプレ**

ーンズなどで行われている。**パンパとは，アルゼンチン中部・ウルグアイ全域・ブラジル南部のラプラタ川流域に広がる草原地帯**であることから，アは誤りである。**プランテーションとは，熱帯・亜熱帯地域の広大な農地に大量の資本を投下して価値の高い単一作物を大量に栽培する農法**であることから，ウは誤りである。羊の飼育頭数が多い国は，中国・オーストラリア・インドが上位3か国であり，アメリカは10位以内には入っていないことから，エは誤りである。
(2) 資料Dから，とうもろこしの輸出港の59%がミシシッピ川の河口にあることが読み取れる。資料Eから，とうもろこしの輸出の55%が運搬船を利用していることが読み取れる。資料Fから，とうもろこしの生産量が多い地域はミシシッピ川の流域に集中していることが読み取れる。これらを併せて説明すれば良い。

第二問 (歴史的分野－古代から近世までの日本の交通・通信に関する問題)

1 **701年に制定された大宝律令に，全国を国・郡・里に分けて治める**とあることから判断すれば良い。イは鎌倉時代，ウは室町時代，エは明治時代のことである。

2 **朝廷や西国を監視**するために，**1221年に京都に設置**された役所である。アは室町幕府の将軍の補佐役，イは律令制度下で軍事・外交を担当した九州にある役所である。ウは江戸幕府で朝廷の監視・京都の治安を担当した役所である。

3 (1) **倭寇と区別する**ための**合札である勘合**を使って，**明との貿易**を1404年に始めたのは，**室町幕府3代将軍足利義満**であることから判断すれば良い。アは奈良時代，イ・エは江戸時代のことである。(2) 能の幕間に行われた，こっけいなやりとりを題材とした劇である。ア・ウ・エは江戸時代に発展したものである。

4 江戸幕府2代将軍徳川秀忠から，8代将軍徳川吉宗の時代まで，改訂が繰り返し行われたきまりである。**江戸幕府3代将軍徳川家光が参勤交代を加えたものが，代表例**である。

5 資料Aから，郵便物として扱われた新聞・雑誌の数が，明治時代後半にかけて大きく増えたことが読み取れる。資料Bから，新聞・雑誌には様々な情報が取り上げられていることが読み取れる。これらを併せて説明すれば良い。

第三問 (公民的分野－地方自治のしくみと課題に関する問題)

1 地方自治法第74条第1項に，条例の改廃に関する直接請求の規定があることから判断すれば良い。アは**日本国憲法第40条**に基づくもの，ウは監査委員に対して行う直接請求の内容，エは**日本国憲法第96条**の内容である。

2 a 地方自治法第17条に，選挙人が投票により選挙すると規定されていることから判断すれば良い。 b 地方自治法第178条の規定から判断すれば良い。

3 **日本国憲法第21条**に規定された，表現の自由の内容の一つであり，自己実現には重要な手段となっているものである。

4 財政格差を減らす目的とあることから，**使途が自由である地方交付税交付金**を選べば良い。アは，借入金，イは自主財源，エは使途限定の財源である。

5 (1) 2007年に設置された地方分権改革推進委員会の勧告に基づき，2011年に成立した法律である。イは消費者保護，ウは社会保障制度，エは課税制度に関するものである。 (2) 資料Bから，東根市の総人口が増加していることが読み取れる。資料Cから，工業団地の増設により働く場をつくり，子育て支援の諸施策の実施を進めていることが読み取れる。これらを併せて説明すれば良い。

第四問 （地理的分野－北海道地方の産業を切り口にした問題）

1 (1) ラムサール条約に登録されている釧路湿原が広がっていることから判断すれば良い。アは上川盆地周辺，ウは西部の俱知安周辺，エは知床半島以北のオホーツク海沿岸部である。
(2) a 1858年に締結された日米修好通商条約では，函館・横浜・新潟・神戸・長崎が開港されたことから判断すれば良い。ポーツマス条約は，1905年に締結された日露戦争の講和条約である。　b 函館の五稜郭で戦いがあったのは，新政府軍と旧幕府軍が戦った，1868年の戊辰戦争である。西南戦争は西郷隆盛が士族を率いて，鹿児島で新政府軍と戦った士族の反乱である。

2 (1) 1960年代の日本は高度経済成長期の真っただ中であり，それを支えたものが，エネルギーの中心が石炭から石油になったエネルギー革命であることから判断すれば良い。アは1990年代初め，イは1950年代，エは1970年代のことである。　(2) 札幌市の人口が増えていることと，北海道全体の人口に占める札幌市の人口の割合が同時に読み取れるグラフを選べば良い。ア・イ・ウはいずれも，同時に2つのデータを読み取ることができないことが分かるはずである。

3 サケのように，生まれた川に戻ってくる性質を持つ遡河性魚類の特性を活かした漁業である。

4 資料Cから農業従事者に占める65歳以上の割合が増加していることが読み取れる。資料Dから，北海道の農家の経営耕地面積が全国平均よりはるかに広いことが読み取れる。資料Eから，スマート農業による効率化・省力化の効果が読み取れる。これらを併せて説明すれば良い。

第五問 （総合問題－日本における労働環境を切り口にした問題）

1 19世紀は1801年から1900年までの100年間であることから判断すれば良い。足尾銅山鉱毒事件は1880年代以降，社会問題化していった日本の公害の原点と呼ばれる出来事である。アは江戸時代，ウは1918年，エは1970年代以降のことである。

2 アは1917年，イは1929年，ウは1920年のことである。

3 (1) 1919年に制定された，特に義務教育と雇用面での社会保障を目指す内容である点が画期的な憲法である。　(2) 労働三権が，労働組合の結成を認める団結権，経営者との団体交渉を認める団体交渉権，ストライキなどの争議行為を認める団体行動権であることから判断すれば良い。エは，日本国憲法第27条の内容である。

4 (1) 企業の事業主が，募集・採用・昇進・福利厚生・定年・退職・解雇などにあたり，性別を理由にした差別を禁止することを定めた法律である。これによって，看護婦が看護師に，スチュワーデスが客室乗務員に名称変更されることとなった。アは，1945年に制定された労働組合の結成に関する法律で，労働基準法・労働関係調整法と併せて労働三法と呼ばれるものである。イは，男女平等を推進するために1999年に施行された法律である。ウは，子供の教育・家族の介護を容易にするために，勤務時間などに関して事業主が措置を講ずることを定めた内容で，1991年に制定されたものである。　(2) 資料Bから，管理的職業従事者に占める女性の割合が著しく低いことが読み取れる。資料Cから，女性活躍推進法で管理的職業従事者に占める女性の割合を，数値目標として企業は設定しなくてはならないことが読み取れる。資料Dから，女性の活躍のための企業の取り組みの具体例が読み取れる。これらを併せて説明すれば良い。

＜国語解答＞

第一問　問一　①　か　②　たの　③　とうしゅう　④　浴　⑤　旅路　⑥　責務
問二　①　イ　②　エ　問三　エ　問四　(一)　イ　(二)　ウ　(三)　ア

（四）　ウ　　（五）（例）芝桜を植える利点を，簡潔で分かりやすく示すことができるから。

第二問　問一　ア　　問二　（一）　勝つか負けるかで色分け　　（二）（例）積み重ねた経験値
問三　（例）輝ける可能性がある　　問四　エ　　問五　（例）オリンピック後も，スポーツの魅力を発信し，誰かの心を揺さぶることができるように頑張り続けることを決心したから。

第三問　問一　イ　　問二　（例）スマホやケータイを介したコミュニケーションの問題点。
問三　A　困難や障壁　　B　他者とはつながれない　　問四　（例）思いを伝える難しさを実感しながらも，時間やエネルギーをかけ，言葉をつくして他者とつながろうとする営みのこと。　問五　（例）ウ

第四問　問一　つかいて　　問二　（一）（例）磨きあげて　　（二）ア　　問三　イ

第五問　（例）　私はAさんの意見に注目した。敬語は相手を大切に思う気持ちから生まれるものだという意見に同感だ。堅苦しさにより，相手を遠く感じるという人もいるかもしれないが，適切な距離感というのが大事なのではないだろうか。敬語は日本の文化だ。共に過ごす人と適切なほどよい距離を保つことは礼儀でもある。相手を敬い，良好な関係を築くためには敬語は欠かせないことだと考えている。

<国語解説>

第一問　（会話・議論・発表―内容吟味，漢字の読み書き，熟語，ことわざ・慣用句，品詞・用法）

問一　①　やりとりすること。　②「頼」は，訓読みが「たの・む」，音読みが「ライ」。　③　それまでの方針（やりかた）を変更しないで受け継ぐこと。　④「浴」は，訓読みの際の送り仮名に注意したい。　⑤「旅」の雅語的表現。　⑥　責任と義務。義務を果たすべき責任。

問二　①「規制」は制限すること。　②「意向」はどうするつもりかについての，個人や当局の考え。

問三「舌が回る」は，うまくしゃべること。「舌先三寸」は，巧みな弁舌でその場しのぎでとりつくろったり，事実を偽ったりすること。「舌の根の乾かぬうち」は，そう言ったばかりのこと。

問四　（一）　文末の「〜たい」に呼応させるために「ぜひ」を補う。（二）「イッチ」という音では適切な漢字を連想しにくいので，「一致団結」という例を用いて理解を促している。
（三）「芝桜」の提案に対して，**どのような反対意見が挙がるかを想定し，それに対応する**ように提案している発言だ。　（四）　提案の中心は“芝桜”だ。**提案の理由を丁寧に説明することで共感を得よう**と考えているのだから，ここに多くの時間を割り当てるのが適切である。　（五）　三つの資料を見比べると，アは非常に簡潔で見やすいことがわかる。内容に大差はないので，**提示資料には簡潔さと見やすさを優先させた**ことが読み取れよう。

第二問　（小説―主題・表題，情景・心情，内容吟味，文脈把握，脱文・脱語補充）

問一　傍線①の前に「むき出しの向上心に，畏怖や憧憬を持たずにいられない。」とある。**ひたすらに前進しようとする姿に，人は無条件に心を動かされる**。これが人間の性であり，DNAにすり込まれていると表現したのだ。

問二　（一）　A　には，過去の明日香の考え方が入る。傍線②の次段落で，それまでの明日香は**スポーツの世界を「一事が万事，勝つか負けるかで色分けされ華やかな勝利の陰で脱落していく人が大勢いる」ところだ**と捉えていたことがわかる。ここから指定字数で抜き出せる。

(二)　B　には，変化したあとの明日香の考えが入る。それは「けれどプロ野球の」で始まる段落に書かれている。「**勝っても負けても経験値を積んでいるのだ。いつかどこかでそれが生かされる。**」とあり，ここを用いてまとめることができよう。

問三　光の粒が自分にもあると考えるなら，**自分も輝くことができる**ということだ。従って，輝けるチャンス，輝ける可能性などという語句を補えよう。

問四　美濃部選手のコーチが「とても嬉しい」と言う姿に，石渡さんを重ねている。**コーチが「教え子の素晴らしい泳ぎを見たとき」に言ったように，石渡さんは明日香の成長ぶりに喜びを感じていた**ことが読み取れる。

問五　傍線⑤「道が先の先」とあるが，これはオリンピックという目標の先の先までということだ。**オリンピックが終わってもなお続く道**と考える。そして，それほど先まで続いているものは，**記者として「誰かの心を揺さぶること」のできるような記事を書きたいという強い思い**である。この明日香の強い決心を挙げて，道が続く理由をまとめよう。

第三問　（論説文―大意・要旨，内容吟味，文脈把握，脱文・脱語補充）

問一　傍線①の直後に「相手が下すであろう自分への評価……を先取りして不安にかられ」とあり，相手が抱く自分の評価を想像して不安になるのだ。しかも**「先取り」なので，勝手に想像し**ていることもおさえておきたい。

問二　「それ」とは，直前の「問題」を指している。大きくとらえると，「他者に対する自己提示や自己の印象操作」というふだんから自然に人が行なっている営みにおける問題を指す。しかし，この本文では，**即レスを繰り返しがちになる「スマホやケータイを介したコミュニケーション」が持つ問題**を挙げて論じていくので，ここに絞ってまとめればよい。

問三　筆者の考えは「これはけっして」で始まる段落にまとめられ，自己提示や他者理解の営みは**「さまざまな困難や障壁，長い時間や多様なエネルギーがかかるものであり，私たちはスマホの“速度”に見合うように他者とはつながれないという事実を確認したい**」とある。ここから抜き出せる。

問四　傍線④「大切な“無駄”」は，ケータイではなく手紙を書く時には失われない，という視点から，「大切な“無駄”」の内容を導き出そう。手紙を書いているとき，**自分の思いを言葉で表現することや他者理解の難しさ**を感じるということが書かれていた。**人は，その難しさを実感しつつも，「なんとか言葉を駆使して自分の想いを相手に伝えようと，さらに奮起し，書くことにエネルギーを投入する」**のである。これが「大切な“無駄”」の内容だ。

問五　筆者が提案した認識は「ミステリアスでよくわからない存在としての他者と，それだけでは簡単につながることなどできはしないツールとしてのスマホ」であり，ここで**スマホの万能性を否定**していることがおさえられる。さらに筆者は本文で，自己提示(自分の思い)や他者理解においては**利便性のあるツールではない方法(手紙)の奥深さや大切さ**を示している。これをふまえて選択肢を選ぼう。アはスマホを「他者との関係を阻害するもの」とする点，イは「つながる機会を数多く持」つとする点が不適切。エのように，スマホは必要不可欠の道具と認識されているとは思っていないし，手紙や電話の方が便利だとも述べていない。

第四問　（古文―大意・要旨，文脈把握，脱文・脱語補充，仮名遣い）

【現代語訳】　そもそも，細工をする人は，まず斧で打った木を重ねて，手斧打ちをして，次に鉋をかけて，表面を磨く際にも，粗目に磨くためにさめ木賊を使った後に，椋の葉で磨くのです。連歌の基本もまた同様です。おおざっぱに言葉をつなげてはいけません。どのようにも上の言葉と下の言葉を置き換え置き換えし，それから，荒々しい言葉などを，柔らかい言葉に取替え取替えし，できるだけよくなるようにこだわるべきです。現代の連歌愛好家が，荒々しくて耳に馴染まない言葉などを珍しそうな顔つきで歌につけて来るのは，(細工で言えば)斧うちのままで置いてあるのと同じです。

問一　語中・語尾の「は・ひ・ふ・へ・ほ」は「ワ・イ・ウ・エ・オ」に直す。

問二　(一)　A　に該当する古文は「上を磨く」であるから，「磨き上げる」などを文脈に合うようにして補えばよい。　(二)　言葉を置き換えたり取り替えたりする目的は，歌をよりよいものにするためだ。**歌にふさわしい言葉かどうかを吟味している**のである。筆者が目新しいものを取り入れる現代愛好家に対しては否定的な態度をとっていることに注意したい。

問三 「斧うちのまま」では，細工の基本が完成しない。そのあと鉋や磨きという手間のかかる工程を経る必要があるのだ。ここに，**よいものをつくるためには，手間を惜しまず基本に忠実であることの大切さ**が示されている。

第五問 (作文)

三人はそれぞれ，**敬語・若者言葉・外来語の乱用というテーマ**を挙げている。どのテーマに国語の乱れを感じるかを考え，取り上げる意見を決めよう。決まったら，その意見に対しての考えをまとめる。賛成か反対か，もしくは同感か疑問を覚えたか，といったあなたの考えを示すのだ。反対意見でも構わない。いずれもあなたの考えであるからだ。そして，どうしてそう考えたのかという理由を示す。この理由を明確に説明することで，提示された条件を含めた作文が書けるはずだ。字数は二百字とされ，決して多くはないので，言葉を選び，簡潔にまとめるようにしよう。

MEMO

大切なことはメモしておこうネ！

宮城県公立高等学校

2020年度

入試問題

2020年度

●くわしい解説……39ページ

＜数学＞

時間 50分 満点 100点

第一問 次の1～8の問いに答えなさい。

1 $7-12$ を計算しなさい。

2 $-\frac{9}{10} \div \frac{5}{4}$ を計算しなさい。

3 $3(4x+y)+2(-6x+1)$ を計算しなさい。

4 $6a^2b \times 2b \div 3ab$ を計算しなさい。

5 $\sqrt{32}-\sqrt{18}+\sqrt{2}$ を計算しなさい。

6 2次方程式 $x^2-5x-24=0$ を解きなさい。

7 a を負の数とするとき，正の数であるものを，次の**ア～オ**から**すべて**選び，記号で答えなさい。

ア $2a$ **イ** $-a^2$ **ウ** $(-a)^2$ **エ** $-\sqrt{a^2}$ **オ** $\sqrt{a^2}$

8 下の図のような，半径4㎝，中心角90°のおうぎ形ABCがあります。線分ACをCの方に延長した直線上に∠ADB＝30°となる点Dをとり，線分BDと$\overset{\frown}{BC}$との交点のうち，B以外の点をEとします。$\overset{\frown}{CE}$と線分ED，DCとで囲まれた斜線部分の面積を求めなさい。ただし，円周率をπとします。

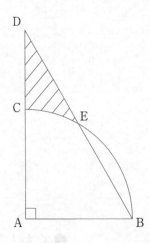

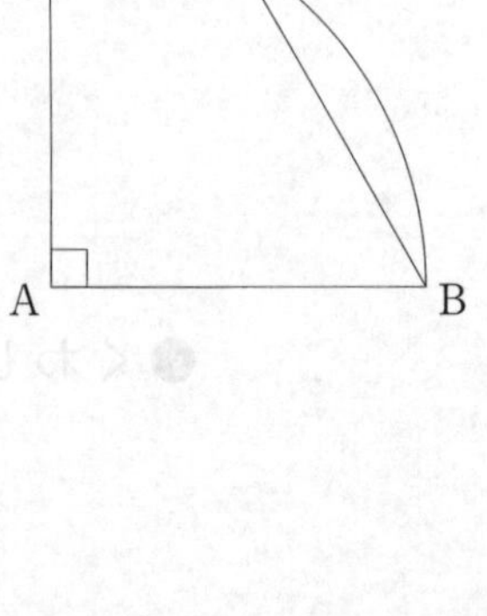

第二問　次の1～4の問いに答えなさい。

1　Aさん，Bさん，Cさんの3人の年齢について考えます。現在，AさんはBさんより4歳年上で，AさんとBさんの年齢を合わせて2倍すると，Cさんの年齢と等しくなります。18年後には，3人とも年齢を重ね，AさんとBさんの年齢を合わせると，Cさんの年齢と等しくなります。

次の(1)，(2)の問いに答えなさい。

(1)　Aさんの現在の年齢をx歳とするとき，Bさんの現在の年齢をxを使った式で表しなさい。

(2)　現在，CさんはAさんより何歳年上ですか。

2　下の図のような，A，B，ABの文字が書かれた3枚のカードがあります。この3枚のカードをよくきって1枚取り出し，書かれている文字を確認してからもとにもどします。

あとの(1)，(2)の問いに答えなさい。

A　　B　　AB

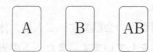

(1)　この作業を3回行うとき，カードの取り出し方は，全部で何通りあるか求めなさい。

(2)　この作業を3回行い，書かれている文字を確認し，1回目，2回目，3回目の順にその文字を記録します。たとえば，1回目にA，2回目にAB，3回目にAの文字が書かれたカードを取り出したときは，AABAと記録します。このとき，記録した文字列に同じアルファベットが2つ以上続いている確率を求めなさい。

3　下の図のように，関数$y=-\frac{3}{4}x^2$のグラフ上にx座標が2である点Aをとります。また，点Aを通り，傾きが-1の直線をℓとします。

次の(1)，(2)の問いに答えなさい。

(1)　直線ℓの式を求めなさい。

(2)　グラフが直線ℓとなる1次関数について，xの変域が$a \leqq x \leqq 2$のとき，yの変域は$-3 \leqq y \leqq 2$になりました。xの変域が，$a \leqq x \leqq 2$のとき，関数$y=-\frac{3}{4}x^2$のyの変域を求めなさい。

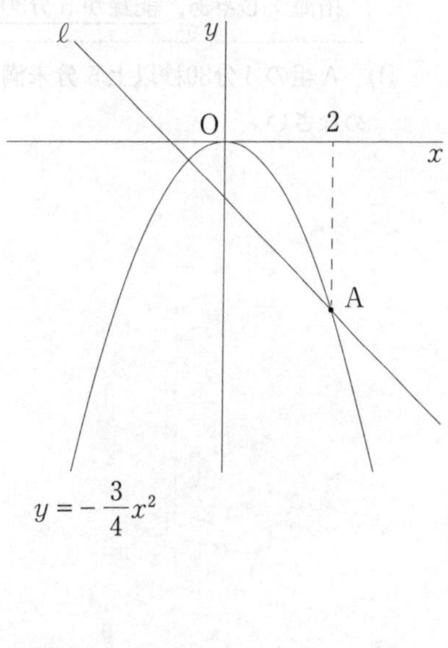

4　下の図のような，円錐《すい》Pと円柱Qがあります。円錐Pの底面の半径は5㎝で，高さは6㎝です。次の(1)，(2)の問いに答えなさい。ただし，円周率をπとします。

(1)　円錐Pの体積を求めなさい。

(2)　円錐Pと円柱Qの，底面の面積の比が9：16で，高さの比が3：8のとき，円錐Pと円柱Qの体積の比を求めなさい。

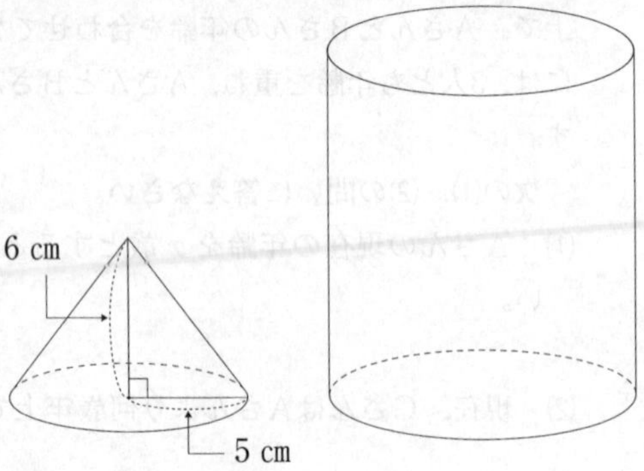

円錐P　　　　　円柱Q

第三問　拓海さんと翼さんの学校では，来週，マラソン大会が行われます。

次の1，2の問いに答えなさい。

1　下の［　　］は，拓海さんと翼さんの会話です。二人は，体育の授業で計測したA組とB組の男子1500m走の記録をもとに話をしています。また，下の表は，A組とB組の男子1500m走の記録を度数分布表に整理したものです。

あとの(1)，(2)の問いに答えなさい。

拓海：もうすぐマラソン大会だね。A組とB組ではどちらの組に速い人が多いと言えるのかな。
翼　：度数分布表を見ると，5分未満の記録を持つ人は，B組の方が多いよね。
拓海：でも，男子の人数がそれぞれの組で違うから，人数で比べるよりも相対度数で比べたらどうかな。
翼　：なるほど。計算してみようか。でも，4分30秒以上5分未満の階級の相対度数は同じ値だね。
拓海：じゃあ，記録が5分30秒未満の人の割合で比較してみようかな。

(1)　A組の4分30秒以上5分未満の階級の相対度数を求めなさい。

階級（分）	度数（人）	
	A組 男子	B組 男子
以上　未満		
4.5 ～ 5.0	4	5
5.0 ～ 5.5	3	3
5.5 ～ 6.0	3	5
6.0 ～ 6.5	2	3
6.5 ～ 7.0	3	2
7.0 ～ 7.5	3	4
7.5 ～ 8.0	2	3
合計	20	25

⑵　拓海さんは，下線部の考え方でA組とB組を比較し，A組に速い人が多いと判断しました。拓海さんがそのように判断した理由を，根拠となる数値を用いて説明しなさい。

2　拓海さんは，マラソン大会での目標タイムを考えることにしました。図Ⅰは，マラソン大会のコース図です。コースの全長は4.8㎞で，矢印で示された経路を１周します。スタート地点とゴール地点は学校です。図書館前の交差点にチェックポイントがあります。学校から市民センターまでは1.4㎞，交番から郵便局までは400m，公園から学校までは900mの距離があります。ただし，コースの曲がり角は，すべて直角であるものとします。

次の⑴，⑵の問いに答えなさい。

⑴　市民センターからチェックポイントまでの距離は何mですか。

図Ⅰ

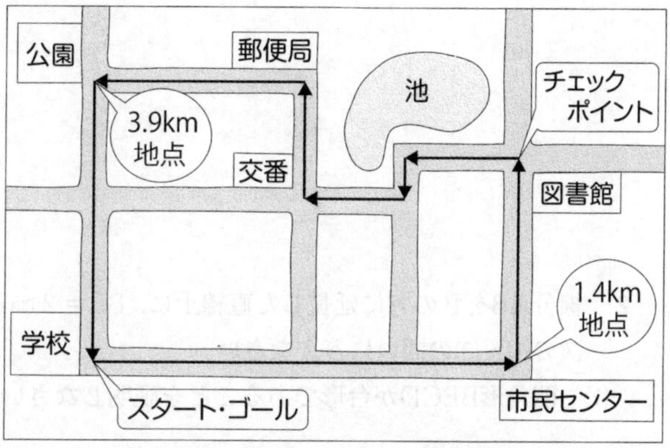

⑵　拓海さんは，学校をスタートしてゴールするまでの目標タイムを，ちょうど24分として，マラソンコースを完走する計画を立てました。学校からチェックポイントまでは，1500mを６分で走る一定の速さで走ることにしました。

次の㈠，㈡の問いに答えなさい。

㈠　拓海さんが学校をスタートしてからチェックポイントに着くまでの，拓海さんが走る距離と時間との関係を表すグラフを，**解答用紙の図**にかき入れなさい。

㈡　拓海さんは，チェックポイントからは1000mを６分で走る一定の速さにペースを落とし，ある地点からは1000mを３分30秒で走る一定の速さにペースをあげてゴールまで走り続け，目標タイムを達成することにしました。この計画で，拓海さんは走るペースをあげる地点をゴールまで残り何mの地点にしたでしょうか。

なお，図Ⅱを利用してもかまいません。

図Ⅱ

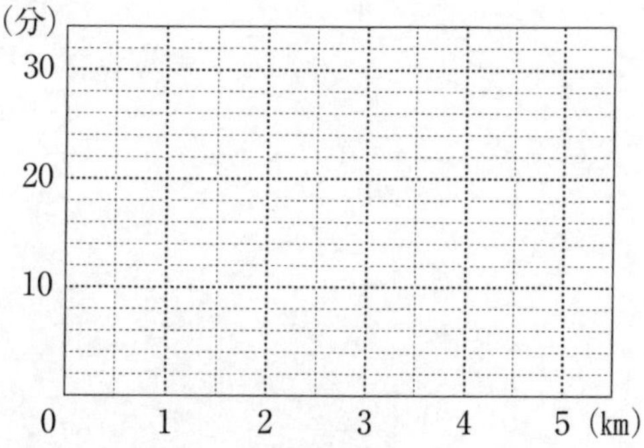

第四問 ∠Aと∠Cが鋭角である△ABCがあります。下の図のように，辺ABを直径とする円と辺ACとの交点をDとし，点Bと点Dを結びます。

AB＝4㎝，AD＝3㎝，AD＝2DCのとき，次の1，2の問いに答えなさい。

1 線分BDの長さを求めなさい。

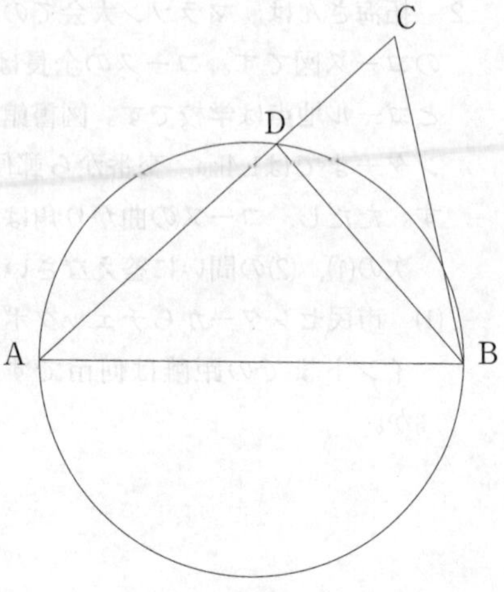

2 線分ABをBの方に延長した直線上に，BE＝2㎝となる点Eをとり，点Cと点Eを結びます。次の(1)～(3)の問いに答えなさい。

(1) 四角形BECDが台形であることを証明しなさい。

(2) 点Dと点Eを結びます。△AEDの面積を求めなさい。

(3) 線分BCと線分DEとの交点をFとし，点Aと点Fを結びます。線分AFの長さを求めなさい。

＜英語＞

時間　50分　満点　100点

第一問

（放送によるテスト）次の問題１から問題４に答えなさい。

問題１　二人の会話を聞いて，そのあとの質問に対する答えとして，最も ふさわしい絵を，それぞれア，イ，ウ，エの中から１つ選んで，その記号を解答用紙に書きなさい。

１番

ア

イ

ウ

エ

２番

ア

イ

ウ

エ

問題２　由香（Yuka）とクリス（Chris）が会話をします。二人の会話は，問題用紙に示されている順に進みます。□ に入る発言として最も適切なものを，それぞれア，イ，ウ，エの中から１つ選んで，その記号を解答用紙に書きなさい。放送される会話の □ のところでは，チャイム音が鳴ります。

１番　*Yuka:*　……………

Chris:　……………

Yuka:　……………

Chris:　（チャイム音）

ア　I'm glad you ate everything.

イ　Please set the table, thank you.

ウ　Oh, would you like some more?

エ　My mom taught me how, thanks.

２番　*Yuka:*　……………

Chris:　……………

Yuka:　……………

Chris:　（チャイム音）

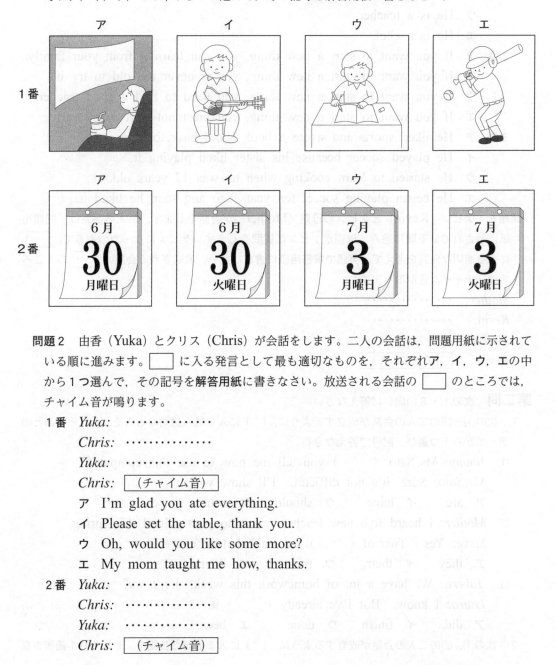

ア I made it for you.　　イ Here's your change.

ウ That's a nice choice.　　エ I don't need T-shirts.

問題３ 高校生の真奈が，講演のため来校したグリーンさんにインタビューをします。そのあとでインタビューの内容について３つの質問をします。それらの質問に対する答えとして最も適切なものを，それぞれア，イ，ウ，エの中から１つ選んで，その記号を**解答用紙**に書きなさい。

１番 ア He is a soccer player.

イ He is a basketball player.

ウ He is a teacher.

エ He is a chef.

２番 ア If you want to start a new thing, you can learn it from your family.

イ If you want to start a new thing, you're never too old to try it.

ウ If you want to start a new thing, you need to find a good teacher.

エ If you want to start a new thing, you must not start it too early.

３番 ア He liked sports and wrote a book about basketball.

イ He played soccer because his sister liked playing it.

ウ He started to learn cooking when he was 17 years old.

エ He began playing soccer ten years ago and soon he liked it.

問題４ ケビン（Kevin）とケビンの母親（Mother）が会話をします。二人の会話は，問題用紙に示されている順に進み，母親がケビンに質問をします。ケビンになったつもりで，□に入る適切な発言を考えて，**英語で解答用紙**に書きなさい。放送される会話の□のところでは，チャイム音が鳴ります。

Mother: ……………

Kevin: ……………

Mother: ……………

Kevin: [（チャイム音）]

第二問 次の１～３の問いに答えなさい。

1 次の(1)～(3)の二人の会話が成立するように，（ ）に入る最も適切なものを，それぞれあとのア～エから１つ選び，記号で答えなさい。

(1) *Jimmy:* Ms. Sato, (　　) you tell me how to use this computer?

Ms. Sato: Sure, it's not difficult. I'll show you.

ア are　イ have　ウ should　エ could

(2) *Mother:* I heard five new teachers came to your school this spring.

Steve: Yes. Two of (　　) are English teachers.

ア they　イ their　ウ them　エ theirs

(3) *Takeru:* We have a lot of homework this week, don't we?

Laura: I know. But I've already (　　) it.

ア did　イ finish　ウ done　エ been

2 次の(1)，(2)の二人の会話が成立するように，（ ）に入る適切な**英語**を，それぞれ１語書きなさい。ただし，答えはすべて（ ）内に示された文字で書き始めなさい。

(1) *Daiki:* Do you know that our ALT will leave our school in August?

Kelly: Yes, I do. I (f) sad when I heard the news yesterday.

(2) *Misaki:* My father is visiting New York. What time is it now in New York, Mr. Jones?

Mr. Jones: The time difference (b) Tokyo and New York is fourteen hours. So, it's 2:00 a.m. there.

3 次の(1)，(2)の二人の会話が成立するように，（ ）内のア～オの語句を正しい順に並べかえ，記号で答えなさい。ただし，文頭にくる語も小文字で示しています。

(1) *Ayaka:* This is (ア to イ I ウ the bag エ buy オ want) for the trip. What do you think?

Jack: It looks nice. You should buy it.

(2) *Tomoko:* (ア did イ what ウ enjoy エ school event オ you) the most this year?

Bill: I enjoyed the chorus contest.

第三問 次の英文は，中学3年生の太郎（Taro）が，英語の授業でスピーチをしたときのものです。この英文を読んで，あとの1～4の問いに答えなさい。

I'm in the robot club. When I was in the first and the second grade, I joined a robot contest. Many teams made great robots and our team couldn't win a prize in those two years.

This year was the last chance for me to join the contest, so I worked really hard. However, my teammates did not. I asked them to try harder, but one teammate said, "Taro, I think other teams can make better robots than our team. So, I don't think we can win." When I heard that, I became sad. But when I got back home, I remembered my favorite book.

The book was written by a man. This man ran a small company and was trying to make a rocket. Making a rocket was difficult for a small company and many people thought it was impossible. But he didn't give up and finally made it. He said in the book, "To have a dream is to have a strong will. If you have the will in your heart, you can keep working hard and you won't give up easily. My dream came true in this way." I thought this was a great message. I open the book when I have difficult problems. And this message always helps me.

The next day, I showed the book to my teammates and told them about the message. I said that we should work hard to make our robot better. A few days later, they came to me and said, "Taro, we read the book. That message and your strong will changed our way of thinking. Let's do our best!"

We began working hard together. Making a great robot was very hard, but we did everything we could. Four months later, the day of the contest came. Our team didn't win first prize, but we won second prize for the first time! "Taro, we did it!" My teammates were crying. Even in such a hard time, we didn't lose our strong will. We all learned a very important lesson.

＜注＞ robot(s) ロボット　grade 学年　teammate(s) チームメート
ran ～← run ～　～を経営する　rocket ロケット　impossible 不可能な
give up あきらめる　will 意志　lesson 教訓

1 下線部のようにチームメートが言ったのはなぜか，本文の内容から具体的に**日本語**で書きなさい。

2 次の質問に対する答えを，本文の内容に合うように**英語**で書きなさい。

When does Taro open his favorite book?

3 次のア～オを太郎のスピーチの流れに合うように並べかえ，記号で答えなさい。

ア Taro's teammates didn't work as hard as Taro.
イ Everyone in Taro's team did their best to make a great robot.
ウ Taro joined the contest but he didn't win a prize.
エ Taro became sad and remembered his favorite book.
オ Taro's teammates read the book and they started working together.

4 次の英文は，太郎のスピーチを聞いたクラスメートが書いた感想文です。本文の内容をふまえて，[　　]に入る最も適切な**ひとつづきの英語4語**を，本文中から抜き出して書きなさい。

> Taro's speech was wonderful. From the book and the experience, Taro and his teammates learned that it's very important to [　　] if they have a dream. When I have a difficult time, I want to keep this in my heart.

第四問

次の英文は，高校生の美紀（Miki）が，学校英語新聞に掲載するコラムとして書いたものです。この英文を読んで，あとの1～6の問いに答えなさい。なお，[1]～[5]は，段落の番号を表します。

[1] Have you ever heard of the words, "plastic rain?" I heard these words on a news program. On the news, I learned that some scientists found very small plastic pieces in rainwater. ①<u>They</u> were found in 90% of the rain the scientists checked. I was surprised to hear the news and became interested in such problems.

[2] Very small plastic pieces, such as plastic pieces in rainwater, are called "microplastics." They are produced from so many plastic products around us. For example, we often see plastic bottles or bags on a beach and in the sea. The light from the sun breaks down these plastic wastes into small pieces. Today, there are so many microplastics in the sea.

[3] Then, why are microplastics in the rain? They are not only in the sea. They are also in the air! For example, synthetic fibers used for our clothes are also plastic products and they become microplastics easily. This kind of microplastics is too small to see with our eyes. In the air, there are so many microplastics

coming from our clothes. They are carried by the wind and they fall on the ground with the rain or the snow all over the world. I heard ② microplastics were found even on the Rocky Mountains and in the Arctic.

[4] The size of microplastics is very small. However, they may produce big problems in the future. What will happen if fish in the sea keep eating microplastics? What will happen if we keep eating these fish? What will happen if we keep breathing in the air which has a lot of microplastics? I learned a lot about plastic pollution. I've been afraid of microplastics entering my body since then. Even scientists don't know how microplastics affect our health.

[5] Now I want to do something to stop plastic pollution. I think there are two things we can do. First, let's pick up plastic wastes on the streets. The waste on the streets often goes into the river and finally enters the sea. So, if you clean the streets around you, you can clean the sea at the same time. Second, please don' t use too many plastic products such as plastic bottles and bags. I bring my water bottle to school. I use my shopping bag at stores. You may think it's difficult to stop the pollution by doing these things. But if many people do them all together, we can make a difference. Why don' t you try these two things with me? Then we may be able to see a future without plastic rain.

＜注＞ scientist(s)　科学者　rainwater　雨水　microplastic(s)　マイクロプラスチック
product(s)　製品　beach　浜辺　break(s) down ～　～を壊す　waste(s)　ごみ
air　空気　synthetic fiber(s)　合成繊維　carried ← carry
the Rocky Mountains　ロッキー山脈　the Arctic　北極圏　breathing ← breathe　呼吸する
pollution　汚染　affect ～　～に影響する

1　下線部①が示す内容として最も適切なものを，次のア～エから１つ選び，記号で答えなさい。

ア these words　　イ very small plastic pieces

ウ some scientists　　エ the news

2　下線部②のようなことが起こる理由を，次の書き出しに続けて，本文の内容から具体的に日本語で書きなさい。

空気中のマイクロプラスチックが ＿＿＿＿＿＿＿＿＿＿＿＿＿＿＿＿

3　次の⑴，⑵の質問に対する答えを，本文の内容に合うように英語で書きなさい。

⑴ What breaks down the plastic wastes into small pieces?

⑵ What has Miki been afraid of since she knew about plastic pollution?

4　美紀がコラムの中で提案している２つのことの組み合わせとして最も適切なものを，次のア～エから１つ選び，記号で答えなさい。

ア We should pick up plastic wastes. ― We should check rainwater.

イ Don't eat too many fish. ― Don't use plastic products too much.

ウ We should pick up plastic wastes. ― Don't use plastic products too much.

エ Don't eat too many fish. ― We should check rainwater.

5 次の表は，各段落の主な話題についてまとめたものです。Ⓐ，Ⓑ のそれぞれに入る最も適切なものを，あとのア～オから１つずつ選び，記号で答えなさい。

段 落	主 な 話 題
1	Scientists found small plastic pieces in rainwater.
2	Ⓐ
3	Why do we find microplastics in the rain?
4	Ⓑ
5	What can we do for a better future?

ア Scientists study how microplastics affect our health.
イ Miki is worried about plastic problems becoming bigger.
ウ There are many useful plastic products all around us.
エ How can we rescue fish from microplastics in the sea?
オ What are microplastics and how are they made?

6 次の英文は，美紀と友人のダニエル（Daniel）の会話です。本文の内容をふまえて，あとの⑴，⑵の問いに答えなさい。

Daniel:	Miki, I read your story. It was really interesting.
Miki:	Thanks, Daniel. Have you ever thought that there are microplastics in the rain?
Daniel:	No! I was surprised to know that microplastics are (Ⓒ) all over the world. We have produced many useful plastic products, but they sometimes bring problems to (Ⓓ). I learned that from your story.
Miki:	I'm glad my story taught you more about plastic pollution.

⑴ （Ⓒ）に入る最も適切なものを，次のア～エから１つ選び，記号で答えなさい。

ア spreading　イ reporting　ウ producing　エ suffering

⑵ （Ⓓ）に入る最も適切なものを，次のア～エから１つ選び，記号で答えなさい。

ア recycling clothes　イ your story
ウ the environment　エ microplastics

第五問 高校生の文也（Fumiya）が駅前で，日本を初めて訪れた外国人の友人リック（Rick）と，ウェブサイトを見ながら次のページのような会話をしています。この英文を読んで，下の１，２の問いに答えなさい。

1 二人の会話が成立するように，本文中の ① に入る英語を１文書きなさい。

2 二人の会話が成立するように，本文中の ② に３文以上の英語を書きなさい。ただし，ウェブサイトの情報にふれながら書きなさい。

Rick: Let's have lunch now. I found these two restaurants on this website. Both restaurants look good. Fumiya, can you choose one from these two?

Fumiya: Sure, Rick.
[　　　①　　　]

Rick: OK! Why did you choose this one?

Fumiya: [　　　②　　　]

〔文也とリックが見ているウェブサイト〕

駅周辺のおすすめレストラン	Sushi Aoba 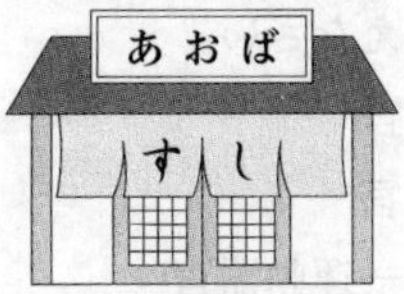	Restaurant Miyagi 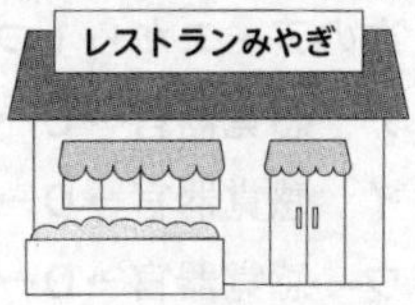
ランチ料金の目安	1,200円	600円
駅からの所要時間	徒歩３分	徒歩７分
座席数	20席	80席
今月の人気ランキング	第１位	第５位
おすすめポイント	新鮮でおいしい地元の海の幸！外国からのお客様には，ささやかなプレゼントがあります。	和食も洋食も種類が豊富！多くの学生でにぎわう，若者に人気のお店です。

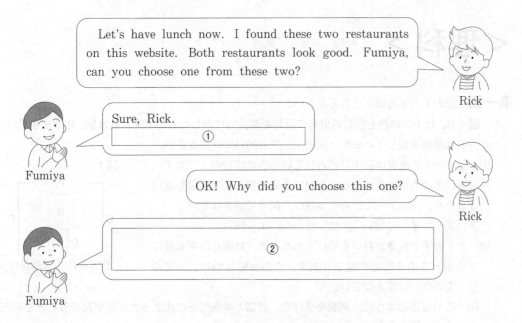

<理科> 時間 50分 満点 100点

第一問 次の１～４の問いに答えなさい。

1 図１は，ヒトの神経を伝わる信号の経路を模式的に表したものです。Ａは脳，Ｂはせきずい，Ｃ～Ｆは神経を表しています。次の(1)，(2)の問いに答えなさい。

図１

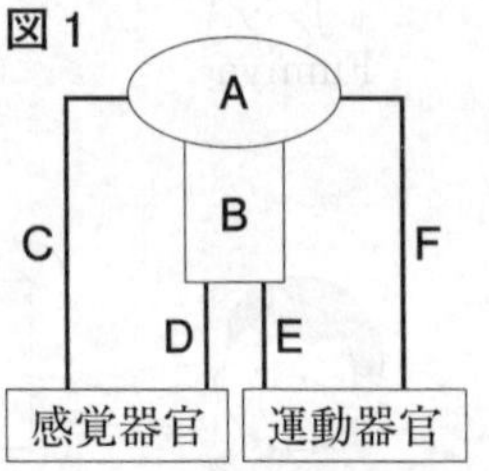

(1) ヒトの手の皮膚《ひふ》は図１に示されている感覚器官の１つです。ヒトの手の皮膚で受けとることができる刺激として，最も適切なものを，次のア～エから１つ選び，記号で答えなさい。

ア 光 イ におい ウ 圧力 エ 味

(2) ヒトの手の皮膚が熱いものにふれたとき，意識とは無関係に手を引っこめる反応が起こります。この反応について，次の①，②の問いに答えなさい。

① この反応のように，刺激を受けて，意識とは無関係に決まった反応が起こることを何というか，答えなさい。

② この反応が起こるまでの，信号が伝わる経路を表したものとして，最も適切なものを，次のア～エから１つ選び，記号で答えなさい。

ア 感覚器官→Ｃ→Ａ→Ｆ→運動器官

イ 感覚器官→Ｄ→Ｂ→Ｅ→運動器官

ウ 感覚器官→Ｄ→Ｂ→Ａ→Ｂ→Ｅ→運動器官

エ 感覚器官→Ｃ→Ａ→Ｂ→Ｅ→運動器官

2 気体の性質について調べた実験Ⅰについて，あとの(1)～(3)の問いに答えなさい。

［実験Ⅰ］

1 図２のように，試験管Ａにベーキングパウダーと食酢を入れて気体を発生させ，水を満たした試験管Ｂに，試験管１本分の気体を集めたところで，集めた気体をすてた。

図２

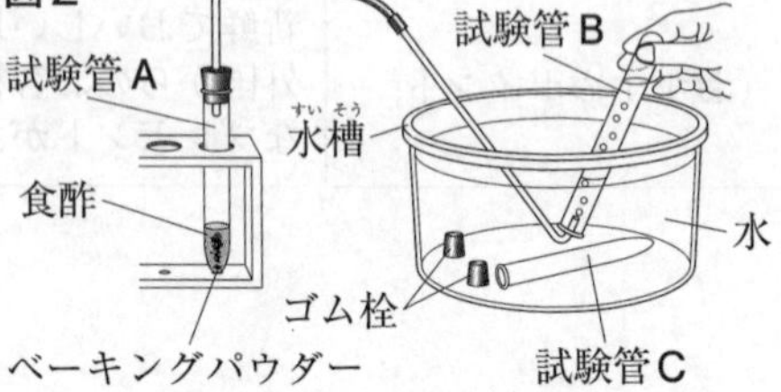

2 試験管Ｂと試験管Ｃに水を満たしてから，それぞれの試験管に，試験管Ａから発生した気体を集めた。

3 試験管Ｂに火のついた線香を入れたところ，線香の火は消えた。また，試験管Ｃに石灰水を入れてよくふったところ，石灰水は白くにごった。

(1) 1で，水を満たした試験管Ｂに気体を集める方法を何というか，答えなさい。

(2) 1で，下線部のように，集めた試験管１本分の気体をすてる理由を，簡潔に述べなさい。

(3) 2で発生した気体と同じ気体を発生させる方法として，最も適切なものを，次のア～エから１つ選び，記号で答えなさい。

ア 石灰石にうすい塩酸を加える。 イ 二酸化マンガンにうすい過酸化水素水を加える。

ウ 水にエタノールを加える。 エ 鉄にうすい塩酸を加える。

3　打ち上げ花火をビデオカメラで撮影し，音の速さを求めた**実験Ⅱ**について，あとの⑴～⑶の問いに答えなさい。

〔**実験Ⅱ**〕　録画した映像を再生したところ，ヒュルルという小さく高い音を出しながら上昇した花火が，光を出しながら開いたあとに，ドンという大きく低い音が聞こえた。花火が光を出しながら開いた瞬間からドンという大きく低い音が聞こえるまでの時間を，ストップウォッチで測定したところ，2.0秒だった。

⑴　下線部の音は，打ち上げ花火に付けられた笛の振動によるものです。この笛のように，振動して音を出すものを何というか，答えなさい。

⑵　**実験Ⅱ**で，下線部の音とドンという大きく低い音を比べたとき，ドンという大きく低い音について述べたものとして，最も適切なものを，次の**ア**～**エ**から１つ選び，記号で答えなさい。

ア　振幅が小さく，振動数が少ない。　　**イ**　振幅が小さく，振動数が多い。

ウ　振幅が大きく，振動数が少ない。　　**エ**　振幅が大きく，振動数が多い。

⑶　**実験Ⅱ**における撮影場所から，花火が光を出しながら開いたところまでの距離を690mとするとき，花火の音が伝わる速さは何m/sか，求めなさい。

4　次の**表**は，**図３**に示した宮城県沿岸部の観測地における，ある日の７時から19時までの，気温，天気，風向，風力を示したものです。あとの⑴～⑶の問いに答えなさい。

表

時刻	7時	9時	11時	13時	15時	17時	19時
気温（℃）	12.1	15.4	17.2	18.5	17.4	14.0	12.5
天気	晴れ	晴れ	晴れ	晴れ	晴れ	晴れ	晴れ
風向	西	西北西	東北東	東	東南東	西南西	西
風力	3	1	3	2	2	1	1

（「気象庁のホームページ」より作成）

図３

⑴　この日の11時に観測された，天気，風向，風力を表す天気図の記号を，**解答用紙の図**にかき入れなさい。

⑵　この日の観測地の風のようすを，**表**をもとに述べたものとして，最も適切なものを，次の**ア**～**エ**から１つ選び，記号で答えなさい。

ア　９時に海風が吹いていた。　　**イ**　７時と19時に海風が吹いていた。

ウ　13時に海風が吹いていた。　　**エ**　７時と比べて17時の方が強い風が吹いていた。

⑶　この日の観測地では，風向きが１日のうちで変化し，海風と陸風が入れかわりました。陸上から海上に向かって風が吹いた理由を述べたものとして，最も適切なものを，次の**ア**～**エ**から１つ選び，記号で答えなさい。

ア　海上で上昇気流が生じ，陸上の気圧より海上の気圧が低くなったから。

イ　海上で下降気流が生じ，陸上の気圧より海上の気圧が低くなったから。

ウ　陸上で上昇気流が生じ，陸上の気圧より海上の気圧が高くなったから。

エ　陸上で下降気流が生じ，陸上の気圧より海上の気圧が高くなったから。

第二問　水酸化ナトリウム水溶液に塩酸を混ぜ合わせたときの変化を調べた**実験**について，あとの１～５の問いに答えなさい。

〔実験〕

1　ビーカーにうすい水酸化ナトリウム水溶液を10㎤入れ，BTB溶液を２滴入れたところ，a溶液の色が青色になった。その後，溶液のpHを測定した。

2　図１のように，ビーカー内のうすい水酸化ナトリウム水溶液に，うすい塩酸を少しずつ加えながら，ガラス棒でよくかき混ぜ，b溶液の色が緑色になったところで，塩酸を加えるのをやめた。このときまでに加えた塩酸の体積は10㎤だった。その後，溶液のpHを測定した。

図１

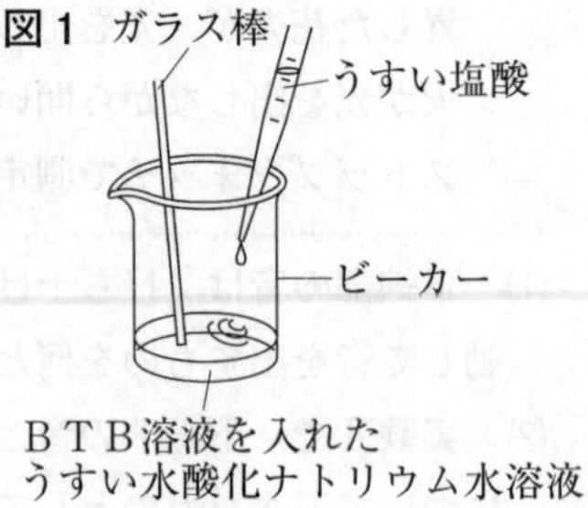

3　さらにうすい塩酸２㎤をビーカーに加えたところ，c溶液の色が黄色になった。その後，溶液のpHを測定した。

1　水酸化ナトリウム水溶液の性質を述べたものとして，最も適切なものを，次の**ア**～**エ**から１つ選び，記号で答えなさい。

ア　電気を通さない。　　**イ**　マグネシウムリボンを入れると，泡が出る。

ウ　青色リトマス紙を赤色に変える。　　**エ**　フェノールフタレイン溶液を赤色に変える。

2　下線部a～cについて，それぞれの溶液を比較したとき，pHの値の大きさの関係を，不等号を用いて表したものとして，正しいものを，次の**ア**～**エ**から１つ選び，記号で答えなさい。

ア　a＜b＜c　　**イ**　b＜c＜a　　**ウ**　c＜b＜a　　**エ**　a＜c＜b

3　水酸化ナトリウム水溶液に塩酸を加えたときのように，アルカリと酸のたがいの性質を打ち消し合う反応を何というか，答えなさい。

4　下線部bのときの溶液について述べた次の文の内容が正しくなるように，（①）に**物質名**を，（②），（③）に**イオン式**をそれぞれ入れなさい。

溶液の中には，水酸化ナトリウムと塩酸の反応により，（　①　）と塩《えん》ができるが，塩《えん》は電離し（　②　）と（　③　）として存在している。

5　図２は，**実験**における，ビーカー内の溶液中にふくまれるイオンの総数の変化を示したグラフです。図２のA点およびB点における溶液中のイオンの数について述べたものとして，最も適切なものを，次の**ア**～**エ**から１つ選び，記号で答えなさい。

ア　A点で最も多くふくまれるイオンは水酸化物イオンで，B点で最も多くふくまれるイオンは塩化物イオンである。

イ　A点で最も多くふくまれるイオンはナトリウムイオンで，B点で最も多くふくまれるイオンは塩化物イオンである。

ウ　A点で最も多くふくまれるイオンはナトリウムイオンで，B点で最も多くふくまれるイオンは水素イオンである。

エ　A点で最も多くふくまれるイオンは水酸化物イオンで，B点で最も多くふくまれるイオンは水素イオンである。

図２

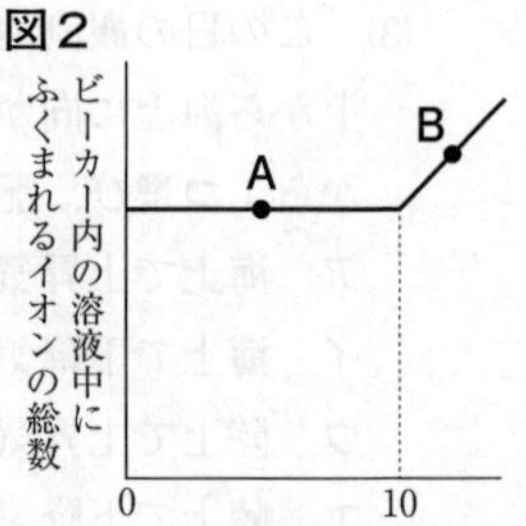

第三問　2018年１月25日の20時に，宮城県のある場所で月とオリオン座を観察しました。図１は，そのときのようすをスケッチしたものです。次の１～４の問いに答えなさい。

図１

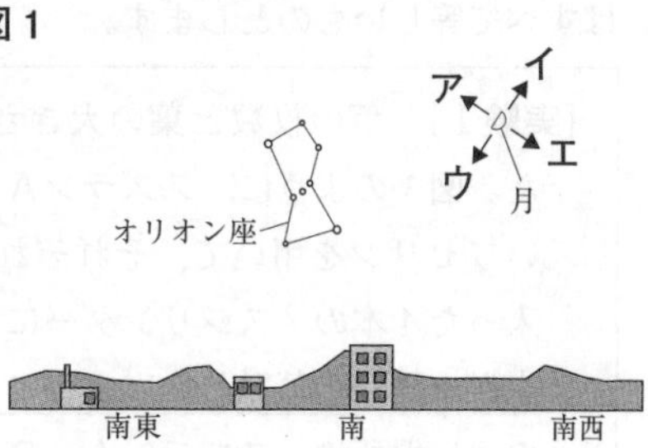

1　スケッチを終えた後で引き続き観察していると，月とオリオン座が動いていました。月が動いた向きを示す矢印として，最も適切なものを，図１の**ア**～**エ**から１つ選び，記号で答えなさい。

2　月のように，惑星のまわりを公転する天体を何というか，答えなさい。

3　2018年１月25日から６日後の2018年１月31日の20時に，同じ場所で月とオリオン座を観察しました。次の⑴，⑵の問いに答えなさい。

⑴　2018年１月25日の20時と2018年１月31日の20時とで，月とオリオン座のそれぞれの位置を比べたとき，月の位置は大きく移動していたのに対して，オリオン座の位置の移動はわずかでした。オリオン座の位置の移動がわずかであった理由を，地球と月の公転の周期にふれながら説明しなさい。

⑵　観察を続けると，21時頃から月食があり，全体が暗い赤かっ色になった月が見られました。このときの太陽，月，地球の位置関係を，地球の北極側から見た場合，月の位置を表したものとして，最も適切なものを，図２の**ア**～**エ**から１つ選び，記号で答えなさい。ただし，図２の○は月を示しています。

図２

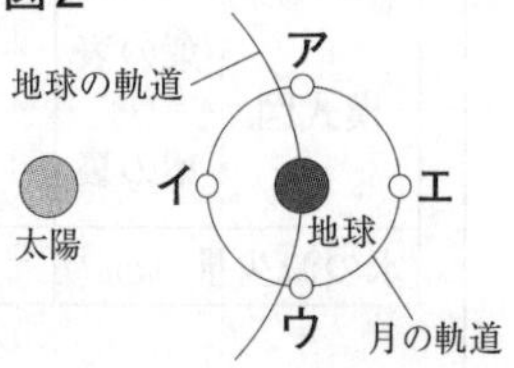

4　2018年１月25日から30日後の2018年２月24日の20時に，同じ場所で月とオリオン座を観察しました。このときの月とオリオン座の位置を示したものとして，最も適切なものを，次の**ア**～**エ**から１つ選び，記号で答えなさい。

ア

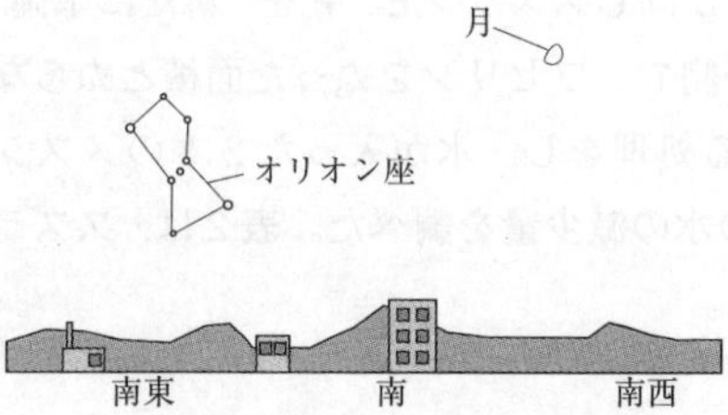

イ

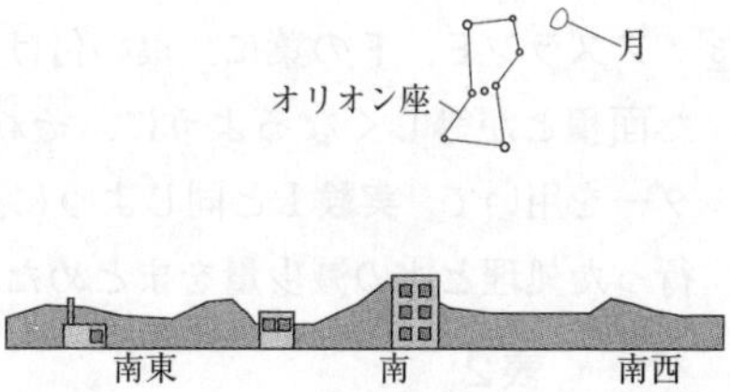

ウ

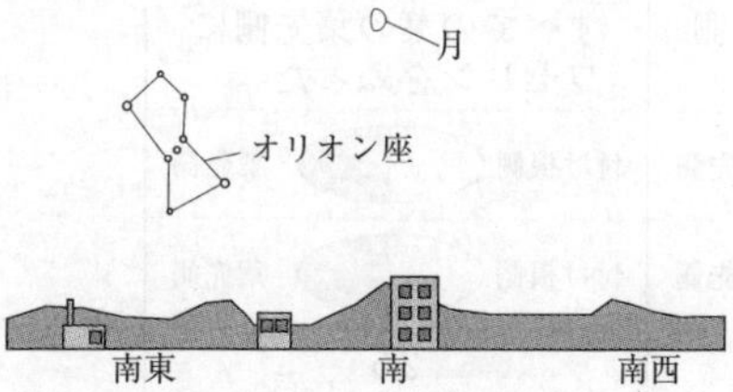

エ

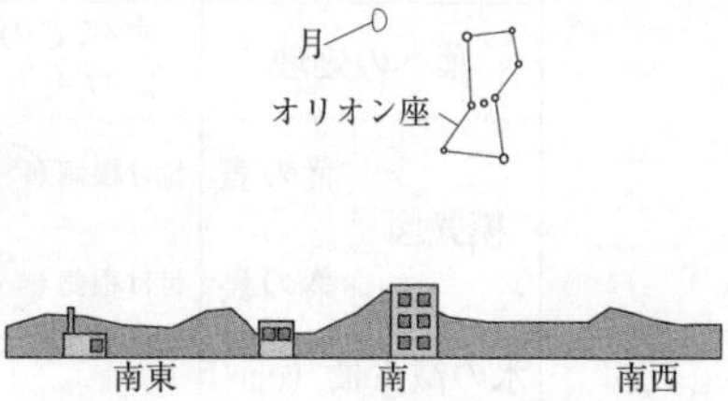

第四問 たかしさんは，花を生けた花びんの水が減っていくことに興味をもち，**実験Ⅰ**，**Ⅱ**を行いました。あとの１～５の問いに答えなさい。ただし，気孔１個あたりから出ていく水蒸気の量はすべて等しいものとします。

〔**実験Ⅰ**〕 葉の枚数と葉の大きさが同じスズラン**A**～**D**を準備した。**図１**のように，スズラン**A**～**D**の葉に，水や水蒸気を通さないワセリンを用いて，それぞれ異なる処理をし，水が20cm^3ずつ入った４本のメスシリンダーに１つずつ入れ，メスシリンダーの水が水面から蒸発しないようにした。次に，日光が当たる風通しのよい場所に，スズラン**A**～**D**を入れた４つのメスシリンダーを置き，3時間後にメスシリンダーの目盛りを読んで，水の減少量を調べた。**表１**は，スズランに行った処理と水の減少量をまとめたものである。

図１

表１

		スズラン**A**	スズラン**B**	スズラン**C**	スズラン**D**
葉への処理		葉にワセリンをぬらなかった	すべての葉の表側と裏側にワセリンをぬった	すべての葉の表側にだけワセリンをぬった	すべての葉の裏側にだけワセリンをぬった
模式図	葉の表				
	葉の裏			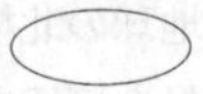	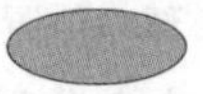
水の減少量（cm^3）		7.6	0.5	5.8	2.2

：ワセリンをぬった部分

〔**実験Ⅱ**〕

1 **実験Ⅰ**の結果から，葉の気孔の分布について，次の**仮説**を立てた。

仮説：気孔は，葉の表でも裏でも，どの部分にも均一に分布している。

2 **実験Ⅰ**で用いたスズランと葉の枚数や大きさが同じスズラン**E**，**F**を，新たに準備した。

3 スズラン**E**，**F**の葉に，葉の付け根側と葉先側で，ワセリンをぬった面積とぬらなかった面積とが等しくなるように，それぞれ異なる処理をし，水が入った２本のメスシリンダーを用いて，**実験Ⅰ**と同じように，3時間後の水の減少量を調べた。**表２**は，スズランに行った処理と水の減少量をまとめたものである。

表２

		スズラン**E**	スズラン**F**
葉への処理		すべての葉の付け根側にワセリンをぬった	すべての葉の葉先側にワセリンをぬった
模式図	葉の表	付け根側 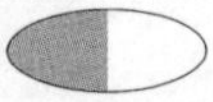 葉先側	付け根側  葉先側
	葉の裏	付け根側 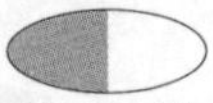 葉先側	付け根側 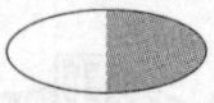 葉先側
水の減少量（cm^3）		4.7	2.6

：ワセリンをぬった部分

1　実験Ⅰの下線部の操作として，最も適切なものを，次のア～エから１つ選び，記号で答えなさい。

ア　水面にヨウ素液をたらす。　イ　水面に油をたらす。
ウ　水面にエタノールをたらす。　エ　水面に砂糖水をたらす。

2　吸い上げられた水が，植物のからだから水蒸気となって出ていく現象を何というか，答えなさい。

3　実験Ⅰで，スズランAの葉から出ていった水蒸気の量として，最も適切なものを，次のア～エから１つ選び，記号で答えなさい。

ア　0.5cm^3　イ　7.1cm^3　ウ　7.6cm^3　エ　8.1cm^3

4　実験Ⅰの結果から，葉の表と裏における気孔の数の違いについて述べたものとして，最も適切なものを，次のア～エから１つ選び，記号で答えなさい。

ア　葉の表側には，裏側の約3.1倍の数の気孔が分布している。
イ　葉の表側には，裏側の約5.3倍の数の気孔が分布している。
ウ　葉の裏側には，表側の約3.1倍の数の気孔が分布している。
エ　葉の裏側には，表側の約5.3倍の数の気孔が分布している。

5　実験Ⅱの結果から，たかしさんは，仮説が正しくないと判断しました。そのように判断した理由にふれながら，葉の気孔の分布がどのようになっていると考えられるか，表２をもとに簡潔に述べなさい。

第五問　電流が磁界から受ける力について調べた実験について，あとの１～５の問いに答えなさい。ただし，アルミニウム棒にはたらく摩擦や空気の抵抗は考えないものとします。

〔実験〕　アルミニウムでできたレールを２本水平におき，これにスイッチ，電源装置，抵抗器を導線でつないだ。図１のように，P点と，P点から12cmはなれたQ点の２点をレール上にとり，P点からQ点までのレールの間に，N極を上にした同じ磁石をすきまなく並べて固定した。P点にアルミニウム棒をのせてスイッチを入れると，アルミニウム棒はP点からQ点に向かって動きだし，Q点の先にあるレール上のR点を通過した。図２は，このときのアルミニウム棒の動きを0.2秒ごとに撮影したもので，Q点とR点の間では，アルミニウム棒は等速直線運動をしていた。

図１
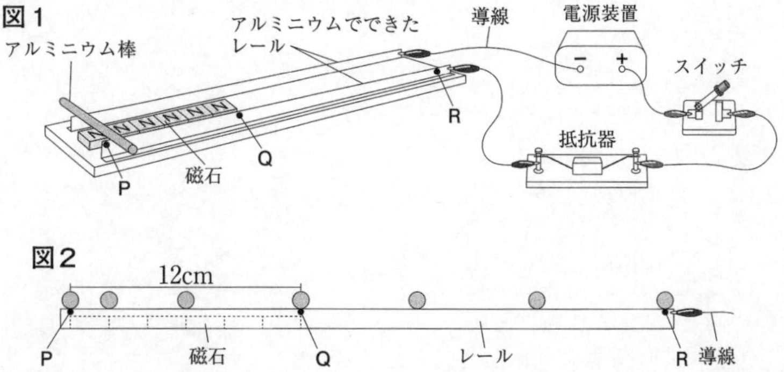

図２
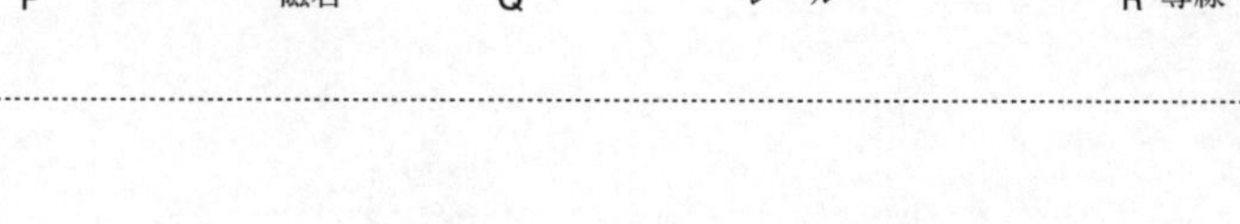

1　実験で，P点からQ点までの区間におけるアルミニウム棒の平均の速さは何cm/sか，求めなさい。

2　実験で，アルミニウム棒がP点からQ点に向かって動きだしたとき，アルミニウム棒に流れる電流によってできる磁界の向きを矢印で模式的に表したものとして，最も適切なものを，次のア～エから1つ選び，記号で答えなさい。

ア
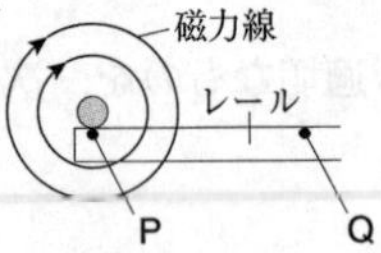

イ
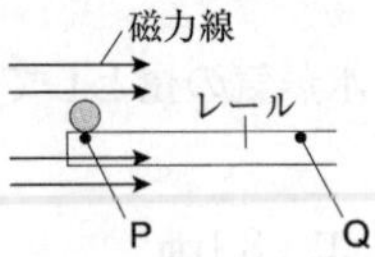

ウ
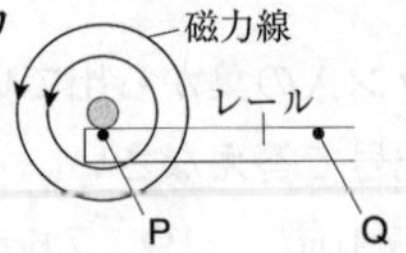

エ
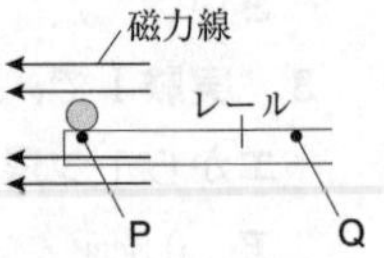

3　実験で，Q点からR点に向かって等速直線運動をするアルミニウム棒にはたらく力の組み合わせとして，最も適切なものを，次のア～エから1つ選び，記号で答えなさい。

ア　重力と垂直抗力　　　　　　　　　イ　進行方向と同じ向きの力と，重力と垂直抗力
ウ　どの向きの力もはたらいていない　エ　進行方向と逆向きの力と，重力と垂直抗力

4　実験と同じ抵抗器を新たに回路中の抵抗器につないで，P点からQ点までの区間におけるアルミニウム棒の平均の速さを比較したとき，最も平均の速さが速くなると考えられる抵抗器のつなぎ方を，次のア～エから1つ選び，記号で答えなさい。ただし，電源装置の電圧は，同じ大きさとします。

ア　2つの抵抗器を直列につなぐ。　　イ　3つの抵抗器を直列につなぐ。
ウ　2つの抵抗器を並列につなぐ。　　エ　3つの抵抗器を並列につなぐ。

5　図3のように，R点の高さがQ点よりも高くなるように，木片でレールをのせた台を固定し，R点にアルミニウム棒を置くと同時にスイッチを入れたところ，アルミニウム棒はレール上を移動し，Q点をすぎた位置で静止しました。アルミニウム棒が静止した理由を，アルミニウム棒にはたらく力にふれながら，説明しなさい。

図3
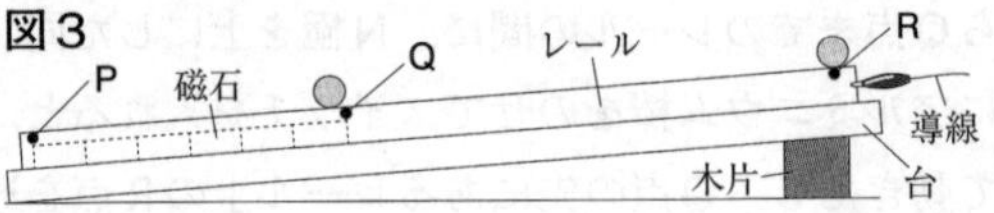

<社会>

時間　50分　　満点　100点

第一問　ゆかりさんは，社会科の授業で，「オセアニア州の国々のようすと貿易の特徴」について調べました。次の１～３の問いに答えなさい。

１　ゆかりさんは，**略地図Ⅰ**，**Ⅱ**を使って，オセアニア州の国々と日本の位置について調べました。あとの(1)，(2)の問いに答えなさい。

略地図Ⅰ

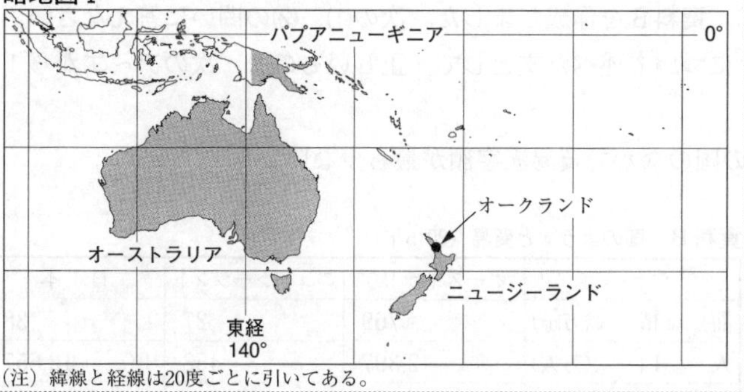

（注）緯線と経線は20度ごとに引いてある。

略地図Ⅱ

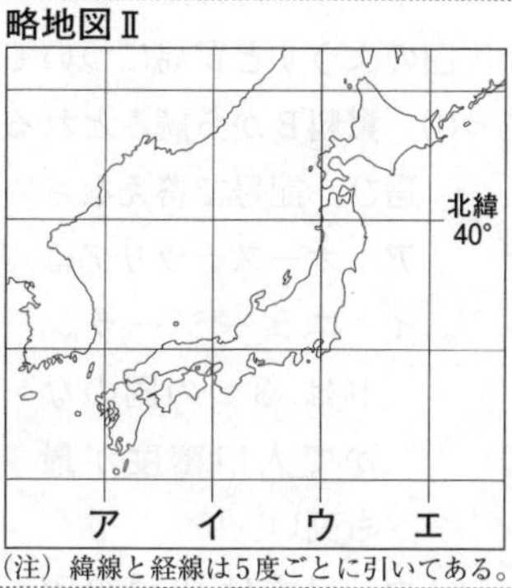

（注）緯線と経線は5度ごとに引いてある。

(1)　ゆかりさんは，オーストラリアを通る経線が，日本も通ることに気がつきました。**東経140度の経線**を，**略地図Ⅱ**中の**ア～エ**から１つ選び，記号で答えなさい。

(2)　ゆかりさんは，オセアニア州の国々と日本の位置について，わかったことを**メモ**に記しました。［a］，［b］にあてはまる国名の組み合わせとして，正しいものを，次の**ア～エ**から１つ選び，記号で答えなさい。

メモ
○　ニュージーランドと日本を比べると，［a］の方が，日付が先に変わる。
○　パプアニューギニアと日本を比べると，［b］の方が，緯度が低い。

ア　a－ニュージーランド　　b－パプアニューギニア
イ　a－ニュージーランド　　b－日本
ウ　a－日本　　b－パプアニューギニア
エ　a－日本　　b－日本

２　ゆかりさんは，オセアニア州の国々のなかで，面積が大きい３つの国と日本の発電量の内訳について調べ，**資料A**を作成しました。各国の発電量の内訳について述べた文として，正しいものを，あとの**ア～エ**から１つ選び，記号で答えなさい。

資料A　発電量の内訳（2015年）

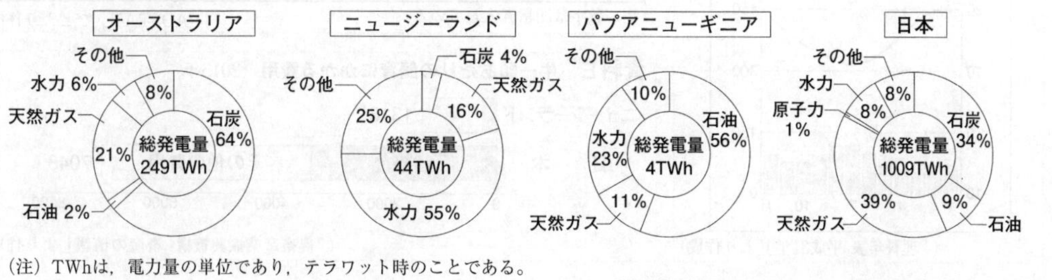

（注）TWhは，電力量の単位であり，テラワット時のことである。

（「平成29年度国際エネルギー情勢調査」などより作成）

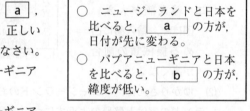

ア 鉱産資源による発電量が総発電量に占める割合は，日本が最も高く，オーストラリアが２番目に高い。

イ 鉱産資源による発電量が総発電量に占める割合は，パプアニューギニアが最も高く，日本が２番目に高い。

ウ 鉱産資源による発電量が総発電量に占める割合は，ニュージーランドが最も低く，オーストラリアが２番目に低い。

エ 鉱産資源による発電量が総発電量に占める割合は，ニュージーランドが最も低く，パプアニューギニアが２番目に低い。

3 ゆかりさんは，オセアニア州の国々のなかで，貿易額が大きい２つの国と日本を比べるため，国のようすと貿易について調べ，**資料Ｂ**を作成しました。次の⑴，⑵の問いに答えなさい。

⑴ **資料Ｂ**から読みとれることについて述べた文として，正しいものを，次の**ア**～**エ**から１つ選び，記号で答えなさい。

ア オーストラリアは，３つの国のなかで貿易赤字額が最も少ない。

イ ニュージーランドは，３つの国のなかで人口密度が最も高い。

ウ 日本は，３つの国のなかで１人あたりの国内総生産が最も少ない。

エ 輸入額が大きい国ほど，輸入額に占める機械類の割合が高くなる。

資料Ｂ 国のようすと貿易（2015年）

		オーストラリア	ニュージーランド	日本
面積（万km²）		769	27	38
人口（万人）		2,397	453	12,657
国内総生産（億ドル）		12,309	1,734	43,831
貿易額	輸出額（億ドル）	1,884	344	6,248
	輸入額（億ドル）	2,000	366	6,483
おもな貿易品目	輸出品目〔輸出額に占める割合（%）〕	鉄鉱石〔19.6〕 石炭〔15.2〕	酪農品〔23.6〕 肉類〔14.4〕	機械類〔34.7〕 自動車〔21.2〕
	輸入品目〔輸入額に占める割合（%）〕	機械類〔26.3〕 自動車〔12.3〕	機械類〔21.9〕 自動車〔12.9〕	機械類〔24.1〕 液化天然ガス〔7.3〕

（注）数字は四捨五入している。 （「2017/18世界国勢図会 第28版」などより作成）

⑵ ゆかりさんは，ニュージーランドのおもな輸出品目である酪農品に着目して，ニュージーランドの気候と酪農のようすについて調べて**資料Ｃ**～**Ｅ**を作成し，これらをもとに**まとめ**を作成しました。あとの①，②の問いに答えなさい。

資料Ｃ オークランドの気温と降水量

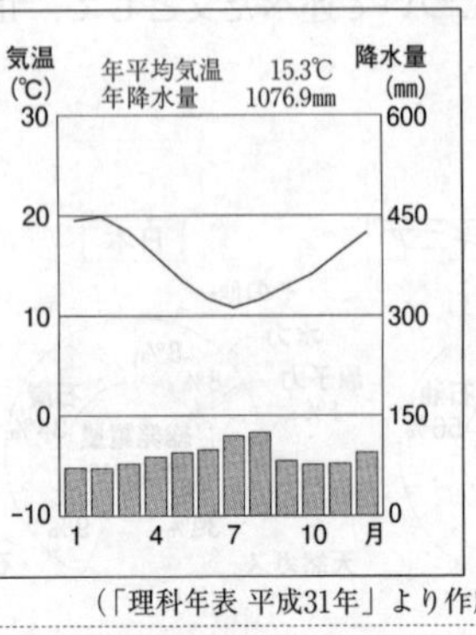

（「理科年表 平成31年」より作成）

資料Ｄ 酪農の概況（2015年）

	牧場・牧草地（万ha）	乳牛飼育頭数（万頭）	牛乳生産量（万ｔ）	おもな飼育方法
ニュージーランド	1,046	649	2,194	牧草地で放牧
日本	61	137	738	牛舎内で管理

（注）数字は四捨五入している。 （「FAOSTAT」などより作成）

資料Ｅ 牛一頭あたりの飼育にかかる費用（2015年）

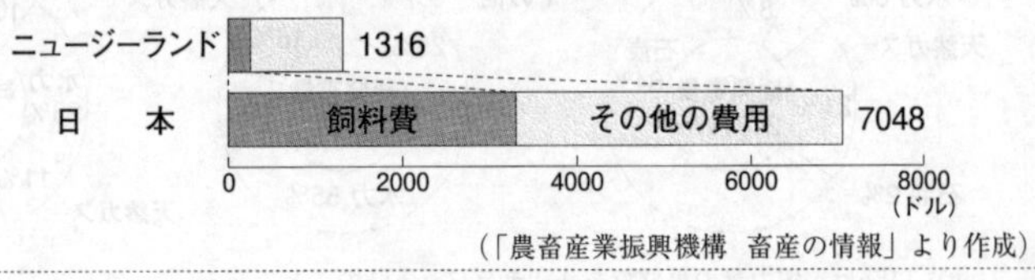

（「農畜産業振興機構 畜産の情報」より作成）

まとめ

オークランドは，牧草の生育に適した気候の都市で， c ことが特徴です。ニュージーランドには，オークランドのような気候の地域が分布しています。ニュージーランドでは，この気候を生かした酪農が営まれており， d ことができます。このことは，ニュージーランドが酪農品を輸出するうえで，有利にはたらく要因の一つだと思いました。

① c にあてはまる，ゆかりさんが**資料C**から読みとった気候の特徴について述べた文として，最も適切なものを，次の**ア～エ**から**1つ**選び，記号で答えなさい。

ア　温暖で，冬より夏の降水量が多い

イ　温暖で，一年を通して適度な降水量がある

ウ　寒冷で，冬より夏の降水量が少ない

エ　寒冷で，一年を通して乾燥している

② d には，ニュージーランドの酪農の特徴について述べた文が入ります。ニュージーランドの酪農のどのような特徴が酪農品の輸出に有利にはたらくのか，**資料D，E**をもとに，あてはまる内容を考えて，簡潔に述べなさい。

第二問

和也さんは，社会科の授業で，「古代から近世までの日本の社会のようすと文学」について調べ，次のような表を作成しました。これをみて，あとの1～5の問いに答えなさい。

	日本の社会のようすと文学に関するおもなことがら
古代	大陸から伝わった漢字が使われるようになり，①日本の歴史や神話などが記される。 日本の風土や生活に合わせた②国風文化が発展し，かな文字を使った文学作品が生まれる。
中世	各地で③戦乱が起こり，武士の活躍が軍記物語として人々に語り伝えられる。 ④地方都市や農村で新たな文化が生まれ，御伽草子《おとぎぞうし》といわれる絵入りの物語が読まれる。
近世	上方を中心に商業が発達し， a の浮世草子では町人の生活が描かれる。 印刷技術が向上して多くの書物が出版され， b のこっけい本などが流行する。

1　下線部①について，『古事記』や『日本書紀』などの歴史書が記された，8世紀前半の日本の社会のようすについて述べた文として，最も適切なものを，次の**ア～エ**から**1つ**選び，記号で答えなさい。

ア　大和政権によって各地に古墳がつくられた。

イ　須恵器や絹織物の製造技術が伝えられた。

ウ　唐にならって律令に基づく政治が行われた。

エ　政治を立て直すため都が京都に移された。

2　下線部②について，国風文化が発展した，11世紀半ばの日本のできごとについて述べた文として，最も適切なものを，次の**ア～エ**から**1つ**選び，記号で答えなさい。

ア　朝鮮半島を経由して伝わった仏教が皇族や豪族に広がり，法隆寺などの寺院が建てられた。

イ　仏教の力によって国家を災害などから守るため，国ごとに国分寺や国分尼寺が建てられた。

ウ　争乱によって焼失した東大寺が再建され，宋の建築様式を取り入れて南大門が建てられた。

エ　浄土信仰が貴族や地方の人々に広まり，阿弥陀仏の像を納めた平等院鳳凰《ほうおう》堂が建てられた。

3　下線部③について，中世に起きた戦乱について述べた次の**ア**～**ウ**の文を，起こった年代の古い順に並べかえ，記号で答えなさい。

ア　足利尊氏が新たな天皇を立てたことで京都と吉野に二つの朝廷が生まれ，内乱が起きた。

イ　朝廷の勢力を回復させるため兵をあげた後鳥羽上皇が，幕府軍に敗れて隠岐《おき》に流された。

ウ　平氏の政治に対する不満から源氏を中心とする諸国の武士が兵をあげ，平氏を滅ぼした。

4　下線部④について，中世の地方都市や農村のようすについて述べた文として，**誤っているもの**を，次の**ア**～**エ**から１つ選び，記号で答えなさい。

ア　五人組がつくられ農民は連帯責任を負った。

イ　同業者で座をつくり寺社の保護を受けた。

ウ　農村に惣がつくられ村を自治的に運営した。

エ　町衆が中心となり町ごとの団結を強めた。

5　近世の日本の社会のようすと文学について，次の(1)，(2)の問いに答えなさい。

(1)　[a]，[b] にあてはまる人物の組み合わせとして，正しいものを，次の**ア**～**エ**から１つ選び，記号で答えなさい。

ア　a－十返舎一九　b－井原西鶴　　**イ**　a－滝沢馬琴　b－近松門左衛門

ウ　a－近松門左衛門　b－滝沢馬琴　　**エ**　a－井原西鶴　b－十返舎一九

(2)　和也さんは，書物問屋が本屋仲間といわれる株仲間をつくり，江戸幕府の公認を受けて活動していたことを知り，**資料A**，**B**を作成しました。本屋仲間の公認は，江戸幕府と本屋仲間のそれぞれにとって，どのような利点があったと考えられるか，**資料A**，**B**を参考にして，簡潔に述べなさい。

資料A　江戸時代における書物を出版する際の手続き

出版者	原稿と出版許可願を本屋仲間に提出する。
↓	
本屋仲間	行事が原稿を調査し，仲間で出版の可否を審議する。 ＜調査・審議内容＞ ・出版条目に違反していないか。 ・すでに出版されている書物と同じ，あるいはよく似たものを無断で使用していないか。
↓	
町奉行所	調査・審議内容の報告を受け，出版を許可する。

(注) 行事とは，本屋仲間の世話人のこと，出版条目とは，江戸時代に幕府が出した出版に関する法令のことである。

資料B　1722（享保７）年の出版条目の一部

○　新版の書物には，作者と版元の実名を明記すること。

○　徳川家康や幕府に関することは，一切書いてはならない。事情がある場合は，奉行所に申し出て許可を受けること。

(注) 版元とは，出版元となる書物問屋などのことである。

（資料A，Bともに「江戸の本屋さん」などより作成）

第三問　企業の役割と労働者の権利について，資料Aを読み，あとの１～５の問いに答えなさい。

資料A　企業の役割と労働者の権利

企業のおもな役割は，私たちの生活に必要な財やサービスなどの①商品を生産することです。②働くことで企業から賃金を得る労働者は，企業に対して弱い立場にあり，③労働者の権利を守るため，長い年月をかけて④法律の整備が進められてきました。現代の企業には，商品を生産し利潤を追求するだけでなく，さまざまな⑤社会的責任を果たすことも求められています。

1　下線部①について，次の(1)，(2)の問いに答えなさい。

(1)　**資料B**は，商品が消費者に届くまでの流れを模式的に示したものです。[X]，[Y] にあてはまる語句の組み合わせとして，最も適切なものを，次のア～エから１つ選び，記号で答えなさい。

資料Ｂ　商品が消費者に届くまで

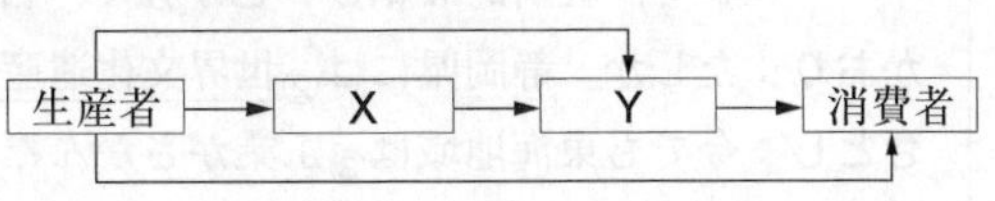

ア　Ｘ－金融機関　Ｙ－小売業者
イ　Ｘ－小売業者　Ｙ－卸売業者
ウ　Ｘ－卸売業者　Ｙ－金融機関
エ　Ｘ－卸売業者　Ｙ－小売業者

⑵　企業が生産した商品の欠陥により消費者が被害を受けた場合，消費者は，企業の過失を証明できなくても，損害賠償を求めることができます。このことを定めた法律名を書きなさい。

2　下線部②について，日本国憲法に定められている，自分で職業を選んだり，職業を営んだりすることを保障する権利を，次のア～エから１つ選び，記号で答えなさい。
ア　自己決定権　イ　自由権　ウ　勤労の権利　エ　平等権

3　下線部③について，労働者の権利の確立にかかわりの深いことがらとして，最も適切なものを，次のア～エから１つ選び，記号で答えなさい。
ア　日本で国会を開設するための準備が進められ，大日本帝国憲法が発布された。
イ　共和国となったドイツで憲法制定会議が開かれ，ワイマール憲法が制定された。
ウ　国王や貴族中心の政治に不満をもつ市民がフランス革命を起こし，人権宣言が発表された。
エ　イギリスの支配に反対する北アメリカの人々が独立戦争を起こし，独立宣言が発表された。

4　下線部④について，労働者の権利を守るために日本で定められた次のア～ウの法律を，制定された年代の古い順に並べかえ，記号で答えなさい。
ア　育児・介護休業法　イ　労働基準法　ウ　男女雇用機会均等法

5　下線部⑤について，職場環境を整備するための取り組みの一つとして，新入社員などの相談役(メンター)に上司以外の先輩社員をあてるメンター制度を導入する企業が増えています。企業が，メンター制度の導入を通して職場環境を整備することは，企業に求められている社会的責任のうち，どのような責任を果たすことにつながると考えられるか，資料Ｃ，Ｄを参考にして，簡潔に述べなさい。

資料Ｃ　働きやすいと感じる社員の割合（2014年）

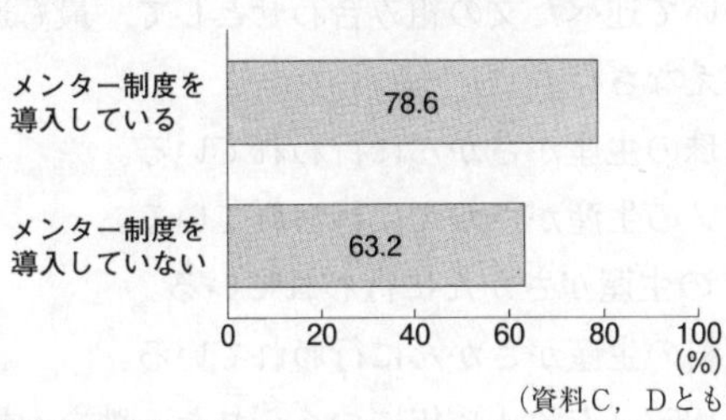

資料Ｄ　職場の働きやすさによる社員の意識の比較（2014年）

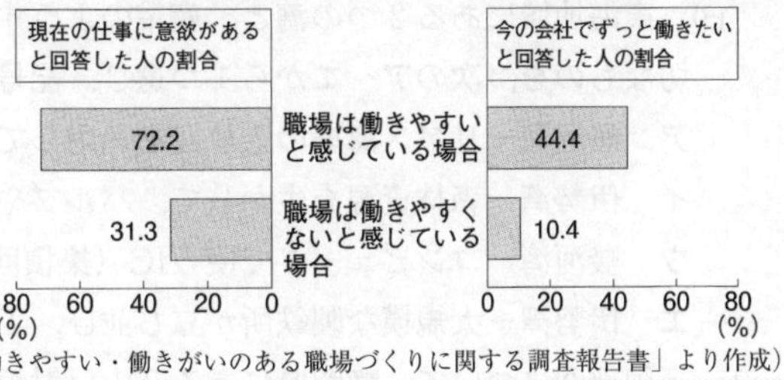

（資料Ｃ，Ｄともに「働きやすい・働きがいのある職場づくりに関する調査報告書」より作成）

第四問　次の文は，同じクラスのさとしさんとかおりさんの会話です。これを読んで，あとの１～３の問いに答えなさい。

さとし：社会科の課題研究は，日本の中央部にある４つの県について調べることにしたよ。

かおり：どの県について調べる予定なの。
さとし：静岡県・愛知県・岐阜県・三重県だよ。この４つの県は，①東海地域とも呼ばれていて，経済的な結びつきが強く，日本の近代工業が発展した地域なんだよ。
かおり：たしか，静岡県には②世界文化遺産に指定された反射炉があったよね。
さとし：今でも東海地域は③工業がさかんだから，調べてみたらおもしろいと思うんだ。
かおり：そうだね。どんな課題研究になるか，楽しみだね。

1　下線部①について，さとしさんは，東海地域の略地図を用意し，資料Ａ，Ｂを作成しました。あとの(1)～(3)の問いに答えなさい。

略地図

資料Ａ　地形別面積（km²）

	山　地	丘陵地	台　地	低　地	その他
愛　知	2,134	635	940	1,148	278
Ｘ	3,704	428	565	1,031	38
Ｙ	5,650	443	325	1,155	204
Ｚ	8,258	933	208	1,174	23

（「第65回　日本統計年鑑」より作成）

資料Ｂ　県別農業産出額の内訳（2016年）

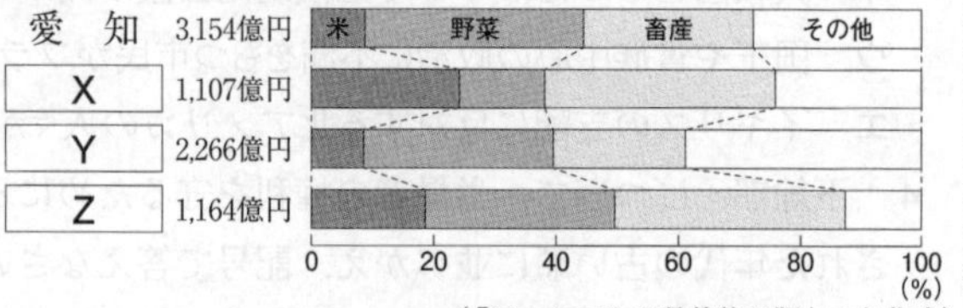

（「データでみる県勢第28版」より作成）

(1)　東海地域にある平野のうち，岐阜県から愛知県や三重県に広がる平野名を書きなさい。

(2)　資料Ａ，Ｂ中に共通する Ｘ ～ Ｚ に入る県名の組み合わせとして，正しいものを，次のア～カから１つ選び，記号で答えなさい。

ア　Ｘ－静岡　Ｙ－岐阜　Ｚ－三重　　イ　Ｘ－静岡　Ｙ－三重　Ｚ－岐阜
ウ　Ｘ－岐阜　Ｙ－三重　Ｚ－静岡　　エ　Ｘ－岐阜　Ｙ－静岡　Ｚ－三重
オ　Ｘ－三重　Ｙ－静岡　Ｚ－岐阜　　カ　Ｘ－三重　Ｙ－岐阜　Ｚ－静岡

(3)　東海地域にある２つの湾と，産業のようすについて述べた文の組み合わせとして，最も適切なものを，次のア～エから１つ選び，記号で答えなさい。

ア　駿河湾－リアス海岸の入り江を利用して，真珠の生産がさかんに行われている。
イ　伊勢湾－森林資源を生かして，パルプやピアノの生産がさかんに行われている。
ウ　駿河湾－コンピュータで使うIC（集積回路）の生産がさかんに行われている。
エ　伊勢湾－大規模な製鉄所が立ち並び，工業原料の生産がさかんに行われている。

2　下線部②について，静岡県にある韮山《にらやま》反射炉は，1857（安政４）年につくられた，鉄を大量に製造するための施設です。このような施設が建設されるきっかけとなったことがらとして，最も適切なものを，次のア～エから１つ選び，記号で答えなさい。

ア　ペリーが浦賀に来航し日本に開国を迫った。　　イ　東廻り航路や西廻り航路が開かれた。
ウ　備中ぐわや千歯こきなどの農具が普及した。　　エ　官営の八幡製鉄所が操業を開始した。

3　下線部③について，さとしさんは，東海地域の工業について調べを進めるなかで，製造品出荷額等が全国５位以内の都道府県に東海地域の県が含まれていることを知り，**資料Ｃ**，**Ｄ**を作成しました。あとの⑴，⑵の問いに答えなさい。

資料Ｃ　**製造品出荷額等が全国５位以内の都道府県と東海地域の工業統計**（2016年）

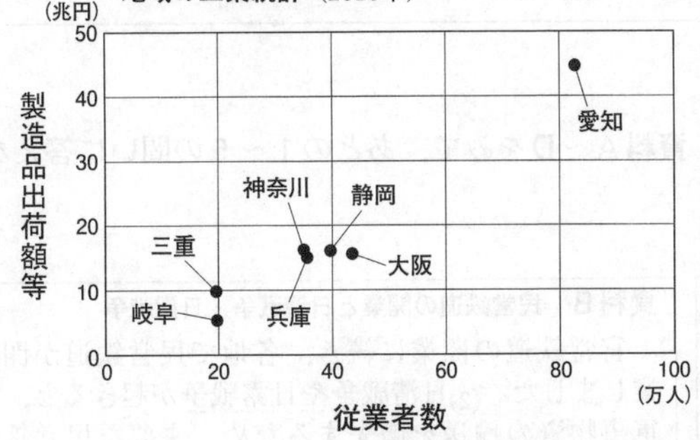

（「平成29年工業統計表」より作成）

資料Ｄ　**製造品出荷額等が全国５位以内の都道府県と東海地域の工業地価格の推移**（千円／㎡）

	2012年	2013年	2014年	2015年	2016年
大　阪	79.1	113.5	112.9	110.8	106.7
神奈川	83.7	103.0	104.3	101.7	99.5
愛　知	51.0	57.2	56.2	56.0	56.2
兵　庫	35.3	50.3	49.4	48.9	48.8
静　岡	40.1	49.2	48.4	48.0	47.6
岐　阜	20.4	19.9	19.8	20.1	20.0
三　重	21.4	20.7	20.2	19.8	19.4

（「都道府県地価調査」より作成）

⑴　**資料Ｃ**，**Ｄ**から読みとれることとして，正しいものを，次の**ア**～**エ**から**１**つ選び，記号で答えなさい。

ア　製造品出荷額等が多い府県ほど，従業者数が多くなり，2016年の工業地価格も高くなる。

イ　製造品出荷額等が最も多い府県は，従業者数が最も多く，工業地価格が年々上昇している。

ウ　2012年と2016年の工業地価格を比べると，東海地域は他の府県より価格の変化が小さい。

エ　東海地域の４つの県のうち３つの県が，製造品出荷額等の全国５位以内の府県に含まれる。

⑵　**資料Ｅ**は，民間企業の設備投資に対する意向調査と東海地域の将来予想について，さとしさんがまとめたものです。**資料Ｅ**中の下線部④のようにさとしさんが考えた理由を，**資料Ｄ**と**資料Ｅ**中の**調査の結果Ⅰ**，**Ⅱ**をもとに，簡潔に述べなさい。

資料Ｅ　**民間企業の設備投資に対する意向調査と東海地域の将来予想**

2015年に，新たな拠点や設備を整備する計画や可能性について，民間企業の意向を確認するための調査が行われました。**調査対象の民間企業**は，一定の経営規模をもつ2,731社です。**調査の結果Ⅰ**は，民間企業が投資を予定している施設の内訳を示すグラフで，**調査の結果Ⅱ**は，**調査の結果Ⅰ**で「工場」を選択した民間企業が工場投資で重視する条件についてまとめたものです。

調査対象の民間企業

地方	社数	地方	社数
北海道	100	近　畿	506
東　北	140	中国・四国	266
関　東	876	九　州	223
中　部	620		
総　計			2,731

（注）調査対象は，年商規模10億円以上の民間企業である。

調査の結果Ⅰ
投資を予定している施設の内訳
（複数回答）

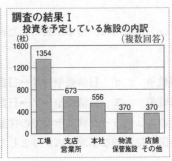

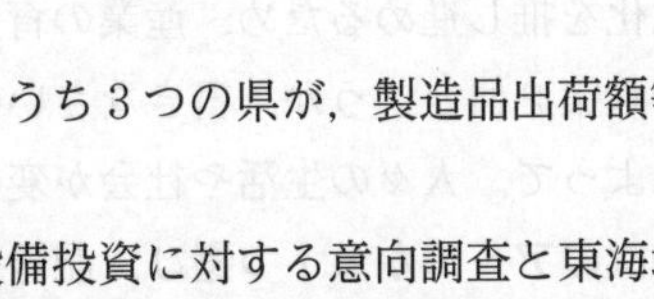

調査の結果Ⅱ
工場投資で重視する条件上位４つ
（複数回答）

	重視する条件	社数
1	既存の自社施設の立地状況	567
2	用地の価格	389
3	交通の利便性	359
4	労働力の確保	290

調査対象となった民間企業の４割以上は，中部地方と近畿地方にあります。**資料Dと調査の結果Ⅰ，Ⅱ**を照らし合わせると，④東海地域の４つの県は，工業の分野で今後も経済規模が拡大する可能性があると考えました。

（調査対象の民間企業，調査の結果Ⅰ，Ⅱはいずれも「地方創生に関する投資意向調査」より作成）

第五問 日本の鉄道と社会のようすについて，**資料Ａ～Ｄ**をみて，あとの**１～５**の問いに答えなさい。

資料Ａ　日本の鉄道のはじまり

①日本の近代化を目指す明治政府は，鉄道の建設を推進しました。1872年には，新橋から横浜までをつなぐ，日本で初めての官営鉄道が開業しました。

資料Ｂ　民営鉄道の開業と日清戦争・日露戦争

官営鉄道の開業に続き，各地で民営鉄道が開業しました。②日清戦争や日露戦争が起きると，軍事物資の輸送を優先するため，主要な民営鉄道は国有化されていきました。

資料Ｃ　二度の世界大戦の影響と鉄道の復旧

③第一次世界大戦後の世界的な不況や第二次世界大戦により，鉄道の経営も大きな打撃を受けました。④敗戦後の日本経済の立て直しに向け，政府は鉄道の復旧に力を入れました。

資料Ｄ　新たな課題とＬＲＴ（次世代型路面電車）の導入

高度経済成長期以降，乗用車の普及により鉄道利用者が減少し，廃止される鉄道もあらわれました。その一方で，新しい公共交通として，⑤ＬＲＴの導入が注目されるようになりました。

1　下線部①について，次の⑴，⑵の問いに答えなさい。

⑴　明治政府は，日本の近代化を推し進めるため，産業の育成に力を入れました。富国強兵の一環として行われた，この政策を何というか，書きなさい。

⑵　明治政府の近代化政策によって，人々の生活や社会が変化したようすについて述べた文として，最も適切なものを，次の**ア～エ**から**１つ**選び，記号で答えなさい。

ア　飛脚による通信が郵便制度にかわった。
イ　自給自足であった経済が貨幣経済にかわった。
ウ　おもな輸出品が銀から生糸にかわった。
エ　人々の情報源がラジオからテレビにかわった。

2　下線部②の二つの戦争と，19世紀末から20世紀はじめのできごとについて述べた次の**Ｘ**，**Ｙ**の文を，それらのできごとが起こった順に並べたとき，正しいものを，あとの**ア～エ**から**１つ**選び，記号で答えなさい。

Ｘ　旅順や大連などの租借権と長春以南の鉄道の利権を日本のものとする条約が締結される。

Ｙ　ロシアがドイツやフランスとともに，日本が獲得した遼東半島を返還するよう勧告する。

ア　Ｘ→日清戦争→Ｙ→日露戦争　　**イ**　日清戦争→Ｘ→日露戦争→Ｙ
ウ　Ｙ→日清戦争→Ｘ→日露戦争　　**エ**　日清戦争→Ｙ→日露戦争→Ｘ

3　下線部③について，1929年のニューヨーク株式市場での株価の大暴落をきっかけに，アメリカと経済的なつながりが深い国々に深刻な不況が広がりました。このできごとを何というか，書きなさい。

4　下線部④について，戦後の日本経済の民主化をうながした政策について述べた文として，最も適切なものを，次の**ア**～**エ**から**1つ**選び，記号で答えなさい。

ア　公害被害者の救済や環境保全に取り組むため，環境庁を発足させた。

イ　市場の独占や不当競争を監視するため，公正取引委員会を設置した。

ウ　土地の所有権や売買権を認め，地価を定めて現金で税を納めさせた。

エ　普通選挙を実現するため，直接国税の納税額による制限を廃止した。

5　下線部⑤の一つに，平成18年に富山市で開業した富山ライトレールがあります。このLRTは，経営が悪化していたJR富山港線を整備・活用したもので，LRTへの転換により経営が改善しました。LRTへの転換により鉄道経営が改善した理由を，**資料E～G**を参考にして，簡潔に述べなさい。

資料E　富山市の年齢別人口構成（%）

	0～14歳	15～64歳	65歳以上
平成7年	15.0	69.0	16.0
平成12年	14.2	66.7	19.0
平成17年	13.7	64.7	21.5

資料F　富山ライトレールの運行サービスの工夫

- ○ 乗降箇所を増設し，運行本数を増やす。
- ○ ホームをバリアフリー化し，低床車両を導入する。
- ○ 乗車運賃を200円均一にする。（65歳以上は100円）

資料G　1日あたりの時間帯別の鉄道利用者数の変化（平日）

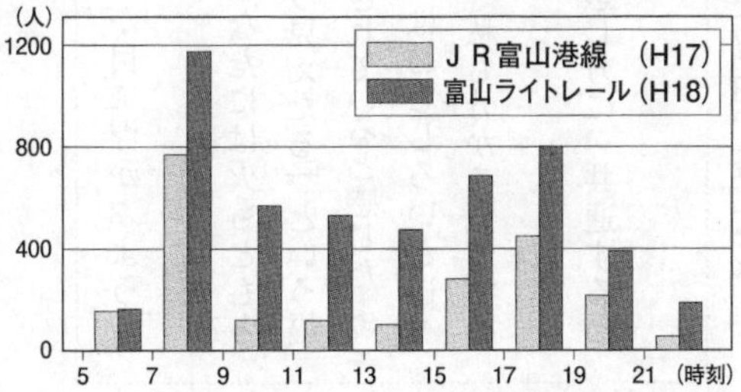

（資料Eは「データでみる県勢 第17版」などより，資料F，Gはともに「富山市都市整備事業の概要」などより作成）

第四問

次の文章を読んで、あとの問いに答えなさい。

雪のいと（とても）高う降り積《つも》りたる夕暮《ゆふぐれ》より、端《はし》近う（部屋の端に近い所で）、同じ心なる人（気の合った人）二、三人ばかり、火桶《ひをけ》を中にすゑて、物語などする（話などをする）ほどに、暗うなりぬれど、こなた（こちら）には火もともさぬに、おほかた（あたり一帯）の雪の光、いと白う見えたるに、*火箸《ひばし》して灰などかきすさみて（火箸で灰などをわけもなくかきながら）、あはれなるもをかしきも（しんみりしたこともおもしろいことも）、言ひ合はせたるこそをかしけれ（おもしろい）。

（「枕草子《まくらのそうし》」による）

*をつけた語句の〈注〉

火箸――火がついた炭を挟むための金属製の箸。

問一　本文中の「すゑて」を現代仮名遣いに改めなさい。

問二　次の対話は、この文章について話し合ったものです。あとの㈠、㈡の問いに答えなさい。

〈Xさん〉この文章は、描かれている情景が目に浮かぶようだね。

〈Yさん〉そうだね。「暗うなりぬれど、こなたには火もともさぬに、おほかたの雪の光、いと白う見えたる」という描写では、［A］が対比されて表現されていると感じたよ。

〈Xさん〉それから、作者は、［B］はおもしろいと述べているけれど、作者のその思いは、私も分かる気がするな。

〈Yさん〉作者の感じ方と現代の私たちの感じ方に、共通するところがあるのかもしれないね。

㈠　［A］に入る適切な表現を考えて、十五字以内で答えなさい。

㈡　［B］にあてはまる表現として、最も適切なものを、次のア～エから一つ選び、記号で答えなさい。

ア　一人で過ごす夜に、灰をかきながら楽しかった思い出にひたること

イ　火桶から離れて部屋の端で雪を鑑賞しながら、仲間と議論すること

ウ　雪の光を味わいながら、気の合う人とさまざまな話を語り合うこと

エ　外に火をともして、何も言わずにしみじみと雪景色を眺めること

第五問

ある新聞に次のような【投書】が載りました。

【投書】

録画しながら聞くことに違和感

（高校生　17）

先日、駅前の広場で行われたイベントにおいて、バイオリンの演奏があり、多くの人が足を止めていました。そのとき、私には気になったことがありました。見ている人の多くがスマートフォンで録画しながら演奏を聞いているのです。録画することに一生懸命で、その画面だけをじっと見つめている光景に、強い違和感を覚えました。最近ではさまざまな場面で、録画しながら見たり聞いたりしている姿を見かけますが、それは本当にその場を楽しんでいるとは言えないのではないかと思います。

【投書】を読み、録画しながら見たり聞いたりすることについて、あなたはどのようなことを考えましたか。あなたの考えと、そのように考えた理由を具体的に示して、百六十字～二百字で書きなさい。

ウ　珠寳さんの一礼を機に場の雰囲気が変わり、自分も緊張を感じたから。

エ　珠寳さんの一礼で空気がひきしまることに、気味悪さを覚えたから。

問二　本文中に「②おもしろい。」とありますが、次の文は、筆者がこのように感じた理由について説明したものです。□ に入る適切な表現を考えて、**十字以内**で答えなさい。

> 珠寳さんの話を聞いて、それぞれの草木が □ をしているということに心が引かれたから。

問三　本文中に「③幸福な非力感」とありますが、次の対話は、この表現について話し合ったものです。 A にあてはまる言葉を**十三字**で、 B にあてはまる言葉を**四字**で、それぞれ本文中から**そのまま**抜き出して答えなさい。

> 〈Xさん〉　どうして筆者は、ちっぽけであることを「幸福な非力感」と表現したのかな。
>
> 〈Yさん〉　ここでの「非力」とは、自然に対して、 A ことを意味していると思うけれど、筆者が感じている「非力感」というのは、自分の存在価値を否定するようなネガティブな感情ではないと述べているね。
>
> 〈Xさん〉　そうだね。筆者は、自分の既成概念をはるかに超えたものに感服し、そのような自然に B を感じると述べているね。だから、自然に対して謙虚に向き合う気持ちを込めて、自分のちっぽけさを感じることを「非力感」と表現したのかもしれないね。
>
> 〈Yさん〉　自然の雄大さや美しさを感じることができるのは、自分がちっぽけだからなんだね。そのちっぽけな自分が、大きな存在である自然の一部分になっている。そのことを幸福だと感じたから、筆者は「幸福な非力感」と表現したのだろうね。

問四　本文中に「④対比的なものとして感じてしまう」とありますが、「自然と人工」をそのように感じてしまうのはなぜだと筆者は考えていますか。最も適切なものを、次のア～エから**一つ**選び、記号で答えなさい。

ア　動物である人間は自然と一体なはずなのに、圧倒的な存在である自然を前にすると、挑んで克服しようという感覚になるから。

イ　人間は自然からの情報をもとに行動しようとするのに、壮大な自然に対しては、情報を全く読みとれないような感覚になるから。

ウ　人間は自然に含まれて存在しているのに、人知を超えた自然と向き合うと、自分の存在価値が否定されているような感覚になるから。

エ　人間も自然の一部であるのに、既成概念では捉えきれない自然に接すると、人間と同じ領域にあるとは思えないという感覚になるから。

問五　本文中において、自然の美しさを表現するとはどうすることだと筆者は述べていますか。表現をする側の自然に対する向き合い方に触れながら、**五十字以内**で説明しなさい。

大、崇高。ほかは、息を飲むような、えもいわれぬ、筆舌に尽くしがたい、絵にも描けない、となってしまう。わたしたちにとって美しい自然とは、どうやら、とにかく大きくて、言葉や絵では表現しきれないようなもの、ということらしい。

体験として考えると、自然の美しさは、自分のちっぽけさを感じることと隣りあわせのような気がする。

たとえば、ふとした瞬間に見上げる夜空。たくさんの星が鮮やかに見えるときほど、宇宙はなんて広くて、自分はなんてちっぽけなんだろうと思う。

それは、自分の存在価値を否定するようなネガティブな感情ではない。自分の力がまるでおよばない大きな存在があり、自分はそのわずかな一部分であること。むしろちっぽけであることが、なんだかうれしくて、心底ほっとするような、③幸福な非力感だ。

ふだんわたしたちは、目や耳などの感覚器官を通し、まわりの環境からつねに情報を読みとろうとする。それをもとに行動を選択するためだ。言葉を手に入れた人間は、目に入るものをつねに言葉でラベルづけすることで、その情報を効率的に処理し、伝達できるようになった。

でも、降ってきそうな星空は、ただの「星空」として分類できない。木霊《こだま》が棲《す》んでいそうな苔《こけ》むしたスギの巨木は、ただの「木」として分類できない。

ラベルづけできないもの、情報化できないもの、つまり自分の既成概念をはるかに超えたものに、わたしたちは感服し、自然の美しさと感じるのだろう。

自然と人工――本来は線引きできるものではない。人間も動物であり、自然の一部だからだ。でも、それを④対比的なものとして感じてしまうのは、ほんとうの美しい自然が、そうして人知を超えたものという感覚があるからなのかもしれない。

写真家の畠山直哉《はたけやまなおや》さんが『出来事と写真』（大竹昭子《おおたけあきこ》との共著、二〇一六年）でおっしゃっているように「自然とは、人間の原理を超えて現象しているもの」だとすれば、そのことを強く感じさせられるものに、美や畏れを感じるのだろう。

珠寶さんは、お花をいけるとき、いつも緊張しているそうだ。でもそれは、人に対しての緊張ではない。大自然とか、かみさまとか、「もっと上の方のもの」に対しての緊張なのだという。

お献花の予定が決まれば、一年前からでも観客や会場をイメージして準備をする。でも当日、座った瞬間に、無になる。からっぽにして「考えない」。頭で考えてしまうと、これまでの経験の範囲でしかイメージできないからだという。

表現をする側も、いったん無になることで、自分を超える表現に挑む。それは「人間の原理」を超える部分を追求するということなのかもしれない。

（齋藤《さいとう》亜矢《あや》「ルビンのツボ」による）

＊をつけた語句の〈注〉

エッセンス――物事の重要な部分。本質。

クレー――スイスの画家。

珠寶――著名な華道家。

問一 本文中に①「思わず自分の背筋も伸びる。」とありますが、筆者がこのようになった理由を説明したものとして、最も適切なものを、次の**ア**～**エ**から**一つ**選び、記号で答えなさい。

ア 珠寶さんが献花に礼儀正しく臨む姿を見て、気持ちが和らいだから。

イ 珠寶さんの献花が始まるのに、場が騒がしかったことを恥じたから。

㈠ A に入る適切な表現を考えて、**五字以内**で答えなさい。

㈡ B にあてはまる言葉を、本文中から**十六字**で**そのまま**抜き出して、**はじめの五字**で答えなさい。

問四　本文中に「④初めて自分から奥山くんに手をさしのべた。」とありますが、このときの「私」の気持ちを、**五十五字以内**で説明しなさい。

問五　本文中の〰〰線部の表現について説明したものとして、最も適切なものを、次の**ア**〜**エ**から**一つ**選び、記号で答えなさい。

ア「血色のいい大きな掌。」という体言止めの技法によって、文章に畳みかけるようなリズムを与えている。

イ「びしょびしょ」という擬態語によって、様子をあえて不明瞭に伝え、読み手の関心をかき立てている。

ウ「上弦の月がぼやけた」という情景描写によって、時間が経過していることを暗示している。

エ「紐のむすびめが解けていく」という隠喩によって、たとえられているものの状態を印象づけている。

第三問

次の文章を読んで、あとの問いに答えなさい。

抽象は、英語ではアブストラクト。つまり抽出だ。自然から*エッセンスを抽出するのが、抽象表現であり、それこそが芸術の本質である、ということだろう。古典的な芸術論では、芸術は自然の模倣であるとされていたが、むしろ自然からの抽出というべきものかもしれない。

*クレーは「芸術の本質は、見えるものをそのまま再現するのではなく、見えるようにすることにある」ともいっている。抽出することで、人に見えていないものを見えるようにすることができる。

勤務先の大学にできた「基礎美術」コースで、いけ花の*珠寶《しゅほう》さんのお献花を見学した。

珠寶さんが花器の前に座って一礼した瞬間、準備でがやがやしていた空気がすっとひきしまった。①思わず自分の背筋も伸びる。ヒノキを真《しん》に据えると、ツツジやフジ、そしてハチクの筍《たけのこ》までいけられていく。一つひとつの草木をとてもだいじに扱う様子が印象的だ。少し枯れているものも、虫食いのあるものも、同じようにだいじに扱われる。その手には迷いがない。適当な長さでさくっと切り、藁《わら》を束ねてつくった「こみわら」という花留《はなどめ》に、すっとさしこんでいく。

できあがったものは、気品があって、みずみずしくて、それこそ美しい。ヒノキの葉の流れがうねるようで、風を記憶しているみたいだと思った。自然を素材として美しく造形したというよりも、それまで見えていなかった自然の造形に目を向けさせられた気がした。

珠寶さんにお話をうかがうと、自然のなかに生えている草木を見て、その姿にはっとしたこと、自分が感化されたものを表現するのだという。まさに抽出であり「！」の表現だ。

「それぞれの草木が持っている天然の姿を生かして、立ち伸びる性質のものは天を臨むような姿に、また横に靡《なび》きしだれる枝はそのような出生の姿を尊重する」（珠寶『造化自然――銀閣慈照寺の花』二〇一三年）

険しい場所に生えている草木の方が、中身がぎゅっと詰まって密度が高く、ユニークな枝ぶりをしているものが多い。いっぽう、ぬくぬくと育った木は、やっぱりぽーっと生えていることが多いというから②おもしろい。だからたいていは、険しい岩山に草木を探しにいくのだそうだ。

自然の美しさ。それを言葉で表現するのはむずかしい。雄大、壮

地を踏む足の軽さにふらつきながらも、④初めて自分から奥山くんに手をさしのべた。

「こちらこそ、ありがとう」

再びつなぎあわせた手。それだけで十分だった。ためらいなく握手をしてくれた彼の濡れた掌に、十五年前の真実が宿っている。理解しあうために必要な年月もある。人は、生きるほどに必ずしも過去から遠のいていくのではなく、時を経ることで初めて立ち返れる場所もあるのだと、触れあった指先にほのかな熱を感じながら思った。

（森《もり》　絵都《えと》「出会いなおし」による）

＊をつけた語句の〈注〉

パニクって――頭の中が混乱して。
真梨江先生――当時の担任の先生。
鳩尾――胸骨の下にあるくぼんだ所。
SP――要人の警護に当たる私服の警官。
観音の笑み――ここでは、仏像のように穏やかな笑顔のこと。

問一　本文中に「①私はこくりと息を呑み、震える手をさしのべた。」とありますが、このときの「私」の心情を説明したものとして、最も適切なものを、次の**ア**～**エ**から**一つ**選び、記号で答えなさい。

ア　奥山の覚悟を感じ取り、気持ちが通じたことに感動している。
イ　奥山の意図が理解できず、何が起きるのかと困惑している。
ウ　奥山に弱気な姿を見せまいとして、気持ちが奮い立っている。
エ　奥山の態度があまりに高圧的なので、怒りを感じている。

問二　本文中に「②ごめん、と奥山くんが悲痛な声とともに低頭する。」とありますが、次の文は、奥山が「私」に謝りたいと思っていたことについて説明したものです。［　　］に入る適切な表現を考えて、**三十字以内**で説明しなさい。

精神状態がとても混乱する中、［　　　　］ので、転倒した「私」に、濡れた手をさしだせないでしまったこと。

問三　本文中に「③私の涙腺がゆるみ」とありますが、次の対話は、このことについて話し合ったものです。あとの㈠、㈡の問いに答えなさい。

〈Xさん〉「私の涙腺がゆるみ」とあるけれど、「私」はどうして涙がにじんだのかな。
〈Yさん〉それは、奥山が「ずっとこのへんに引っかかってて……」と言って、鳩尾のあたりを叩いたことによって起こっているね。「私」はこの言動から何かを感じ取ったので、涙がにじんだのだろうね。
〈Xさん〉そうだね。奥山のその言動は、「私」に謝ることができなかった後悔が心に引っかかっていて、その状態が十五年もの間続いてきたということを意味していると思うんだ。
〈Yさん〉うん。奥山の後悔が、SPになった今の生活にまで影響していることは、その後の「どうしてもあの日のことを思いだす」という言葉からも分かるからね。そして奥山は、転倒のときの対応のまずさを振り返っては、自分を［A］きたんだね。
〈Xさん〉そう考えると、涙がにじんだときに、「私」が奥山の言動から感じ取ったのは、これまで苦しんできたのは「私」だけではなかったということかもしれないね。だから「私」は、奥山に対して、「［B］」と感じたんだろうね。

「汗っかきなんだ」

「え」

「とくに、緊張するとすぐ汗が出て」

「あ……」

「今ならふつうに言えるけど、子どものころはすっごく、それが恥ずかしくて。どうしても、だれにも、知られたくなくて」

声をなくした私の前で、あいかわらず白い奥山くんの首筋がみるみる赤く染まっていく。

「あの日……あの予選の日も、ぼくの手、汗でびっしょりだった。気がつかなかった?」

問われて、ハッと息をつめた。あの日。スタートラインで肩と肩を組みあわせた瞬間の、奥山くんの掌。いつもよりそっけなく感じた記憶はある。感触は? 思いだせない。首を横にふった。

「そんな余裕なくて」

「すごい汗だったんだ、緊張して、あのムードにやられちゃって。紐《ひも》を結ぶときも、腕を組むときも、バレたらどうしようって、すごくびくびくしてて。飯田さんが転んだとき、あれが絶頂だった。ぼくのせいだ、ぼくが汗ばっか気にしてたからだって*パニクって、ますます手がびしょびしょになって……」

②ごめん、と奥山くんが悲痛な声とともに低頭する。

「その濡れた手を、どうしても、飯田さんに、さしだせなかった」

「……」

時間が止まった。時がもどった。十五年前のあの日、地べたに転がる私を無表情に見下ろしていた奥山くん。どうして気づいただろう。そのこぶしが大量の汗を抱いていたなんて。いつも冷静で、おだやかで、大人びていたあの男の子が、それほどの重圧に震えていたなんて。

子どもだったんだ。ふいに、その当然の事実がすとんと胸に落ちた。奥山くんも、私も、もしかしたら*真梨江《まりえ》先生も、あのころはみんなまだ本当に子どもだったんだ――。

「あれからぼく、飯田さんの顔、とてもじゃないけどまともに見られなくて、謝る勇気もないまま卒業しちゃって、それが、なんていうか、ずっとこのへんに引っかかってて……」

③このへん、と奥山くんのこぶしが*鳩尾《みぞおち》のあたりを叩《たた》いた瞬間、はじかれたように私の涙腺がゆるみ、彼の背後にうかぶ上弦の月がぼやけた。

「だから今日、飯田さんと話ができてよかった。ほんとによかった」

「奥山くん……」

「*SPやってると、どうしてもあの日のことを思いだすんだ。どんな要人守っても、セレブ守っても、クラスメイトの女子一人守れなかったら、ただのポンコツだなって」

十五年間、私とおなじ重さを負ってきてくれた元パートナー。その肩からようやく力がぬけて、なつかしい*観音《かんのん》の笑みがもどった。

私も――。目の縁ぎりぎりに涙を押し留《とど》めながら、私は声にならない声を返した。私もずっとあの日に捕らわれつづけてきた。ことあるごとに自ら傷口をえぐり、そして、弱気になっていた。どうせまた私は失敗する。自分のせいでみんなに迷惑をかける。悪いほうへ悪いほうへと考えては怖《お》じけてしりごみし、心の弱さをぜんぶあの転倒のせいにして、結局のところ、臆病な自分を甘やかしつづけていた。

「私も、話ができてよかった。今日、ここにきて本当によかった」

ほどけていく。自らの手でこじらせていた紐のむすびめが解けていく。

「ありがとう」

切なものを、次のア～エから一つ選び、記号で答えなさい。

ア　謹厳実直　　イ　心機一転

ウ　大器晩成　　エ　初志貫徹

(四)　【練習後の会話】の中の「④特に気になったのは、」で始まる発言は、どのような観点に基づく指摘ですか。その説明として、最も適切なものを、次のア～エから一つ選び、記号で答えなさい。

ア　話が論理的であるかどうかという観点に基づいて、Aさんが実現したいことを考えた根拠が明確に述べられていないという指摘。

イ　事実と考えを区別して話しているかどうかという観点に基づいて、「あいさつ運動」の成果に事実が含まれていないという指摘。

ウ　聞き手が理解しやすい表現になっているかどうかという観点に基づいて、Aさんが実現したいことの説明が具体的ではないという指摘。

エ　話題を提示する際に聞き手に伝わりやすい工夫があるかどうかという観点に基づいて、資料を用いて説明したほうがよいという指摘。

(五)　【練習後の会話】の中に、「⑤その部分も聞き手にとって分かりやすくなるように直してみるよ。」とありますが、次の文章は、AさんがBさんのアドバイスに基づいて、【演説の練習】の中の～～～の部分を直したものです。□に入る適切な表現を考えて、十五字以内で答えなさい。

> そこで、「あいさつ運動」を充実させるために、私が□。一つ目は、「あいさつ運動」を、学校の近くの商店街や近隣の小学校の前で実施することです。二つ目は、「あいさつ運動」を、生徒会執行部と生活委員会だけが行うのではなく、生活委員を中心として、クラスごとに当番を決めて行うことです。

第二問　次の文章を読んで、あとの問いに答えなさい。

> 「私」（飯田《いいだ》）は、十五年前の小学六年生のときに、クラスで「三十人三十一脚」の大会に参加し、自分が転倒したせいで敗退したことと、練習中は隣で優しく支えてくれていた奥山《おくやま》が、大会を境によそよそしくなったことを、ずっと気に病んできた。「私」は意を決して同窓会に出席し、奥山に転倒したことをわびた。

「あ、あの、ほんとにごめんね、今さら。聞いてくれてありがとう。じゃ……」

言うだけ言って逃げようとした私を制するように、そのとき、奥山くんがぬっと掌《てのひら》を突きだし、張りつめた声を響かせた。

「触って」

「え」

「触ってみて」

血色のいい大きな掌。触って？　意味がわからず瞳で問うも、奥山くんは一文字に結んだ口を動かさない。どうやらそのままの意味らしい。

①私はこくりと息を呑《の》み、震える手をさしのべた。人差し指と中指、二本の指先でそっと眼下の掌に触れる。ぬめりとした。

「濡《ぬ》れてるでしょ」

「はい？」

①たとえ実現するのが難しいので、あきらめずに最後まで努力したいと思います。どうか皆さん、私に一票をお願いします。

【練習後の会話】

〈Aさん〉聞いていてどうだったかな。話し方について、何か気づいたことはあったかな。

〈Bさん〉そうだね。演説にかかった時間は、ちょうどいいくらいだったよ。それと、今は二人だけで練習しているけれど、当日は、②立会演説会という場に合った話し方を心がけるといいね。

〈Aさん〉では、話し方を工夫してみるよ。他にもあるかな。

〈Bさん〉Aさんのモットーについてだけれど、同じような意味を表す四字熟語があったよね。四字熟語を使ったほうが、強い印象を与えると思うよ。

〈Aさん〉うん。それは「③」という四字熟語だよね。確かに、そのほうがいいね。演説の内容についてはどうだったかな。

〈Bさん〉④特に気になったのは、「あいさつ運動」を充実させるために実現したいことについてだね。その直前に話していた、現在の「あいさつ運動」の話からは、すんなりつながらないように感じたよ。もう少し説明が必要じゃないかな。

〈Aさん〉うーん。言われてみるとそのとおりだね。当日までに、実現したいことについての説明をよく考えて、説得力を高められるようにするよ。

〈Bさん〉そのほうがいいよ。Aさんが実現したいことは、聞き手にとって最も知りたい情報だからね。ただ、さっきの練習を聞いていたときは、伝えたいことがどういうことなのか、よく分からないなと思ったよ。実現したいことがいくつあるのか、それはどういう内容なのかが分かりやすく述べられると、いいと思うよ。

〈Aさん〉なるほど。⑤その部分も聞き手にとって分かりやすくなるように直してみるよ。

〈Bさん〉そうだね。Aさんの思いが、みんなに伝わるといいね。

㈠ **【演説の練習】**の中に①「たとえ実現するのが難しいので」とありますが、適切な表現になるように、「難しいので」の部分を、**五字**で直しなさい。

㈡ **【練習後の会話】**の中に②「立会演説会という場に合った話し方」とありますが、その話し方として、最も適切なものを、次の**ア**～**エ**から一つ選び、記号で答えなさい。

ア 全校生徒に話すので、間違わないように原稿から目を離さずに読む。

イ 広い会場で話すので、よく聞き取れるようにはっきりと発音する。

ウ 生徒に向かって話すので、親近感が湧くように丁寧語を使わない。

エ 他の立候補者と競うので、印象に残るようになるべく早口で話す。

㈢ **【練習後の会話】**の中の③にあてはまる言葉として、最も適

＜国語＞

時間　五〇分　満点　一〇〇点

第一問　次の問いに答えなさい。

問一　次の文の――線部①～⑧のうち、漢字の部分はその読み方をひらがなで書き、カタカナの部分は漢字に改めなさい。

・夕食までの時間を読書に①費やす。
・洋服の破れを②繕う。
・③傾斜が急な坂道を登る。
・主役を演じた役者が④喝采を浴びる。
・庭にある木の⑤ミキの太さを測る。
・鳥が海の向こうへ⑥トんでいく。
・⑦アンイに判断しないように心がける。
・大臣が諸外国を⑧レキホウする。

問二　熟語の構成が「予定」と同じものとして、最も適切なものを、次のア～エから一つ選び、記号で答えなさい。

ア　仮眠　　**イ**　着席　　**ウ**　尊敬　　**エ**　雷鳴

問三　次の行書で書かれた漢字を楷書で書いたとき、総画数が最も多いものを、次のア～エから一つ選び、記号で答えなさい。

ア　銅　　イ　種　　ウ　潮　　エ　磁

問四　中学校の生徒会の会長に立候補したAさんは、立会演説会に向けて演説の練習を行い、それを聞いていたBさんからアドバイスをもらいました。次は、Aさんの**【演説の練習】**と、AさんとBさんの**【練習後の会話】**です。あとの㈠～㈤の問いに答えなさい。

【演説の練習】

私は、二年一組のAです。どうぞよろしくお願いします。

私が生徒会長に立候補した理由は、この学校を、互いに協力し合う、笑顔あふれる学校にしたいと考えたからです。私はこれまで、「心に決めた目標を変えることなく最後までやり通す」ことをモットーに、何事にも取り組んできました。私は、生徒会長になって皆さんのために、自分の力を発揮したいと思います。

さて、互いに協力し合う、笑顔あふれる学校にするために、私が生徒会長になって取り組みたいことは、「あいさつ運動」を充実させることです。現在、生徒会執行部と生活委員会の活動として、週に一回、昇降口前で「あいさつ運動」を実施しています。「あいさつ運動」によって、休み時間や放課後でも元気よく挨拶が交わされるようになり、学校が明るい雰囲気になってきました。

そこで、「あいさつ運動」を充実させるために、私が実現したいこととして、学校の近くの商店街や近隣の小学校の前で実施することと、生徒会執行部と生活委員会だけが行うのではなく、生活委員を中心として、クラスごとに当番を決めて行うことを考えました。

これにより、学校全体で「あいさつ運動」に取り組むことになるので、「互いに協力し合う」ことができ、そのうえ、本校が元気よく挨拶をする「笑顔あふれる学校」になるだけでなく、あふれる笑顔を地域にも広げていくことができると思います。これらのことを実現するのは簡単ではないかもしれません。しかし、

2020年度

解答と解説

《2020年度の配点は解答用紙集に掲載してあります。》

＜数学解答＞

第一問　1　-5　2　$-\frac{18}{25}$　3　$3y+2$　4　$4ab$　5　$2\sqrt{2}$　6　$x=-3,\ x=8$

7　ウ，オ　8　$4\sqrt{3}-\frac{4}{3}\pi\,(\mathrm{cm}^2)$

第二問　1　(1)　$x-4$(歳)　(2)　25歳　2　(1)　27通り　(2)　$\frac{19}{27}$

3　(1)　$y=-x-1$　(2)　$-\frac{27}{4}\leqq y\leqq 0$　4　(1)　$50\pi\,\mathrm{cm}^3$

(2)　(円錐Pの体積)：(円柱Qの体積)＝9：128

第三問　1　(1)　0.2　(2)　度数の合計に対する，記録が5分30秒未満の人の割合は，A組が0.35でB組が0.32であり，A組の方が高いから。

2　(1)　600m　(2)　(ア)　右図

(イ)　320m

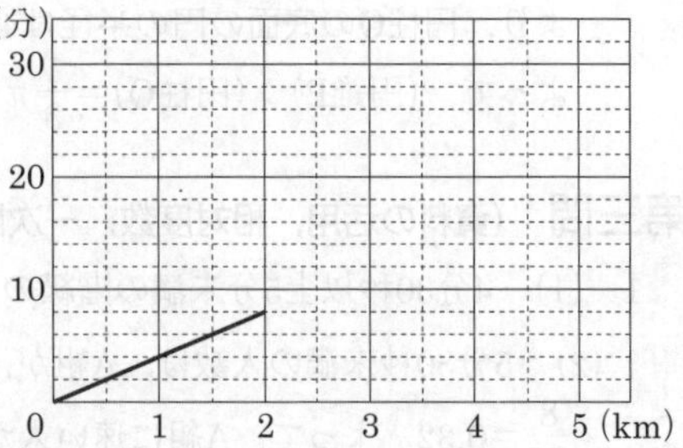

第四問　1　$\sqrt{7}$ cm　2　(1)　解説参照

(2)　$\frac{9\sqrt{7}}{4}\mathrm{cm}^2$　(3)　$\frac{3\sqrt{43}}{5}$cm

＜数学解説＞

第一問　(数・式の計算，平方根，二次方程式，正の数・負の数，面積)

1　$7-12=-(12-7)=-5$

2　$-\frac{9}{10}\div\frac{5}{4}=-\frac{9}{10}\times\frac{4}{5}=-\frac{18}{25}$

3　$3(4x+y)+2(-6x+1)=12x+3y-12x+2=3y+2$

4　$6a^2b\times 2b\div 3ab=\frac{6a^2b\times 2b}{3ab}=4ab$

5　$\sqrt{32}-\sqrt{18}+\sqrt{2}=\sqrt{4^2\times 2}-\sqrt{3^2\times 2}+\sqrt{2}=4\sqrt{2}-3\sqrt{2}+\sqrt{2}=2\sqrt{2}$

6　$x^2-5x-24=0$　$(x+3)(x-8)=0$　よって，$x=-3,\ 8$

7　$a^2>0$，$(-a)^2>0$に注意すると，正の数であるのは，ウとオ

8　△ABDは内角の大きさが30°，60°，90°の直角三角形だから，BD＝2AB＝8(cm)，AD＝$\sqrt{3}$AB＝$4\sqrt{3}$(cm)　また，AB＝AEより，△ABEは正三角形だから，BE＝AB＝4cm　よって，点Eは線分BDの中点であり，∠DAE＝30°だから，求める面積は，△AED－(おうぎ形AEC)＝$\frac{1}{2}\times 4\times 4\sqrt{3}\div 2-\pi\times 4^2\times\frac{30}{360}=4\sqrt{3}-\frac{4}{3}\pi\,(\mathrm{cm}^2)$

第二問　(一次方程式の応用，確率，関数とグラフ，直線の式，変域，立体の体積・体積比)

1　(1)　BさんはAさんより4歳年下だから，Bさんの現在の年齢は$(x-4)$歳と表すことができる。

(2)　Cさんの現在の年齢は，$\{x+(x-4)\}\times 2=4x-8$(歳)　18年後の年齢の関係について，$(4x-8)+18=\{x+18+(x-4)+18\}$　$4x+10=2x+32$　$2x=22$　$x=11$　よって，Aさんの年齢

は11歳，Cさんの年齢は，$4\times11-8=36$(歳) したがって，$36-11=25$(歳)年上である。

2 (1) $3\times3\times3=27$(通り)

(2) 同じアルファベットが続いていない場合は，A−B−A，A−B−AB，B−A−B，B−AB−A，B−AB−AB，AB−A−B，AB−AB−A，AB−AB−ABの8通り。よって，求める確率は，$1-\frac{8}{27}=\frac{19}{27}$

3 (1) 点Aのy座標は，$y=-\frac{3}{4}x^2$に$x=2$を代入して，$y=-\frac{3}{4}\times2^2=-3$　よって，A$(2,\ -3)$　直線ℓの傾きは-1より，直線ℓの式を$y=-x+b$とおいて，$x=2$，$y=-3$を代入すると，$-3=-2+b$　$b=-1$　よって，$y=-x-1$

(2) 直線ℓの傾きは負より，$x=a$のとき，$y=2$だから，$y=-x-1$に$x=a$，$y=2$を代入して，$2=-a-1$　$a=-3$　$-3\leqq x\leqq2$のときの関数$y=-\frac{3}{4}x^2$のyの変域は，$y=-\frac{3}{4}\times(-3)^2=-\frac{27}{4}$より，$-\frac{27}{4}\leqq y\leqq0$

4 (1) $\frac{1}{3}\pi\times5^2\times6=50\pi\,(\mathrm{cm}^3)$

(2) 円錐Pの底面の円の半径を$3r$cm，高さを$3h$cmとすると，底面の面積の比が，$9:16=3^2:4^2$より，円柱Qの底面の円の半径は$4r$cm　また，高さの比が$3:8$より，円柱Qの高さは$8h$cm　よって，(円錐P)：(円柱Q)$=\frac{1}{3}\pi\times(3r)^2\times3h:\pi\times(4r)^2\times8h=9\pi r^2h:128\pi r^2h=9:128$

第三問　(資料の活用，相対度数，一次関数のグラフの利用，グラフの作成)

1 (1) 4分30秒以上5分未満の階級の度数は4人だから，相対度数は，$\frac{4}{20}=0.2$

(2) 5分30秒未満の人数は，A組が，$4+3=7$(人)より，$\frac{7}{20}=0.35$　B組が，$5+3=8$(人)より，$\frac{8}{25}=0.32$　よって，A組に速い人が多いと考えられる。

2 (1) 右図のように，点A～点Iをとると，$\mathrm{AB}=1.4$kmより，$\mathrm{CD}+\mathrm{EF}+\mathrm{GH}=1.4$km　よって，$\mathrm{BC}+\mathrm{DE}=3.9-1.4\times2-0.4=0.7$(km)　$\mathrm{BI}=0.9-0.4=0.5$(km)だから，$\mathrm{BC}=0.5+(0.7-0.5)\div2=0.5+0.1=0.6$(km)　よって，600m

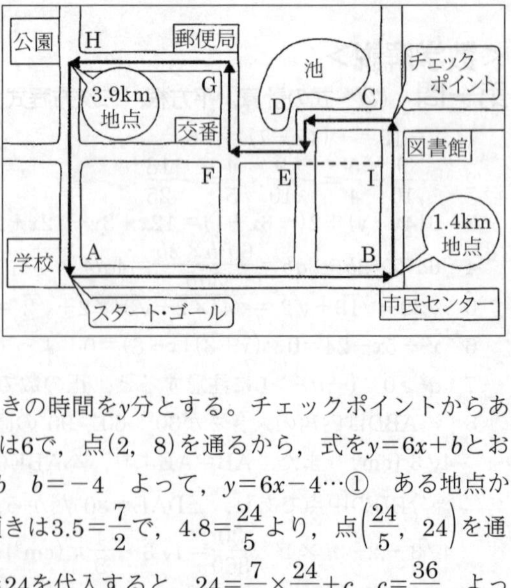

(2) (ア) 学校からチェックポイントまでは，$1.4+0.6=2$(km)あるから，$2000\times\frac{6}{1500}=8$より，8分かかる。よって，点$(0,\ 0)$と点$(2,\ 8)$を線分で結ぶ。

(イ) 学校をスタートしてから$x$km走ったときの時間をy分とする。チェックポイントからある地点までの走るようすを表すグラフの傾きは6で，点$(2,\ 8)$を通るから，式を$y=6x+b$とおいて，$x=2$，$y=8$を代入すると，$8=6\times2+b$　$b=-4$　よって，$y=6x-4$…①　ある地点からゴールまでの走るようすを表すグラフの傾きは$3.5=\frac{7}{2}$で，$4.8=\frac{24}{5}$より，点$\left(\frac{24}{5},\ 24\right)$を通るから，式を$y=\frac{7}{2}x+c$とおいて，$x=\frac{24}{5}$，$y=24$を代入すると，$24=\frac{7}{2}\times\frac{24}{5}+c$　$c=\frac{36}{5}$　よって，$y=\frac{7}{2}x+\frac{36}{5}$…②　2つのグラフの交点を求めればよいから，①，②を連立方程式として解いて，$6x-4=\frac{7}{2}x+\frac{36}{5}$　$\frac{5}{2}x=\frac{56}{5}$　$x=\frac{112}{25}$　したがって，$\frac{24}{5}-\frac{112}{25}=\frac{8}{25}=0.32$より，残り320mの地点。

第四問 (平面図形, 線分の長さ, 証明, 面積)

1　線分ABは円の直径だから, **円周角の定理**より, $\angle ADB=90^\circ$　$\triangle ABD$で, **三平方の定理**より, $BD^2=AB^2-AD^2=4^2-3^2=7$　$BD>0$より, $BD=\sqrt{7}$ (cm)

2 (1)　$AD=2DC$より, $AD:DC=2:1$…①　$AB=4$cm, $BE=2$cmより, $AB:BE=2:1$…②　①, ②より, $AD:DC=AB:BE$であるから, $DB/\!/CE$　四角形BECDは, 向かい合う1組の辺が平行な四角形なので台形である。

(2)　$\triangle ABD$と$\triangle AED$の底辺をそれぞれAB, AEとみると, 高さは等しいから, 面積の比は底辺の比に等しい。よって, $\triangle ABD:\triangle AED=AB:AE=4:6=2:3$より, $\triangle AED=\frac{3}{2}\triangle ABD=\frac{3}{2}\times\left(\frac{1}{2}\times3\times\sqrt{7}\right)=\frac{9\sqrt{7}}{4}$ (cm²)

(3)　$BD/\!/EC$なので, **三角形と比の定理**により, $BD:EC=AD:AC=2:(2+1)=2:3$　よって, $DF:FE=BD:EC=2:3$　点D, Fから辺ABに垂線DM, FNをそれぞれひくと, $DM/\!/FN$なので, $FN:DM=EF:ED=3:(3+2)=3:5$　$EN:EM=EF:ED=3:5$　ここで, $\angle ADB=\angle AMD=90^\circ$, $\angle DAB=\angle MAD$(共通)より, 2組の角がそれぞれ等しいから, $\triangle ABD\backsim\triangle ADM$　よって, $BD:DM=AB:AD$　$\sqrt{7}:DM=4:3$　$4DM=3\sqrt{7}$　$DM=\frac{3\sqrt{7}}{4}$ (cm)　$AD:AM=AB:AD$　$3:AM=4:3$　$4AM=9$　$AM=\frac{9}{4}$ (cm)　これより, $EM=6-\frac{9}{4}=\frac{15}{4}$ (cm)だから, $FN=\frac{3}{5}DM=\frac{3}{5}\times\frac{3\sqrt{7}}{4}=\frac{9\sqrt{7}}{20}$ (cm), $EN=\frac{3}{5}EM=\frac{3}{5}\times\frac{15}{4}=\frac{9}{4}$ (cm)　$\triangle ANF$で, **三平方の定理**により, $AF^2=AN^2+FN^2=\left(6-\frac{9}{4}\right)^2+\left(\frac{9\sqrt{7}}{20}\right)^2=\left(\frac{15}{4}\right)^2+\left(\frac{9\sqrt{7}}{20}\right)^2=\frac{387}{25}$　$AF>0$より, $AF=\frac{3\sqrt{43}}{5}$ (cm)

<英語解答>

第一問　問題1　1番　エ　2番　イ　問題2　1番　イ　2番　ウ　問題3　1番　ア　2番　イ　3番　エ　問題4　(例) Because I'm going to see my friend.

第二問　1 (1)　エ　(2)　ウ　(3)　ウ　2 (1)　felt　(2)　between　3 (1)　ウ→イ→オ→ア→エ　(2)　イ→エ→ア→オ→ウ

第三問　1　(例)自分たちのチームより他のチームの方が良いロボットを作ることができると考えていたから。　2　(例) He opens it when he has difficult problems.　3　ウ→ア→エ→オ→イ　4　have a strong will

第四問　1　イ　2　(例)[空気中のマイクロプラスチックが]風によって運ばれ, 雨や雪とともに世界中で地面に落ちるから。　3 (1)　(例) The light from the sun does.　(2)　(例) She has been afraid of microplastics entering her body.　4　ウ　5　Ⓐ　オ　Ⓑ　イ　6 (1)　ア　(2)　ウ

第五問　1　(例) Let's go to Sushi Aoba.　(例) How about Restaurant Miyagi?　2　(例) It's the most popular restaurant this month. You can enjoy good fish. It's more expensive than Restaurant Miyagi, but you will get a small present.　(例) It has more seats than Sushi Aoba, so we won't have to wait. Also, you can enjoy many kinds of food. It's popular among young people like us.

＜英語解説＞

第一問 (リスニング)

放送台本の和訳は，45ページに掲載。

第二問 (語句補充，語句の並べ換え)

1 (1) ジミー　：佐藤先生，このコンピューターの使い方を教えていただけませんか？
佐藤先生：もちろん。難しくありませんよ。やってみせましょう。
＜Could you…？＞「…していただけませんか」丁寧な依頼を表す表現。

(2) 母親　　　：この春，あなたの学校に5人の新しい先生が来られたそうね。
スティーブ：そうだよ。彼らのうちの2人は英語の先生だよ。
＜… 前置詞of＋代名詞の目的格them＞「彼らのうちの…」

(3) タケル：今週，ぼくたちはたくさんの宿題があるよね？
ローラ：そうね。でも私はもう宿題やったわ。
＜have＋already＋過去分詞done…＞「もう…をした」 現在完了の完了用法。
I' ve＝I have

2 (1) ダイキ：ALTの先生がぼくたちの学校を8月にやめるのを知っている？
ケリー：ええ，知ってるわ。昨日その知らせを聞いて私は悲しく感じたわ。
felt：feelの過去形。＜feel＋形容詞～＞「～な気持ちになる，感じる」

(2) ミサキ　　　：父はニューヨークを訪問しています。ニューヨークは今何時ですか，ジョーンズ先生？
ジョーンズ先生：東京とニューヨークの間の時差は14時間です。だから，向こうは今，午前2時ですね。
＜between A and B＞「AとBの間」という意味の連語。

3 (1) アヤコ　：これ，旅行のために買いたいと思っているカバンなんだ。どう思う？
ジャック：素敵だよ。それ買った方がいいよ。
This is the bag I want to buy for the trip.　**＜先行詞the bag＋主語I＋動詞want…＞** the bag とIの間に，**目的格の関係代名詞が省略**されている。

(2) トモコ：今年，あなたはどの学校行事を一番楽しんだ？
ビル　：合唱コンクールを楽しんだよ。
What school event did you enjoy the most this year?　**＜疑問詞what＋名詞school event＞**のまとまりの後に，**普通の疑問文の形が続く。**

第三問 (長文読解問題・スピーチ：日本語で答える問題，英問英答，文の並べかえ，要約文)

(全訳) 私はロボットクラブに入っています。私が1年生と2年生のとき，ロボットコンテストに参加しました。たくさんのチームが立派なロボットを作っていて，私たちのチームはその2年間，入賞できませんでした。

今年は私にとってコンテストに参加できる最後のチャンスでしたから，本当に一生懸命に努力しました。でもチームメートはそうではありませんでした。私は彼らにもっと一生懸命にやるようにお願いしたのですが，あるチームメートは，「太郎，自分たちのチームより他のチームの方がよいロボットを作ることができると思うよ。だから，僕たちは勝てないと思う」と言いました。私はそれを聞いて，悲しくなりました。しかし帰宅したとき，私のお気に入りの本のことを思い出しました。

その本はある男性によって書かれたものです。この男性は小さな会社を経営し，ロケットを作ろうとしていました。小さな会社がロケットを作るのは難しく，それは不可能だと多くの人が考えました。でも彼はあきらめず，ついに作り上げました。彼は本の中で，「夢を持つということは強い意志を持つということです。もし心の中に意志があれば，一生懸命に努力を続けて，簡単にはあきらめないでしょう。私の夢はこうして実現しました」と言っていました。私は，これは素晴らしいメッセージだと思いました。難題にぶつかったとき，私はその本を開きます。そしてこのメッセージがいつも私を助けてくれます。

次の日，私はチームメートにその本を見せ，そのメッセージについて彼らに話しました。僕たちはより良いロボットを作るために一所懸命努力すべきだよと言いました。2，3日後，彼らは私のところに来て言いました，「太郎，あの本を読んだよ。あのメッセージと君の強い意志が僕たちの考え方を変えたよ。ベストを尽くそう！」

私たちは一緒に懸命に努力し始めました。立派なロボットを作るのはとても大変でしたが，自分たちができることはすべて行いました。4か月後，コンテストの日が来ました。私たちのチームは優勝できませんでしたが，初めて2位を獲得しました！「太郎，やったぞ！」チームメートたちは泣いていました。あのような大変な時でさえ，私たちは強い意志をなくしませんでした。私たちは皆，とても大切な教訓を学びました。

1 **直前の接続詞So「だから」に着目**し，その前の文が下線部の理由であると判断できる。'better ~ than …'「…よりもっと良い～」

2「太郎はいつ自分のお気に入りの本を開きますか？」第3段落最後から2文目を参照。解答の際，質問文に合わせて，主語はhe，動詞はopensとする。

3 **ウ** タロウはコンテストに参加したが，入賞しなかった。(第1段落2，3文目を参照)→ **ア** 太郎のチームメートは太郎ほど一生懸命に努力しなかった。(第2段落1，2文目を参照)→ **エ** 太郎は悲しくなった。そして自分のお気に入りの本のことを思い出した。(第2段落最後の2文を参照)→ **オ** 太郎のチームメートはその本を読み，彼らは共に努力し始めた。(第4段落最後の2文，最終段落1文目を参照)→ **イ** 太郎のチームのみんなが立派なロボットを作るためにベストを尽くした。(最終段落2文目を参照)

4 (全訳)太郎のスピーチは素晴らしかった。その本と経験から，太郎とチームメートは，夢を持っているなら強い意志を持つことがとても大切だということを学んだ。私は，大変なことを経験する時には，このことを心に留めておきたいと思う。　第3段落5文目を参照。

第四問 (長文読解問題・説明文：指示語，日本語で答える問題，英問英答，要約文など)

(全訳) 1「プラスチックの雨」という言葉を聞いたことがありますか？ 私はこの言葉をあるニュース番組で聞きました。そのニュースで私は，科学者が雨水の中にとても小さなプラスチック片を見つけたということを知りました。① それらは，科学者が調査した雨の90パーセントの中に見つけられました。私はそのニュースに驚き，この問題に興味を持つようになりました。

2 雨水の中のプラスチック片のような，とても小さなプラスチック片は「マイクロプラスチック」と呼ばれています。それらは，私たちの周りにあるたいへん多くのプラスチック製品から生まれます。例えば，砂浜や海中でよくプラスチックボトルやビニール袋が見つかります。日光がこれらのプラスチックごみを小さな破片に砕きます。今日，海中にとても多くのマイクロプラスチックがあります。

3 では，なぜ雨の中にマイクロプラスチックが含まれているのでしょうか？ それらは海の中だけにあるわけではないのです。空気中にも含まれているのです！ 例えば，私たちの衣服に使われている合成繊維もプラスチック製品ですが，それらは容易にマイクロプラスチックになります。この種のマイクロプラスチックはとても小さいので，私たちの目で見ることができません。空気中には，私たちの衣服から出たとてもたくさんのマイクロプラスチックがあるのです。それらは風で運ばれ，雨や雪とともに世界中で地面に落ちます。聞いたところによると，② マイクロプラスチックはロッキー山脈や北極圏にでさえ見つけられるそうです。

4　マイクロプラスチックのサイズはとても小さいです。しかし，それらは将来大きな問題を生み出すかもしれません。海の魚がマイクロプラスチックを食べ続けたら何が起きるでしょうか？　これらの魚を私たちが食べ続けたら何が起きるでしょうか？　マイクロプラスチックがたくさん含まれた空気の中で呼吸し続けたらどんなことが起こるでしょうか？　私はプラスチック汚染について多くのことを学びました。それ以来，私は自分の体内に入り込むマイクロプラスチックのことが恐ろしいと感じています。科学者たちでさえ，マイクロプラスチックが私たちの健康にどのように影響するのか分かっていません。

5　今，私はプラスチック汚染を止めるために何かをしたいと思っています。私たちには2つのことができると思います。1つ目として，道路にあるプラスチックごみを拾いましょう。道路のごみはよく，川に行き，最終的に海に入ります。ですから，もし周辺の道路をきれいにするなら，同時に海をきれいにすることもできます。2つ目として，プラスチックボトルやビニール袋のような，プラスチック製品をあまり多く使用しないでください。私は学校へ水筒を持ってきます。店では，自分の買い物袋を使います。これらのことをするとしても汚染をストップさせることは難しいと皆さんは思うかもしれません。しかし大勢の人が一緒にそれらのことをすれば，違いが生じます。これら2つのことを私と一緒にしませんか？　そうすれば私たちは，プラスチックの雨のない未来を目にすることができるかもしれません。

1　they「それら」が指す複数名詞は何か，直前の文からさがす。

2　直前の文を参照。carry「運ぶ」，fall on…「…に落ちる」

3　(1)「何がプラスチックごみを小さな破片に砕いてしまうのですか？」第2段落最後から2文目を参照。解答の文末の‘does’は，質問文の‘breaks’の代わり。　(2)「美紀はプラスチック汚染について知ってから，何を恐れていますか？」第4段落最後から2文目を参照。質問の主語がsheであることを踏まえて答えを書くこと。

4　第5段落3文目と6文目を参照。それぞれ，**‘First’「1つ目」，‘Second’「2つ目」という単語が解答するうえでのヒント。**

5　Ⓐ　オ「マイクロプラスチックとは何で，それらはどのようにして作られたか？」上記「全訳」第2段落部分を参照。　Ⓑ　イ「美紀はプラスチックの問題がだんだん大きくなることについて心配している」上記「全訳」第4段落部分を参照。

6　（会話文訳）

ダニエル：美紀，君のコラムを読んだよ。本当に興味深かったよ。

美紀　　：ありがとう，ダニエル。雨の中にマイクロプラスチックが入っていることを今まで考えたことはある？

ダニエル：ない！　マイクロプラスチックが世界中にⒸ広がっているということを知って驚いたよ。便利なプラスチック製品がたくさんあるけれど，それらがときにはⒹ環境に問題をもたらすんだね。君のコラムでそれを知ったよ。

美紀　　：私の書いたコラムを通してあなたにプラスチック汚染のことがさらにわかってもらえてうれしいわ。

(1)　ア「広がっている」　イ「報告している」　ウ「生産している」　エ「損害を受けている」

(2) ア「服のリサイクル」 イ「君のコラム」 ウ「環境」 エ「マイクロプラスチック」

第五問 (条件英作文)

(全訳)

リック：今からお昼を食べようよ。このウェブサイトで，2つのレストランが見つかったよ。どちらのレストランもよさそうだね。文也，この2つから選んでくれる？

文也　：いいよ，リック。①(解答例訳)あおばすしに行こう。/ レストランみやぎはどうかな？

リック：OK！　なぜこっちを選んだの？

文也　：②(解答例訳)今月一番人気があるレストランなんだ。おいしい魚が楽しめるよ。レストランみやぎより値段が高いけど，ささやかなプレゼントがもらえるよ。/ あおばすしよりたくさんの座席があるから，待つ必要がないはずだよ。それに，たくさんの種類の食べ物が楽しめるんだ。ぼくたちのような若者に人気があるお店だよ。

2020年度英語　放送によるテスト

〔放送台本〕

これから，第一問の放送によるテストを行います。放送を聞いて問題1から問題4に答えなさい。放送中に問題用紙にメモをとってもかまいません。

問題1，二人の会話を聞いて，そのあとの質問に対する答えとして，最もふさわしい絵を，それぞれア，イ，ウ，エの中から1つ選んで，その記号を解答用紙に書きなさい。会話と質問は，それぞれ2回繰り返します。では，始めます。

1番 *Jane:* Ken, Let's watch a movie tomorrow.
Ken: Sorry, I'm going to practice baseball. How about next Sunday?
Jane: Oh, I have a guitar lesson on that day.
What is Ken's plan for tomorrow?

2番 *Ian:* We have a math test on July third.
Kayo: Oh, the date was changed. It's on June 30th.
Ian: Really? That's next Monday, right?
Kayo: No, it's next Tuesday.
When is the math test?

〔英文の訳〕

1番 ジェーン：ケン，明日映画を見ましょうよ。
ケン　　：ごめんね，野球の練習があるんだ。次の日曜日はどう？
ジェーン：あー，その日はギターのレッスンがあるの。
質問：明日のケンの予定は何ですか？
答え：エ

2番 イアン：7月3日に数学のテストがあるね。
カヨ　：あー，日付が変わったわ。6月30日よ。
イアン：ほんとう？　次の月曜ということ？

カヨ ：いいえ，次の火曜日よ。
質問：数学のテストはいつですか？
答え：イ

〔放送台本〕

次に問題2に移ります。由香(Yuka)とクリス(Chris)が会話をします。二人の会話は，問題用紙に示されている順に進みます。空欄に入る発言として最も適切なものを，それぞれア，イ，ウ，エの中から1つ選んで，その記号を解答用紙に書きなさい。放送される会話の空欄のところでは，チャイム音(チャイム音)が鳴ります。会話は，それぞれ2回繰り返します。では，始めます。

1番 *Yuka:* Are you cooking lunch, Chris?
Chris: Yes, I am. It's almost ready.
Yuka: Is there anything I can do?
Chris: (チャイム音)

2番 *Yuka:* These T-shirts look so nice.
Chris: I agree. I think I'll buy this one. How about you?
Yuka: Maybe I'll get that blue one.
Chris: (チャイム音)

〔英文の訳〕

1番 由香 ：ランチを作っているの，クリス？
クリス：そうだよ。もうすぐできるよ。
由香 ：何かお手伝いしようか？
クリス：イ ありがとう，テーブルのセッティングをお願い。

2番 由香 ：これらのTシャツ素敵ね。
クリス：そうだね。ぼくはこれを買おうと思う。君はどうする？
由香 ：そうねえ，あの青いのを買うわ。
クリス：ウ それはいい選択だね。

〔放送台本〕

次に問題3に移ります。高校生の真奈が，講演のため来校したグリーンさんにインタビューをします。そのあとでインタビューの内容について3つの質問をします。それらの質問に対する答えとして最も適切なものを，それぞれア，イ，ウ，エの中から1つ選んで，その記号を解答用紙に書きなさい。はじめに会話，続いて質問の順で，2回繰り返します。では，始めます。

Mana: Thank you for coming today, Mr. Green. My name is Mana.
Mr. Green: You're welcome, Mana. Nice to meet you.
Mana: I always enjoy watching your game on TV.
Mr. Green: Oh, thank you.
Mana: Did you start playing soccer when you were a child?
Mr. Green: No. I played basketball first. My sister was on a basketball team, so I played it with her.
Mana: I see. Then, when did you start playing soccer?
Mr. Green: I started it when I was 17 years old. My teacher asked me to join

the school soccer team. I tried it, and soon I loved it.

Mana: Really? Then you started soccer only ten years ago. Now you play soccer as your job. I'm surprised!

Mr. Green: Mana, if you want to try something new, it's never too late to start. My sister started to learn cooking at 30 years old, and now she is a chef at a restaurant!

続いて質問に移ります。

1番　What is Mr. Green's job?

2番　What was Mr. Green's important message?

3番　Which is true about Mr. Green?

〔英文の訳〕

真奈　　　　：来校ありがとうございます，グリーンさん。私の名前は真奈です。

グリーンさん：どういたしまして，真奈さん。初めまして。

真奈　　　　：あなたの試合はテレビでいつも見て楽しんでいます。

グリーンさん：オー，ありがとうございます。

真奈　　　　：子どものときにサッカーをやり始めたのですか？

グリーンさん：いいえ。まずバスケットボールをやりました。姉がバスケットボールのチームに入っていたので，彼女と一緒にやりました。

真奈　　　　：なるほど。では，いつサッカーをやり始めたのですか？

グリーンさん：17歳のときに始めました。私の先生がサッカーのチームに入るよう勧めてきたのです。私は挑戦し，すぐにサッカーが大好きになりました。

真奈　　　　：そうなんですか？　では，ほんの10年前にサッカーを始めたのですね。今では，サッカーを仕事としておられます。驚きました。

グリーンさん：真奈さん，新しいことに挑戦したいと思うなら，始めるのに遅すぎるということは決してありませんよ。私の姉は30歳で料理を学び始めましたが，今ではレストランのシェフなんですよ！

1番　質問：グリーンさんの仕事は何ですか？

　　　答え：ア　彼はサッカーの選手です。

2番　質問：グリーンさんの大切なメッセージは何でしたか？

　　　答え：イ　もし新しいことを始めたいと思うなら，歳を取り過ぎてそれに挑戦できないということは決してない。

3番　質問：グリーンさんについて正しいのはどれですか？

　　　答え：エ　彼は10年前にサッカーを始め，すぐにそれが好きになった。

〔放送台本〕

次に問題4に移ります。ケビン(Kevin)とケビンの母親(Mother)が会話をします。二人の会話は，問題用紙に示されている順に進み，母親がケビンに質問をします。ケビンになったつもりで，空欄に入る適切な発言を考えて，英語で解答用紙に書きなさい。放送される会話の空欄のところでは，チャイム音(チャイム音)が鳴ります。会話を2回繰り返したあとに，答えを記入する時間をとります。では，始めます。

Mather: Kevin, please stay home tomorrow afternoon. Your grandfather is

going to come.
Kevin: Sorry Mom, but I can't.
Mather: Why?
Kevin: (チャイム音)
これで放送によるテストを終わります。

〔英文の訳〕
母親　：ケビン，明日の午後は家にいてね。あなたのおじいちゃんが来る予定だから。
ケビン：ごめんね，おかあさん，それは無理なんだ。
母親　：どうして？
ケビン：(解答例)なぜなら友達に会う予定だから。

＜理科解答＞

第一問　1 (1) ウ　(2) ① 反射　② イ　2 (1) 水上置換法
(2) (例1)試験管Aにあった空気が入っているため。　(例2)発生した二酸化炭素だけを集めるため。　(3) ア　3 (1) 音源(発音体)
(2) ウ　(3) 345〔m/s〕
4 (1) 右図　(2) ウ　(3) ア

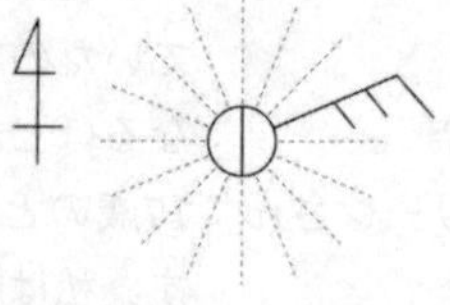

第二問　1 エ　2 ウ　3 中和　4 ① 水　② Na^+
③ Cl^-　5 イ

第三問　1 エ　2 衛星　3 (1) (例)同じ時刻に観察したとき，月は，月の公転により，1日に約12°ずつ移動するのに対し，オリオン座は，地球の公転により，1日に約1°ずつ移動するから。　(2) エ　4 イ

第四問　1 イ　2 蒸散　3 イ　4 ウ　5 (例)スズランEの方が，スズランFよりも水の減少量が多かったことから，葉先側に気孔が偏って分布していると考えられる。

第五問　1 20〔cm/s〕　2 ア　3 ア　4 エ　5 (例)アルミニウム棒にはたらく重力の分力である斜面下向きの力と，電流が流れるアルミニウム棒が磁石の磁界の中で受ける力がつり合っているから。

＜理科解説＞

第一問 (刺激と反応，気体の発生，音の性質，気象)

1 (1) 光は目，においは鼻，味は舌で刺激を受けとる。 (2) ① 反射では，**刺激が脳に伝わる前に，せきずいで刺激に対する命令を出す**ため，無意識のうちに反応が起こる。 ② 反射では，感覚器官で受けた刺激が感覚神経を通り，せきずいまで伝わったあと，せきずいで判断されて命令を出す。この命令は運動神経を通って運動器官まで伝えられる。

2 (1) 水と置き換えて気体を集める方法を，水上置換法という。 (2) 装置からはじめに出てくる気体には，装置内にもともとあった空気が多く含まれている。(3) 二酸化炭素を発生させる方法を選ぶ。イは酸素，ウは気体は発生しない。エは水素が発生する。

3 (1) 音を出すものを，音源，または発音体という。 (2) 振幅が大きくなるほど音の大きさ

は大きい。振動数が少なくなるほど音は低い。　(3)　690〔m〕÷2.0〔s〕＝345〔m/s〕

4　(1)　天気図記号で風向を表すには，風向の向きに矢を立て，風力に応じて羽根をつける。
(2)　沿岸部の地域では，海風と陸風が吹きやすい。**海風は海から吹く風で，昼間に吹きやすい。陸風は陸から吹く風で，夜間に吹きやすい。**陸と海の位置関係からも，風向が西寄りのときは陸から吹く陸風，風向が東寄りのときは，海から吹く海風であるとわかる。(3)　陸から海に風がふくとき，海上にある空気に上昇気流が生じているため，陸の高圧部より海側へ空気が移動する。

第二問　(酸・アルカリと中和)

1　水酸化ナトリウム水溶液はアルカリ性である。フェノールフタレイン溶液は，酸性・中性で無色透明，アルカリ性で赤色を示す。

2　酸性→中性→アルカリ性の順に，pHは大きくなる。**BTB溶液は，アルカリ性で青色，中性で緑色，酸性で黄色を示す。**

3　酸の水素イオンとアルカリの水酸化物イオンが結合して中性の水となる反応を**中和**という。

4　中和によって，必ず水ができる。また，塩酸と水酸化ナトリウムの中和によってできる塩は塩化ナトリウムで，電離するとナトリウムイオンと塩化物イオンを生じる。

5　仮に，ビーカー内にNa^+が5個あるとき，OH^-の数も5個ある。ここにH^+とCl^-が各2個ずつ，合計4個加わると，水溶液中にふくまれるイオンの数の内訳は，Na^+が5個，OH^-が3個，H^+が0個，Cl^-が2個となる。よって，A点ではNa^+が最も多い。完全に中和したあと，水溶液中に残っているイオンの数の内訳は，Na^+が5個，Cl^-が5個のみであるが，ここからさらにうすい塩酸を加え，H^+，Cl^-をそれぞれ5個ずつ加えると，水溶液中に残っているイオンの数の内訳は，Na^+が5個，OH^-が0個，H^+が5個，Cl^-が10個となる。

第三問　(天体)

1　天体は，東からのぼり，南の空高くを通って西に沈むという日周運動を行う。

2　惑星のまわりを公転している天体を衛星という。

3　(1)　月は，1日に約12°公転するので，同じ時刻に観測した月は，1日たつごとに月の出の時刻が約50分ずつ遅くなる。そのため，同じ時刻に観測すると，日ごとに月が西から東のほうへ移動して見える。一方，恒星と地球の位置関係は6日間ではあまり変わらないので，同じ時刻に観測したときの位置はあまり変わらない。　(2)　月食は，**太陽－地球－月**の順に一直線上に並ぶため，地球のかげに月が入り，月が欠けて見える現象である。

4　月の満ち欠けの周期は約29.5日なので，1か月後の同じ時刻に観測すると，月は，1か月前の位置とほぼ同じ位置で観測できる。

第四問　(植物のからだのつくりとはたらき)

1　水面に油をたらして水の表面をおおうことで，水の蒸発を防ぐ。

2　水が植物によって吸い上げられて，気孔から水蒸気として放出される現象を，蒸散という。

3　表1から，スズランA～Dの結果と，水蒸気が出ていった部分をまとめると，右の表のようになる。よって，スズランAの葉の部分からの水の減少量は，A－B＝7.6－0.5＝7.1〔cm^3〕となる。

スズラン	A	B	C	D
水を放出した部分	葉の表，葉の裏，茎	茎	葉の裏，茎	葉の表，茎
水の減少量〔cm^3〕	7.6	0.5	5.8	2.2

4　葉の表からの蒸散量＝D－B＝2.2－0.5＝1.7〔cm^3〕，葉の裏からの水の蒸散量は＝C－B＝5.8－0.5＝5.3〔cm^3〕　蒸散量が多いほど気孔が多いと考えられるので，葉の裏側のほうが表側よりも気孔の数が多く，5.3÷1.7＝3.11…→約3.1倍であるといえる。

5　実験Ⅱより，葉先側から蒸散を行ったスズランEのほうが，付け根側から蒸散を行ったFよりも，水の減少量が多い。蒸散量が多いほど気孔の数が多いといえることから，付け根側よりも葉先側に気孔が多いと考えられる。

第五問　（物理総合）

1　12〔cm〕÷(0.2×3)〔s〕＝20〔cm/s〕

2　電流の進む方向に対して，同心円状で右回りの磁界ができる。

3　等速直線運動を行う物体には，進行方向またはその逆向きに力ははたらいていない。物体の重量と，それとつり合う垂直抗力のみがはたらく。

4　回路を流れる電流が大きくなるほど，電流のまわりに生じる磁界が強くなり，アルミニウム棒にはたらく力も大きくなる。回路に流れる電流を大きくするためには，より電気抵抗の小さい抵抗器を回路に接続すればよい。抵抗器を並列に数多くつなげるほど，回路の抵抗は小さくなる。

5　斜面上のアルミニウム棒には，重力の分力である斜面下向きの力がはたらいているが，アルミニウム棒が静止したことから，アルミニウム棒には斜面下向きの力とつり合う力がはたらいていることがわかる。この力は，磁界の中で電流が受ける力である。

＜社会解答＞

第一問　1 (1) ウ　(2) ア　2 エ　3 (1) ウ　(2) ① イ　② (例)広大な牧草地に多くの乳牛を放牧して飼育することで，飼料や牛舎の管理などにかかる費用を抑えて，少ない費用で牛乳を生産する[ことができます。]

第二問　1 ウ　2 エ　3 ウ→イ→ア　4 ア　5 (1) エ　(2) (例)江戸幕府は，本屋仲間を使って出版物の内容を規制することができ，本屋仲間は，盗作を防ぎながら書物の出版を独占することができたこと。

第三問　1 (1) エ　(2) 製造物責任法[PL法]　2 イ　3 イ　4 イ→ウ→ア
5 (例)社員の相談体制を整え，働きやすい職場環境をつくることで，仕事に対する意欲や会社への定着度を高め，雇用を安定させること。

第四問　1 (1) 濃尾(平野)　(2) オ　(3) エ　2 ア　3 (1) ウ
(2) (例)調査対象の民間企業の約半数は工場への投資を予定しており，東海地域の4つの県は，中部地方と近畿地方に位置し，工業地価格が比較的安いことから，立地状況や用地の価格など，投資で重視される条件に合致するから。

第五問　1 (1) 殖産興業(政策)　(2) ア　2 エ　3 (例)世界恐慌　4 イ
5 (例)高齢者の割合が増加する現状を踏まえ，施設や運行本数の改善と充実を図り，運賃設定を工夫することで，朝晩の通勤時間帯に加え，昼間の鉄道利用者も増加したから。

＜社会解説＞

第一問　(地理的分野－オセアニアに関する問題)

1　(1)　**東経140度の経線が男鹿半島を通っている**ことから判断すれば良い。ちなみに，イの経線が**東経135度の日本標準時子午線**である。　(2)　a　**日付変更線が東経180度＝西経180度の経線を基本に引かれている**ことから判断すれば良い。　b　北緯40度と描かれていることから，略地図Ⅱの日本列島は北緯30度から北緯45度の範囲内に概ね収まっていることが読み取れる。一方，略地図Ⅰからパプアニューギニアは緯度0度から南緯10度の範囲内に概ね収まっていることが読み取れる。これらを併せて判断すれば良い。

2　資料Aで**鉱産物資源にあたるのは石油・石炭・天然ガス**であることから判断すれば良い。各国の割合はそれぞれ，オーストラリア87%，ニュージーランド20%，パプアニューギニア67%，日本81%である。総発電量に占める鉱産物資源の割合は，オーストラリアが1位，日本が2位，パプアニューギニアが3位，ニュージーランドが4位であることから，ア・イ・ウは誤りである。

3　(1)　1人あたり国内総生産を計算すると，オーストラリアは12309(億ドル)÷2397(万人)＝約51351.7(億ドル)，ニュージーランドは1734(億ドル)÷453(万人)＝約38278.1(億ドル)，日本は43831(億ドル)÷12657(万人)＝約34629.8(億ドル)となることから，ウが正しいことが分かる。輸出額－輸入額で計算できる貿易赤字は，オーストラリア116億ドル，ニュージーランド22億ドル，日本235億ドルとなることから，アは誤りである。人口÷面積で計算できる人口密度は，オーストラリア3.1人/km^2，ニュージーランド16.8人/km^2，日本333.1人/km^2となることから，イは誤りである。機械類の割合が最も高いオーストラリアの輸入額は日本に次いで2番目であることから，エは誤りである。　(2)　①　年平均気温を見ると，最低気温が10℃を下回ることはないことから，気温は温暖と言える。年降水量を見ると100mm前後の降水量が毎月あることが分かるので，イが正しいと分かるはずである。したがって，年平均気温に注目すると，ウ・エが誤りであることが分かる。また，オーストラリアは南半球に位置することから，北半球に位置する日本とは季節が逆になることから，降水量が多い季節は冬であることが分かるので，アは誤りである。　②　資料Dから，ニュージーランドと日本を比較すると，乳牛の飼育頭数は日本の4.7倍であるのに対して，牧場・牧草地は17.1倍であることが分かる。すなわち，ニュージーランドは広大な牧草地で放牧していることが分かる。資料Eから，牛一頭あたりの飼育にかかる費用を比較すると，ニュージーランドは日本の約19%と非常に少ないことが分かる。これらを併せて説明すれば良い。

第二問　(歴史的分野－古代から近世までの日本の社会の様子と文学に関する問題)

1　日本初の律令である**大宝律令が701年**であることから判断すれば良い。**大和政権の成立は4世紀半ば**であることから，アは誤りである。須恵器・機織りなどを日本に伝えたのは**4世紀から7世紀にかけて日本に移り住んだ渡来人**であることから，イは誤りである。**平安京遷都**は8世紀後半の794年であることから，エは誤りである。

2　**1053年に平等院鳳凰堂が建てられた**ことから判断すれば良い。法隆寺は7世紀に建立されたことから，アは誤りである。聖武天皇の命により国分寺・国分尼寺が建てられたのは8世紀半ばであることから，イは誤りである。東大寺南大門は12世紀末に再建されていることから，ウは誤りである。

3　アは**足利尊氏が征夷大将軍に任命された1338年**，イは**承久の乱**のことで**1221年**，ウは**壇ノ浦の戦い**のあった**1185年**であることから判断すれば良い。

4　**五人組は江戸時代の農村支配のための仕組み**であることから，アは誤りである。

5　(1)　a　江戸時代の元禄文化の代表的な浮世草子の作者であることから判断すれば良い。

b　滑稽本の代表は化政文化の東海道中膝栗毛であることから判断すれば良い。　(2)　資料A・Bから，江戸幕府は出版物の内容を事前につかみ，出版の可否を判断できることが分かる。また，出版社は販売を独占でき，盗作を防止することも読み取ることができる。これらを併せて説明すれば良い。

第三問　(公民的分野－企業の役割と労働者の権利に関する問題)

1　(1)　資料Bは商品の流通に関するものであることから，銀行などの金融機関が入ることはないことから判断すれば良い。　X　生産者など，他の者から仕入れた商品を小売業者や他の卸売業者に販売する事業者のことである。　Y　生産者や卸売業者から商品を購入して最終消費者に販売する事業者のことである。　(2)　民法に基づいて不法行為による損害賠償責任を追及する場合は，加害者の故意・過失を被害者が証明しなくてはならなかったことを改善するために，1995年に施行された法律である。

2　**日本国憲法第22条**に規定された内容である。その他の内容に関する憲法の規定は，アは**第13条**，ウは**第27条**，エは**第14条**に示されている。

3　**1919年に制定されたワイマール憲法**151条で生存権が保証されたことに注目すれば良い。大日本帝国憲法では労働者の権利といった社会権に関する規定はないことから，アは誤りである。**フランス人権宣言では基本的人権の尊重・国民主権**にはふれているが社会権にはふれていないことから，ウは誤りである。**アメリカ独立宣言では民主主義**のあり方についてはふれているが社会権にはふれていないことから，エは誤りである。

4　アは1992年に施行された育児休業法が1995年に改正されたものである。イは1947年，ウは1986年から施行された法律であることから判断すれば良い。

5　資料Cから，メンター制度を導入している企業の方がそうでない企業よりも，働きやすいと感じる社員が多いことが分かる。資料Dから，働きやすいと感じている人はそうでない人よりも，仕事に対する意欲が高く，継続して働きたいと考えている人が多いことが分かる。これらを併せて説明すれば良い。

第四問　(地理的分野－静岡県・愛知県・岐阜県・三重県を切り口にした問題)

1　(1)　愛知県西部にあたる**尾張**から岐阜県南部にあたる**美濃**にかけて広がる平野である。

(2)　特徴のある数字に注目すれば良い。Zは山地面積の数字が最も大きく全体の面積も最も広いことから，内陸県である岐阜県だと分かる。Yはその他の面積が広いことから，浜名湖のある静岡県だと分かる。Xは残りの三重県だと分かる。これらを併せて判断すれば良い。

(3)　**愛知県の東海市に製鉄所がある**ことから判断すれば良い。駿河湾沿岸には，**カツオ・マグロの水揚げで有名な焼津港**や，湾の奥まったところには**製紙・パルプ工業で有名な富士市**などがあることから，ア，ウは誤りである。パルプの生産は富士市，**ピアノの生産は浜松市が盛ん**であることから，イは誤りである。

2　**ペリーの浦賀来航が1853年**であることから判断すれば良い。東廻り・西廻り航路が開かれたのは江戸時代前半の17世紀であることから，イは誤りである。備中ぐわ・千歯こきなどの農具は，江戸時代の前期にあたる17世紀以降発達したものであることから，ウは誤りである。**八幡製鉄所は1901年に操業を開始**していることから，エは誤りである。

3　(1)　資料Dの工業地価の推移を読み取ると，大阪府・神奈川県・兵庫県は2桁の増加率となっているが，東海地域に該当する4県は1桁の増加・減少率になっていることが分かるはずである。そこから判断すれば良い。資料Cから，工業生産額2位の神奈川県より4位の静岡県の方が従業者数が多いことが分かるので，イは誤りである。資料Cから，工業生産額上位5県の中に含まれる東海地域の県は愛知県・静岡県の2県であることから，エは誤りである。 (2) 結果Ⅰから，調査対象2731社中，1354社が工場への投資を予定していることが読み取れる。結果Ⅱから，工場投資で重視される条件の上位は既存の立地状況や用地の価格となっていることが読み取れる。これらを併せて判断すれば良い。

第五問 （総合問題－日本の鉄道と社会の様子を切り口にした問題）

1 (1) 産業を盛んにして国を豊かにしようという政策である。このスローガンの下，多くの官営工場が建てられることとなった。 (2) 郵便制度は，前島密の建議により1871年から導入されたことから判断すれば良い。貨幣経済は683年に日本最古の富本銭が造られ，それ以降様々な貨幣が造られ，また鎌倉時代には宋銭，室町時代には明銭が使われるようになったことから，イは誤りである。幕末の主な輸出品が生糸であったことから，ウは誤りである。日本のラジオ放送は1925年，テレビ放送は1953年からそれぞれ放送を開始していることから，エは誤りである。

2 Xは1905年のポーツマス条約の内容，Yは1895年の三国干渉の内容である。また，日清戦争は1894年，日露戦争は1904年であることから判断すれば良い。

3 世界恐慌または大恐慌と呼ばれる世界規模で起きた不況のことで，その悪影響は多くの国で第二次世界大戦終戦まで続いたとされている。

4 1947年に制定された独占禁止法を運用するために，同年に設置された行政委員会が公正取引委員会であることから判断すれば良い。公害被害者の救済は，基本的に発生源となった企業が行うことになるので，アは誤りである。地租改正は1873年に行われたので，ウは誤りである。普通選挙法は1925年に制定されたものであることから，エは誤りである。

5 資料Eから，高齢化が進んでいることが分かる。資料Fから，富山ライトレールが運行本数や運賃設定の工夫をしていることが分かる。資料Gから，昼の時間帯も利用者が多いことが分かる。これらを併せて説明すれば良い。

＜国語解答＞

第一問 問一 ① つい ② つくろ ③ けいしゃ ④ かっさい ⑤ 幹 ⑥ 飛 ⑦ 安易 ⑧ 歴訪 問二 ア 問三 ウ
問四 (一) (例)難しくても (二) イ (三) エ (四) ア
(五) (例)実現したいことは二つあります。

第二問 問一 イ 問二 (例)自分の手に大量の汗をかいていることを知られたくなかった
問三 (一) (例)責めて (二) 私とおなじ 問四 (例)奥山も苦しんできたことを知り，捕らわれつづけてきた十五年前の出来事から解放してくれたことに感謝する気持ち。 問五 エ

第三問 問一 ウ 問二 (例)生育環境に応じた姿 問三 A 自分の力がまるでおよばない B 美や畏れ 問四 エ 問五 (例)人知を超えたものに畏敬の念を抱き，自然から自分が感化されたものを抽出して，見えるようにすること。

第四問 問一 すえて 問二 (一) (例)部屋の中の暗さと外の雪の明るさ (二) ウ

第五問 (例) 私は，録画しながら見たり聞いたりすることは，本当にそれを味わうことができず，もったいないことだと考える。

録画する際は画面に集中してしまい，実際の対象をよく見ない。本物は何ものにも代えがたいすばらしさがあるのに，それを見ないのは残念なことだ。繰り返し何度も見られたとしても，それは偽物だ。本物をしっかりと味わい，何度も思い出せるくらいに心に焼き付ける方がよいと私は考える。

＜国語解説＞

第一問　（会話・議論・発表―　漢字の読み書き，筆順・画数・部首，熟語，品詞・用法，敬語・その他）

問一　①「費やす」は，送りがなに気を付ける。　②　破れた物を直し，再び使える状態にすること。③　かたむき。④　大きな声で「いいぞ，いいぞ」と言って褒めること。⑤　木の，根から上の方に伸びて枝や葉を出す太い部分。　⑥「飛」は，筆順を確認しておきたい。⑦「易」は「日」＋「勿」である。⑧　何かの目的を持って，次々にいろいろな土地や人を訪ねること。

問二　「予定」は**上の語が下の語の修飾語になっている組み合わせ**だ。ア「仮眠」は上の語が下の語の修飾語になる組み合わせ，イ「着席」は下の語が上の語の修飾語になる組み合わせ，ウ「尊敬」は似た意味の語の組み合わせ，エ「雷鳴」は主語・述語の組み合わせである。

問三　選択肢の漢字の総画数はそれぞれア「銅」は14画，イ「種」は14画，ウ「潮」は15画，エ「磁」は14画である。

問四　(一)　**「たとえ」という副詞があるので，呼応させるために「〜ても」**を用いて答える。

(二)　演説会は，広い場所で多くの人に聞いてもらうのだから，**聞き取りやすいように適当な速さではっきりと読むことが大切**だ。たとえ不特定多数でも，一人ひとりに訴えかけるように相手に向き合うような姿勢で話そう。たとえ同じ中学生でも敬意を払うことを忘れてはならない。

(三)　Aさんのモットーは「心に決めた目標を変えることなく最後までやり通す」だ。これを表す四字熟語は「初志貫徹」である。　(四)「すんなりつながらない」や「もう少し説明が必要」という指摘をしている。つながらないというのは論理性にかけるということであり，説明が必要というのは明確な根拠が求められているということである。これをふまえて選択肢を選ぶ。

(五)　聞き手が最も知りたい情報は「Aさんが実現したいこと」である。そのままの演説原稿だとそれが分かりにくいので，直した原稿には，「一つ目は」「二つ目は」と明確に示すようにしている。したがって，それらを**述べ始める前に予め「私が実現したいことは二つある」ということを，述べておけば，聞き手も二つのポイントをおさえようと心構え**をしてくれる。ゆえにしっかりと受け止めてくれるに違いない。

第二問　（小説―情景・心情，内容吟味，文脈把握，脱文・脱語補充，表現技巧）

問一　傍線①の前で，私は「触って？意味がわからず……」とあるので，奥山の言葉の意味が把握できずに困惑している様子が読み取れる。

問二　大会の日、緊張している奥山の一番の心配事は「バレたらどうしよう」ということだ。バレると困る内容は，「緊張するとすぐ汗が出て」しまうことだ。奥山自身が「だれにも，知られたくなくて」と言っていることから読み取れよう。あの大会の日に「私」に手を差し伸べられなかった理由も同じである。**自分の手に大量の汗をかいていること誰にも知られたくなかった**のである。

問三　(一)　SPになった奥山はあの日の事を思い出して「クラスメイトの女子一人守れなかった

ら，ただのポンコツだなって」思うのだ。自分をポンコツだと責めている。この**非難する意味を含んだ語**で解答すればよい。（二）Xさんの言葉に，「これまで苦しんできたのは『私』だけではなかった」とある。わたしだけでなく，奥山も苦しんできたのだとXさんが読み取ったのは，本文で「私」が奥山を「十五年間，**私とおなじ重さを負ってきてくれた元パートナー。**」としているからだ。ここから抜き出せる。

問四　傍線④の前後で，「私」も奥山も互いに「ありがとう」と言っている。ここに**感謝の気持ち**を読み取ることができる。どうして感謝したかというと，**同窓会で奥山も同じ苦しみを抱えていたことを知って，今まで捕らわれていた大会の苦しい思い出から，自分の心がほどけた（解放された）から**である。解放されたことは「ほどけていく。自らの手でこじらせていた紐のむすびめが解けていく」と本文にもあることから読み取れる。

問五　アは体言止めが用いられているものの「畳みかけるようなリズム」にはなっていない。イは擬態語が様子を「不明瞭に伝え」ているとする点が不適切。ウは情景描写が「時間が経過」したことを示すとする点が不適切。泣いたことを示しているのだ。エは**隠喩が心のわだかまりを印象深く例えたもの**になっている。

第三問（論説文―大意・要旨，内容吟味，文脈把握，脱文・脱語補充）

問一　「空気がすっとひきしまった」とは，**緊張感が漂った**ということで，自分も感化されているのだ。

問二　傍線②「おもしろい」のはその直前「険しい場所……生えていることが多い」という部分のことだ。ここには**生育環境によって，それに応じた様相に育っていくこと**が示されている。これを指定字数でまとめる。

問三　［A］は，自然に対する自分の「非力」さを表す語が入る。傍線③の前に「ちっぽけ」「およばない」といった語がある。こうした候補の中から，指定字数で探すと「自分の力がまるでおよばない」という部分が見つけられよう。［B］の前には，「自分の既成概念をはるかに超えたものに感服し…」とある。同じ「感服」という語が，「ラベルづけできないもの」で始まる段落に「わたしたちは感服し，自然の美しさと感じるのだろう」とある。話し合いの部分と照らし合わせると，「美しさ」という内容が補えそうなことはわかるが，字数が合わない。そのまま本文を読み進めると「美や畏れを感じる」とあるのでここを抜き出せる。

問四　本来，人間も自然の一部であるわたしたちが，傍線④「対比的なものとして感じてしまう」のは，「ほんとうの美しい自然が，そうして人知を超えたものという感覚がある」からだ。人知を超えるのだから，**人間と同じ領域にあるとは思えない**とする選択肢が適切である。

問五　本文冒頭に、「自然からエッセンスを抽出するのが……芸術の本質である」「抽出することで，人に見えていないものをみえるようにすること」とある。したがってまず，**自然の美しさを表現するとは，自然から自分が感化された美を抽出して人に見えるようにすることだ**ということをおさえる。これがまとめになる。記述の際，「自然に対する向き合い方」について触れなくてはならないので，ここを考える。問三が大いにヒントになるが，自然を前にすると人間は非力な存在なので，自然に対して畏れの念をもって向き合うことを読み取った。したがって，向き合い方とは，**自然を人知の超えた畏れ敬う存在として向き合う**ということになる。この二点を指定字数でまとめる。

第四問（古文―大意・要旨，文脈把握，脱文・脱語補充，仮名遣い）

【現代語訳】　雪がとても高く降り積もっている夕暮れ時から，部屋の端に近い所で，気の合った人が二, 三人ほどで, 火鉢にあたりながら, 話などをするうちに, 暗くなったけれど, こちら(部屋の中)は灯をともさないでいると, あたり一帯の雪の光がたいへん白く明るく見えているところ, 火箸で灰などをわけもなくかきながら, しんみりしたこともおもしろいことも, 言いあっているのはおもしろい。

問一　歴史的仮名遣い「ゑ」は,「エ」に直す。

問二　(一)　A　には, 対比の内容が入る。比べているのは「暗う」なったものと「白う見えたるもの」だ。したがって, **部屋の中の暗さと外で降り積もった白い雪の明るさのこと**を指定字数でまとめる。(二)　本文で「をかしけれ(おもしろい)」としているのは,「火箸して灰……言ひ合はせたる」ことである。これを現代語訳すれば, 適切な選択肢を選べよう。

第五問 (作文)

【投書】に対する自分の考えを述べる作文である。**二段落構成でまとめる**とよいだろう。一段落目に自分の立場(賛成・反対)や自分なりの考えを述べる。そして, 二段落目にそう考える理由を述べるのである。理由を述べる際には「具体的に」という指示が出ているので, **自分の体験などを示して具体性が表れるようにする**ことも有効だ。

解答用紙集

○月×日　△曜日　天気（合格日和）

◆ご利用のみなさまへ

＊解答用紙の公表を行っていない学校につきましては、弊社の責任において、解答用紙を制作いたしました。

＊編集上の理由により一部縮小掲載した解答用紙がございます。

＊編集上の理由により一部実物と異なる形式の解答用紙がございます。

人間の最も偉大な力とは、その一番の弱点を克服したところから生まれてくるものである。 ――カール・ヒルティ――

東京学参株式会社

※ 185％に拡大していただくと，解答欄は実物大になります。

令和６年度　第２時

数学解答用紙

の欄には、記入しないこと。

第一問 （26）

問	解答	配点
1		3
2		3
3		3
4		3
5		3
6		3
7		4
8	［cm^3］	4

第二問 （32）

問		解答	配点
1	(1)		3
	(2)		4
2	(1)	［度］	3
	(2)	［cm］	5
3	(1)		3
	(2)		5
4	(1)	［個］	3
	(2)(ア)	［回目］	3
	(2)(イ)	［個］	3

第三問 （22）

問		解答	配点
1	(1)		3
	(2)		5
2	(1)	［図］	4
	(2)(ア)	［分］　［秒後］	4
	(2)(イ)	［m］	6

［図］

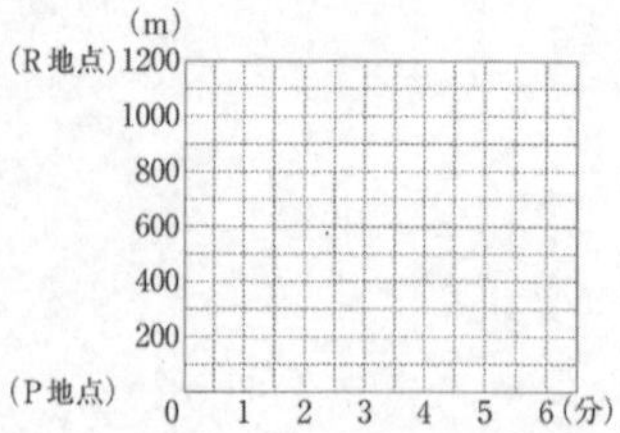

第四問 （20）

問		解答	配点
1		［cm］	3
2		［証明］	6
3	(1)	［cm］	5
	(2)	［cm^2］	6

受験番号		得点	

数学

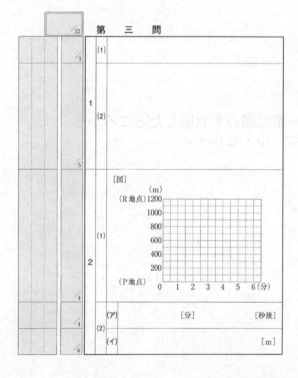

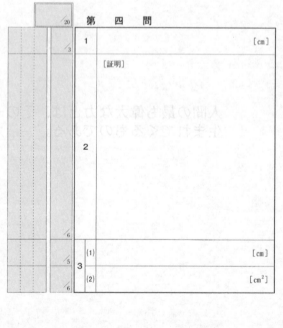

※ 185％に拡大していただくと，解答欄は実物大になります。

令和６年度　第４時

英語解答用紙

□の欄には、記入しないこと。

第一問　/25

/3	問題１	１番	
/3		２番	
/3	問題２	１番	
/3		２番	
/3	問題３	１番	
/3		２番	
/3		３番	
/4	問題４		

第二問　/20

/2	１	(1)	
/2		(2)	
/2		(3)	
/4	２	(1)	→　→　→
/4		(2)	→　→　→　→
/3	３	(1)	
/3		(2)	

第三問　/18

/2	１	
/4	２	
/4	３	
/4	４	→　→　→　→
/4	５	

第四問　/29

/2	１		
/4	２		
/3	３		
/4	４	(1)	
/4		(2)	
/3	５	(1)	
/3		(2)	
/3		(3)	
/3		(4)	

第五問　/8

/8	

受験番号		得点	

英語

※ 185%に拡大していただくと，解答欄は実物大になります。

令和６年度　第５時

理科解答用紙

□ の欄には、記入しないこと。

第一問 /36

1	(1)	/3
1	(2)	/3
1	(3)	/3
2	(1)	/3
2	(2)	/3
2	(3)	/3
3	(1)	/3
3	(2) ①(　　　　) ②(　　　　)	/3
3	(3)	/3
3	(4) ①	/3
3	(4) ②	/3
3	(4) ③	/3

第二問 /16

1		/3
2		/3
3		/3
4	(1)	/3
4	(2)	/4

第三問 /16

1		/3
2		/3
3		/3
4		/3
5	[g]	/4

第四問 /16

1		/3
2		/3
3	(1)	/3
3	(2)	/4
4		/3

第五問 /16

1	①(　　　　) ②(　　　　)	/3
2	[A]	/3
3	(1) [図] 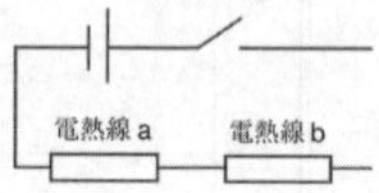	/3
3	(2) [J]	/3
3	(3) (実験Ⅱで回路に電流を流す時間)：(図4の回路に電流を流す時間)＝　　：	/4

受験番号		得点	

理科

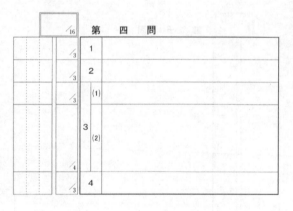

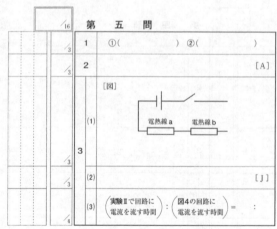

※ 185％に拡大していただくと，解答欄は実物大になります。

令和６年度　第３時

社会解答用紙

□の欄には、記入しないこと。

第一問（/15）

/3	1	(1)	
/3		(2)	
/3	2		
/3	3	(1)	
/3		(2)	政策

第二問（/17）

/3	1	(1)	
/3		(2)	
/3		(3)	
/3	2		
/5	3		

第三問（/17）

/3	1	
/3	2	
/3	3	→ →
/3	4	
/5	5	

第四問（/17）

/3	1	(1)	
/3		(2)	
/3	2		
/3	3		
/5	4		

第五問（/17）

/3	1	
/3	2	
/3	3	
/3	4	
/5	5	

第六問（/17）

/3	1	
/3	2	政策
/3	3	
/3	4	
/5	5	

受験番号		得点	

社会

※ 185％に拡大していただくと，解答欄は実物大になります。

令和６年度　第１時

国語解答用紙

□の欄には、記入しないこと。

第一問

問一
① 包（む）
② 据（える）
③ 輪郭
④ タ（らす）
⑤ メンミツ
⑥ チュウサイ

問二

問三

/2 /2 /2 /2 /2 /2 /2 /2 /16

第二問

問一　問二　問三　問四　問五　問六

/2 /2 /3 /2 /2 /3 /14

第三問

問一　問二（一）　問二（二）　問三　問四　問五

/2 /3 /4 /3 /3 /5 /20

第四問

問一（一）　問一（二）　問二　問三　問四　問五

/2 /3 /4 /3 /5 /3 /20

第五問

問一　問二　問三　問四

/2 /2 /2 /4 /10

第六問

※ 解答を記入するときは、原稿用紙の正しい使い方に従い、文字や仮名遣いも正確に書くこと。また、題名、氏名は書かないこと。

160字
200字

/20

受験番号

得点

国語

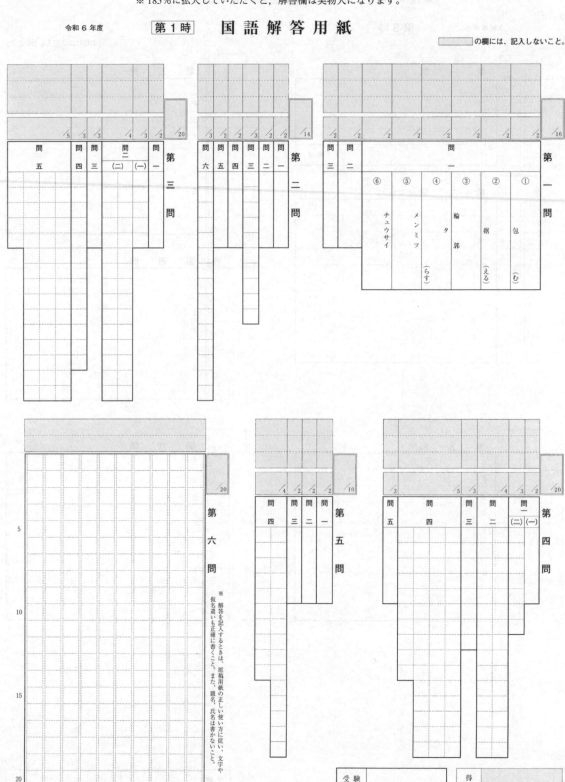

2024年度入試配点表(宮城県)

数学	第一問	第二問	第三問	第四問	計
	7, 8　各4点×2 他　各3点×6	1(2)　4点 2(2), 3(2)　各5点×2 他　各3点×6	1(1)　3点 1(2)　5点 2(2)(イ)　6点 他　各4点×2	1　3点 3(1)　5点 他　各6点×2	100点

英語	第一問	第二問	第三問	第四問	第五問	計
	問題4　4点 他　各3点×7	1　各2点×3 2　各4点×2 3　各3点×2	1　2点 他　各4点×4	1　2点 2, 4　各4点×3 他　各3点×5	8点	100点

理科	第一問	第二問	第三問	第四問	第五問	計
	各3点×12 (3(2)完答)	4(2)　4点 他　各3点×4	5　4点 他　各3点×4	3(2)　4点 他　各3点×4	3(3)　4点 他　各3点×4 (1完答)	100点

社会	第一問	第二問	第三問	第四問	第五問	第六問	計
	各3点×5	3　5点 他　各3点×4	5　5点 他　各3点×4	4　5点 他　各3点×4	5　5点 他　各3点×4	5　5点 他　各3点×4	100点

国語	第一問	第二問	第三問	第四問	第五問	第六問	計
	各2点×8	問三,問六 各3点×2 他　各2点×4	問一　2点 問二(二)　4点 問五　5点 他　各3点×3	問一(一)　2点 問二　4点 問四　5点 他　各3点×3	問四　4点 他　各2点×3	20点	100点

※ 185%に拡大していただくと，解答欄は実物大になります。

令和５年度　第２時

数 学 解 答 用 紙

□の欄には，記入しないこと。

第　一　問（26）

配点	問	解答
3	1	
3	2	
3	3	
3	4	
3	5	
3	6	
4	7	
4	8	

第　二　問（32）

配点	問			解答
3	1	⑴		［cm］
5		⑵		［cm²］
3	2	⑴		
5		⑵		［秒後］
5	3			およそ　［個］
3	4	⑴		行目の　列目
3		⑵	㋐	
5			㋑	

第　三　問（21）

配点	問		解答
3	1	⑴	
5		⑵	
3	2	⑴	
4		⑵	
6		⑶	

第　四　問（21）

配点	問		解答
6	1		［証明］
4	2		［cm］
5	3	⑴	［cm］
6		⑵	［cm²］

受験番号		得点	

数学

※ 185％に拡大していただくと，解答欄は実物大になります。

令和５年度　第４時　**英語解答用紙**

□ の欄には，記入しないこと。

第一問 /25

/3	問題１	１番	
/3		２番	
/3	問題２	１番	
/3		２番	
/3	問題３	１番	
/3		２番	
/3		３番	
/4	問題４		

第二問 /20

/2	1	(1)	
/2		(2)	
/2		(3)	
/3	2	(1)	
/3		(2)	
/4	3	(1)	→ → →
/4		(2)	→ → → →

第三問 /18

/4	1	
/3	2	
/4	3	
/4	4	→ → → →
/3	5	

第四問 /26

/2	1		
/4	2		
/4	3	(1)	
/4		(2)	
/3	4	(1)	
/3		(2)	
/3		(3)	
/3		(4)	

第五問 /11

/3	1	
/8	2	

受験番号		得点	

英語

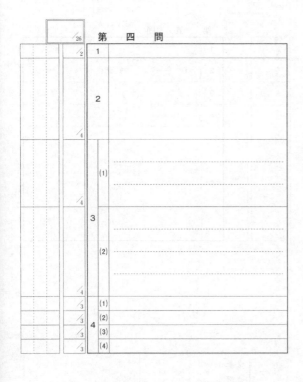

※ 185％に拡大していただくと，解答欄は実物大になります。

令和５年度　第５時

理科解答用紙

の欄には，記入しないこと。

第一問 （/36）

1	(1)		/3
	(2)		/3
	(3)		/3
2	(1)		/3
	(2)		/3
	(3)		/3
3	(1)		/3
	(2)	①　a（　　　）b（　　　）	/3
		②	/3
		③	/3
	(3)		/3
	(4)		/3

第二問 （/16）

1		/3
2		/3
3		/3
4	［本］	/3
5		/4

第三問 （/16）

1			/3
2			/3
3			/3
4	(1)	①（　　　）②（　　　）	/3
	(2)		/4

第四問 （/16）

1			/3
2			/3
3	(1)	［g］	/3
	(2)	［図］（グラフ）	/3
	(3)	［%］	/4

［図］

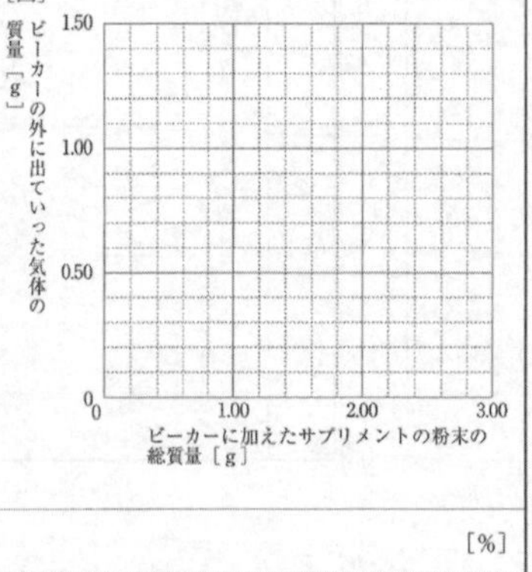

第五問 （/16）

1		/3
2	①（　　　）②（　　　）	/3
3	［cm/s］	/3
4		/3
5		/4

受験番号		得点	

理科

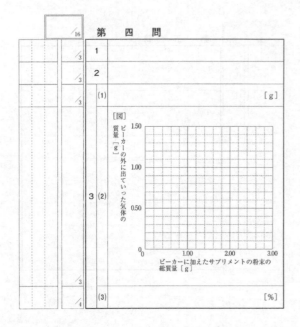

※ 185%に拡大していただくと，解答欄は実物大になります。

令和５年度　第３時

社会解答用紙

［　］の欄には，記入しないこと。

第一問 （/15）

1	(1)	/3
1	(2)	/3
1	(3)	/3
2	(1)	/3
2	(2)	/3

第二問 （/17）

1		/3
2	(1)	/3
2	(2)	/3
3		/3
4		/5

第三問 （/17）

1	/3
2	/3
3	/3
4	/3
5	/5

第四問 （/17）

1		/3
2		/3
3		/3
4	(1)	/3
4	(2)	/5

第五問 （/17）

1	(1)	/3
1	(2)	/3
2	(1)	/3
2	(2)	/3
3		/5

第六問 （/17）

1	(1)	/3
1	(2)	/3
2	→　→	/3
3		/3
4		/5

受験番号		得点	

社会

※ 185％に拡大していただくと，解答欄は実物大になります。

令和５年度　**第１時**

国語解答用紙

□の欄には，記入しないこと。

第一問

問	解答欄	配点
問一 ①	眺（める）	/2
問一 ②	雇（う）	/2
問一 ③	誘致	/2
問一 ④	ソ（める）	/2
問一 ⑤	リョウイキ	/2
問一 ⑥	コウフン	/2
問二 ①		/2
問二 ②		/2
問三		/2
問四 (一)		/2
問四 (二)		/2
問四 (三)		/2
問四 (四)		/3
問四 (五)		/3
		/30

第二問

問	配点
問一	/3
問二	/3
問三 A	/3
問三 B	/3
問四	/3
問五	/5
	/20

第三問

問	配点
問一	/3
問二	/3
問三	/3
問四 (一)	/3
問四 (二)	/3
問五	/5
	/20

第四問

問	解答欄	配点
問一		/2
問二	着キ草花ニ	/2
問三 (一)		/3
問三 (二)		/3
		/10

第五問

/20

※ 解答を記入するときは，原稿用紙の正しい使い方に従い，文字や仮名遣いも正確に書くこと。また，題名，氏名は書かないこと。

160字

200字

受験番号		得点	

国語

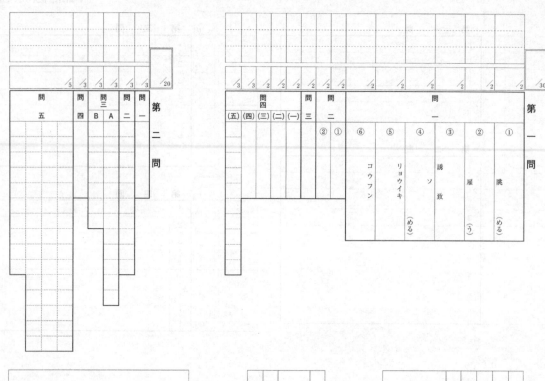

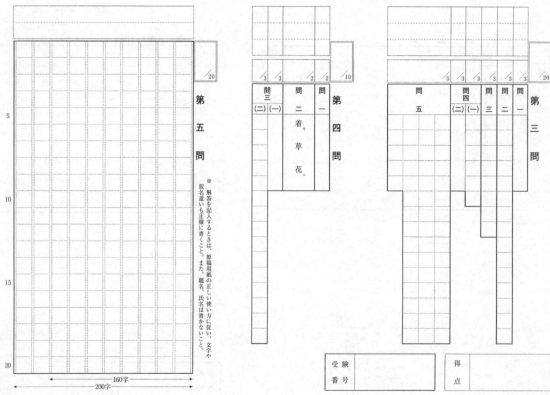

2023年度入試配点表(宮城県)

	第一問	第二問	第三問	第四問	計
数学	7, 8　各4点×2 他　各3点×6	1(1), 2(1), 4(1)・(2)(ア) 各3点×4 他　各5点×4	1(2)　5点 2(2)　4点 2(3)　6点 他　各3点×2	2　4点 3(1)　5点 他　各6点×2	100点

	第一問	第二問	第三問	第四問	第五問	計
英語	問題4　4点 他　各3点×7	1　各2点×3 2　各3点×2 3　各4点×2	2, 5　各3点×2 他　各4点×3	1　2点 4　各3点×4 他　各4点×3	1　3点 2　8点	100点

	第一問	第二問	第三問	第四問	第五問	計
理科	各3点×12	5　4点 他　各3点×4	4(2)　4点 他　各3点×4	3(3)　4点 他　各3点×4	5　4点 他　各3点×4	100点

	第一問	第二問	第三問	第四問	第五問	第六問	計
社会	各3点×5	4　5点 他　各3点×4	5　5点 他　各3点×4	4(2)　5点 他　各3点×4	3　5点 他　各3点×4	4　5点 他　各3点×4	100点

	第一問	第二問	第三問	第四問	第五問	計
国語	問四(四)・(五) 各3点×2 他　各2点×12	問五　5点 他　各3点×5	問五　5点 他　各3点×5	問一, 問二 各2点×2 他　各3点×2	20点	100点

※ 185％に拡大していただくと，解答欄は実物大になります。

令和 4 年度　　**第２時**　　# 数 学 解 答 用 紙

□の欄には，記入しないこと。

第 一 問　（26）

配点	問	解答
3	1	
3	2	
3	3	
3	4	
3	5	
3	6	
4	7	
4	8	［度］

第 二 問　（32）

配点	問		解答
3	1	(1)	
5		(2)	
3	2	(1)	［cm^3］
5		(2)	円錐P：立体Q = 　：
3	3	(1)	［人］
5		(2)	［人］
3	4	(1)	m以上　　m未満の階級
5		(2)	

第 三 問　（21）

配点	問			解答
3	1	(1)		［通り］
4		(2)		
3	2	(1)		［Wh］
5		(2)	(ア)	［図］
6			(イ)	［時］　　［分］

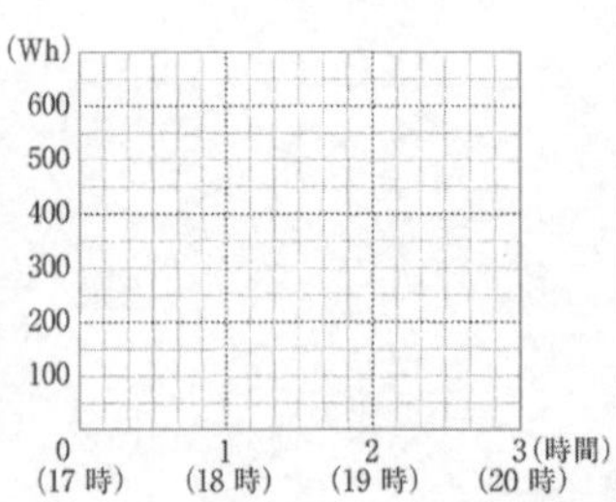

第 四 問　（21）

配点	問	解答
4	1	［cm］
6	2	［証明］
5	3	［cm^2］
6	4	ED：DG = 　：

受験番号		得点	

数学

※ 185%に拡大していただくと，解答欄は実物大になります。

令和４年度　第４時　**英語解答用紙**

□の欄には，記入しないこと。

第一問　/25

/3	問題１	１番	
/3		２番	
/3	問題２	１番	
/3		２番	
/3	問題３	１番	
/3		２番	
/3		３番	
/4	問題４		

第二問　/20

/2	１	(1)	
/2		(2)	
/2		(3)	
/3	２	(1)	
/3		(2)	
/4	３	(1)	→ → →
/4		(2)	→ → → →

第三問　/18

/4	１	
/4	２	
/3	３	
/4	４	→ → → →
/3	５	

第四問　/26

/2	１		
/4	２		
/4	３	(1)	
/4		(2)	
/3	４	(1)	
/3		(2)	
/3		(3)	
/3		(4)	

第五問　/11

/3	１	
/8	２	

受験番号		得点	

英語

※ 185%に拡大していただくと，解答欄は実物大になります。

令和４年度　第５時

理科解答用紙

□の欄には，記入しないこと。

第一問　/36

1	(1)	
	(2)	
	(3)	
2	(1)	
	(2)	
	(3)	①(　　　) ②(　　　)
3	(1)	
	(2)	
	(3)	
	(4)	
	(5)	[A]
	(6)	

第二問　/16

1	
2	
3	
4	①(　　　) ②(　　　) ③(　　　)
5	[条件] [観察結果]

第三問　/16

1		
2		①(　　　) ②(　　　)
3		
4	(1)	
	(2)	

第四問　/16

1	
2	[cm]
3	[図]
4	
5	[cm]

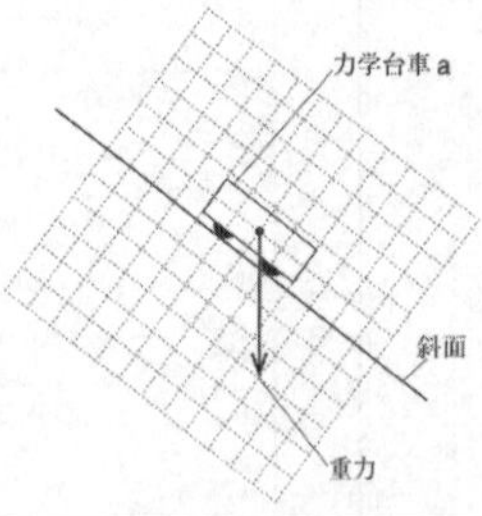

第五問　/16

1	
2	
3	[図]
4	
5	[g]

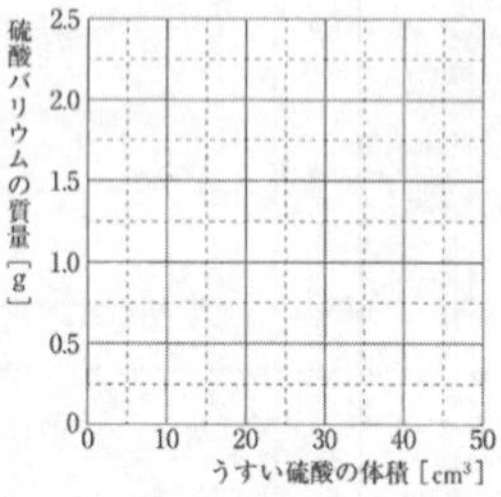

受験番号		得点	

理科

※ 185%に拡大していただくと，解答欄は実物大になります。

令和４年度　第３時

社会解答用紙

□の欄には，記入しないこと。

第一問（/15）

配点	問		解答
/3	1		
/3	2		
/3	3	(1)	
/3		(2)	
/3	4		

第二問（/17）

配点	問		解答
/3	1	(1)	平野
/3		(2)	
/3		(3)	
/3	2	(1)	
/5		(2)	

第三問（/17）

配点	問	解答
/3	1	
/3	2	
/3	3	→ →
/3	4	
/5	5	

第四問（/17）

配点	問		解答
/3	1	(1)	
/3		(2)	
/3		(3)	
/3	2		
/5	3		

第五問（/17）

配点	問		解答
/3	1	(1)	
/3		(2)	
/3	2	(1)	
/5		(2)	
/3	3		

第六問（/17）

配点	問		解答
/3	1		→ →
/3	2		
/3	3		
/3	4	(1)	
/5		(2)	

受験番号		得点	

社会

※185%に拡大していただくと，解答欄は実物大になります。

令和４年度　第１時

国語解答用紙

（網掛け）の欄には，記入しないこと。

第一問

問	小問	解答欄	配点
問一	①	握（る）	/2
問一	②	潜（む）	/2
問一	③	陶酔	/2
問一	④	ウヤマ（う）	/2
問一	⑤	ハンセイ	/2
問一	⑥	スイソク	/2
問二	①		/2
問二	②		/2
問三			/2
問四	（一）		/2
問四	（二）		/2
問四	（三）		/2
問四	（四）		/2
問四	（五）		/4
計			/30

第二問

問	小問	配点
問一		/3
問二		/4
問三	（一）	/2
問三	（二）	/3
問四		/5
問五		/3
計		/20

第三問

問	小問	配点
問一		/3
問二		/4
問三	（一）	/3
問三	（二）	/2
問四		/3
問五		/5
計		/20

第四問

問	小問	解答欄	配点
問一		夫レ治ムルハ国ヲ、	/2
問二			/2
問三	（一）		/3
問三	（二）		/3
計			/10

第五問

選んだ記号

/20

160字

200字

※解答を記入するときは、原稿用紙の正しい使い方に従い、文字や仮名遣いも正確に書くこと。また、題名、氏名は書かないこと。

受験番号		得点	

国語

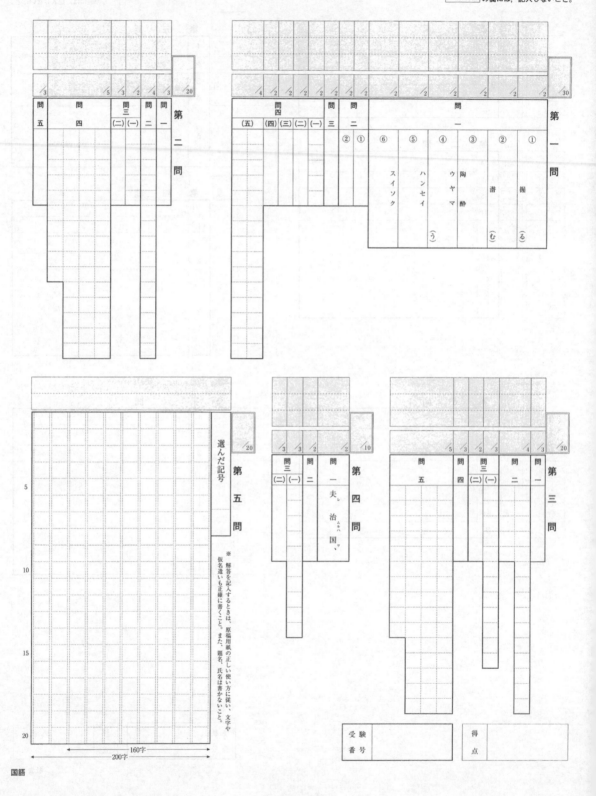

2022年度入試配点表(宮城県)

	第一問	第二問	第三問	第四問	計
数学	7, 8　各4点×2 他　各3点×6	1(1), 2(1), 3(1), 4(1) 各3点×4 他　各5点×4	1(2)　4点 2(2)(ア)　5点 2(2)(イ)　6点 他　各3点×2	1　4点 3　5点 他　各6点×2	100点

	第一問	第二問	第三問	第四問	第五問	計
英語	問題4　4点 他　各3点×7	1　各2点×3 2　各3点×2 3　各4点×2	3, 5　各3点×2 他　各4点×3	1　2点 2, 3　各4点×3 他　各3点×4	1　3点 2　8点	100点

	第一問	第二問	第三問	第四問	第五問	計
理科	各3点×12 (2(3)完答)	5　4点 他　各3点×4 (4, 5各完答)	4(2)　4点 他　各3点×4 (2完答)	5　4点 他　各3点×4	5　4点 他　各3点×4	100点

	第一問	第二問	第三問	第四問	第五問	第六問	計
社会	各3点×5	2(2)　5点 他　各3点×4	5　5点 他　各3点×4	3　5点 他　各3点×4	2(2)　5点 他　各3点×4	4(2)　5点 他　各3点×4	100点

	第一問	第二問	第三問	第四問	第五問	計
国語	問四(五)　4点 他　各2点×13	問二　4点 問三(一)　2点 問四　5点 他　各3点×3	問二　4点 問三(二)　2点 問五　5点 他　各3点×3	問一, 問二 各2点×2 他　各3点×2	20点	100点

宮城県公立高校　2021年度

※189％に拡大していただくと，解答欄は実物大になります。

令和３年度　第２時

数学解答用紙

□の欄には，記入しないこと。

第一問（/26）

配点	番号	解答
/3	1	
/3	2	
/3	3	
/3	4	
/3	5	
/3	6	
/4	7	
/4	8	[cm³]

第二問（/30）

配点	番号		解答
/3	1	(1)	
/4		(2)	
/3	2	(1)	
/4		(2)	
/3	3	(1)	
/5		(2)	
/3	4	(1)	[箱]
/5		(2)	[個]

第三問（/23）

配点	番号		解答
/3	1		
/4	2	(1)	
/4		(2)	
/6		(3)	
/6		(4)	

第四問（/21）

配点	番号		解答
/6	1		[証明]
/4	2	(1)	[cm]
/5		(2)	[cm²]
/6		(3)	FH ： GH = ：

受験番号		得点	

数学

※189％に拡大していただくと，解答欄は実物大になります。

令和３年度　第４時　**英 語 解 答 用 紙**

□の欄には，記入しないこと。

第　一　問　/25

問題１	１番	/3
	２番	/3
問題２	１番	/3
	２番	/3
問題３	１番	/3
	２番	/3
	３番	/3
問題４		/4

第　二　問　/20

1	(1)		/2
	(2)		/2
	(3)		/2
2	(1)		/3
	(2)		/3
3	(1)	→ → → →	/4
	(2)	→ → → →	/4

第　三　問　/18

1			/4
2			/4
3		→ → → →	/4
4	Ⓐ		/3
	Ⓑ		/3

第　四　問　/26

1			/2
2	(1)		/4
	(2)		/4
3			/4
4	(1)		/3
	(2)		/3
	(3)		/3
	(4)		/3

第　五　問　/11

1		/3
2		/8

受験番号		得点	

英語

※ 189％に拡大していただくと，解答欄は実物大になります。

令和３年度　第５時

理科解答用紙

□の欄には，記入しないこと。

第一問 /36

- 1 (1) /3
- 1 (2) /3
- 1 (3) /3
- 2 (1) /2
- 2 (2) /3
- 2 (3) /3
- 3 (1) /3
- 3 (2) ［g］ /3
- 3 (3) /3
- 4 (1) /3
- 4 (2) /3
- 4 (3) ［Ω］ /3

第二問 /16

- 1 /3
- 2 /3
- 3 /3
- 4 /3
- 5 /4

第三問 /16

- 1 (1) /3
- 1 (2) /3
- 1 (3) /3
- 2 (1) ①(　　　　) ②(　　　　) /3
- 2 (2) ［kg］ /4

第四問 /16

- 1 ［図］ /3

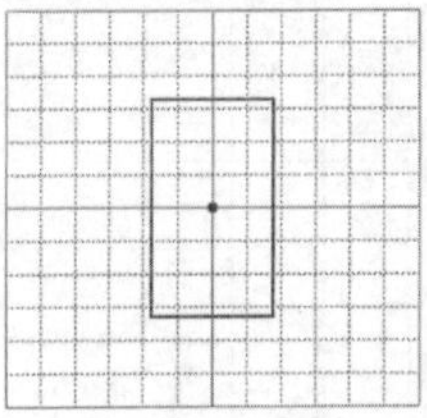

- 2 /3
- 3 ［g/cm³］ /3
- 4 (1) /3
- 4 (2) /4

第五問 /16

- 1 /3
- 2 ①(　　　　) ②(　　　　) /3
- 3 ［g］ /3
- 4 (1) /3
- 4 (2) /4

受験番号		得点	

理科

※ 189％に拡大していただくと，解答欄は実物大になります。

令和３年度　第３時　社会解答用紙

□の欄には，記入しないこと。

第一問 /20

/3	1	(1)	
/3		(2)	
/3	2	(1)	
/3		(2)	
/3	3	(1)	
/5		(2)	

第二問 /20

/3	1		
/3	2		
/3	3	(1)	
/3		(2)	
/3	4		
/5	5		

第三問 /20

/3	1		
/3	2		
/3	3		
/3	4		
/3	5	(1)	
/5		(2)	

第四問 /20

/3	1	(1)	
/3		(2)	
/3	2	(1)	
/3		(2)	
/3	3		
/5	4		

第五問 /20

/3	1		
/3	2		→ →
/3	3	(1)	
/3		(2)	
/3	4	(1)	
/5		(2)	

受験番号		得点	

社会

※ 189%に拡大していただくと，解答欄は実物大になります。

令和３年度　**第１時**

国語解答用紙

□の欄には，記入しないこと。

第一問

問四 (五)	問四 (四)	問四 (三)	問四 (二)	問四 (一)	問三	問二 ②	問二 ①	問一 ⑥	問一 ⑤	問一 ④	問一 ③	問一 ②	問一 ①
								セキム	タビジ	ア（びる）	踏襲	頼（む）	交（わす）
/4	/2	/2	/2	/2	/2	/2	/2	/2	/2	/2	/2	/2	/2

/30

第二問

問五	問四	問三	問二 (二)	問二 (一)	問一
/5	/3	/3	/3	/3	/3

/20

第三問

問五	問四	問三 B	問三 A	問二	問一
/3	/5	/3	/3	/4	/2

/20

第四問

問三	問二 (二)	問二 (一)	問一
/3	/3	/2	/2

/10

第五問

/20

←160字→

←200字→

※ 解答を記入するときは、原稿用紙の正しい使い方に従い、文字や仮名遣いも正確に書くこと。また、題名、氏名は書かないこと。

受験番号		得点	

国語

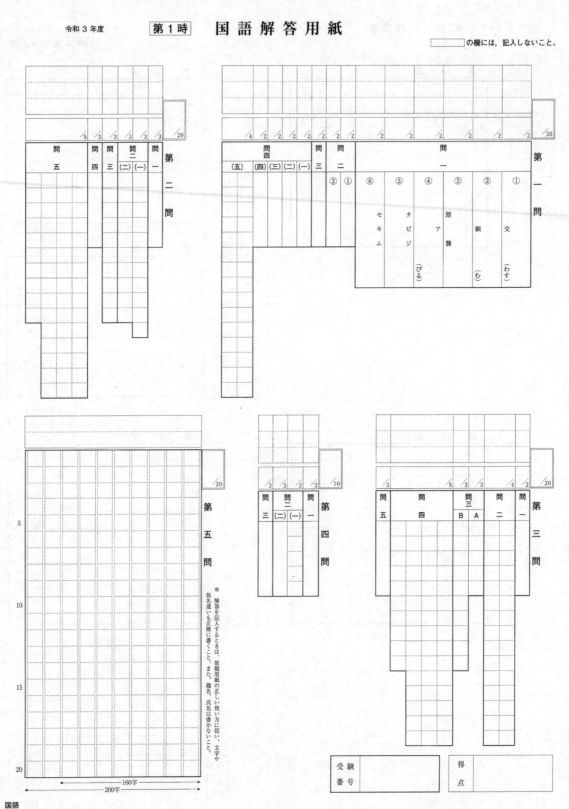

2021年度入試配点表(宮城県)

	第一問	第二問	第三問	第四問	計
数学	7, 8　各4点×2 他　各3点×6	1(2), 2(2)　各4点×2 3(2), 4(2)　各5点×2 他　各3点×4	1　3点 2(1)・(2)　各4点×2 他　各6点×2	2(1)　4点 2(2)　5点 他　各6点×2	100点

	第一問	第二問	第三問	第四問	第五問	計
英語	問題4　4点 他　各3点×7	1　各2点×3 2　各3点×2 3　各4点×2	4　各3点×2 他　各4点×3	1　2点 2, 3　各4点×3 他　各3点×4	1　3点 2　8点	100点

	第一問	第二問	第三問	第四問	第五問	計
理科	各3点×12	5　4点 他　各3点×4	2(2)　4点 他　各3点×4	4(2)　4点 他　各3点×4	4(2)　4点 他　各3点×4	100点

	第一問	第二問	第三問	第四問	第五問	計
社会	3(2)　5点 他　各3点×5	5　5点 他　各3点×5	5(2)　5点 他　各3点×5	4　5点 他　各3点×5	4(2)　5点 他　各3点×5	100点

	第一問	第二問	第三問	第四問	第五問	計
国語	問四(五)　4点 他　各2点×13	問五　5点 他　各3点×5	問一　2点 問二　4点 問四　5点 他　各3点×3	問一, 問二(一) 各2点×2 他　各3点×2	20点	100点

※この解答用紙は196％に拡大していただきますと，実物大になります。

令和２年度　**第２時**　# 数学解答用紙

（網掛けの欄）の欄には，記入しないこと。

第一問　/26

1		/3
2		/3
3		/3
4		/3
5		/3
6		/3
7		/4
8	［cm^2］	/4

第二問　/30

1	(1)	［歳］	/3
	(2)	［歳］	/4
2	(1)	［通り］	/3
	(2)		/4
3	(1)		/4
	(2)		/4
4	(1)	［cm^3］	/4
	(2)	（円錐Ｐの体積）：（円柱Ｑの体積）＝　：	/4

第三問　/25

1	(1)			/4
	(2)			/5
2	(1)		［m］	/5
	(2)	(ア)	［図］	/5
		(イ)	［m］	/6

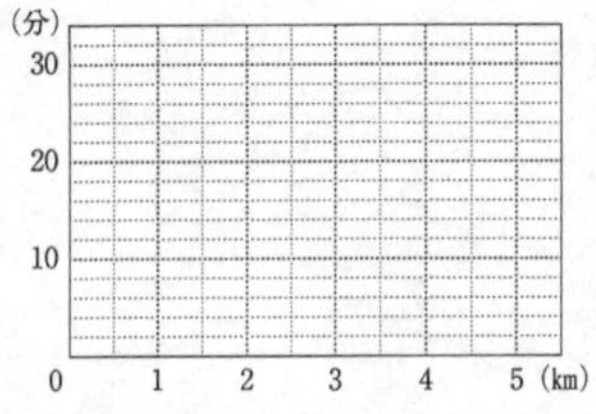

第四問　/19

1		［cm］	/4
2	(1)	［証明］	/6
	(2)	［cm^2］	/4
	(3)	［cm］	/5

受験番号		得点	

数学

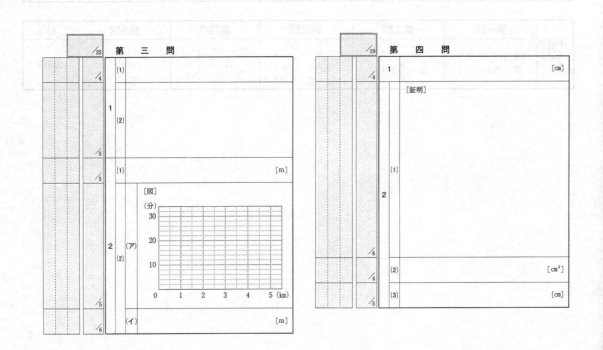

※この解答用紙は196％に拡大していただきますと，実物大になります。

令和２年度　第４時

英語解答用紙

（網掛け）の欄には，記入しないこと。

第一問　/25

問題１	１番		/3
	２番		/3
問題２	１番		/3
	２番		/3
問題３	１番		/3
	２番		/3
	３番		/3
問題４			/4

第二問　/20

1	(1)		/2
	(2)		/2
	(3)		/2
2	(1)		/3
	(2)		/3
3	(1)	→ → → →	/4
	(2)	→ → → →	/4

第三問　/16

1		/4
2		/4
3	→ → → →	/4
4		/4

第四問　/28

1			/2
2		空気中のマイクロプラスチックが	/4
3	(1)		/4
	(2)		/4
4			/2
5	Ⓐ		/3
	Ⓑ		/3
6	(1)		/3
	(2)		/3

第五問　/11

1		/3
2		/8

受験番号		得点	

英語

※この解答用紙は196％に拡大していただきますと，実物大になります。

令和２年度　第５時

理科解答用紙

の欄には，記入しないこと。

第一問　/36

1	(1)			/3
	(2)	①		/3
		②		/3
2	(1)			/3
	(2)			/3
	(3)			/3
3	(1)			/3
	(2)			/3
	(3)		[m/s]	/3
4	(1)	［図］	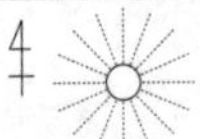	/3
	(2)			/3
	(3)			/3

第二問　/16

1		/3
2		/3
3		/3
4	①(　　　) ②(　　　) ③(　　　)	/3
5		/4

第三問　/16

1			/3
2			/3
3	(1)		/4
	(2)		/3
4			/3

第四問　/16

1		/3
2		/3
3		/3
4		/3
5		/4

第五問　/16

1	[cm/s]	/3
2		/3
3		/3
4		/3
5		/4

受験番号		得点	

理科

※この解答用紙は196％に拡大していただきますと，実物大になります。

令和２年度　第３時　**社会解答用紙**

の欄には，記入しないこと。

第一問　／20

配点	問			解答
／3	1	(1)		
／3		(2)		
／3	2			
／3	3	(1)		
／3		(2)	①	
／5			②	ことができます。

第二問　／20

配点	問		解答
／3	1		
／3	2		
／3	3		→ →
／3	4		
／3	5	(1)	
／5		(2)	

第三問　／20

配点	問		解答
／3	1	(1)	
／3		(2)	
／3	2		
／3	3		
／3	4		→ →
／5	5		

第四問　／20

配点	問		解答
／3	1	(1)	平野
／3		(2)	
／3		(3)	
／3	2		
／3	3	(1)	
／5		(2)	

第五問　／20

配点	問		解答
／3	1	(1)	政策
／3		(2)	
／3	2		
／3	3		
／3	4		
／5	5		

受験番号		得点	

社会

※この解答用紙は196%に拡大していただきますと，実物大になります。

令和２年度　**第１時**

国語解答用紙

の欄には，記入しないこと。

第一問

問一
①　費（やす）
②　繕（う）
③　傾斜
④　喝采
⑤　ミキ
⑥　ト（んで）
⑦　アンイ
⑧　レキホウ

問二

問三

問四　(一)　(二)　(三)　(四)　(五)

/2　/2　/2　/2　/2　/2　/2　/2　/2　/2　/2　/2　/3　/3　/32

第二問

問一　問二　問三 (一) (二)　問四　問五

/3　/3　/3　/3　/5　/3　/20

第三問

問一　問二　問三 A B　問四　問五

/3　/3　/3　/3　/3　/5　/20

第四問

問一　問二 (一) (二)

/2　/3　/3　/8

第五問

/20

160字

200字

※　解答を記入するときは、原稿用紙の正しい使い方に従い、文字や仮名遣いも正確に書くこと。また、題名、氏名は書かないこと。

受験番号

得点

国語

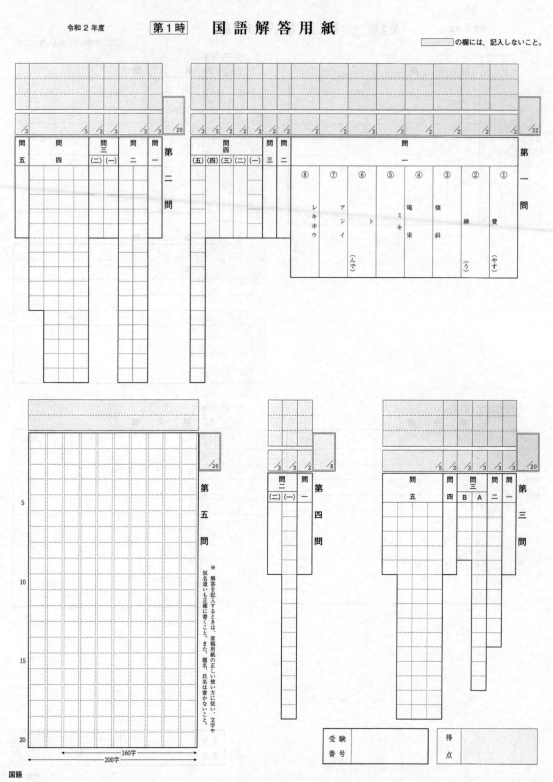

2020年度入試配点表(宮城県)

	第一問	第二問	第三問	第四問	計
数学	7, 8　各4点×2 他　各3点×6	1(1), 2(1)　各3点×2 他　各4点×6	1(1)　4点 2(2)(イ)　6点 他　各5点×3	1, 2(2)　各4点×2 2(1)　6点 2(3)　5点	100点

	第一問	第二問	第三問	第四問	第五問	計
英語	4　4点 他　各3点×7	1　各2点×3 2　各3点×2 3　各4点×2	各4点×4	1, 4　各2点×2 2, 3　各4点×3 他　各3点×4	1　3点 2　8点	100点

	第一問	第二問	第三問	第四問	第五問	計
理科	各3点×12	5　4点 他　各3点×4	3(1)　4点 他　各3点×4	5　4点 他　各3点×4	5　4点 他　各3点×4	100点

	第一問	第二問	第三問	第四問	第五問	計
社会	3(2)②　5点 他　各3点×5	5(2)　5点 他　各3点×5	5　5点 他　各3点×5	3(2)　5点 他　各3点×5	5　5点 他　各3点×5	100点

	第一問	第二問	第三問	第四問	第五問	計
国語	問四(四)・(五) 各3点×2 他　各2点×13	問四　5点 他　各3点×5	問五　5点 他　各3点×5	問一　2点 他　各3点×2	20点	100点

MEMO

大切なことはメモしておこうネ！

T.G

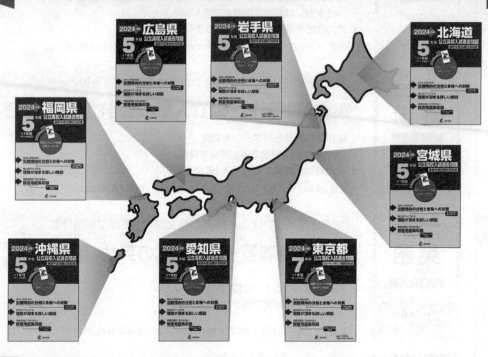

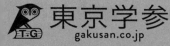

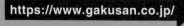

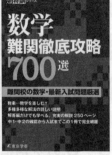

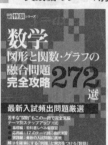

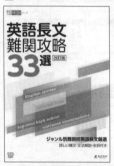

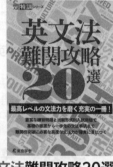

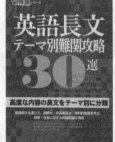

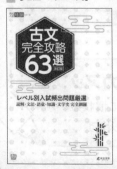

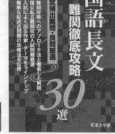

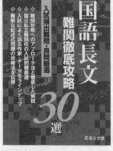

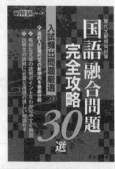

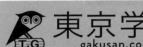

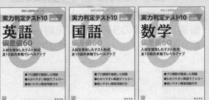

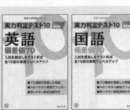

東京学参の

中学校別入試過去問題シリーズ

＊出版校は一部変更することがあります。一覧にない学校はお問い合わせください。

東京ラインナップ

あ　青山学院中等部(L04)
麻布中学(K01)
桜蔭中学(K02)
お茶の水女子大附属中学(K07)
か　海城中学(K09)
開成中学(M01)
学習院中等科(M03)
慶應義塾中等部(K04)
啓明学園中学(N29)
晃華学園中学(N13)
攻玉社中学(L11)
国学院大久我山中学
（一般・CC）(N22)
（ＳＴ）(N23)
駒場東邦中学(L01)
さ　芝中学(K16)
芝浦工業大附属中学(M06)
城北中学(M05)
女子学院中学(K03)
巣鴨中学(M02)
成蹊中学(N06)
成城中学(K28)
成城学園中学(L05)
青稜中学(K23)
創価中学(N14)★
た　玉川学園中学部(N17)
中央大附属中学(N08)
筑波大附属中学(K06)
筑波大附属駒場中学(L02)
帝京大中学(N16)
東海大菅生高中等部(N27)
東京学芸大附属竹早中学(K08)
東京都市大付属中学(L13)
桐朋中学(N03)
東洋英和女学院中学部(K15)
豊島岡女子学園中学(M12)
な　日本大第一中学(M14)
日本大第三中学(N19)
日本大第二中学(N10)
は　雙葉中学(K05)
法政大学中学(N11)
本郷中学(M08)
ま　武蔵中学(N01)
明治大付属中野中学(N05)
明治大付属八王子中学(N07)
明治大付属明治中学(K13)
ら　立教池袋中学(M04)
わ　和光中学(N21)
早稲田中学(K10)
早稲田実業学校中等部(K11)
早稲田大高等学院中学部(N12)

神奈川ラインナップ

あ　浅野中学(O04)
栄光学園中学(O06)
か　神奈川大附属中学(O08)
鎌倉女学院中学(O27)
関東学院六浦中学(O31)
慶應義塾湘南藤沢中等部(O07)
慶應義塾普通部(O01)
さ　相模女子大中学部(O32)
サレジオ学院中学(O17)
逗子開成中学(O22)
聖光学院中学(O11)
清泉女学院中学(O20)
洗足学園中学(O18)
捜真女学校中学部(O29)
た　桐蔭学園中等教育学校(O02)
東海大付属相模高中等部(O24)
桐光学園中学(O16)
な　日本大中学(O09)
は　フェリス女学院中学(O03)
法政大第二中学(O19)
や　山手学院中学(O15)
横浜隼人中学(O26)

千・埼・茨・他ラインナップ

あ　市川中学(P01)
浦和明の星女子中学(Q06)
か　海陽中等教育学校
（入試Ⅰ・Ⅱ）(T01)
（特別給費生選抜）(T02)
久留米大附設中学(Y04)
さ　栄東中学（東大・難関大）(Q09)
栄東中学（東大特待）(Q10)
狭山ヶ丘高校付属中学(Q01)
芝浦工業大柏中学(P14)
渋谷教育学園幕張中学(P09)
城北埼玉中学(Q07)
昭和学院秀英中学(P05)
清真学園中学(S01)
西南学院中学(Y02)
西武学園文理中学(Q03)
西武台新座中学(Q02)
専修大松戸中学(P13)
た　筑紫女学園中学(Y03)
千葉日本大第一中学(P07)
千葉明徳中学(P12)
東海大付属浦安高中等部(P06)
東邦大付属東邦中学(P08)
東洋大附属牛久中学(S02)
獨協埼玉中学(Q08)
な　長崎日本大中学(Y01)
成田高校付属中学(P15)
は　函館ラ・サール中学(X01)
日出学園中学(P03)
福岡大附属大濠中学(Y05)
北嶺中学(X03)
細田学園中学(Q04)
や　八千代松陰中学(P10)
ら　ラ・サール中学(Y07)
立命館慶祥中学(X02)
立教新座中学(Q05)
わ　早稲田佐賀中学(Y06)

公立中高一貫校ラインナップ

北海道　市立札幌開成中等教育学校(J22)
宮　城　宮城県仙台二華・古川黎明中学校(J17)
市立仙台青陵中等教育学校(J33)
山　形　県立東桜学館・致道館中学校(J27)
茨　城　茨城県立中学・中等教育学校(J09)
栃　木　県立宇都宮東・佐野・矢板東高校附属中学校(J11)
群　馬　県立中央・市立四ツ葉学園中等教育学校・
市立太田中学校(J10)
埼　玉　市立浦和中学校(J06)
県立伊奈学園中学校(J31)
さいたま市立大宮国際中等教育学校(J32)
川口市立高等学校附属中学校(J35)
千　葉　県立千葉・東葛飾中学校(J07)
市立稲毛国際中等教育学校(J25)
東　京　区立九段中等教育学校(J21)
都立大泉高等学校附属中学校(J28)
都立両国高等学校附属中学校(J01)
都立白鷗高等学校附属中学校(J02)
都立富士高等学校附属中学校(J03)
都立三鷹中等教育学校(J29)
都立南多摩中等教育学校(J30)
都立武蔵高等学校附属中学校(J04)
都立立川国際中等教育学校(J05)
都立小石川中等教育学校(J23)
都立桜修館中等教育学校(J24)
神奈川　川崎市立川崎高等学校附属中学校(J26)
県立平塚・相模原中等教育学校(J08)
横浜市立南高等学校附属中学校(J20)
横浜サイエンスフロンティア高校附属中学校(J34)
広　島　県立広島中学校(J16)
県立三次中学校(J37)
徳　島　県立城ノ内中等教育学校・富岡東・川島中学校(J18)
愛　媛　県立今治東・松山西中等教育学校(J19)
福　岡　福岡県立中学校・中等教育学校(J12)
佐　賀　県立香楠・致遠館・唐津東・武雄青陵中学校(J13)
宮　崎　県立五ヶ瀬中等教育学校・宮崎西・都城泉ヶ丘高校附属中学校(J15)
長　崎　県立長崎東・佐世保北・諫早高校附属中学校(J14)

公立中高一貫校「適性検査対策」問題集シリーズ

総合編　作文問題編　資料問題編　数と図形編　生活と科学編　実力確認テスト編

私立中・高スクールガイド

THE《ザ》 私立

私立中学＆高校の学校生活がわかる！

東京学参の

高校別入試過去問題シリーズ

＊出版校は一部変更することがあります。一覧にない学校はお問い合わせください。

東京ラインナップ

あ　愛国高校(A59)
青山学院高等部(A16)★
桜美林高校(A37)
お茶の水女子大附属高校(A04)
か　開成高校(A05)★
共立女子第二高校(A40)★
慶應義塾女子高校(A13)
啓明学園高校(A68)★
国学院高校(A30)
国学院大久我山高校(A31)
国際基督教大高校(A06)
小平錦城高校(A61)★
駒澤大高校(A32)
さ　芝浦工業大附属高校(A35)
修徳高校(A52)
城北高校(A21)
専修大附属高校(A28)
創価高校(A66)★
た　拓殖大第一高校(A53)
立川女子高校(A41)
玉川学園高等部(A56)
中央大高校(A19)
中央大杉並高校(A18)★
中央大附属高校(A17)
筑波大附属高校(A01)
筑波大附属駒場高校(A02)
帝京大高校(A60)
東海大菅生高校(A42)
東京学芸大附属高校(A03)
東京農業大第一高校(A39)
桐朋高校(A15)
都立青山高校(A73)★
都立国立高校(A76)★
都立国際高校(A80)★
都立国分寺高校(A78)★
都立新宿高校(A77)★
都立墨田川高校(A81)★
都立立川高校(A75)★
都立戸山高校(A72)★
都立西高校(A71)★
都立八王子東高校(A74)★
都立日比谷高校(A70)★
な　日本大櫻丘高校(A25)
日本大第一高校(A50)
日本大第三高校(A48)
日本大第二高校(A27)
日本大鶴ヶ丘高校(A26)
日本大豊山高校(A23)
は　八王子学園八王子高校(A64)
法政大高校(A29)
ま　明治学院高校(A38)
明治学院東村山高校(A49)
明治大付属中野高校(A33)
明治大付属八王子高校(A67)
明治大付属明治高校(A34)★
明法高校(A63)
わ　早稲田実業学校高等部(A09)
早稲田大高等学院(A07)

神奈川ラインナップ

あ　麻布大附属高校(B04)
アレセイア湘南高校(B24)
か　慶應義塾高校(A11)
神奈川県公立高校特色検査(B00)
さ　相洋高校(B18)
た　立花学園高校(B23)
桐蔭学園高校(B01)
東海大付属相模高校(B03)★
桐光学園高校(B11)
な　日本大高校(B06)
日本大藤沢高校(B07)
は　平塚学園高校(B22)
藤沢翔陵高校(B08)
法政大国際高校(B17)
法政大第二高校(B02)★
や　山手学院高校(B09)
横須賀学院高校(B20)
横浜商科大高校(B05)
横浜市立横浜サイエンスフロンティア高校(B70)
横浜翠陵高校(B14)
横浜清風高校(B10)
横浜創英高校(B21)
横浜隼人高校(B16)
横浜富士見丘学園高校(B25)

千葉ラインナップ

あ　愛国学園大附属四街道高校(C26)
我孫子二階堂高校(C17)
市川高校(C01)★
か　敬愛学園高校(C15)
さ　芝浦工業大柏高校(C09)
渋谷教育学園幕張高校(C16)★
翔凜高校(C34)
昭和学院秀英高校(C23)
専修大松戸高校(C02)
た　千葉英和高校(C18)
千葉敬愛高校(C05)
千葉経済大附属高校(C27)
千葉日本大第一高校(C06)★
千葉明徳高校(C20)
千葉黎明高校(C24)
東海大付属浦安高校(C03)
東京学館高校(C14)
東京学館浦安高校(C31)
な　日本体育大柏高校(C30)
日本大習志野高校(C07)
は　日出学園高校(C08)
や　八千代松陰高校(C12)
ら　流通経済大付属柏高校(C19)★

埼玉ラインナップ

あ　浦和学院高校(D21)
大妻嵐山高校(D04)★
か　開智高校(D08)
開智未来高校(D13)★
春日部共栄高校(D07)
川越東高校(D12)
慶應義塾志木高校(A12)
さ　埼玉栄高校(D09)
栄東高校(D14)
狭山ヶ丘高校(D24)
昌平高校(D23)
西武学園文理高校(D10)
西武台高校(D06)
た　東京農業大第三高校(D18)
は　武南高校(D05)
本庄東高校(D20)
や　山村国際高校(D19)
ら　立教新座高校(A14)
わ　早稲田大本庄高等学院(A10)

北関東・甲信越ラインナップ

あ　愛国学園大附属龍ヶ崎高校(E07)
宇都宮短大附属高校(E24)
か　鹿島学園高校(E08)
霞ヶ浦高校(E03)
共愛学園高校(E31)
甲陵高校(E43)
国立高等専門学校(A00)
さ　作新学院高校
（トップ英進・英進部）(E21)
（情報科学・総合進学部）(E22)
常総学院高校(E04)
た　中越高校(R03)＊
土浦日本大高校(E01)
東洋大附属牛久高校(E02)
な　新潟青陵高校(R02)
新潟明訓高校(R04)
日本文理高校(R01)
は　白鷗大足利高校(E25)
ま　前橋育英高校(E32)
や　山梨学院高校(E41)

中京圏ラインナップ

あ　愛知高校(F02)
愛知啓成高校(F09)
愛知工業大名電高校(F06)
愛知みずほ大瑞穂高校(F25)
暁高校（３年制）(F50)
鶯谷高校(F60)
栄徳高校(F29)
桜花学園高校(F14)
岡崎城西高校(F34)
か　岐阜聖徳学園高校(F62)
岐阜東高校(F61)
享栄高校(F18)
さ　桜丘高校(F36)
至学館高校(F19)
椙山女学園高校(F10)
鈴鹿高校(F53)
星城高校(F27)★
誠信高校(F33)
清林館高校(F16)★
た　大成高校(F28)
大同大大同高校(F30)
高田高校(F51)
滝高校(F03)★
中京高校(F63)
中京大附属中京高校(F11)★
中部大春日丘高校(F26)★
中部大第一高校(F32)
津田学園高校(F54)
東海高校(F04)★
東海学園高校(F20)
東邦高校(F12)
同朋高校(F22)
豊田大谷高校(F35)
な　名古屋高校(F13)
名古屋大谷高校(F23)
名古屋経済大市邨高校(F08)
名古屋経済大高蔵高校(F05)
名古屋女子大高校(F24)
名古屋たちばな高校(F21)
日本福祉大付属高校(F17)
人間環境大附属岡崎高校(F37)
は　光ヶ丘女子高校(F38)
誉高校(F31)
ま　三重高校(F52)
名城大附属高校(F15)

宮城ラインナップ

さ　尚絅学院高校(G02)
聖ウルスラ学院英智高校(G01)★
聖和学園高校(G05)
仙台育英学園高校(G04)
仙台城南高校(G06)
仙台白百合学園高校(G12)
た　東北学院高校(G03)★
東北学院榴ヶ岡高校(G08)
東北高校(G11)
東北生活文化大高校(G10)
常盤木学園高校(G07)
は　古川学園高校(G13)
ま　宮城学院高校(G09)★

北海道ラインナップ

さ　札幌光星高校(H06)
札幌静修高校(H09)
札幌第一高校(H01)
札幌北斗高校(H04)
札幌龍谷学園高校(H08)
は　北海高校(H03)
北海学園札幌高校(H07)
北海道科学大高校(H05)
ら　立命館慶祥高校(H02)

★はリスニング音声データのダウンロード付き。

都道府県別 公立高校入試過去問 シリーズ

- 全国47都道府県別に出版
- 最近数年間の検査問題収録
- リスニングテスト音声対応

公立高校入試対策 問題集シリーズ

- 目標得点別・公立入試の数学（基礎編）
- 実戦問題演習・公立入試の数学（実力錬成編）
- 実戦問題演習・公立入試の英語（基礎編・実力錬成編）
- 形式別演習・公立入試の国語
- 実戦問題演習・公立入試の理科
- 実戦問題演習・公立入試の社会

高校入試特訓問題集 シリーズ

- 英語長文難関攻略33選（改訂版）
- 英語長文テーマ別難関攻略30選
- 英文法難関攻略20選
- 英語難関徹底攻略33選
- 古文完全攻略63選（改訂版）
- 国語融合問題完全攻略30選
- 国語長文難関徹底攻略30選
- 国語知識問題完全攻略13選
- 数学の図形と関数・グラフの融合問題完全攻略272選
- 数学難関徹底攻略700選
- 数学の難問80選
- 数学　思考力―規則性とデータの分析と活用―

〈ダウンロードコンテンツについて〉

本問題集のダウンロードコンテンツ、弊社ホームページで配信しております。現在ご利用いただけるのは「2025年度受験用」に対応したもので、**2025年3月末日**までダウンロード可能です。弊社ホームページにアクセスの上、ご利用ください。

※配信期間が終了いたしますと、ご利用いただけませんのでご了承ください。

宮城県公立高校　2025年度

ISBN978-4-8141-3254-6

[発行所] 東京学参株式会社

〒153-0043　東京都目黒区東山2-6-4

書籍の内容についてのお問い合わせは右のQRコードから ⇒

※書籍の内容についてのお電話でのお問い合わせ、本書の内容を超えたご質問には対応できませんのでご了承ください。

2024年6月17日　初版